# 공존의 기술

**공존의 기술**

초판 1쇄 인쇄 _ 2007년 6월 30일
초판 1쇄 발행 _ 2007년 7월 10일

편저자 _ 이기라 · 양창렬

펴낸이 _ 유재건
주　간 _ 김현경
편집장 _ 이재원
편　집 _ 박순기, 주승일, 홍원기
마케팅 _ 김하늘
영업관리 _ 노수준
경영지원 _ 인현주
유통지원 _ 고균석

펴낸곳 _ 도서출판 그린비 · 등록번호 제10-425호
주　소 _ 서울시 마포구 동교동 201-18 달리빌딩 2층
전　화 _ 702-2717 · 702-4791
팩　스 _ 703-0272
E-mail _ editor@greenbee.co.kr

책값은 뒤표지에 있습니다.
Copyright ⓒ 2007 이기라 · 양창렬
저작권자와의 협의에 따라 인지는 생략했습니다.
이 책은 편저자와 도서출판 그린비의 독점계약에 의해 출간되었으므로
무단전재와 무단복제를 금합니다.
ISBN 978-89-7682-700-5　03300

이 책은 지난 2005년 가을, 프랑스의 도시 외곽인 방리유(banlieue)에서 발생한 소요의 의미와 원인을 다각도로 추적한 것이다. 방리유를 둘러싼 문제는 2005년의 대규모 소요 이후에 나타난 사건들, 즉 2006년 5월 몽페르메유 청년들의 시청과 경찰서 습격, 2007년 3월 27일 파리 북역에서 무임승차한 청년을 연행하는 과정에서 발생한 소요, 그리고 얼마 전 니콜라 사르코지 전 내무부 장관의 대통령 당선 이후에 전국적으로 일어난 시위 등에서도 볼 수 있듯이 여전히 현재진행형이다.

우리는 2005년의 사건을 어떻게 기억(혹은 망각)하고 있는가? 일부 불량배들의 폭력시위, LA '흑인폭동'과의 오버랩, 할리우드식 경찰 추격전, 아니면 혁명의 불꽃? 그 사건을 주도했던 '방리유 거주자들'(banlieusards)은 누구였는가? 아랍 이민자들, (잠재적인) 범죄자, 불쾌감을 주는 무례한 자들, 가부장제와 성차별의 잔재들을 스스로 뒤집어쓰는 이해할 수 없는 존재들? 하나의 독특한 사건은 늘 이전의 다른 사건들, 혹은 다른 표상들로 대체되면서 그 사건이 호출하는 바가 희미해질 위험에 처하며, 그 사건의 주체 역시 수시로 얼굴을 바꾸면서 나타났다가 홀연히 사라지는 하나의 유령으로 간주되기 십상이다. 그러나 방리유자르는 우리가 그들에게 갖고 있던 표상들을 스펙터클한 방식으로 체화하면서("그래, 우리는 난동꾼이다!") 자신들에게 덧씌워진 이 유령의 표상을 물질화했고, 이것을 대가로 해서 그들은 자신들이 실제로 프랑스 사회로부터 주변화되어 부유하고 있는 존재, 즉 정말로 유령 같은 존재임을 폭로했다. 현재 프랑스에 거주하는 이 책의 필자들은 소요 당시 그 유령들의 부름을 받아들였고, 그 부름이 어디에서 들려오는지, 도대체 그 호출의 주체는 누구인지 알 수 없었기에 그것을 알아보려 했고, 그들의 원한과 분노의 근원이 무엇인지 이해해보고자 했다.

이 책에서 방리유는 명목적으로는 프랑스에 포함되어 있으나 실질적으로는 각종 권리와 지위 등에서 배제되는, 보다 정확히는 배제를 조건으로 해서만 포함되는 사회적 장소를 지칭하는 유적(類的) 이름이다. 이 역설적 공간에 거주하는 주변인, 소수자, 이방인 등에 대한 포함·배제의 통치술이 이 책에서 다루고자 하는 '공존의 기술'의 첫번째 의미이다. 즉, 공화국·국민(민족)·주권·시장은 단일성을 표방하지만 그것에는 언제나 모순과 균열이 존재하며, 따라서 그 균열을 봉합하고 매끈하게 만드는 기술, 예컨대 '민족주의적 공화주의'(républicanisme nationaliste)가 존재한다. 우리는 이처럼 '프랑스 공화주의의 이면'에 가려진 '민족주의'의 그림자를 들춰내고, 그 '국민(민족)'에서 배제됨으로써만 포함되는 '방리유(자르)'를 만나고자 하는 것이다. 반면 소요 기간 동안 방리유 청년들이 보여준 반란의 형태, '자유·평등·박애의 통합을 위한 단체연합'(Association Collectif Liberté Egalité Fraternité ensemble unis, ACLEFEU)와 같은 자생적 사회운동, 히잡 착용을 통한 주체성의 정치화 등은 기존 통치방식의 틈새를 벌려 새로운 '공존의 기술'을 세우기 위한 단초들이라 할 수 있다. 그리고 이것이 우리가 말하는 '공존의 기술'의 두번째이자 보다 궁극적인 의미이다. 하지만 방리유 문제를 남의 집 불구경이 아닌 우리의 문제로 전유해 한국의 독자들과 소통하기 위해서는 방리유 문제에 대한 즉각적 해결책이나 새로운 공존의 기술에 대한 섣부른 제언이 아니라, 그 문제를 촉발시킨 시공(時空)에 대한 탐사가 선행되어야 할 것이다. 그러한 탐사의 결과물인 이 책은 크게 세 부분으로 나뉜다.

첫번째 부분은 방리유 소요의 의미와 그것이 제기하는 근본적인 쟁점들을 이론적인 배경을 가지고 분석하는 글들로 채워져 있다. 방리유 청년들은 최근 급격히 높아진 범죄율의 주범인가? 그들은 이민자 출신이기 때문에 더 많은 비행을 저지르고 있는가? 1장에서 이기라는 1980년대 중반 이래 프랑스의 치안 담론이 줄곧 유포해온 이러한 통념에 이의를 제기하며, 주권이 어떻게 사회의 안전을 위협한다고 가정되는 '내부의 적' 혹은 '위험한 계급들'을 만들어내고 낙인찍음으로써 자신의 권력을 정당화하고 강화하는지를 명쾌하게 보여준다. 이것은 9·11 직후 미국이 주도한 국제적인 공포정치와 예외상태의 메커니즘이 일국 내에서 실행되는 과정이기도 하다.

이기라의 글이 프랑스 언론과 정치권의 치안논리와 통치기술에 주목했다면, 양창렬의 글(2장)은 방리유자르에 대한 도시민들의 왜곡된 표상이 어떻게 형성되었고, 일상적으로 유지되는지에 주목한다. 이 물음에 답하기 위해 양창렬은 '도시폭력'이라는 단어를 해체해 과연 방리유자르들이 도시의 어디에 위치하는지, 그들의 폭력의 원인으로 지목되는 '무례'가 어떤 표상에 근거한 것이며, 과연 무엇을 정당화하는 데 쓰이는지 추적한다. 결국 양창렬은 방리유나 외곽(faubourg)의 어원 및 역사에서 야만인이라는 표상을 찾아내고, 그것이 한편으로는 범죄의 원인으로, 다른 한편으로는 오늘날 공화국 내에서 시민 자격 결핍의 논거로 사용됨을 밝힌다.

'범죄자', '무례'한 '야만인'이라는 방리유자르에 대한 표상이 구별짓기와 낙인찍기의 결과라면, 이제 우리는 그들에게 좀더 다가가 그들이 진정 누구인지 알아볼 필요가 있다. 3장에서 이지선은 이슬람 여성들의 히잡 착용 논쟁 속에서, 실제로는 어디에도 속하지 않기에 어디에나 등장하고, 또 어떤 방식으로든지 이용될 수 있는 표상으로 존재하는 이방인(동시에 우리가 말하는 '유령')의 존재론을 길어낸다. 그는 이슬람 소녀들의 머리 위에 씌워진 히잡, 그 히잡 위에 또 한꺼풀 덧씌워진 상징들과 표상들을 해체하고, 어디에도 없으나 도처에서 들려오는 그녀들의 작은 목소리에 귀를 기울인다.

히잡이든, 불타는 자동차이든, 그것이 우리에게 제기하는 또 하나의 근본적인 쟁점은 다양한 주체들 간에 인정하거나 인정받고자 하는 노력, 즉 '인정투쟁'의 문제이다. 김한창은 독일 철학자 악셀 호네트의 인정투쟁 이론을 미셸 푸코의 문제틀을 통해 비판적으로 검토하면서, 방리유 청년들이 행한 '폭력'의 의미를 재해석한다. 호네트의 인정투쟁 개념은 공동체 구성원 간의 상호대칭적 인정을 주장하며, 이는 기본적으로 합의(consensus)라는 규범을 전제하지만, 방리유 소요는 방리유 청년들과 국가라는 '비대칭적' 권력주체들 간의 투쟁이었으며, 방리유자르는 합의가 아니라 국가의 '지배'를 겨냥해 '저항'하면서, 정상성들 사이를 빗겨갔다. 그들은 사회적 자리를 차지하지 못한 채 부유하고 방황하는 젊은이로 비치지만, 동시에 그러한 행동은 그들이 스스로에게 부과된 '자리'로부터 거리를 두며 스스로 주체화해나가는 방식이기도 하다.

이 책의 두번째 부분은 방리유 위기의 근원을 이민과 노동의 문제를 중심으로 보다 역사적이고 광범위한 시각에서 조망한다.

강진희의 글(5장)에서 독자들은 '방리유자르, 그들은 어디에서 왔는가?'에 대한 답변을 발견하게 될 것이다. 그는 '정치의 역사적 사회학'이라는 방법론에 기초해 19~20세기 프랑스 이민사 및 이민 정책의 변화를 추적한다. 우리는 이 글에서 노동인구가 부족했을 때 적극적으로 유입된 이민자들이 경제 위기 때마다 주로 극우 담론('프랑스를 프랑스인에게!')의 주도 아래 실업난·주택난을 비롯한 모든 문제의 원인으로 간주되는 것을 확인하게 된다. 왜 방리유의 위기는 끊임없이 프랑스 '바깥'의 '남'의 일로 간주되는지, 그 이유를 이해하기 위해 지난 2세기 동안의 이민사를 조망하는 것은 중요한 의미가 있다.

6장에서 손영우는 이런 전반적인 이민사의 토대 위에서, 방리유에 밀집한 이민자 출신 자녀들이 높은 실업과 불안정한 노동에 시달리는 이유를 프랑스 노동 시장의 '이원적 구조'에서 찾는다. 이민 2, 3세들의 열악한 교육환경과 학업 실패, 고용에서의 인종차별 등은 노동시장에 진입하기 이전부터 노동자들을 잠재적으로 분할한다. 프랑스 노동시장 전체의 일반화된 불안정화·비정규직화 속에서 비숙련 프랑스 백인노동자나 소상인들과 이주노동자들이 겪는 갈등은 방리유 '내부의' 갈등 속에 다시 한 번 투영된다. 따라서 이를 해명하기 위해 '끊임없이 일하지만 언제나 빈곤한 노동자들'이 일반화되고 있으며, 그것은 노동구조 전반의 문제이지 누가 누구의 일자리를 빼앗았기 때문이 아님을 보여주는 것이 중요하다.

손영우의 글이 노동계급 내부의 계층화에 대한 구조적 차원의 분석에 초점이 맞춰져 있다면, 신동규의 글(7장)은 그것에 대응하는 프랑스 노동운동의 모순과 한계를 고발한다. 도대체 왜 프랑스노동총연맹 (Confédérartion générale du travail, CGT)은 방리유의 위기를 대다수 인민들이 겪고 있는 사회적 위기로 진단했으면서도 방리유 청년들을 적극적으로 지지하지 않았는가? 이 글에서 우리는 '연대'와 '이민 통제'로 요약되는 CGT의 이주노동자정책이 말해주듯, 프랑스 노동조합의 이주노동자들에 대한 이중적 태도가 이미 오랜 역사적 기원을 갖고 있음을 알 수 있다.

최근 주기적으로 반복되고 있는 방리유의 위기와 갈등은 이처럼 프랑스 사회의 이민자 통합 노력에 의문을 제기하기에 충분하다. 8장에서 이권능은 프랑스 정부가 내세우는 통합의 원칙을 통해 이민자 통합정책을 평가하기 위한 독창적인 준거틀을 제시하면서, 그 준거들을 바탕으로 정부의 통합 노력이 갖는 한계를 비판한다. 결국, 그는 '통합'의 본래적 의미(상호변화 및 통합 당사자 간들의 평등한 역할부여)에 비추어 본다면, 이민자들이 문화가 달라서 근본적으로 통합될 수 없다는 사회통념과는 반대로, 오히려 프랑스 사회가 그들을 통합되지 못하도록 만들고 있다고 결론짓는다.

이 책의 마지막인 9장은 프랑스 철학자 에티엔느 발리바르가 집필했다. 우리는 방리유 문제가 제기하는 너무나 많은 이론적·실천적 쟁점들을 보충하기 위해 발리바르에게 글을 부탁했다. 원래 우리는 지난 2006년 5월 중순경 발리바르에게 방리유에 대한 인터뷰를 요청했다. 하지만 발리바르는 자신은 방리유 전문가가 아니라며 한사코 인터뷰를 거절했고, 그 대신 (그때까지 활자화된 형태로 존재하지 않았던) 자신의 강연문을 정리해보겠다고 했다. 애초에 발리바르가 예상했던 것과는 달리, 그 정리 작업은 그저 메모했던 것들을 타자로 치는 문제가 아니라 그 자신에게 방리유 문제를 관통하는 여러 쟁점들을 처음부터 다시 생각하기를 요구했다.

그 결과 발리바르는 방리유 문제를 이름들, 폭력, 후기 식민지, 종교, 인종과 계급, 시민성/공화국, 정치/반정치라는 일곱 가지 주제로 설명하게 됐는데, 이 목록 자체가 지난 방리유 소요가 얼마나 많은 쟁점과 아포리아들에 의해 과잉결정되어 있는지를 잘 보여준다. 발리바르 스스로 완성하기에 너무도 힘들었다고 고백한(그만큼 우리 손에 늦게 도착했지만, 발리바르의 고민의 흔적들이 짙게 배어 있는) 이 글은 곱씹을수록 단물이 배어나는 예리한 통찰들로 채워져 있다.

비록 외견상으로는 각 글들이 일관된 논리로 흘러가는 듯 기술되어 있으나 각 필자들이 가진 문제틀과 입장은 다소 상이하며, 그것을 한 권의 책에 담아내기 위해 그야말로 '공존의 기술'이 필요했음을 부인하지 않겠다.

우리는 오히려 각 글들 사이의 묘한 긴장과 미세한 차이의 결들을 독자들이 발견해주기를 바란다. 이 책의 구절구절들이 정제된 음색이 아니라 하나의 웅성거림으로 들린다면, 그것은 우리를 사로잡았던 그 방리유자르라는 유령의 호출이 늘 '모호한 대상'이었기 때문이다. 우리는 여전히 좁힐 수 없는 그들과의 거리를 인정하며, 그들의 '돌과 불의 외침'을 이해하려 했으되 그들을 대변하기 위해 노력했다기보다는 그저 그들의 부름의 의미가 무엇인지 나름대로 웅성거리며 고민한 결과들을 한국의 독자들에게 건네는 것이다.

'방리유'는 대도시 주변의 신도시가 아니라 형식적으로는 포함되어 있으나, 실질적으로는 배제되어 있는 모든 불안정한 존재들이 거주하는 바로 그곳에 있다. 그렇기에 방리유 소요를 과거에 일어난 일회적

사건으로 치부하거나 한국에 프랑스식의 방리유가 있느냐라고 질문할
것이 아니라, 우리가 이 책에서 드러내고자 한 '포함과 배제의 동학'이
어떻게 작동하고 있는지를 헤아리고, 그 어디에도 정확히 위치지을 수
없는 그 배제된 자들이 '도처에서' 일어설 수 있음을, 아니 이미 일어
서고 있음에 주목해야 할 것이다.

또한 이 책의 필자들이 각자 다양한 관점과 수위로 프랑스 공화국
의 어두운 그림자를 들춰내고 있지만, 그것이 곧바로 공화주의나 프랑
스식 사회통합 모델의 전면적인 폐기를 의미하는 것은 아니며, 특히 영
미식 공동체주의(communitarism)의 우위를 전제로 하는 것은 더욱더
아님을 주의해야 할 것이다.

특정 인구나 지역에 대한 소외와 차별은 프랑스만의 문제가 아니
며, 우리는 이 책에서 단지 프랑스의 방리유라는 특정한 사례에 주목해
비판적으로 접근하고 있을 뿐이다. 요컨대, 우리가 추구해야 할 '공존
의 기술', 즉 대안적 사회통합 모델에 대한 논의가 프랑스식 공화주의
와 영미식 공동체주의 사이에서 양자택일의 문제로 이해되어서는 안
될 것이다.

애초의 기획에는 프랑스 방리유 소요의 소사(小史), 방리유의 교
육 문제, 도시환경 문제 등에 대한 분석과 더불어, 방리유의 현장 활동
가들 및 방리유 주민들과의 인터뷰가 포함되어 있었다. 여기서 미처 하
지 못한 이야기 보따리들이 다음 기회에 풀어질 수 있기를 바라며, 특
히 이 공동작업의 출발점이었던 2006년 12월의 재불유학생단체협의
회 주최 콜로키움("공존의 기술: 포함/배제의 동학")에 발표자로 참가한
이래 꾸준히 필자들과 함께 한 파리 1대학의 최정민 씨에게 고마운 마
음을 전한다.

지난 1년 반 동안 필자들은 숱한 밤을 방리유자르라는 유령과 씨름해야 했다. 이제, 이 책을 통해 그 유령들이 던진 쟁점들에 대한 논의가 한국사회에 확산되기를 기대해본다.

2007년 5월, 파리와 방리유에서

필자들을 대신해

양창렬, 이기라 씀

## :: 차 례

편집자 서문 : 방리유를 둘러싼 포함과 배제의 동학  5


**제1부 방리유와 방리유자르를 둘러싼 표상들**

### 1장 "공화국을 보호해야 한다!" _ 이기라  19

치안불안과 방리유  19 | 방리유, 이민: 치안 담론과 낙인찍기  22 | 치안국가와 폭력의 변증법  37 | 치안논리와 예외적 주권  51 | 맺음말  63


### 2장 시테의 야만인 _ 양창렬  69

도시폭력  69 | 표상의 전이: 도시 외곽(민)에서 방리유(자르)로  71 | 문명이냐 야만이냐:무례 담론에서 시민권(성)까지  89 | 공화국을 넘어 민주주의로  115


### 3장 어디에도 (속해) 있지 않은, 어디에나 (속할 수) 있는 _ 이지선  117

그 청소년들의 어머니들과 누이들은 어디에 있었는가?  117 | 히잡 논란 다시 보기  121 | 히잡이 드러내는 것과 숨기는 것  136 | 결론을 대신해 : 히잡과 상징의 정치학  154 | 부록 : 사건일지  156


### 4장 방리유 소요사건과 '인정'의 정치 _ 김한창  159

'돌멩이가 전하는 메시지를 들어라'  159 | '인정하기'와 '인정하지 않기' : 인정투쟁과 사회적 무시  163 | '인정하기'와 '인정받기' : '인정' 개념의 이중성, '지배'와 '저항'  175 | '나/우리'를 어떻게 인정할 것인가? : 정체성과 주체화 사이에서  194 | 결론을 대신하며 : 파레지아, 돌멩이가 말을 하다  202


**제2부 이민자와 외국인 사이**

### 5장 이민과 프랑스 사회의 공존 _ 강진희  209

여는 말  209 | 이민주기에 따른 프랑스 이민의 역사  212 | 이민의 정치화  221 | '이민자 통합'과 배제의 기술  233 | 맺는 말  251

6장 프랑스 노동시장의 이원주의 성격 _ 손영우 254

서론 254 | 왜 프랑스에 아프리카인들이 많아진 것일까? 256 | 이민자의 토착화와 외국인 노동자의 분화 272 | '불안한 고용' 시대의 이원주의와 구조적 개혁을 위한 사회정책들 282 | 이민 2세에게 '사회적 승강기'는 작동하지 않는가 299 | 결론 307


7장 노동총연맹(CGT)의 이주노동자 정책 _ 신동규 310

2005년 방리유 사건을 통해 본 CGT와 노동운동의 위기 310 | CGT와 외국인 노동자: 이주노동자 정책의 모순과 그 기원 315 | 제2차 세계대전 이후 외국인 비숙련 노동자와 노동조합의 활동 321 | 1980년대 초 CGT의 이주노동자 문제 인식 331 | 맺음말 : '연대'와 '통제'의 모순 343


8장 이민자 관점에서 본 통합을 위한 정부 노력의 현실과 한계 _ 이권능 347

들어가는 글 347 | '서로 섞임'의 틀 짜기: 이민자통합을 어떻게 볼 것인가 349 | 새로운 땅에 뿌리내리기 : 이민자통합정책의 현실과 한계 362 | 맺는 글 388 | 부록 : 이민자 그룹 내의 대상 간 관계 390


## 제3부 에필로그


9장 방리유에서의 봉기들 _ 에티엔 발리바르 395

이름들 396 | 폭력 401 | 후기식민지 409 | 종교 417 | 인종과 계급 421 | 접근 불가능한 공화국 시민권 426 | 정치(politique)/반정치(antipolitique) 433


찾아보기 449

# 방리유와
# 방리유자르를 둘러싼
# 표상들

# .1장. "공화국을 보호해야 한다!"
— '방리유'를 둘러싼 치안논리와 낙인찍기의 통치메커니즘

이기라(파리 4대학, 정치학)

권력은, 그것이 극단적이라면 좋은 것이다.
보호를 위해 유용하기 때문이고,
안전이 존재하는 것은 그 보호 안에서이다.
— 토머스 홉스, 『리바이어던』(1651)

## 1. 치안불안과 방리유

2005년 10월 말 파리 근교 클리시수부아에서 소요가 발생했을 때, 프랑스 정부의 즉각적 반응은 현대사에서 전례를 찾아보기 어려울 만큼 강경한 것이었다. 그것은 경찰의 검문과 추적을 피하는 과정에서 발생한 두 소년의 죽음에 대한 진상규명이나 해당 지역의 불만요소 파악에 기초한 근본적 대책이 아니라, 줄곧 '질서를 어지럽히는 자들'에 대한 억압과 체포였다. 더구나 소요가 전국으로 확대되자 1955년 당시 식민지였던 알제리 내 봉기를 진압하기 위해 도입·적용한 이래 본토 내에서는 단 한번도 사용하지 않았던 비상사태법을 발동하고, 곧이어 의회에서 3개월 기간 연장을 결정했다. 여기서 우리가 놓치지 말아야 할 것은 이런 정부의 강경한 대응에 70퍼센트가 넘는 프랑스 국민들이 동의와 지지를 보냈다는 사실이다. 자유, 평등, 박애라는 프랑스 혁명의 고

귀한 가치를 계승한다는 프랑스에서 어떻게 이런 일이 벌어질 수 있었는가? 그것을 가능케 한 권력과 복종의 메커니즘은 무엇인가?

우리는 이러한 의문들에 대한 실마리를 찾기 위해 1980년대 중반 이래의 프랑스 치안 담론에 주목하고자 한다. 지난 20여 년간 프랑스에서는 치안불안과 '도시폭력'(violence urbaine) 문제가 그 어느 때보다 중요한 정치적 이슈가 되어왔다. 특히 1990년대부터 언론과 정치적 담론에서 '치안불안', '폭력', '청소년 비행', '도시범죄' 등과 같은 표현들이 폭발적으로 증가했다. 언론과 정치권 그리고 경찰과 사법부에서 다뤄지는 프랑스의 치안 담론은 주로 두 가지 '문제들'과 묶여 있다. 첫째는 비행이 집중적으로 이뤄지는 공간을 국가영토 내의 특정 지역과 연결하는 것으로서, 시테(cité) 혹은 게토(getto)라고도 불리는 **방리유**(banlieue) **문제**다. 둘째는 이러한 비행, '도시폭력' 그리고 치안불안에 책임이 있는 사람들을 프랑스에 거주하는 특정 인구와 연결하는 것으로서, **'이민 문제'** 혹은 '이민 출신 청소년 비행', 더 최근에는 '통합의 실패'라고 불리는 문제다.[1] 이러한 이중적 범주화는 **방리유에 사는 이민 출신 청년들**'이라는 형상으로 단일화됐다. 1980년대부터 점차 구성된 이러한 형상은 1990년대 내내 폭력이나 파손행위뿐 아니라

---

1) 언론과 정치권에서 치안 문제와 관련해 이민자를 언급할 때는 프랑스에서 일반적으로 정의된 이민자의 본래 의미와는 자주 다르게 사용된다. 우선 그것은 말 그대로 국경 내에 거주하는 외국 출신 내국인과 외국인들, 그리고 그들 중에서도 주로 불법적으로 거주하는 외국인들을 가리킨다. 다른 한편으로는 이민자 자녀들, 그들 중에서도 과거 식민지였던 알제리, 튀니지, 모로코 등 북아프리카 마그리브 지역 출신과 세네갈, 코트디부아르 등 중서부 흑인 아프리카 출신의 청소년들을 가리킨다. 여기서 두번째 '이민자'의 의미는 아주 특수하다. 그들의 부모는 많은 수가 귀화하지 않은 외국인 이민자이지만, 그들 자신은 프랑스에서 태어났기 때문에 이민자가 아니며, 대부분 프랑스 국적자이므로 외국인도 아니기 때문이다. 더구나 그들은 모두 프랑스식 정규교육을 받았다. 그러므로 그들의 부모와 달리 적어도 법과 권리의 차원에서 내국인과 전혀 다를 게 없는 프랑스 시민인 것이다.

반유대주의, 여성억압, 종교적 근본주의, 심지어 테러리즘에 이르기까지 다양한 요소들을 통해 강화되고 범죄화됐다. 결국 이민 출신 방리유 청년들에 대한 표상은 21세기로의 전환기에 프랑스 사회의 주요한 집단적 '공포'를 형성했다.

무엇이 수많은 프랑스인들로 하여금 이민, 청소년 비행, 도시범죄, 이슬람주의, 테러리즘 등 각기 다른 성격의 문제들을 방리유 청년들의 '범죄자 이미지'와 연관시키게 한 것일까? 이러한 담론의 동력을 어떻게 설명할 것인가? 우리는 이 글에서 2005년 전국적인 소요로 전 세계가 주목하게 된 프랑스의 치안과 '도시폭력' 문제를 치안논리와 낙인찍기를 통해 주권을 재정당화하고 강화하는 현대의 통치기술이라는 관점에서 분석하고자 한다. 최근 20여 년 동안의 치안논리, 그에 기반한 낙인과 처벌의 정치는 한편으로 소외 지역 청년들의 절망과 증오를 누적시키고 공권력과의 갈등을 증폭시킴으로써 2005년 전국적인 소요의 주요한 원인을 제공함과 동시에, 권력강화의 정당성을 확보할 수 있게 함으로써 비상사태(Etat d'urgence) 선포라는 강력한 예외적 주권의 발동과 그에 대한 프랑스인들의 광범위한 지지를 확보하는 토대가 됐다는 것이 우리의 기본 가설이다.[2]

---

2) 권력이 범죄에 미치는 효과와 권력에 의한 범죄의 활용을 보고자 하는 한, 우리의 연구는 범죄를 설명하는 여러 이론들 중 범죄를 권력효과의 총체 안에 포함시키는 '고전적' 이론 틀과 맞닿아 있다. 이 이론들은 범죄가 사회적 불평등에 맞서 탈선하거나 감내하는 개인들에 대한 배제의 메커니즘을 만드는 사회에 대한 반응으로 본다. 사회는 일정한 개인들에게 범죄자라는 딱지를 붙이면서, 지배적인 가치 모델에 대한 불일치나 사회적 기능에 대한 정당한 저항의 표현인 그들의 행위를 외면하는 것이다. 범죄자로 여겨지는 '적합하지 않은' 개인들은 보살핌이나 통제가 필요한 정신병리학적인 주체가 된다. 달리 말해, 우리는 탈선에 대한 사회적 정상화(normalisation)를 목도하는 것이다. 예컨대 배제되거나 범죄자가 된 주체들의 언어에 대한 복권 시도로 해석될 수 있는 어빙 고프먼(『낙인』, 1963)과 미셸 푸코(『감시와 처벌』, 1975)의 작업들이 이러한 관점에 기반하고 있다.

## 2. 방리유, 이민 : 치안 담론과 낙인찍기

범죄는 이해 관계나 정념에 의해 모든 사람의 마음속으로
들어온 잠재적 성질의 것이 아니라, 어느 특정한 사회계급이
거의 배타적으로 자행하는 행위이다.
— 샤를 콩트, 『입법론』(1827)


프랑스 정부와 사법부의 통계에 따르면, 1960년대 후반부터 1980년대
중반까지 범죄건수가 급격하게 증가했으며, 특히 1980년대부터는 대
도시 근교에서 청소년 비행이 눈에 띄게 증가했다.[3] 그러나 우리가 먼
저 고려해야 할 것은 현실에 대한 우리의 인식은 제한적이고, 주로 언
론과 정치권력이 유포하는 정보에 의존한다는 점이다. 그러므로 치안
문제 역시 언론과 정치적 담론이 제시하는 사회적 표상과 직접적으로
연관될 수밖에 없다. 다른 모든 사회적 이슈들과 마찬가지로 치안불안
은 우리에게 객관적으로 주어진 현상이라기보다는 언론과 정치적 담
론이 한 부분을 차지하는, 공적 공간에서의 모든 담론화의 결과인 것이
다. 공적인 담론은 단지 다양한 의견들의 자유로운 표현이 아니라, 직
접적으로 정치적일 수밖에 없다. 왜냐하면 그것은 근본적으로 기존의
정책들이나 앞으로의 정책방향에 대한 정당화, 혹은 정반대로 그것의
흠집내기와 연관되기 때문이다.

　　실제로 맑스주의적 시각이 여전히 지배적이던 1970~80년대의

---

3) 이것이 프랑스만의 현상이 아니라는 점은 주지할 필요가 있다. 이 시기를 거치면서 모든
　유럽 국가들에서 범죄율과 수감률이 높아졌다. 하지만 주의해야 할 것은 이 글에서 보여
　주고자 하는 바와 같이 통계에서 나타나는 범죄율의 증가는 실제 범죄건수의 증가만이 아
　니라 치안 문제에 대한 사회적 관심, 그로 인한 경찰력의 증대와 단속의 강화 등과 밀접한
　상관 관계가 있으므로 액면 그대로 받아들여서는 안 된다는 점이다.

대다수 좌파 지식인들과 언론인들은 치안불안의 증가를 젊은이들과 노동계급의 정당한 저항의사를 억압하기 위해 권력이 만들어낸 환영으로 치부했다. 그러나 1990년대를 지나면서 이와 같은 일반적인 의견이 역전됐고, 오늘날 대부분의 프랑스인들은 사회가 점점 더 폭력에 의해 위협받고 있다고 인정하게 됐다. 이러한 변화는 깊은 성찰을 요한다. 프랑스의 치안불안이 점점 더 심각해지고 있는 것이 사실인가? 만약 그렇지 않다면 공식적인 통계들이 말하는 범죄율과 치안불안감의 꾸준한 상승을 어떻게 설명할 것인가?

## 1) '도시폭력' 과 '범죄자 만들기'

1981년 리옹 근교 멩게트와 베니시유에서 소요가 일어난 직후부터 프랑스 언론들은 '도시폭력', 크고 작은 비행, 몇몇 교외 지역의 슬럼화를 부각시키면서 그에 대한 책임을 이민자 출신, 특히 마그리브(북아프리카 알제리, 튀니지, 모로코) 출신 청년들에게 지우는 방식으로 조금씩 방리유 문제와 이민 문제를 연관시키기 시작했다. 그렇지만 1980년대까지는 주로 좌파 지식인들과 언론인들을 중심으로 문제를 일으킨 젊은이들의 열악한 사회경제적 조건을 강조하고, 사회갈등을 억압하기 위한 환영이라고 치안불안을 치부하면서 그것의 실질적인 확대를 부정하는 경향이 더 강했다. 1981년 이래 발간된 신문에서 폭력과 비행에 대한 기사 증가를 분석한 콜로발드에 따르면, 각 신문기사들은 이 주제에 대해 다양하고 이질적인 시각들을 나타내기도 했지만, 점점 더 관련된 개인들에 대해 낙인을 찍는, 도덕적 문제로 이해하는 경향을 보였다.[4] 이때 언론의 주목을 받은 것은 새롭게 범주화된 대상, 즉 이민자와 이민자 출신 젊은이들이었다. 이와 같은 방리유 문제와 방리유 청년들의 형상에 대한 집중은 텔레비전 방송의 자율화와 함께 1980년 대 말 이후 더욱 강화된다.

1990년대 텔레비전 언론의 영향력 증대와 함께 방리유 문제는 사회통합의 부족에서 기인한 '무질서' 라는 인식틀에서 문화적 통합의 불가능성과 이민 출신 젊은이들의 극단적인 이질성에서 오는 '위협' 이라는 인식틀로 변화됐다.[5] 1990년 경찰의 실수에 이은 보앙블랭에서의 소요[6]는 방화, 약탈, 경찰과의 대치 등이 전국으로 생방송되는 과정에서 '통합의 종말' 을 가져왔던 것이다. 그리고 통합의 문제인식이 힘을 잃는 과정에서 '위협' 에 대한 정의가 보다 구체화됐다. 즉 이민 출신 젊은이들은 그들의 문화적 괴리로 인해 통합이 불가능할 뿐 아니라 탈법적이고 교조주의적인 하위문화를 형성하고 있다고 본 것이다.

이와 같이 방리유의 위기를 '위협' 으로서의 이민 문제의 틀로 바라보는 시각은 1990년대 초 시사주간지 『렉스프레스』의 헤드라인이었던 "방리유, 이민: 긴급상황"[7]에 잘 요약되어 있다. 이 기사에서 드러나는 문제는 불법이민, 합법이민, 난민, 외국인 이민 2세대, 이민자 출신 프랑스 국적 청소년 등 각기 다른 대상들을 방리유 문제의 원인으로

---

4) Annie Collovald, "Violence et délinquance dans la presse: Politisation d'un malaise social et technicisation de son traitement", *Prévention et sécurité: Vers un nouvel ordre social?*, (dir.) Francis Bailleau et Catherine Gorgeon, Paris: Les Editions de la DIV, 2000, pp.39~53.

5) Eiz Macé, "Le traitement médiatique de la sécurité", *Crime et sécurité: L'état des savoirs*, (dir.) Laurent Mucchielli et Philippe Robert, Paris: Découverte, 2002, p.37.

6) 1990년 10월 6일, 경찰이 세워둔 바리케이드로 인해 한 오토바이 운전자가 사망하자 이에 항의하는 대규모 시위가 발생한 사건을 말한다. 자세한 내용으로는 다음을 참조하라. Sylvie Tissot, *L'tat et les quartiers: Genèse d'une catégorie de l'action publique*, Paris: Seuil, 2007.

7) "Banlieue, immigration: L'état d'urgence", *L'Express*, juin 6, 1991.

서 '이민'이라는 하나의 동일한 범주로 다뤘다는 점이다. 이처럼 많은 언론과 정치적 담론에서 외국인, 이민자, 내국인 이민 출신 자녀 등의 범주적 차이들은 무시되거나 은폐된다. 주로 불법이민이나 불법체류 등과 관련되어 높아진 외국인 수감률[8]을 아프리카 이민출신 청소년들의 범죄성과 연결시키고, 프랑스에서 태어난 이들까지 이민자의 범주에 포함시키는 등의 **뒤섞음**(amalgame)을 통해 '위험한 이민자'라는 낙인이 찍힌 하나의 동일한 이미지를 확대재생산해온 것이다.

특히 1990년대 말부터 치안불안 일반, 특히 청소년 범죄와 '도시 폭력'에 대한 공적인 논쟁을 부추기는 서적의 출판과 신문이나 잡지의 기사량이 급격하게 증가했다.[9] 1970년대 이래 범죄율의 증가와 치안 불안과 관련된 출판물 수의 관계를 보여주는 〈도표 1〉에서 우선 1976년부터 1984년까지의 높은 범죄율 증가에 약간 뒤이어 이어진 출판물

---

8) 1995년 프랑스 전체 수감자의 29퍼센트는 외국인으로, 내국인보다 5~6배 높은 비율을 보였다. 이러한 외국인의 높은 수감률 경향은 다른 유럽 국가들에서도 마찬가지다. 그러나 감금된 대다수 외국인들은 단지 불법이민 혹은 이민이나 체류와 관련된 법률에 대한 위반으로 고발된 것이며, 그들 중 다수는 그들을 다른 곳으로 보내기 위한 절차의 실행을 기다리는 동안 행정적 차원에서 구금된 자들이다. 특히 구금된 외국인들 중에는 체류, 주거, 가족 관계, 직업, 교육 등의 합법성과 지속성을 보증받기 위해 일반적으로 요구되는 조건들을 충족시키는 것이 아주 어렵기 때문에 피고인이 되는 경우가 점점 늘어나고 있다. 더구나 경찰 활동의 초점은 정치적·사회적 쟁점과 밀접한 연관을 맺고 있기 때문에, 이민 문제가 이슈화될수록 그 부문에 대해 경찰력이 집중되고 강화될 수밖에 없다. 또한 외국인 수감률이 높은 또 다른 이유로 외국인과 이민이 범죄의 근원이 될 수 있다는 사회적 인식 때문에 그들에게 법 적용을 더욱 엄격하게 하고, 범죄를 저지르면 높은 형량을 선고한다는 점도 지적될 수 있다. 실제로, 1999년 형무행정실의 연구에 따르면 1984년부터 1996년까지 외국인 체류에 관한 법률위반으로 수감된 외국인이 330퍼센트나 증가했다. Anastassia Tsoukala, "Crime et immigration en Europe", *Working Paper*, n°00/04, avril, Liège: Centre d'Etudes de l'Ethnicité et des Migrations, 2000. [www.ulg.ac.be/cedem/m/wp/prev/27.pdf]; cf. Assemblée nationale, "Rapport", n°2521, juin 28, 2000. [www.assemblee-nationale.fr/rap-enq/r2521-1.asp]
9) Bernard Alidières, *Géopolitique de l'insécurité et du Front national*, Paris: Armand Colin, 2006, p.286.

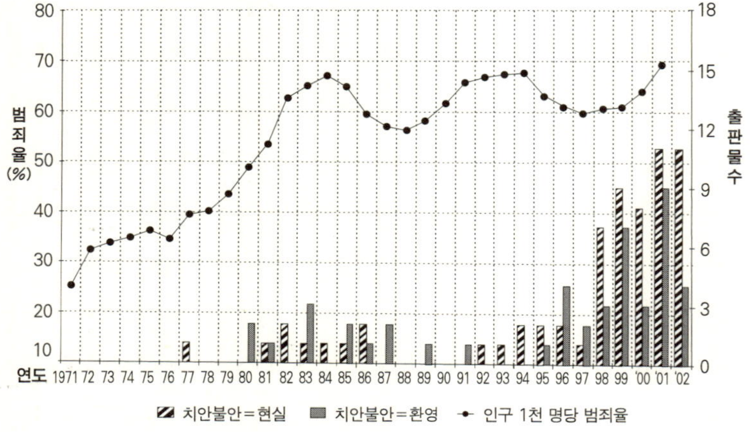



[출처] Assemblée nationale, "Rapport", n° 2521, juin 28, 2000, p.288.

의 미세한 증가를 발견할 수 있다. 그러나 이후 범죄율이 더 증가하지 않고 증감을 반복했음에도 불구하고, 1990년대 말부터 다시 한 번 폭발적인 출판물의 증가가 나타나며, 그 내용에 있어서도 치안불안이 사회갈등을 억압하기 위한 환영이 아니라 현실이며 실제 범죄의 증가와 일치한다는 방향으로 선회한다. 좀더 자세히 살펴보면, 1998~99년에 범죄율은 거의 안정적임에도 불구하고 (치안불안을 현실로 인정하는) 출판물이 폭증했으며,[10] 오히려 그 이후인 2000~2001년에 다시 범죄율이 증가한 것을 확인할 수 있다. 이는 치안 담론의 확대가 범죄율 증

---

10) 이는 1997년 10월 '빌팽트'에서 열린 콜로키움을 전후한 좌파연정 정부의 치안 문제에 대한 입장전환, 1980년대 치안 담론을 주도한 극우 정당 국민전선(Front National, FN)의 위기(그리고 이어진 1998년 12월의 분열) 등이 정치인, 언론인, 학자 등 많은 저자들로 하여금 치안 담론에 개입하도록 했기 때문으로 보인다. 빌팽트 콜로키움과 그 이후의 치안관련 제도변화에 대해서는 이 글의 3절 '1) 치안 담론의 제도화'를 보라.

가라는 현실의 단순한 반영이 아닐 뿐 아니라, 오히려 그 역도 성립할 수 있음을 말해주는 것이다.

더구나 범죄유형의 절대적인 비율이 대중교통 무임승차, 소매치기, 가택절도, 장물구입 등처럼 신체적 위협을 주는 행위와 전혀 상관없음에도 불구하고 치안과 관련된 공적인 담론들은 거의 자동적으로 '폭력'(violences)이라는 단어를 사용했다. 이 역시도 1980년대까지는 언론의 정치적 색깔에 따라 각기 다른 입장을 보였으나, 1995년부터 조금씩 변하기 시작해 그들의 높은 범죄율을 확인하고, 그들의 '폭력'과 이민을 중단시켜야 한다는 쪽으로 매체들의 논조가 대부분 모아졌다. 나아가 사람들의 가장 일상적인 경험들과 강력범죄, 성폭력, 실업, 불확실한 미래에 대한 막연한 공포, 심지어 테러리즘 같은 극단적이고 심각한 범죄를 교묘하게 뒤섞는 경향을 보였다. 이런 기술방식은 일상에서 겪는 즉각적인 경험들과 언론에서 크게 다루는 사건들이 연속성을 지니고 있다고 믿게 할 수 있다. 결국 도시범죄의 문제는 비사회화되고 잘 교육되지 못한 것으로 여겨진 이민 출신 젊은이들의 '폭력'이라는 일정한 사회적 합의가 이뤄지기 시작했으며, 1997년 AFP 통신에 방리유 문제를 다루기 위한 '도시폭력'이라는 새로운 항목이 마련되는 등 방리유의 위기와 '도시폭력'이 거의 자동적으로 연결됐다. 이제 '폭력'과 그것을 저지르는 '청년들'은 기정사실이 된 것이다. 그리하여 이 문제는 정치적 쟁점이 됐을 뿐 아니라 전문적인 연구의 대상이 된다.[11] '도시폭력'이 측정되고 평가되기 시작한 것이다.

---

11) 그 출발점이 될 수 있는 대표적인 사례로서, 1989년 내무부는 국립고등치안학교(Institut des Hautes études de la sécurité intérieure, IHESI)를 설립해 학계와 경찰계의 경계를 허물고 경찰과 연구자들에게 정당성을 부여하는 데 기여했다.

1990~91년 소요에 대한 제도적 대응으로 치안정보국에 '도시폭력' (나중에 '도시와 방리유'로 바꾸었다)이라는 새로운 부서가 만들어졌다. 이 부서의 궁극적 목적은 소요를 억제하는 것이었지만, 그것을 위해 치안 문제가 심각한 프랑스 내 '민감한 지역들' (quartiers sensibles)의 지도를 제작하고, 각각의 지역들에서 청년조직들의 증감을 분석했으며, 전통적인 경찰에 의해 확인된 위법사실만이 아니라 '도시폭력'의 가능성을 측정하기 위해 해당 지역의 위험성을 단계별로 평가하는 틀[12]을 만들었다. 그들의 원칙은 "소요는 무에서 나오는 것이 아니라, 다양한 형태로 시작되지만 늘 같은 방향으로 이어지는 집단적이고 공공연하며 도발적인 사소한 청소년 비행에 뿌리가 있다"는 것이었다.[13] 요컨대 "계란도둑이 소도둑 된다"는 오래된 프랑스 속담처럼, 사소한 비행에서 시작해 마약밀매로, 그리고 국제적 테러리즘으로까지 거의 논리적이고 피할 수 없이 이어지게 된다는 파국적인 결과를 예견하는 담론을 생산한 것이다.

일부 언론들은 나아가 국제적인 이민이동과 난민신청 등에 상대적으로 점점 더 많은 지면을 할애하고, 인구통계에 기초해 이민자들에 의한 '침공' (invasion)이라는 관념을 생산했다.[14] 이미 눈에 띄게 증가

---

12) 파손 행위부터 소요까지 8단계로 나뉜 이 틀의 가장 주목할 만한 특징은 일반적인 폭력 현상과 지역주민들이 희생자가 될 수 있는 범죄들의 총체보다도 공공질서에 대한 침해와 청년들과 공권력 사이의 긴장을 측정하고자 한다는 점이다.

13) Laurent Mucchielli, *Violences et insécurité: Frantasmes et réalités dans le débat français*, Paris: Découverte, 2002, pp.40~43.

14) 예컨대 1985년 10월 26일, 『르 피가로 마가쟁』은 차도르를 입고 있는 프랑스 공화국의 상징 마리안느를 묘사한 잡지표지에 다음과 같은 도발적인 표제를 달았다. "30년 후에도 우리가 여전히 프랑스인일 것인가?" (Serons-nous encore Français dans 30 ans?) 이 기사는 북아프리카 이민의 증가와 그들의 높은 출생률로부터, 2015년까지 520만 프랑스인의 감소와 같은 수로 이민자가 증가할 것을 예언했다.

하고 있고 가까운 장래에 더 많이 증가할 것이며, 이것을 외국인의 높은 범죄율과 연결시키면서 향후 몇 년 이후에는 치안 문제가 더욱 심각해질 것이라는 두려움을 조장한 것이다. 정치권과 언론들은 심지어 마그리브 출신 이민자와 이민 2세들에 대한 문화적 이질감을 이슬람에 대한 공포와 연결시켰다.[15] 이러한 경향은 1989년 9월 파리 근교 크레유에서의 '히잡 사건'[16]과 1991년의 걸프전이 주요한 계기가 됐으며, 서구와 이슬람 세계와의 '문명의 충돌'이라는 관념과 함께 발전됐다. 프랑스에서는 종교적 차원보다 문화적 성격이 강한 여성의 히잡 착용만이 사회적 쟁점이 되어왔음에도 불구하고, 무슬림들뿐 아니라 대다수가 종교를 실천하고 있지 않은 마그리브 출신 이민 2세들까지 국제적인 문제가 되어온 이슬람 원리주의자, 그리고 국제 테러리스트의 이미지와 연결시킨 것이다.

이와 같은 지속적인 선전의 효과는 명백했다. 국립인권자문위원회(CNCDH)의 연례보고서에 따르면, 2000년 조사대상자의 60퍼센트가 프랑스에 외국인 출신이 너무 많다고 생각했으며, 63퍼센트는 아랍인이 너무 많다고 응답했다. 그리고 43퍼센트가 자신이 대체로 인종주의적이거나 약간 인종주의적이라고 대답한 반면, 28퍼센트만이 전혀 인종주의적이지 않다고 대답했다.[17] 2002년 조사에서는 15가지 주요

---

15) 1989년 10월 5일자 『누벨 옵세르바퇴르』는 눈만 내놓은 채 얼굴 전체를 가리는 차도르를 입고 있는 젊은 소녀를 표지사진으로 내세우면서 "광신, 종교적 위협"이라는 제목을 달았다. 당시가 '히잡 사건' 직후임을 감안할 때, 은연중에 히잡 착용을 이슬람에 대한 광신이나 위협으로 과도하게 연결시키고 있음을 알 수 있다.

16) 히잡 사건과 히잡 논쟁, 그리고 그 의미에 대해서는 이지선의 글(3장)을 보라.

17) Commision nationale consultative des droits de l'homme(CNCDH), *La lutte contre le racisme et xénophobie: Rapport d'activité 2001*, Paris: La documentation française, 2002. CNCDH가 여론조사기관 BVA에 의뢰해 11월 29일부터 12월 6일까지, 프랑스에 거주하는 18세 이상의 성인남녀 1,010명을 대상으로 표본조사한 것이다.

현안 중 치안불안(18퍼센트)이 실업(15퍼센트)을 누르고 프랑스 사회의 가장 큰 위협으로 여겨졌으며, 테러리즘이 네번째(10퍼센트)를 차지했다. 아울러 프랑스 정체성 상실도 일곱번째(5퍼센트)였다.[18] 이 연례보고서에서 특히 주목할 만한 사실은 1980년대 이래 프랑스에서 줄곧 가장 심각한 사회 문제로 인식되어온 실업을 누르고 치안불안이 가장 큰 위협으로 여겨진 것은 2002년이 유일하다는 점이다.[19] 치안 문제가 그 어느 때보다 중요한 정치적 쟁점이 된 대선과 총선이 연달아 치러진 이후에 조사된 2002년 결과에서 유례없이 치안불안이 가장 큰 위협으로 여겨졌다는 점은 이 문제에 있어서 각 정당들이 선거에서 승리하기 위해 경쟁적으로 내세운 정치선전의 효과가 상당히 작용했음을 뒷받침해준다.

## 2) 방리유 청년들과 도시범죄의 실제

과연 불안해진 프랑스의 치안 문제가 언론과 경찰, 정치적 담론에서 말하듯 이민자들과 직접적으로 연관된 것일까? 대부분 아프리카 출신 이민 2세들인 방리유 청년들은 실제로 '도시폭력의 주범'이라는 낙인이 찍힐 만큼 '위험한' 존재이며, 그들의 범죄가 점점 더 '폭력적'으로 되어가고 있을까?

먼저 알아두어야 할 것은, 프랑스에서 구체적인 범죄의 증감을 관찰할 수 있는 통계들은 대부분 국립통계청 같이 종합적인 통계기관에서 직접 조사한 것이 아니라 내무부나 법무부 산하의 (현상을 통제해야

---

18) CNCDH, 2002년 연례보고서.
19) 2003년과 2004년에는 같은 조사에서 실업 문제가 다시 1위 자리를 회복하고 치안불안이 2위로 내려온다. CNCDH, 2003~04년 연례보고서.

하는) 행정기관에서 나온다는 점이다. 그리고 이 행정기관들은 당연하게도 순수한 조사의 결과가 아니라 활동의 결과들을 보여준다. 즉 그들이 제시하는 수치들은 희생자들의 고소와 경찰의 활동에 기반한 것이다. 따라서 예를 들어 경찰의 마약사범 단속이 강화되면 마약소비와 유통에 관련된 수치가 당연히 올라가게 된다. 이처럼 '표적이 되는 사람들'에 대한 경찰수사의 강화는 지난 수년간 프랑스의 방리유에서 실제로 벌어진 일이다. 다음으로 고려해야 할 것은 정부의 공식통계들은 범죄 사실을 확인할 당시 국적을 기준으로만 해서 구분되기 때문에, 이미 프랑스 국적을 취득한 이민자나 이민 2세의 통계는 따로 잡히지 않는다는 점이다. 이것은 프랑스 국적자인 이상 인종, 출신국가, 종교에 따른 차별방지를 추구해온 공화주의적 통합 모델의 결과이지만,[20] 그로 인해 외국인 수감률이나 이민자 가구의 비율이 높은 지역의 높은 범죄율 등과 같이 인접통계들을 통해 이민 2세들의 범죄율도 그만큼 높을 것이라고 단정하기 쉽다. 마지막으로, 이러한 한계에도 불구하고 그들의 범죄성에 대한 직접적인 공식통계는 없기 때문에, 이 글에서도 역시 종합적인 통계에서 나타나는 일반 경향들을 가지고 간접적인 방식으로 접근할 수밖에 없다.

우리는 1950년대 이후의 전체 범죄율 그래프(〈도표 2〉)가 보여주는 경향에서 다음과 같은 중요한 사실들을 읽어낼 수 있다. 첫째, 1960년대 후반부터 이미 범죄율이 급격히 증가하고 있음을 알 수 있다.

---

20) 다시 말해 공화국의 시민이 된 자는 공적인 영역에서 인종, 종교, 출신국가 등에 상관없이 동등한 시민으로 인정해야 한다는 오랜 공화주의 원칙의 한 단면이다. 따라서 대부분의 공식통계에서 범죄 확인 시점의 국적에 따라 내국인/외국인의 구분만 있을 뿐, 내국인 이민자의 출신국은 원칙적으로 고려되지 않는다.

〈도표 2: 인구 천 명당 전체 범죄율과 도난과 은닉 및 인명침해 비율 1950~95〉

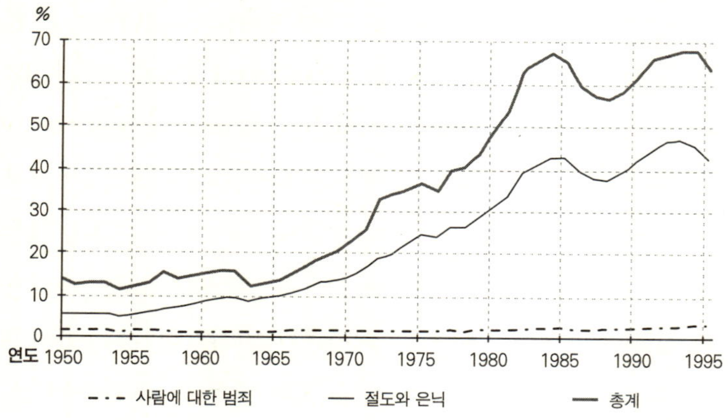


[출처] La documentation française, *Cahiers français*, n° 281: Citoyenneté et société, mai-juin, 1997.

1960년대에 집중된 대부분의 1세대 마그리브 출신 이민자들은 스스로 외국인의 정체성을 유지해 가벼운 사회적 차별에 대해서도 거의 반발하지 않았고, 당시에는 실업률도 낮았기 때문에 이 시기의 범죄율 증가는 이민자들과 크게 관련이 없다. 더구나 그들은 대부분 독신 남성들로서 많은 수가 1974년 가족재결합정책이 시행된 이후에야 비로소 본국에서 가족을 데려오거나 아이를 낳기 시작하므로 마그리브 이민 2세대와는 더욱더 관련이 없다. 1960~70년대의 범죄율 증가는 이민이 아니라 다른 곳에서 원인을 찾아야 하는 것이다.

둘째, 범죄율이 급격히 증가하기 시작한 1960년대 후반은 전후 베이비붐 세대가 사회에 등장한 시기와도 정확히 일치한다. 범죄학자들에 의하면, 일반적으로 15세에서 25세까지의 연령층에서 사소한 비행과 범죄율이 높기 때문에 이들의 인구비율이 높을 때 다른 시기보다 전체 범죄율이 높아진다. 더구나 비슷한 연령층의 인구밀도가 높을 때 여러 측면에서 경쟁이 심화되며, 사회적 자원의 향유가 이전 세대에 비해 제한적이므로 사회에 대한 불만 또한 많아질 수 있다. 요컨대 기존 질서에 대한 젊은이들의 거부와 반항은 68운동처럼 사회개혁의 동력으로만 표출된 것은 아니었다.

셋째, 구체적인 범죄유형을 보면 1960년대 중반부터 전체 범죄에서 절도와 은닉이 점점 더 핵심적인 부분을 차지하게 됐다는 점이다.[21] 여기서 통계는 증식기와 안정기라는 두 시기로 나뉘는데, 1960년대 이래 시작된 재화와 관련된 범죄(atteintes aux biens)의 확연한 증가가 1984년까지 지속되는 반면 그 이후로는 이러한 증가가 둔화되어 일정한 등락을 반복한다. 반면에 상해, 폭행에서부터 살인까지 포함하는 사람의 생명과 신체에 위해를 가하는 범죄(atteintes aux personnes)는 일정하게 제한적인 비중을 보인다.[22] 이것은 전체 범죄율 변동의 경향과 정확히 일치한다. 따라서 1960년대부터 1980년대 초까지 지속된 전체 범죄율의 증가는 주로 절도와 은닉과 같은 비교적 심각하지 않은 범죄에 의해 이끌어진 것이라 볼 수 있다. 그러므로 1980년대 이후의

---

21) 경찰과 헌병이 발표하는 연례보고서에서 1950년 187,496건이었던 절도건수는 1975년 6배(1,233,186건)나 증가했고, 1985년에는 2,301,934건, 1993년에는 2,640,417건에 달하게 된다. 비율로 보면, 2000년에 전체 범죄에서 절도가 차지한 비율은 61.9퍼센트나 됐다. 그 반면에 사람에 대한 범죄는 6.75퍼센트이다. Les service de police et les unités de gendarmerie, *Criminalité et délinquance constatées en France*, Paris: Direction centrale de la police judiciaire, 2000, 2005.

22) 1950년 전체 범죄에서 10.2퍼센트를 차지하던 사람에게 위해를 가하는 범죄는 오히려 1995년 5.2퍼센트, 1998년 6.5퍼센트로 비중이 낮아졌다. 전체 범죄율과 절도율을 비교한 다음 글에서 나오는 그래프를 참고하라. Jacques de Maillard, "Citoyenneté et pratiques civiques", *Cahiers français*, n° 281: Citoyenneté et société, Paris: La documentation Française, mai-juin, 1997, p.46.

높은 범죄율에 대해 말할 때 '폭력' 혹은 '도시폭력'이라고 총칭하는
것은 분명 본질을 왜곡하는 것이다.[23]

넷째, 이와 같은 전체 범죄에서 차지하는 절도건수의 높은 비율은
프랑스만의 독특한 경향이 아니며, 급속한 산업화로 인한 빈부격차의
증대와 후기산업사회의 전형적인 특징인 소비사회로의 진입을 알려주
는 것이다. 이 설명은 1970년대 중반까지 프랑스가 '영광의 30년'이라
고 부르는 경제호황기였다는 점에서도 뒷받침된다. 자동차, 모터사이
클, 자전거, 첨단전자제품, 유명 스포츠용품 등에 대한 높은 절도건수
는 소비사회의 일반적인 경향으로, 경쟁적으로 소비가 조장되는 사회
에서 충분한 경제력을 갖추지 못한 가난한 노동자 가정의 청소년들은
자주 절도의 유혹을 받게 된다.

마지막으로, 이처럼 신체적 위협은 없지만 도시 곳곳에서 눈에 잘
띄는 위법행위가 급격히 증가함으로써 일반인들의 범죄 체감지수는
실제 전체 범죄건수의 증가 이상으로 높아질 수밖에 없었다.[24]

요컨대 적어도 1980년대 초반까지의 급격한 범죄율 증가의 주된
요인은 이민 2세대가 아니었으며, 높아진 범죄율의 핵심은 오늘날까지
도 심각한 폭력이 아니라 신체적 위협이 없는 단순절도였다. 그러나

---

23) 프랑스를 비롯한 유럽의 폭력범죄의 경향은 치사폭력이 지배적인 '미국형 모델'과 전혀
다르다. 프랑스 내의 살인율은 1990년대 이래 오히려 감소했다. 1990년에 인구 10만 명
당 4.5명이던 살인율이 2000년에는 3.6명으로 떨어졌다. 폭행과 상해는 많아졌지만 몸
전체를 구타하는 것과 거리가 멀고, 노동자 출신의 젊은이들에게 집중되어 있으며 일반
적으로 경미한 것들이다. 절반의 경우가 단지 언어적 폭력이고, 20건 중에 한 건만이 병
원에 가거나 일을 쉬어야 할 정도의 피해를 입는다. Mucchieli, op. cit., pp.62~67.
24) 프랑스의 여론조사기관인 SOFRES와 IPSOS가 각각 1976년과 1984년 조사한 "프랑스
인들의 치안에 대한 불안감 1976~84"을 보면 치안불안감의 확연한 증가가 엿보인다.
Dominique Duprez, "Une approche sociologique de la violence", Conférence
introductive du 26 février 2002. [www.ssf-fr.org/regions/lille/introconf.php3]

1980년대 후반부터 프랑스의 치안 문제는 새로운 국면을 맞게 된다. 전체 범죄율은 더 증가하지 않고 증감을 반복하며 여전히 절도가 가장 높은 비중을 차지했지만, 범죄유형과 성격에서는 새로운 경향이 나타난 것이다. 무엇보다 공공재와 사유재 파손행위가 1990년을 전후해 급격히 증가했다.[25] 건물훼손, 차량방화, 공중전화 박스나 버스정류장 유리파손, 공공차량(경찰, 소방 등)을 향한 투석 등 이 행동들의 대부분은 공공질서와 공권력을 향한 것이었다. 현장에서 공권력을 수행하는 경찰들에 대한 모욕과 폭행도 같은 기간 동안 세 배 이상 증가했다.[26] 이러한 경향은 특히 프랑스 사회의 가장 하층계급을 형성하고 있는 아프리카 출신 이민자 가구들이 밀집해 있는 대도시 주변의 소위 '민감한 도시 구역들'(Zones Urbaines Sensibles, ZUS)에 집중됐다. 이 지역 내에서의 범죄유형은 절도보다도 파손행위(방화, 공공재나 사유재의 파괴 및 훼손)와 폭력행위(폭행이나 협박, 갈취와 관련 없는 공갈, 흉기 없는 강도, 또는 공권력에 대한 폭력)가 가장 높은 비중을 차지했다.[27] 여기서 중요한 것은 이러한 유형의 비행은 대부분 정부의 도시정책 및 치안정책, 그에 따른 경찰과의 관계와 밀접한 연관이 있다는 점이다.

다음의 두 경험적 연구는 아프리카 출신 이민 2세대의 비행 문제

---

25) 1970년대 초 약 6만 건에 불과했던 파손행위가 1999년에는 약 50만 건에 달하게 된다.

26) Mucchielli, op. cit., p.72.

27) 관련 기관들이 2004년 전국 640개의 ZUS에서 발생한 사건들을 프랑스 전체 범죄유형의 72퍼센트를 차지한 28개 유형을 가지고 취합해본 결과, 인구 1천 명당 68건이 발생한 것으로 나타났다. 이는 프랑스 전체 통계의 1천 명당(1999년 인구기준) 47.3건에 비해 상당히 높은 비율이다. 범죄유형별로 보면 가장 높은 비율을 차지하는 것은 파손행위와 여러 가지 폭력행위였다. 특히 방화는 주변 지역에 비해 평균적으로 두 배 이상 높았으며, 반면에 이 지역 내에서의 절도는 상대적으로 낮은 비중을 차지했다. L'Observatoire nationale des Zones Urbaines Sensibles, "La sécurité et la tranquillité publique", *Rapport 2005*, Paris: La documentation française, 2005. 〈도표 1〉 참조.

의 본질에 좀더 다가가게 해준다. 세바스티앙 로셰가 1999년 13세부터 19세까지의 청소년 2,288명을 대상으로 행한 설문조사에 따르면, 양친이 모두 외국인인 청소년들이 비행을 저지르는 비율이 확실히 더 높았다고 한다. 그리고 그중에서도 마그리브 출신의 청소년들이 다른 외국인들에 비해 약간 더 높았다. 로셰는 "마그리브 출신 청소년들은 부모들의 무관심, 중심 도시 외곽 공공임대주택(HLM) 등의 주거공간 위치, 부모들의 낮은 수입과 학력, 높은 학교 결석률 등 비행과 연결되는 요소들을 가진다"고 결론지었다.[28] 그러나 이 연구는 지역을 구분하지 않고 조사함으로써 각기 다른 지역적 맥락의 효과를 확인할 수 없다는 한계가 있다.

위그 라그랑주가 1990년 말에 행한 연구는 그런 점에서 주목할 만한데, 파리 북쪽에 위치한 지방의 평균적인 도시인 아미엥과 경제적·사회적으로 여러 가지 문제가 있고 이민자와 이민 출신자들이 밀집되어 있어 소위 민감한 지역으로 일컬어지는 망투아 지역을 비교 분석한 것이다. 결과는 명백했다. 아미엥에서는 아프리카 이민 출신 청소년들이라고 해서 비행률이 더 높지 않았고, 다른 가난한 가정의 청소년들과 비슷한 행동을 보였다(가장 주된 비행은 싸움과 도둑질이다). 그러나 망투아에서는 마그리브나 흑인이나 할 것 없이 아프리카 이민자 출신 청소년들의 비행률이 월등히 높았다. 이 연구를 통해 라그랑주는 이민자 출신 청소년들의 비행이나 난동은 지역적 상황에 강하게 영향받는다고 결론짓는다.[29] 즉, 도시범죄와 청소년 비행의 문제는 이민 문제이기

---

28) Sebastian Roché, *La délinquance des jeunes: Les 13-19ans racontent leurs délits*, Paris: Seuil, 1999, p. 221.

이전에 계급 문제이며 도시 문제로 바라봐야 하는 것이다.

굳이 말하자면, 실제로 1990년대 이래 방리유의 이민 출신 청소년들의 비행률이 다소 높을 수 있다. 그러나 그들의 높은 비행률은 대부분 그들의 사회적 조건, 즉 부모의 낮은 경제 수준, 향후 진로에 대한 절망, 그리고 특히 지역적 상황(예컨대 고립된 지역 분위기, 열악한 교육 및 도시환경 등)과 관계된 것이다. 그들은 일반적으로 부모가 저항할 힘도 없이 극도의 종속상태에 처해 있는 것을 보고, 매일같이 자신이 주변으로부터 소외되어 있음을 체험함에 따라 그들 자신에 대한 사회적 인지를 강하게 요구하게 된다. 그러나 다른 한편으로 자신들을 경멸하고 있는 사회에 대한 거부감을 나타낼 수밖에 없다. 그러므로 사회로부터 차별적인 대우를 받는다고 느낄수록, 자신의 동네가 게토화되고 거기서 벗어날 수 없다고 절망하게 될수록, 게다가 강경해진 정부의 입장과 강압적인 경찰의 태도를 더 자주 경험할수록 그들의 거부감과 반항심은 더욱 증폭될 수밖에 없다. 따라서 그들의 고립과 절망, 박탈감, 그로 인한 높은 비행률은 우선적으로 사회통합의 실패와 사회경제적 차별의 존재를 드러내는 것이다.


## 3. 치안국가와 폭력의 변증법

입헌 정부의 목적은 공화국을 보존하는 것이다. ……
혁명 정부는 온전한 시민에게 모든 국가적 보호를 제공해야 하며,
'인민의 적들'에게는 오로지 죽음만을 요구해야 한다. ……

---

29) Hugues Lagrange, *De l'affrontement à l'esquive: Violence, délinquances et usages de drogues*, Paris: Syros, 2001.

그것은 모든 법률의 최고의 신성함, 즉 인민의 안녕에 의거한 것이다.
— 막시밀리앙 로베스피에르, 국민공회 연설(1793년 12월 25일)


지난 4반세기 동안의 프랑스 정치사는 거의 끊임없는 공권력 강화와 이민자 감시정책으로 점철됐다고 할 수 있다. 1981년의 페이레피트 법에서부터 1986년과 1995년의 파스콰 법, 1991년 마르샹 법, 1997년 드브레 법, 2001년 바이양 법을 거쳐 2002년과 2005년의 사르코지 법과 페르벵 법에 이르기까지 각각의 법조문들은 범죄와의 전쟁, 이민의 통제, 테러리즘과의 전쟁 등 계속되는 '지상명령'의 이름으로 자유의 영역을 축소시켰다. 우리는 (도시범죄와 청소년 비행의 문제를 떠나) 사회보장을 추구하는 **사회적 국가**(Etat social)에서 법과 질서의 회복만을 추구하는 **치안국가**(Etat sécuritaire)로의 미끄러짐을 최근 프랑스에서 목도할 수 있다. 물론 치안불안의 문제는 심각한 문제들을 야기하며 국가는 그것에 맞서야 할 의무가 있다. 그러나 이러한 형태의 국가적 대응들은 치안불안의 원인이 된 근본적인 사회적 문제들에 대한 해결능력의 한계를 드러내는 것이며, 오히려 불안을 생산하는 요소들을 더욱 확대할 수 있다는 점을 잊지 말아야 한다.


## 1) 치안 담론의 제도화

1981년에 집권한 사회당 정부는 '통합'이라는 개념에서 출발해 질서와 무질서의 문제에 접근했다. 치안불안은 스스로에게 책임이 있는 탈선한 개인들이라기보다는 사회적, 경제적, 문화적 통합을 실현하지 못한 이들로 인한 문제였다. 이로부터 예방에 초점이 맞춰지고 단지 특별한 교육이라는 전통적인 수단만이 아니라, 장기적인 고실업 상황에서 젊은이들이 사회에 보다 원활하게 진출할 수 있도록 하는 방안을 추구했다. 그러나 위협과 불안감을 조장하는 치안 담론에 영향을 받은 여론은 프랑스의 정치적 지형을 자꾸만 오른쪽으로 향하게 했다. 그리하여 극우뿐만 아니라 중도우파 또한 선거에서 승리하기 위해 여론을 활용하거나 더욱 자극할 필요가 있었다. 동시에 치안 담론의 정치적 이슈화는 다시 범죄와 테러에 대한 두려움과 '긴급한 상황'이라는 인식을 프랑스 사회 전체로 확산시키는 데 기여했다.

그리하여 치안 문제는 (이민 문제와 묶인 상태로) 1986년 총선에서 처음으로 주요한 정치적 쟁점으로 떠오르게 된다. 프랑스의 대표적인 극우 정당인 FN이 약 10퍼센트의 지지율로 처음으로 의회에서 35석을 차지한 것과 함께 온건우파가 이 선거에서 승리한 것은 치안 문제가 정치적 논쟁의 주요 쟁점이 된 데 힘입은 것이다.

총선 이후 새로 들어선 우파 정부는 우선적으로 이민정책을 강화했다. 당시 내무부 장관이었던 샤를 파스콰의 이름을 따 1986년에 제정된 파스콰 법은 프랑스에 들어오는 사람에게 이들이 적합한 생활수단을 가졌음을 입증할 것을 요구하는 것으로, 이전의 사회당 정부가 도입했던 '10년 체류증'을 취득하거나 갱신하는 것이 훨씬 어려워지게 만들었다. 이 법은 또한 공공질서를 위협한다는 구실로 입국을 거부하거나 추방할 수 있는 대상의 범주를 상당히 넓혀 놓았다. 즉 치안논리를 통해 이전부터 우파들이 주장해오던 이민통제의 강화를 정당화한 것이다. 1990~91년 소요 이후 1993년에 다시 내무부 장관이 된 파스콰는 도시범죄에 대한 강력한 대응을 천명하면서, 경찰병력을 늘리고 장비를 현대화시켰으며 조직을 재편했다. 1995년에 제정된 '치안관련 지침에 관한 법'이 그 결정판이다.

　　1990년대 초반까지만 해도 주로 우파들의 관심거리로만 여겨졌
던 치안불안은 실업과 함께 1997년 새로 출범한 좌파연정 정부의 최대
현안이 된다. 같은 해 10월 빌팽트에서 열린 "자유시민을 위한 안전한
도시들"(Des villes sûres pour des citoyens libres)이라는 콜로키움에
서 당시 내무부 장관 장-피에르 슈벤느망은 개회사를 통해 "오늘날 공
화국이 맞서야 하는 두 가지 위협은 바로 실업과 치안불안"이라고 선
언했으며, 리오넬 조스팽 총리는 그동안 우파들에게 '온정주의자' 라고
비판받아온 것을 상기하며, 이제는 '사회학적 해명' 보다는 범죄자들의
'개인적 책임' 을 중시해야 한다고 강조했다. 치안 문제가 해결되지 않
으면 시민의 평등한 자유가 불가능하기 때문에 이를 재정립해야 한다
는 논리였다.

　　이와 같은 '안전할 권리의 평등' 에 기초한 치안 문제에 대한 새로
운 정의는 '공화주의 원칙으로의 회귀' 를 의미하는 것이었으며, 치안
불안은 좌파에게 더 이상 하나의 이데올로기가 아니라 명백한 '사회현
상에 대한 인식' 이 된 것이다. 이때부터 좌파 정부에서도 지역안전협
약(contrats locaux de sécurité), 근접경찰(police de proximité)[30] 등
갖가지 치안유지 대책들을 내놓게 된다. 그나마 이때까지도 범죄예방
을 위한 공권력의 근접성에 경찰활동의 우위를 뒀다.

---

30) 근접경찰은 1995년 파스콰 법을 통해 처음 만들어진 새로운 개념의 경찰대로서(이들은
　　방리유의 우범 지역 가까이에 배치된다) 지속적으로 확대·강화되다가 2003년 니콜라 사
　　르코지에 의해 실질적인 범죄억제 효과가 없다는 이유로 폐지된다. 그러나 근접경찰이
　　비록 기적적인 범죄억제 결과를 보여주지는 못했지만, 적어도 오늘날 자주 일어나는 경
　　찰과의 대치는 줄일 수 있었다. 클리시수부아에서 감전사한 두 소년이, 만약 경찰이 그
　　들과 안면이 있다고 생각했다면, 검문을 피하기 위해 무리하게 도망가려고 하지 않았을
　　것이다. 비행을 유발하는 요소는 실업률, 가족 문제, 도시환경 문제 등 여러 가지인데도,
　　사르코지는 범죄의 증감을 경찰의 책임으로만 돌리는 실수를 저지른 것이다.

하지만 곧바로 중도좌파는 예방적이기보다는 억압적인 색깔의 정
치적 담론에 더욱 영향을 받았으며, 강경한 치안대책의 대상이 방리유
지역의 청소년들에게 점점 더 집중되기 시작했다. 1998년 3월 조스팽
총리가 주재한 치안이사회에서 슈벤느망 내무부 장관은 도시폭력에
대한 "즉각적인 대응을 촉구"하는 공문을 제출한 직후, 기자회견에서
비행 청소년들을 일컬어 "가상세계에 살고 있는 철부지들"이라고 일갈
했다. 치안불안에 민감해진 여론을 끌어안기 위한 이와 같은 정치적 어
조의 변화는 '무법지대를 제거'하기 위해 26개 민감한 지역에 3천 명
의 경찰 및 무장경찰이 재배치되고, 청소년 비행에 대한 투쟁이 강화됐
으며, 사법부를 통해 '실시간 처리'(traitement en temps réel)가 전국
지방법원까지 확대되는 것으로 나타났다.

2001년 9월 미국에서 세계무역센터가 무너지고 테러리즘에 대한
공포가 세계적으로 확산된 상황과 대선 직전 파리 근교와 스트라스부
르의 폭탄 테러 등의 배경이 더해지면서, 2002년 대선 기간 동안 테러
방지와 치안강화는 어느 때보다 가장 위급한 사안으로 떠올랐다. 여론
조사기관 IPSOS에서 2002년 2월에 조사한 자료에 따르면, 차기 대통
령에게 가장 우선적으로 대대적인 개혁을 기대하는 두 가지 사안은 공
공안전(46퍼센트)과 정의(30퍼센트)였다.[31] 재선을 노리는 자크 시라크
대통령은 치안 문제를 대선 캠페인의 중심에 위치시키면서 '사면 제
로'(impunité zéro)를 공언했다. 그에게 치안은 "정치적 의지의 문제"
였다. 당시 대선에서 많은 프랑스인들을 충격에 빠뜨렸던 극우파 장-
마리 르팽의 결선진출 배경에도 치안 문제에 대한 경각심의 확산이 있

---

31) IPSOS의 2002년 2월 19일 조사. 〔www.ipsos.fr/CanalIpsos/poll/7518.asp〕

었다. 결국 결선에서 82퍼센트가 넘는 압도적인 득표로 시라크를 재선시킨 대중운동연합(UMP)은 곧이어 치러진 6월 총선에서도 사회당을 누르고 압승함으로써 치안 문제에 대한 그들의 보다 강경해진 입장을 사실상 승인받게 된다. 장-피에르 라파랭 정부는 출범 직후부터 여러 수위에서 다양한 조치들을 내놓았으며, 2003년 예산안에서 볼 수 있는 바와 같이 사법(4.7퍼센트), 내무(2.2퍼센트), 국방(6.4퍼센트) 등 예산 증액을 통해 치안과 테러 방지에 정책의 초점을 맞추었다. 실제로 당시 내무부 장관 니콜라 사르코지는 경찰권의 확대와 불법행위에 대한 자의적 결정을 강화하는 조치를 취했으며, 좌파와 노조의 비판에 맞서 "공공치안을 수립하는 것이야말로 진정한 사회정책의 첫번째 요소"(『르몽드』, 2002년 10월 24일자)라고 선언했다.

강력한 차기 대권주자였던 사르코지를 위시한 중도우파의 강경책은 분명 2002년 대선에서 드러난 여론의 향방에 근거한 것으로, 일부 이주노동자들과 방리유 청년들을 희생시킴으로써 얻을 수 있는 극우 성향의 표를 의식한 것이다. 더구나 언론에 의해 확대된 치안에 대한 대중적 불안감이 정치권의 행동을 유발한 것이기도 하지만, 그들의 정치적 발언과 정책들은 선거에서 승리하기 위한 전략과 맞물려 프랑스인들의 두려움과 경각심을 더욱 자극했다. 요컨대 치안불안을 문제시하는 담론은 상징적 힘을 점유하게 됐고, 현대 통치기술의 주요한 양상이 된 것이다.

이처럼 치안 담론이 정치화되면서 끊임없이 정부의 치안과 이민 정책의 틀이 새롭게 정비되고 강화됐으며 다양화됐다. 이런 정책 변화들은 그 과녁이 되는 적용대상에서 외국인 이민자와 방리유 청년들이라는 두 가지 방향으로 요약될 수 있다. 지난 20년간 거의 매년 새롭게

발표된 다양한 법과 조치를 이 글에서 모두 살펴볼 수는 없으나, 1990
년대 이래 정치(정책·입법), 경찰  사법이라는 서로 중첩되는 세 영역
을 중심으로 특징적인 제도적 변화들을 정리하면 다음과 같다.


① 치안·이민 관련 법과 기구들의 개편 및 신설
1988년 '도시정책'이라는 새로운 정책분야를 만든 이래, 각 정부의 정
치적 색깔에 따라 종합적인 치안예방책이 기획됐으며 여러 부처를 가
로지르는 기구들이 조직됐다. 그것은 10여 개의 행정부처, 다양한 지
위의 책임자, 각기 다른 이해, 예산, 존속기간, 평가방식을 갖는 부서들
을 연결시키는 것이었다. 1997년 설치되어 총리가 주재하던 치안이사
회를 2002년 시라크 대통령의 재취임 직후 대통령 직속기구이자 대통
령이 의장이 되는 각료회의 성격으로 승격 개편했으며, 지방치안유지
대 같이 경찰, 헌병, 세관원, 세무원들을 재구성한 새로운 치안대책조
직이 창설된다. 같은 해 7월에는 '치안을 위한 지침과 계획에 관한 법'
을 통해 범죄에 관한 협의를 위한 행동기구를 마련하면서 다양한 부처
들의 권한을 연결시켰다. 아울러 이민 통제를 강화하고 외국인의 체류
와 취업을 어렵게 하는 방향으로 계속 이민법을 수정해나갔다. 예컨대
2003년 11월 제정된 '이민규제에 관한 법'은 외국인의 체류와 영주권
취득을 위한 조건을 강화했다. 이 법은 비자와 국경검문 때부터 전자지
문과 사진이 부착된 서류를 만들고, 행정적 유치기간을 최대 32일로
늘리는 등 불법체류자에 대한 처벌을 무겁게 하는 것이었다.


② 범죄에 대한 경찰활동의 수단강화
지속적으로 경찰 정원과 그들의 기술적인 도구들이 늘어나고 새로운

기구들이 창설됐으며 경찰과 헌병의 관할 구역이 재배치됐다. 해당 지역에 대한 활동에 더욱 집중하기 위해 새로운 의사결정체계를 만들고, 경찰과 치안과 관련된 다른 공공부서들과의 협조를 고무시켰으며, 국가와 지방 정부의 정책을 더욱 연계시켰다. 특히 1990~91년 소요 이후에는 우파 정부 아래서 수사보다는 개입에 경찰기능의 우선권이 주어졌으며, 대부분의 치안강화 수단들은 방리유 지역 청소년 범죄에 초점이 맞춰졌다. 특히 전체 경찰병력의 증가와 민감한 지역에 투입하기 위한 젊고 전문적인 경찰대인 범죄단속반의 창설과 강화는 변화된 경찰정책을 보여주는 가장 중요한 사례다. 1997년 좌파 정부의 슈벤느망 내무부 장관이 발전시킨 근접경찰 개념과 지역안전협약은 예방적 차원에 초점을 두긴 했으나 근본적으로 경찰활동의 수단강화라는 변화에 맞춰져 있었다. 특히 2002년 이후 우파 정부는 사르코지 내무부 장관을 정점으로 경찰활동에서 억압적 기능을 강화했다. 2002년 7월의 '치안을 위한 지침과 계획에 관한 법'을 통해 2007년까지 치안개선을 위해 5천 6백만 유로의 예산을 확보하고 7천 명의 헌병과 6천 5백 명의 경찰을 증원하며 근접경찰을 확대하고, 범죄단속반 등 극소수 경찰대에게만 지급되던 권총형 비살상용 무기인 플래시볼(flash-ball)을 근접경찰도 사용할 수 있도록 했다. 경찰강화 경향은 이후에도 지속되어 2003년 3월의 '치안에 관한 법'은 경찰과 헌병대에게 훨씬 더 많은 권력을 부여했다.

③ 사법처리의 신속화와 처벌영역 확대

사법처리의 신속화는 좌우파 정부 모두에 의해 1990년대 이래 지속되어온 경향이다. 이러한 경향은 현재 대부분의 법원에서 성공한 것으로

알려진 '실시간 처리'와 '즉각 출두'(comparution immédiate)라는 과
정적 방책들에 의해 전개됐다. 이는 절도, 마약 관련 법률위반, 외국인
전문경찰 등에 의해 확인된 범죄소송을 우선적으로 처리하는 것을 의
미한다. 또한 법적 대응을 체계적으로 하기 위해 '지역단위 범죄처리
단'과 사법적인 기구들을 소위 '무법지대'안에 설치해 경찰활동과 밀
접한 연계를 맺게 했다. 예컨대 일종의 약식 법원인 메종 드 쥐스티스
(Maisons de justice)는 형이 선고되지 않고 단순한 시정명령이나 피해
자와 합의를 요구하는 작은 비행에 대한 소송의 일부를 검사가 하청을
맡길 수 있는 사법처리의 새로운 위임자[32]로서 '공화국 검찰의 대리인
들'을 공식화했다. 이와 같은 조치들은 대부분 방리유 지역의 청소년
비행에 초점이 맞춰져 있는 것이다. 이 경향은 2002년부터 더욱 강화
되는데, 9월의 '정의를 위한 지침과 계획 법'을 통해 청소년 범죄에 대
한 처벌이 강화된다. 사법부의 변화는 처벌대상의 확대로도 나타났다.
예컨대, 2003년 '치안에 관한 법'은 수동적인 호객행위와 '공격적'인
구걸행위, 건물 내에서의 집회, 공권력에 대한 모욕, 프랑스 국가와 국
기에 대한 멸시 등 새로운 범죄유형과 처벌조항들을 만들었다. 아울러
개인에 대한 무기판매 규율이 더 엄격해졌다.

## 2) 공권력의 강화와 방리유 소요

오늘날 사람들이 원하는 경찰 변화의 방향은 걸어다니며 하는 지역감
시에서, 시스템이 갖춰진 경찰서 안에서 효율적으로 업무에 집중하고,

---

32) 모두 계약직으로 어떤 법률에도 그 지위가 규정되어 있지 않으며, 대부분 은퇴한 경찰이
나 헌병이다.

문제가 발생하면 즉시 현장으로 이동하기 위해 무선호출을 기다리면서 차로 순찰하는 것이었다. 그러나 1990년대 프랑스 도시경찰의 변화 경향은 정확히 그 반대였다. 그 결과 상점, 은행, 주차장, 놀이공원, 축제, 기차역, 공항, 병원, 학교 등의 보안과 경비는 오늘날 4천 개의 사설 경비회사가 고용한 10만 명의 사설 경비원, 그리고 전체 경찰과 헌병의 절반이 투입되는 커다란 사업이 됐다. 거기에 마지막으로 지방경찰의 증가가 더해진다. 결국 각종 기관들, 공공장소, 기업들과 가장 부유한 지역의 주민들은 이제 경찰이 그들의 안전을 보장해주지만, 가난한 지역의 주민들은 어떠한 예방적인 보호도 없이 방치됐다.[33]

더구나 범죄단속반의 창설과 강화 등 변화된 경찰정책은 몇몇 경찰들마저 경찰의 군대화라고 비난할 정도였고, 사법처리의 신속화가 경찰의 검문방식에까지 적용되면서 경찰들은 '건너뛰기' 식 수사방식을 선호하게 됐다. 이 검문방식은 '표적이 되는 사람들', 나아가 몇몇 '주요 대상'을 목표로 하게 했고, 그들에 대한 불심검문을 통해서 부분적으로는 차별로 이어졌다.[34] '지역들의 재정비'를 강조하는 정치적 상황 속에서 그들의 일상적인 개입은 대부분 위법행위가 없어도 검문과 억압으로 요약됐고, 그것은 일상적인 긴장을 유발했다. 경찰들은 모여 있는 젊은이들에게 일일이 신분증을 확인할 필요도 없이 멸시와 구타로 응대했고, 그것은 자주 모욕과 반항을 불러일으켰다.

이처럼 문제의 근본적 해결이 아니라 치안논리를 통해 감시와 처벌에 중심을 두는 치안국가 혹은 처벌국가(Etat pénal) 형태의 강화는

---

33) 이것이 근접경찰과 관련된 중요한 화두 중 하나이다. Mucchielli, op. cit., p.129.
34) '주요 대상'을 노리는 이러한 방식은 피해자를 만든 대부분의 범죄행동들은 방치하게 되므로 피해자들이 원하는 방식도 아니었다.

사회적 국가의 모습을 약화시킨다. 즉, 치안불안의 문제를 그것의 근원이 되는 사회보장불안과 의도적으로 분리시킨 채 취급하게 되는 것이다. 더욱 나쁜 것은 치안불안의 문제를 강조하면서 동시에 사회보장불안의 증대를 방기하거나 심지어 조장한다는 점이다. 걸인, 창녀, 부랑자, 외국인과 이민자, 그들의 부모 세대보다 덜 순종적인 민감한 지역의 청년들은 다양한 형태로 '죄인'이 되어 공시대에 매달리고 유배지로 보내진다. 이처럼 사회가 새로운 '위험한 계급'[35]이라는 희생양을 지목하는 것은 바로 사회보장불안의 모순을 감추기 위한 것이다. 이러한 사람들은 모두 보이는 곳에서 사라지게 하거나(거지, 매춘), 불안정한 상태로 유지하거나(부랑자, 불법체류자), 집단주거지와 영구적이고 삼엄한 감시를 부여하는(방리유 주민, 특히 청년들) 등의 행정적 조치의 대상이 되어왔다. 그리하여 치안강화적이면서(정당방위, 묵비권, 변호사 선임권 등의 후퇴와 공권력의 군대화) 동시에 차별적인(외국인과 청소년 등에 대한 표적화) 입법과 행정이 서로 연결되는 것이다.

실제로 방리유 청소년들의 사소한 비행과 '도시폭력'에 맞서기 위한 공권력의 동원 증가와 차별적인 활동들은 그것을 억제하기보다 오히려 경찰에 의해 확인된 사건 증가의 또 다른 주요 원인을 제공했다. 예를 들어 1993~94년의 경찰 통계에서 비교적 높은 범죄율이 나타나는 것은 우연이 아니다. 특히 이때부터 민감한 지역 내에서의 파손이나 훼손, 공권력에 대한 모욕이나 폭력행위가 급격히 증가했다. 이 변화는

---

35) '위험한 계급'(classe dangereux)이란 19세기 내내 자본주의적 산업화 과정에서 나타난 계급갈등의 환경에서 자주 사용된 정치, 사회적 '낙인'으로 그 대상은 주로 대도시 외곽에 거주했던 빈민과 노동자였다. 빈곤, 비행, 폭력, 사회적 계급들 간의 거리는 결국 당시의 화두를 다시 현재화한다.

범죄자들이 갑자기 알 수 없는 이유로 태도를 바꾼 것이라기보다 새로 구성된 정부와 강력한 대응을 선언한 새로운 내무부 장관 파스콰의 등장과 부합한다. 즉, 수치의 증가는 단지 실제 범죄의 증가만이 아니라 경찰활동의 집중과 억압으로도 설명되는 것이다.

특히 소외된 지역 내에서 경찰과 청년들 사이의 긴장과 충돌은 지금까지 일어난 소요들에 대해 상당한 원인을 제공했다. 경찰정보국 서장을 역임한 뤼시앵 뷔-트롱은 1991년부터 2000년 사이에 발생한 총 341건의 크고 작은 소요 중 1/3에 경찰이 직간접적으로 관련되어 있었다고 증언한 바 있다.[36] 대표적인 사례들로 1990년 보앙블랭에서부터 1995년 낭테르, 1997년 퐁텐블로, 1998년과 2004년의 투르쿠앙, 2000년 릴과 에손, 그리고 2004년 스트라스부르에서 일어난 소요와 경찰과의 대치는 모두 경찰의 검문과 추격 혹은 구타나 발포에 의한 해당 지역 청년의 사망에서 촉발된 것이다. 다만 소요의 양태가 초기에는 경찰과 대치하는 경우가 많았으나 점차 직접적으로 공권력에 맞서지 않고 마치 도시게릴라처럼 작은 집단으로 행동(대부분 자동차 방화)하는 것으로 바뀌었다. 2003년과 2004년에 해마다 약 21,500대의 자동차가 불에 탔는데, 이것은 하룻밤에 평균 60대 꼴이다. 더구나 주간지 『마리안느』에 따르면 2005년에는 소요가 전국으로 확대되기 직전인 10월 말까지 이미 31,334대의 자동차가 불에 탄 상태였다.[37] 이는 매일 밤 평균 100대 이상의 차들이 불에 탔다는 것으로 소요가 발생하기 이

---

36) Lucienne Bui-Trong, *Les Racines de la violence: De l'émeute au communautarisme*, Paris: Audibert, 2003, p.63.
37) *Marianne*, n° 453, décembre 24, 2005. 이 기사는 여기에 11월 소요사태 기간(약 1만 대)과 12월의 일반적인 평균치를 더해 2005년 한 해 동안 불탄 자동차가 총 4만 5천 대에 이를 것으로 추정하고 있다.

전에 이미 긴장과 갈등이 최고조에 올라 있었음을 방증한다.

하지만 2005년 가을의 전국적인 소요야말로 2002년 이후 우파 정부에 의해 보다 집중된 방리유 청년들에 대한 차별과 공권력 강화의 결과였다. 이미 6월부터 사르코지 내무부 장관은 주로 파리 근교 방리유의 민감한 지역들을 돌며 지방경찰대들을 방문해 사기를 진작하고 억압적인 경찰활동을 고무시켰을 뿐만 아니라, 쓰레기(racaille), 불량배들(voyous)을 진공청소기(kärcher)로 쓸어버리겠다는 등 모욕적인 언행을 반복해 방리유 청년들을 자극했다.[38] 마침내 그는 10월 19일 지방치안유지대와 함께한 자리에서 경찰들에게 다음과 같이 구체적으로 요구했다.

> 도시폭력, 자동차 방화, 마약밀매, 건물 주변 공터 점거, 지하경제, 우리는 이들에게 가차없이 전쟁을 선포합니다. 이제 더 이상 안 됩니다! …… 저는 〔쓰레기들을〕 청소해야 한다고 말한 바 있습니다. 마치 새 돈처럼 깨끗하게 만듭시다. …… 저는 여러분이 〔이 일에〕 갈증을 느끼기를 요구합니다. 만약 그런 욕구가 없다면 다른 일을 알아보십시오!(『뤼마니테』, 2005년 10월 21일자).

전쟁은 소요가 일어나기 전에 이미 선포되어 있었다. 이제 '경찰의 적'이자 '프랑스의 위험'으로 표현된 '불량배들'을 끝장내야 하는

---

38) 사르코지 장관의 도발적인 언행에 대한 일지와 구체적인 발언 내용은 다음을 참조하라. Nasser Demiati, "Nicolas Sarkozy, ministre de l'Intérieur et pompier-pyromane", *Quand les banlieues brlent….., Retour sur les émeutes de novembre 2005*, (dir.) Laurent Mucchielli et Véronique le Goaziou, Paris: Découverte, 2006, pp.53~71.

것이다. 그러므로 10월 27일 경찰검문을 피하려던 두 소년의 감전사가 방리유 지역에서 한층 모욕적이고 강화된 불심검문의 결과였다는 주장이 더욱 설득력을 얻게 된다. 특히, 클리시수부아에서 시작된 소요가 프랑스 전역으로 확대되는 과정은 정치권력의 대응방식이 미치는 효과를 분명하게 보여줬다. 사건 당일과 다음날 경찰의 '살인적인 추격 작전'을 규탄하기 위해 청년들이 경찰과 대치한 가운데 실탄이 경찰차에 날아들고 방화로 화재가 발생했지만, 그 다음날에는 지역 주민들이 비폭력 침묵시위를 조직하고 시위대와 경찰의 대치상황이 없는 등 진정 기미가 보였다.[39] 그럼에도 불구하고 그날 밤 사르코지 내무부 장관은 프랑스 방송 채널 중 가장 영향력 있는 TF1 저녁 뉴스에서 소년들의 죽음에 대한 경찰의 책임을 부인하고 도시폭력을 용납하지 않겠다는 등 강경한 입장을 천명한다. 게다가 같은 날 클리시수부아에서 또 다른 사건이 발생하는데, 라마단이 끝나가는 시점에서 기도 중인 이슬람 사원에 최루탄이 날아든 것이다. 물론 경찰의 실수일 가능성도 있었지만 정부는 이 사건에 대해 사과나 해명도 없이 거의 침묵했다. 이처럼 거의 명백해 보이는 도발에 분노하며 화염병과 돌을 든 방리유 청년들이 다시 거리로 나오면서 다음날 센생드니로, 그 다음날에는 더 많은 파리 근교 방리유 지역으로 소요가 확대됐으며, 결국 전국적인 소요로까지 이어질 수 있었던 것이다.[40]

---

39) 『르 파리지앵』은 27일부터 30일까지 불탄 자동차 수를 각각 23, 29, 20, 8대로 집계했다. *Le Parisien*, novembre 14, 2005.

40) 소요가 지방으로 확산되어가는 과정에서 사르코지는 근거 없이 '조직적인 폭력'의 혐의를 제기하기까지 했다. 그러나 소요발생 1년 뒤, 법원의 자료들을 검토한 연구에 따르면 당시 소요 참가자 중 대다수가 초범이었음이 확인됐다. Aurore Delon et Laurent Mucchielli, "Les mineurs émeutiers jugés au tribunal de Bobigny", *Claris: La Revue*, n°1: Justice des mineurs, émeutes urbaines, octobre, 2006, pp.5~16.

요컨대 정부와 경찰의 억압은 '도시폭력'을 막기 위한 대응이라기보다는 명백히 그 반대의 과정을 보여줬다. 방리유 청년들의 높은 비행률은 앞서 본 바와 같이 그 지역의 높은 실업률, 고립된 지역분위기, 열악한 교육·도시환경 등에 기인하는 것이었지만, 치안 담론이 정치사회적 논쟁에 점점 더 많은 비중을 차지할수록 이러한 근본적인 사회 문제들에 대한 대책마련은 상대적으로 소홀해질 수밖에 없었다. 오히려 정부의 치안강화를 통해 더욱 고조된 소외 지역 청년들과 경찰 간의 긴장은 다시 공권력 강화를 정당화해주는 논리로 활용될 수 있었다.

## 4. 치안논리와 예외적 주권

삶에 대한 법의 본래 관계는 적용이 아니라 유기이다.
노모스(nomos)의 무한한 잠재력, 즉 그것의 본래적인 '법의 힘'은
삶을 추방해 유기함으로써 그 삶을 붙드는 것이다."
— 지오르지오 아감벤, 『호모 사케르』(1995)

오늘날 서구에서 정치권력 자체는 더 이상 심각한 두려움의 대상이 아니다. 오히려 공포는 법과 공권력이 온전히 미치지 못하는 상태, 즉 일상적인 범죄에서부터 대규모의 테러리즘까지 이어지는 불안감 속에서 개인들 각자가 스스로 자신의 신체와 재산을 지키기 위해 투쟁해야 하는 상황으로부터 오는 것이다. 그러므로 모든 시민의 안전을 보장하기 위해 공권력이 더욱 강화되어야 한다. 이처럼 일상에서 경험할 수 있는 크고 작은 범죄나 폭력에 대한 불안감에서부터 전쟁이나 테러리즘에 대한 두려움, 나아가 불확실한 미래에 대한 막연한 공포까지 포함하는 대중의 불안심리는 종종 주권을 (재)정당화하고 강화하는 이데올로기

적 통치수단으로 포착된다. 요컨대 홉스가 『리바이어던』에서 간명하게 보여준 **치안논리**가 그 어느 때보다 현실에서 유효한 시대가 된 것이다. 특히 2005년 11월 프랑스에서 방리유 청년들에 대한 유례없는 예외적 주권의 발동과 그에 대한 대중적 지지는 치안논리와 그와 연결된 낙인찍기, 요컨대 '공포를 통한 통치기술'의 효과를 여실히 보여줬다. 우리는 이 글의 마지막 장에서 근대적 주권론에 내재해 있는 치안의 논리로부터 현대 프랑스의 방리유를 둘러싼 적용사례까지를 비교적 이론적이고 역사적인 측면들을 중심으로 정리해보고자 한다.

### 1) 공포와 낙인을 통한 정치

17세기 중반 홉스가 '만인에 대한 만인의 투쟁상태'라는 관념을 제시했을 때, 그것은 앞으로 새로운 근대권력이 활용하게 될 핵심 정당화 기제인 치안논리를 극적으로 보여준 것이었다. 프랑스의 종교전쟁과 영국의 시민전쟁을 통해 집단적 소속감과 전통적 신뢰에 기초한 사회적 질서가 불안정해지는 것을 목격한 그는 모든 개인들이 완전히 각자의 의지에 맡겨진 극단의 상황을 가정했다. 이러한 개인들의 사회는 더 이상 사회가 아니라 자연상태, 즉 법도 권리도 없으며 정치구조나 사회제도도 없어서 개인들 간의 억제되지 않는 경쟁, 모두가 모두를 상대로 싸워야 하는 내전에 시달리는 상태이다. 여기서 개인들은 **'무질서에 대한 공포'**로부터 각자의 안전을 보장하기 위해 공공의 권력을 강화하는 데 동의해야 할 필요성에 직면한다. 자연상태의 무질서나 군중의 폭력보다는 하나의 절대권력을 감내하는 것이 더 낫기 때문이다.

만약 우리가 공공의 질서, 만인의 평화를 보장하기 위한 하나의 정치적 체계를 추구한다면, 치안의 논리는 하나의 강한 권력, 하나의 절대적인 권력의 필요성을 불러일으킨다. 그런데 이러한 절대권력을 법적으로 구성하기 위해서는 '사회계약'을 결합의 협약과 권력에 대한 종속으로 해석해야 한다. 즉, 무질서 속에서의 일상적인 테러 상황을 피하기 위해 개인들은 공공질서를 위협하는 자들을 꼼짝 못하게 할 절대권력을 구성하기로 결정한 것이다. 따라서 주권자는 공공의 평화가 담보되고 시민사회가 유지되도록 최고의 권력을 소유한다. 그리고 모든 시민들은 그들의 권리를 주권자에게 양도하는 대신 보호를 받는다. 정치권력이 절대적일 수 있는 것은 바로 이러한 방식을 통해서다.

홉스의 치안논리에 기반한 주권 이론은 당시 절대군주제의 발전에 기여했지만, 그 안에 내재된, 주권을 정당화하는 선험적 도식은 군주제뿐 아니라 과두제, 민주주의 공화제 등과 같은 다양한 통치 형태에 동일하게 적용될 수 있었다.[41] 이 도식에 따르면 모든 시민은 사회의 각종 법과 함께 자신이 처벌대상이 될 수 있는 법을 최종적으로 동의한 것으로 간주된다. 그러므로 사소한 범죄라도 그것은 사회 전체에 대한 공격으로 해석될 수 있으며, 법은 그 공격에 대해 사회 전체를 보호해야 할 중대한 임무를 부여받는다.[42] 따라서 홉스식 치안논리가 정당화

---

41) 이런 관점에서 프랑스 혁명의 사상적 근간을 제공한 루소의 민주주의 공화제도 홉스적인 모델과 크게 다르지 않아 보인다. 루소의 사회계약은 개별의지들 사이의 일치와 결합이 발전해 '일반의지'의 구축으로 승화되며, 일반의지는 개별의지들의 양도를 기반으로 주권을 향해 나아간다는 것을 보증한다. 주권 모델로서 루소의 '공화주의적 절대자'는 홉스의 '지상의 신', 즉 절대주의적 군주와 크게 다를 바 없는 것이다. 안토니오 네그리·마이클 하트, 『제국』, 윤수종 옮김, 이학사, 2001, 128~131쪽.

42) 그러므로 민주주의적 공화제를 기초한 장-자크 루소도 다음과 같이 쓸 수 있었다. "사회의 법을 공격하는 악인이라면 누구나 자기가 범한 대죄 때문에 조국에 대한 반역자이자, 모반자가 된다. 따라서 국가의 존속과 그러한 악인의 존속은 양립할 수 없고, 그 어느 한쪽이 제거되어야 한다. 유죄자를 사형에 처하는 것은 그를 시민으로서보다 적으로 취급하기 때문이다." Jean-Jacques Rousseau, *Le contrat social*, Paris: Gallimard, 1997. 특히 제2편 5장을 참조하라.

할 수 있는 것은 17~18세기 절대군주의 전제정치만이 아니었다.

　　우리는 프랑스 혁명 후기에 권력을 쟁취한 로베스피에르와 자코뱅의 '공포정치'를 이러한 관점으로 새롭게 조명해볼 수 있을 것이다. 이 시기 동안 자유가 제한되고 공화국을 위협하는 내·외부적 위험에 대항하는 정책들이 마련됐으며, 동시에 보다 구체적인 사회영역으로 공화국 이념이 확장되었다. 루소의 숭배자로 알려진 로베스피에르는 1793년 12월 25일 국민공회 연설에서 이 공포정치의 목적을 잘 정의하고 있다. 즉 그것의 목적은 "공화국을 보존하고 기초하는 것"이며, "시민을 보호하고 인민의 적을 숙청하기 위한 것"이었다. 그리고 이것은 모든 법의 가장 신성한 내용인 인민의 안녕(salut)에 기초하기 때문이라고 정당화했다. 하지만 공포정치란 일반적 의미의 테러가 가장 제도화된 형태일 뿐이다.[43] 혁명을 통한 새로운 공화주의적 주권의 제도화, 즉 프랑스 최초의 공화국 선포가 공포정치로 시작된 것은 유감스럽기는 하지만 분명 우연은 아니었다. 홉스의 '내전상태에 대한 공포'를 일상적 테러에 대한 공포라고 할 수 있다면, 그 테러에 대한 공포를 통해 정당화한 근대적 주권의 첫번째 얼굴은 아이러니하게도 가장 체계화된 테러, 즉 **공포정치**였던 것이다.

　　치안의 논리가 현실에서 효과적으로 적용되기 위해서는 언제나 전체 사회의 안전을 위협하는 잠재적인 범죄자들이나 정체성을 위협하는 이질적인 존재들, 요컨대 '내부의 적'을 필요로 한다. 그러므로

---

43) Dominique Colas, *Dictionaire de la pensée politique*, Paris: Larousse-Bordas, 1997. 프랑스어와 영어에서 공포정치〔la Terreur(프), the Terror(영)〕가 일반명사로 자주 쓰이는 테러〔terreur(프), terror(영)〕와 마찬가지로 '공포' 또는 '공포를 주는 것'을 의미한다는 사실을 기억할 필요가 있다.

치안논리라는 주권의 정당화 기제는, 그 근본 원인이 무엇이든 크고 작은 위법행위를 저지르는 일군의 대상들에 대한 다양한 형태의 **낙인찍기**를 통해 완성된다. 낙인찍기에 대한 선구적 연구를 제시한 어빙 고프먼은 그의 저서 『낙인: 손상된 정체성의 취급에 대한 노트』에서 낙인을 크게 세 가지 범주로 구분했다. 즉 신체적으로 '비정상'이거나 결점이 있는 사람에게 부여하는 '신체적 기형/불구'(physical deformities), 죄수·동성애자·알코올 중독자·정신병자 등에게 부여되는 '인격적 결함'(blemishes of individual character), 인종·종교·국적에 기초한 '종족적 낙인'(tribal stigma)이 그것이다.[44] 이러한 구분에도 불구하고 낙인찍힌 사람들은 모두 특정한 맥락에서 비가치화된 사회적 정체성과 관련된 속성을 지니며, 사회에서 격리·배제 혹은 '관리'된다. 그러나 그들이 어떠한 방식으로 다뤄지든 완전한 배제라기보다는 다시 사회의 울타리 안으로 포섭되며, 자주 권력에 의해 '활용'된다.

'포함적 배제' 혹은 '배제적 포함'이 이뤄지는 주된 공간적 배치로서 프랑스의 민감한 방리유 지역들은 화려한 도시의 그늘이다. 빈곤, 비행, 도시폭력, 치안불안 등의 공간적 집중, 사회적 계급들 간의 거리는 결국 사회적 갈등과 불평등에 공간적 차원을 대입시켜 중심과 주변 간의 긴장의 역사를 재생산했다. 사회적 구분과 긴장이 수평적으로 공간화될 때, 그것은 사회적 적대를 보다 복잡한 양태로 나타나게 한다. 자본가와 프롤레타리아트, 내국인과 외국인, 권력과 저항 간의 단순한 적대가 아닌 다른 형태의 갈등들을 유발하기 때문이다. 말하자면, 민감

---

44) Erving Goffman, *Stigma: Notes on the Management of Spoiled Identity*, New York: Touchstone Books, 1963, p.4.

한 방리유의 주민은 주로 빈민이나 이주노동자들로 구성되는데, 이 사람들은 도시의 시민들과 공권력의 눈에는 하나의 위험으로 비치는 특징들과 연결된다. 빈곤한 방리유는 부유한 도시에 대한 '위협'이며, 방리유에 사는 사람들은 '위험한 계급'으로 인식되는 것이다.[45]

우리가 살펴본 바에 의하면, 오늘날 방리유 청년들은 종족적 낙인(마그리브 혹은 흑인, 이슬람)과 기질적인 결함(무례함, 폭력성, 범죄자)이 중첩된 낙인찍기의 사례를 보여준다. 특히 이슬람 문화권에 속한 마그리브 출신, 그리고 지속적인 범죄인화(criminalisation)를 통해 만들어진 '폭력적인 범죄자'라는 그들의 낙인은 현대사회의 일반화된 두려움과 공포, 즉 치안불안에 대한 공포와 이슬람 테러리스트에 대한 공포와 쉽게 연결될 수 있다는 점에서 치안논리의 직접적인 대상이 될 수 있었다. 결과적으로, 방리유는 '배제된' 빈곤층을 사회 안으로 '포섭'하는 것을 추구하는 동시에 계급 관계를 단순히 착취와 소외의 문제로 돌리는 것을 무효화한다. 즉 사회통합의 문제가 일탈의 문제, 범법의 문제로 변형되며 통제와 처벌을 통한 통치를 정당화하는 것이다.

요컨대 사회적 갈등해결에 대한 정치적 무능력이 낳은 불안, 공포, 두려움 등은 역으로 하나의 반대자, 나아가 '내부의 적'을 제조하면서 그러한 정치를 재정당화하는 데 활용되는 것이다. 이것은 극단의 정치이며, 정치는 다른 수단들에 의한 전쟁의 연속이라는 시각, 미셸 푸코가 인종주의와의 연관성을 보여준 "사회를 보호해야 한다"[46]는 형

---

45) Henri Rey, *La peur des banlieue*, Paris: Presse de la fondation nationale des sciences politiques, 1996, pp.17~18.
46) Michel Foucault, *"Il faut défendre la société": Cours au Collège de France, 1976*, Paris: Seuil, 1997.

태의 담론에서 펼쳐지는 시각에 기초한다. 즉 내전과 일상화된 대치의 질서 위에서 사고되는 정치인 것이다. 불안과 두려움의 정치는 모든 변화와 모든 위험을 마치 의도적인 위협으로, 혹은 적으로 변형시킨다. 결국 이질적인 대상들에 대한 공포에 집중하는 통치기술은 치안정책의 강화로 나타난다. 그것은 규율적인 권력과 결합하고, 단지 타자들, 또는 '나쁜 시민들'만을 대상으로 한다고 말해지는 일상적인 감시에 대한 정당성을 강화한다. 그들에게 잠재적인 범죄자의 형상을 부여하는 것은 현대의 위험사회 안에 내재해 있는 불확실성과 두려움을 은밀히 활용하는 것이다. '공포를 통한 정치'는 이제 현대 정치권력의 하나의 주요한 통치방식이 된 것이다.[47]

## 2) 예외적 주권과 비상사태

거의 1만 대에 육박하는 불탄 자동차 수, 3주 이상이라는 유례없는 지속 기간에도 불구하고, 2005년 가을 소요의 가장 특징적인 국면은 오히려 다른 곳에 있었다. 그것은 무엇보다 프랑스 정부가 본토에서 자국인을 상대로 비상사태 선포라는 강력한 예외적 주권을 사용했다는 점이다. 놀라운 것은 이러한 정부의 억압적인 대응책에 대해 73퍼센트의 프랑스 국민들이 동의했다는 사실이다. 절대왕정 시대뿐 아니라 오늘

---

47) 미국에서는 이미 2001년 9월 11일 직후 부시 행정부가 치안논리를 통한 현대 정치권력의 통치기술을 전형적이면서도 가장 극단적으로 보여줬다. 불특정 다수를 대상으로 한 테러에서 오는 공동피해자로서 느끼는 분노와 앞으로 다시 일어날지 모르는 또 다른 테러에 대한 대중적 공포를 자극해, '테러와의 전쟁'을 빌미로 경찰의 감시와 군대의 강화를 정당화하는 한편, 모든 무슬림에 대해 잠재적인 테러리스트라는 이미지를 공고히 했던 것이다. 그 결과는 애국자법(USA Patriot Act)을 통한 개인의 자유 축소, 공권력 강화, 국방예산의 지속적인 증대, 아프가니스탄과 이라크 침공, 그리고 (경제정책의 혼선에도 불구하고) 부시의 재선으로 이어졌다.

날의 공화정에서도 치안논리와 공포를 통한 통치기술은 언제나 정치 권력에게 강한 정당성을 부여해주고 있는 것이다.

위에서 언급한 홉스의 주권 이론에서 공공질서를 위협하는 개인과 집단을 꼼짝 못하게 할 만큼의 절대적인 권력을 구성해야 하기 때문에 주권자가 계약으로부터 열외가 되는 것은 당연하다.[48] 다시 말해, 그의 선험적 도식에서 주권자는 신민들과 계약을 맺지 않았기 때문에 주권의 예외적 영역이나 상황을 결정할 수 있다. 이와 같은 주권의 예외적 원칙은 시민 혁명의 과정에서 주권을 구성하는 실체가 왕에서 국민(nation)으로 바뀐 이후 오늘날까지 법학자들 사이에서 논란을 거듭하면서도 대부분의 공화주의 국가에서 '예외적 체제'라는 법적인 규정으로 유지되고 있다.

20세기의 홉스라고도 평가되는 법학자 칼 슈미트는 "주권자는 비상사태, 즉 예외적 상황에 대한 결정을 내릴 수 있는 자"라고 규정했다. 여기서 주목할 점은 슈미트가 예외적 상황을 선포할 수 있는 권력을 단순히 주권자의 여러 권능 가운데 하나로 본 것이 아니라 그 속에서 주권의 본질을 발견한 데 있다. 즉 예외상태는 단지 말 그대로 예외적인 것이 아니라 근대적 주권이 내포하고 있는 근본적인 동학이며, 예외적 상황을 결정할 수 있는 것은 오직 주권자이므로 주권의 역능을 가장 강력하게 시현하는 방법이 된다. 이때 주권자는 비상사태를 선포함

---

48) 여기서 우리는 장 보댕에 의해 선구적으로 제시된 근대적 주권의 모습을 다시 발견할 수 있다. 그에게 주권이란 군주에게 속하며 그 행사에서 신민의 동의를 필요로 하지 않는 것으로서 국가에서 최고이자 영속적이고 단일적이며 초법적인 권력이다. 홉스보다 반세기 앞서 프랑스 종교전쟁의 혼란상태를 직접 체험한 보댕의 주권론의 핵심은 '법으로부터 구속받지 않는 주권자'라는 원칙이다. 단 이때의 법이란 신의 법이나 자연법이 아니라 인간 상호 간의 동의나 계약에 의해 성립된 규칙을 의미한다.

으로써 문제되는 상황을 법질서 바깥으로 밀어낼 뿐만 아니라, 자기 자신도 함께 법질서의 예외임을 드러낸다. 그러나 주권자의 초법적이고 예외적인 권력도 궁극적으로 계약과 법에 의해 인정된 권능이므로, 주권자는 법의 외부에 있으면서 동시에 법 안에 속하는 것이 된다. 다시 말해, 주권자는 합법적으로 법의 효력을 정지시키고 법에 대한 예외자가 될 수 있는 것이다.[49]

2005년에 적용된 비상사태의 성격을 보다 잘 이해하기 위해서는 프랑스의 다른 두 가지 예외적 주권체제들과 함께 종합적인 틀에서 접근할 필요가 있다.[50]

첫째, 1958년 제5공화국 헌법 제16조에 기초한 **비상대권**으로 "국가의 독립이나 영토의 완전성에 대한 중대하고, 즉각적인 위협 혹은 공권력의 정상 기능이 중단된 경우" 공화국 대통령은 입법, 행정, 사법권을 모두 자신의 손안에 둘 수 있다. 이는 입법, 사법권의 견제 기능을 축소시켜 대통령의 독재를 정당화할 수 있는 장치이다. 둘째, 1849년 8월 9일 법에 명시된 **계엄**으로 이것은 "외국과의 전쟁이나 무장봉기로 인한 절박한 위험의 경우" 대통령이 결정해 12일 동안 계엄을 선포할 수 있으며, 의회에서 따로 법률을 제정해 그 이상 연장할 수 있다. 계엄 상태에서는 치안유지 권한이 군에 이양되고, 시민들도 군사재판에 회부될 수 있다. 마지막으로 알제리 봉기 진압을 목적으로 1955년 4월 3일 의회에서 통과된 **비상사태**로 이것은 "공공질서에 대한 중대한 타격

---

49) 아감벤은 이를 '주권의 역설'이라고 불렀다. Giorgio Agamben, *Homo sacer I: Le pouvoir souverain et la vie nue*, Paris: Seuil, 1997.
50) 법학자 도미니크 루소는 「비상사태, 법(권리)의 공백상태」라는 짧은 논문에서 프랑스의 세 가지 예외적 체제들의 내용과 성격을 잘 정리하고 있다. Dominique Rousseau, "L'etat d'urgence, un etat vide de droit(s)", *Projet*, n°291, mars, 2006, pp. 21~22.

을 줄 수 있는 절박한 위험에 처한 경우나 사태의 성격과 심각성에 있어서 공적인 재난의 특성을 띠는 경우"에 선포된다. 비상사태가 선포되면 도지사가 야간통행금지령(couvre-feu)을 내릴 수 있으며, 도지사는 어떤 방식으로든 공권력의 활동을 저해하는 자의 해당 지역 체류를 금할 수 있다. 또한 내무부 장관이나 도지사가 가택수색을 허가할 수 있으며, 도지사는 모든 성격의 극장, 술집, 회합장소들을 일시적으로 폐쇄할 수 있다. 이 법이 계엄과 유일하게 다른 점은 치안유지 권한이 군이 아니라 여전히 민간 차원에서 유지된다는 것이다. 하지만 그 외의 내용은 오히려 계엄상태보다도 더 심각한 것이다. 왜냐하면 '외국과의 전쟁이나 무장봉기'는 비교적 판단이 명확한 상황임에 반해 '공공질서에 대한 중대한 타격을 줄 수 있는 절박한 위험에 처한 경우'란 너무나 모호해서 자의적인 판단에 따라 적용될 소지가 많기 때문이다. 실제로 2005년 소요사태에서의 적용사례는 프랑스가 도시폭력이라는 민감한 사회적 갈등의 분출을 억누르기 위해 각종 기본적 권리들(왕래, 집회, 시위, 표현의 자유 등)을 박탈했다는 데 문제의 심각성이 있다.[51] 그렇다

---

51) 1958년 프랑스 제5공화국 헌법(www.conseil-constitutionnel.fr/textes/constit.htm), 계엄과 비상사태 법조문(www.senat.fr/connaitre/pouvoirs_ publics/pouvoirs_ publics15.html)에서 이를 확인할 수 있다. 이해를 돕기 위해 한국 사례들을 제시하자면, 비상대권은 제4공화국 헌법의 긴급조치권(53조), 제5공화국 헌법의 비상조치권(51조) 등이 이에 준하며, 제6공화국 개정헌법에서는 내무·외환·천재·지변 또는 중대한 재정·경제상의 위기에 놓여 있을 때에 한해 대통령은 긴급재정·경제처분명령권과 긴급명령제정권을 가진다(76조)고 정한 바 있다. 프랑스의 그것과 내용이나 성격이 일치하는 계엄은 1948년 10월 17일 제주도에 내려진 계엄령을 비롯해 여수·순천사건, 6·25전쟁, 4·19혁명, 5·16군사정변, 6·3사태, 10월유신, 부마사태, 10·26사건 때에 선포됐다. 하지만 프랑스의 비상사태에 준하는 예외체제는 한국에서 찾을 수 없다. 다만 한국에도 1945년 9월 미군정의 군정포고 제1호로 시작된 야간통행금지령이 있었으나, 1982년 1월까지 37년간 지속된 상례화된 법(오히려 신정연휴, 광복절 등에 예외적인 해제조치가 내려지는)이므로 예외적 체제라고 볼 수 없을 뿐 아니라, 프랑스에서 지역단체장이 특정 대상에 대해 지방자치령으로 선포할 수 있는 야간통행금지의 성격에 더 가깝다.

면 1849년에 제정된 계엄법이 이미 1879년, 1914년, 1939년에 이미 사용된 적이 있음에도 불구하고 당시 우파 정부는 왜 굳이 새로운 법을 만들어야 했을까?

계엄상태는 '외국과의 전쟁이나 무장봉기'에만 선포될 수 있으므로 이것을 사용한다면 프랑스가 알제리와 전쟁을 하는 것, 혹은 프랑스 영토 내에서 무장봉기가 일어난 것을 인정하는 셈이 된다. 하지만 당시 프랑스 정부는 유엔의 개입을 피하고, 알제리 '사태'는 프랑스 내부의 일이며 단지 '소요'나 '폭동'이 일어났을 뿐인 프랑스의 영토로 유지하기를 원했다. 요컨대 비상사태법의 제정은 알제리 사태가 프랑스와의 전쟁상태임을 인정하지 않은 채 국내적인 문제로 유지하면서 조용히 진압하기 위한 전략적 선택이었다.[52]

알제리 전쟁의 진압을 위해 우파 정부가 마련한 비상사태법은 알제리 전쟁 내내 여러 번(1955년, 1958년, 1961년) 발효된 이후, 1985년 남서태평양의 프랑스령 누벨칼레도니 섬에서 일어난 폭력사태를 진압하기 위해(이번에는 로랑 파비우스 총리가 이끄는 사회당 정부에 의해) 사용됐으며, 의회에서 6개월 연장됐다. 우리는 1955년과 1985년의 적용사례를 통해 비상사태의 법률적인 성격을 뽑아낼 수 있다.

첫째, 일찍이 프랑스 본토에서는 비상사태가 한 번도 적용된 적이 없었다. 1963년 광부들의 대형파업에도, 1968년 운동 때에도 비상사태는 선포되지 않았다. 그것은 오로지 해외영토에만 적용됐을 뿐이다. 둘째, 법적용을 정당화한 배경은 항상 프랑스령 일부의 분리요구를 막는 것이었다. 두 경우에서 참여조직들은 알제리(1955년)와 누벨칼레도

---

52) Rousseau, op. cit., pp.20~21.

니(1985년)의 독립을 위해 투쟁했던 것이다. 마지막으로, 법적용의 대상은 항상 무장폭력이었다. 1955년과 1985년에 분리주의자들은 해당 지역에 주둔한 프랑스 군대에 맞서 군사적인 전략 차원에서 하나의 전쟁, 주로 게릴라전을 수행했던 것이다.[53]

　　다만, 엄밀히 말해 비상상태는 아니었으나 실제 내용은 그와 유사했던 다음의 특수한 예외상태 적용사례는 주목할 만하다. 알제리와 전쟁 중이던 1961년 10월 파리 지역에서 '알제리 출신 무슬림 프랑스인들' 만을 대상으로 저녁 8시 30분부터 새벽 5시 30분까지 통행금지가 실시된 것이다. 그리고 이 조치에 항의하기 위해 10월 17일 밤 통행금지가 내려진 파리 중심에서 알제리해방전선 프랑스 지부에 의해 조직된 평화적 시위는 샤를 드골 대통령의 승인 아래 무력으로 진압됐으며, 그 과정에서 수십 명이 죽고 수백 명이 다치는 유혈사태가 발생했다. 비록 도지사나 지방경찰청장이 발령할 수 있는 야간통행금지령이기는 하나 본토의 수도인 파리에서 시행됐다는 점, 알제리가 독립하기 이전이므로 국적은 프랑스인이었던 알제리 출신 무슬림들을 대상으로 했다는 점, 그리고 알제리에서의 무장봉기와 달리 비폭력 시위였음에도 불구하고 훗날 학살로 평가될 만큼 무자비하게 진압했다는 사실은 시사하는 바가 크다. 말하자면, 그 당시부터 이미 파리의 알제리 출신 프랑스인들은 무장봉기를 일으킨 알제리 내의 피식민 지배자들과 거의 동급으로 취급된 것이다.

　　더구나 분리를 주장한 것도 아니고 무장봉기도 아니었던, 소외 지역 청년들의 도시소요에 대한 2005년의 비상사태 적용사례는 이 법이

---

53) Rousseau, , op. cit., p.23.

더 이상 군사적 갈등을 '해결'하기 위한 예외적인 권한이 아니라 어려운 사회적 갈등을 제어하기 위한 일상적인 권한이 됐음을 보여주는 것이다. 다시 말해 방리유가 프랑스 영토 내에 상존하는 하나의 고립된 섬, '내부화된 경계', '내부에 있는 외부' 혹은 '외부화된 내부'임을 공공연히 인정한 셈이다.

2005년 11월 17일 프랑스2의 13시 뉴스는 지난 밤에 '단지' 98대의 자동차가 불에 타는 '정상적인' 상태로 돌아왔다고 서둘러 방송했다. 하지만 매일 밤 수십 대의 차들이 불에 타는 방리유의 일상화된 긴장은 그 이후에도 여전히 지속되고 있다. 더구나 2006년 5월 말 클리시수부아에 이웃한 몽페르메유에서 또다시 100여 명의 청년들이 시장 관사와 시청에 돌과 화염병을 던지며 경찰과 충돌하는 사건이 일어났고, 1년이 지난 2006년 10월 말에는 연쇄 버스방화사건이 발생해 프랑스 전체를 다시 한 번 긴장시켰다. 그리고 2007년 대선에서 사르코지가 대통령에 당선되던 날 밤, 그가 당선됐다는 사실만으로 전국 곳곳에서 일어난 시위와 소요로 하룻밤 사이에 730대의 자동차가 불타고 592명이 체포됐다. 방리유의 불씨는 전혀 사그라지지 않았을 뿐 아니라, 오히려 아직 제대로 점화되지 않은 것일지도 모른다.


## 5. 맺음말

"치안불안은 유행이 됐다. 그것은 하나의 사실이다." 이것은 2005년 가을의 어느 날 프랑스 저녁 뉴스에 나온 말이 아니라, 이미 한 세기 전인 1907년 『작은 공화국』이라는 신문의 머리기사 제목이다. 실제로 프랑스에서 치안불안에 대한 담론은 사형제도에 대한 논쟁과 함께 20세기의 첫 10년을 시끄럽게 했다. 당시 언론에서 주된 위험의 표상으로 지목한 것은 노동자 구역의 비행 청소년들이었다. 언론을 통해 '아파치'(Apaches)라고 불린 가난한 청년들에 대한 '두려움'과 그것을 둘러싼 치안 담론은 이미 한 세기 전에도 존재했던 것이다.

제2차 세계대전 직후의 '베이비붐' 세대가 청소년이 된 1960년대에 다시 한번 젊은이들에 대한 광범위한 두려움이 나타났다. 1959년 여름, 언론들은 그들을 지목하기 위해 '검은 가죽점퍼(Blousons noirs)를 입은 불량청년들'의 형상을 만들어냈으며, 이후 점점 더 자주 회자됐다. 신문들은 그들이 엄청난 규모이며 '비합리적'이고 '이유 없는' 폭력성을 지녔다고 묘사했다. 마치 큰 재앙이 오고 있는 듯 설명하는 파국적인 담론이 형성됐고 지나치게 관대한 부모, 도덕적 가치상실, 미국 대중문화의 영향 등이 심각한 윤리적 문제로 자주 부각됐다.

이처럼 프랑스에서 치안불안에 대한 담론과 정치화는 사회불안이 고조될 때마다 거의 주기적으로 나타난 현상이며, 그것은 프랑스만의 특수한 현상이 아니라 현대 자본주의 사회의 일반적인 경향이기도 하다. 미국의 정치학자 스튜어트 A. 셰인골드는 도시범죄의 정치화 과정에 대한 가장 일반적이고 주류적인 해석을 '범죄증가 → 희생자 증가 → 두려움 증가 → 처벌에 대한 정치적 필요'라는 방식으로, 맑스주의적 해석은 '자본주의 위기 → 사회무질서 및 범죄 증가 → 억압적 정책 발의 → 억압의 정당화 → 처벌에 대한 정치적 필요'라는 도식으로 요약한다.[54] 우리가 살펴본 1980년대 중반 이후 프랑스의 치안 담론과

---

54) Stuart A. Scheingold, *The Politics of Street Crime: Criminal Process and Cutural Obsession*, Philadelphia: Temple University Press, 1991, pp.50~51.

그것의 정치화 과정은 맑스주의적 설명틀의 상대적 적실성과 불충분함을 동시에 보여준다. 우선 자본주의적 위기가 사회적 갈등과 불안을 증대시키고 그것이 일반적인 범죄의 증가로 나타난다고 보는 맑스주의적 시각은 타당해 보인다. 하지만 범죄억제를 위해 억압적 정책을 발의하고 나서 그것을 정당화한다기보다는 그 이전부터 치안 담론을 통해 억압의 필요성의 토대가 구축되며, 그것은 구체적으로 사회갈등의 심화를 범죄 증가로 해석해 불안감을 고조시키고 특정 대상을 범죄자화하는 것을 통해 이뤄졌다. 더구나 무엇보다 중요한 사실은, 프랑스 치안 담론과 그것이 요청하는 억압과 처벌의 정치는 근원적인 사회 문제를 은폐할 뿐만 아니라 그에 대응하는 폭력의 증가를 가져오고, 폭력과 범죄의 증가는 치안논리를 통해 다시 억압과 처벌을 지향하는 치안국가 모델로 나아가는 것을 정당화했다는 점이다. 나아가 치안논리를 통한 정당화는 도시범죄에 대한 억압과 처벌에만 국한되는 것이 아니라 이민, 노동, 사회복지 등 다른 분야의 정책들에 대한 정당화로도 활용됐으며[55] 궁극적으로 정치권력을 강화하는 결과를 가져왔다. 그러므로 최근 20여 년간 프랑스 도시범죄의 정치화 과정에 대한 우리의 시각을 다음과 같이 간단히 도식화할 수 있을 것이다.

---

55) 이러한 정당화 과정에 맞물린 가장 엉뚱하면서도 상징적인 귀결은 '기회균등에 관한 법' 안에 포함된 최초고용계약법(CPE)이었다. 2006년 1월 도미니크 드 빌팽 총리가 제시한 이 법안은 25세 이하 청년실업자를 처음 고용하는 기업들이 2년 동안 아무런 조건 없이 해고할 수 있도록 하여 고용촉진을 유도하겠다는 것이었다. 이때 이 법안의 긴급한 필요성과 정당성을 강조하기 위해 활용된 것이 바로 지난 소요의 근본 원인 중 하나로 자주 지목되던 이민 2세들의 높은 청년실업률이었다. 그러나 이 법안은 그들의 높은 실업률의 원인과는 거리가 먼 처방일 뿐 아니라, 그것이 일시적인 고용촉진 효과를 가져온다고 하더라도 결과적으로 고용의 불안정을 확대시킬 수밖에 없는 신자유주의적 노동개혁이다. 결국 우파 정부는 근본적으로 사회불안과 불평등에서 비롯된 소요마저도 노동시장 유연화라는 신자유주의적 개혁의 정당화 논리로 활용하고자 했던 것이다.

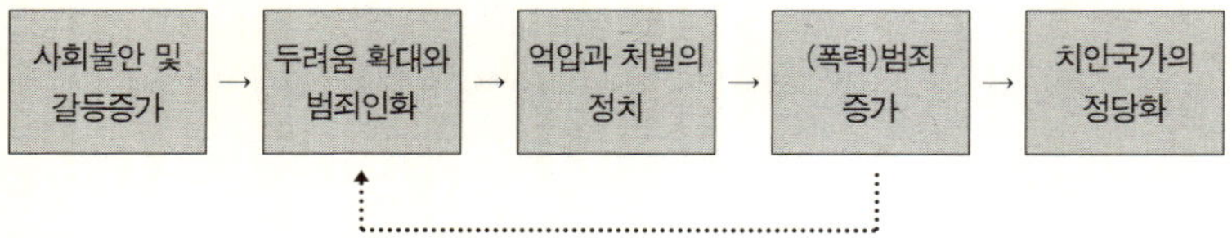


이처럼 치안 문제를 강조하는 담론은 언제나 빈곤, 실업, 불평등과 같은 자본주의 사회의 근본적인 불안요소들을 감추고, 그것의 근본적인 원인을 다른 곳으로 돌리게 한다. 즉 그들이 가난한 이유, 일자리를 갖지 못하는 이유, 차별받는 이유를 그들의 게으름 또는 무례함, 문화적 이질성, 낮은 교육 수준, 범죄적 특성 등 그들 자신의 책임으로 돌리는 것이다. 특히 프랑스의 경우처럼 다양한 사회 문제들이 일부 대도시 주변 방리유라는 특정 공간에 집중되어 있을 때, 이처럼 분리되고 고립된 공간적 배치는 그 자체로 문제를 보다 심각하게 할 뿐 아니라, 그것을 다른 성격의 문제로 돌리는 것을 보다 용이하게 한다. 즉 치안 불안을 조장하는 주범으로서 '방리유에 사는 이민 출신 젊은이들' 이라는 형상이 제조되어 지속적으로 배제되고 범죄자화된 것이다.

지금까지 살펴본 것과 같은 사회 문제에 대한 빗나간 진단, 그리고 그에 따른 온당하지 않은 처방들, 즉 억압, 배제, 차별 등을 동반한 대응방식은 문제를 해결하는 것이 아니라 오히려 더욱 심화시키는 방향으로 나아가게 한다. 이러한 경향은 주로 1970년대 중반 오일쇼크 이후의 경기침체(그리고 그에 따른 이민통제 정책)와 1980년대부터 시작된, 자유로운 경쟁을 전제하고 개개인의 책임을 강조하는 신자유주의의 확대·강화와 연관이 있다.

더구나 이와 같이 은연중에 '내부의 위협'을 생산하는 치안 담론과 치안논리를 통한 정치권력의 새로운 정당화는 구체적인 실체가 있는 외부의 적을 상실한 냉전종식 직후인 1990년대 이래 보다 주요한 권력의 통치방식이 된 것으로 보인다. 그 과정에서 새로운 '공포', 새로운 '적'으로 지목된 것은 주로 아랍인 또는 무슬림, 포괄적으로 말해서 (그들의 인종, 언어, 국가, 종교, 문화, 정치체제 등을 모두 포함하는 의미에서) 이슬람이었다. 이러한 현상은 기존의 '이데올로기 패러다임'에서 새뮤얼 헌팅턴 류의 '문명 패러다임'으로의 전환과도 맥을 같이 하는 것이다. 유럽의 경우, 무슬림 이민자 수의 폭발적인 증가, 그들의 탈선과 높은 범죄율이 사회의 공공질서를 어지럽히고, 나아가 소통하기 어려운 그들의 문화적·종교적 이질성이 각국의 고유한 국가정체성을 위협한다는 이미지와 담론이 확장됐다. 영국의 파키스탄과 방글라데시 출신, 독일의 터키 출신과 함께 프랑스의 마그리브 출신 이민 2세들은 그들의 인종적·지역적 출신으로 인해 대다수가 사실상 실천하고 있지 않은 종교, 내국인들과 마찬가지로 직접적인 연관이 없는 중동의 위기나 테러리즘 등과 같은 국제정치적 문제와 연결되어 사회적·문화적 차별의 희생자가 되어온 것이다.

1980년대 이래 거의 주기적으로 발생한 방리유 소요의 발단과 전개에서 볼 수 있었듯이, 프랑스의 이민 출신 방리유 청년들에 대한 몰인정, 배제, 억압, 차별은 그들의 절망과 분노를 불러일으켰지만, 결국 그들의 분노와 저항은 오히려 치안의 논리를 더욱 강화시키는 것으로 흡수되고 말았다. 치안논리의 대변자들은 사회적 불화와 갈등을 지속적으로 범죄화하고 억압해 그것에 저항하는 폭력을 유발한 후, 다시 그 폭력에 대해 느끼는 대중적 불안을 자극해 자신들의 폭력과 공권력의 강화를 정당화했던 것이다. 이러한 치안논리와 낙인찍기를 통한 통치기술은 1980년대 후반부터 주로 선거전략을 통해 극우뿐만 아니라 우파 정권의 권력획득과 강화에 활용됐을 뿐만 아니라, 이민통제와 경찰력 강화 및 감시체제의 확대에 결정적인 정당성을 부여했다.

하지만 우리가 잊지 말아야 할 것은 궁극적인 사회의 안전은 결코 치안강화만으로 유지될 수 있는 것이 아니며 자유, 평등, 박애가 조화를 이루는 진정한 혁명정신의 회복과 사회안전망의 재구축 등을 통한 온전한 사회통합 없이는 불가능하다는 점이다. 치안논리를 통해 사회갈등을 억압하고 그에 대한 정당성을 획득하는 통치기술은 결국 사회불안을 더욱 심화시키고 보다 광범위한 저항을 부를 수 있기 때문이다. 그리고 이것이 우리가 2005년 가을 프랑스에서 일어난 전국적인 소요를 차별받고 억압받는 방리유 청년들의 한 단계 증폭된 저항, 그러나 아직 끝나지 않은 투쟁으로 파악하는 이유이다.

## .2장. 시테의 야만인
— 방리유 거주자를 통해 본 이방인 통제의 계보학[*]

양창렬(파리 1대학, 철학)

## 1. 도시폭력

2005년 10월 말부터 프랑스를 뜨겁게 달군 '방리유 소요' 사건은 흔히 '도시폭력'의 범주로 분류된다. 각종 언론 매체는 도시폭력 섹션을 통해 그 사건을 다뤘고, 소위 사회 문제 전문가들도 너나할 것 없이 이 문제를 앞다퉈 도시폭력 현상으로 규정하고 나섰다. 소요 당시에 전송된 각종 이미지들(도심 한가운데에서 벌어지는 경찰과 청년 무리들의 추격전, 불타는 자동차·버스, 공공 건물의 깨진 유리창)은 말할 것도 없고, 이 현상의 징후로 거론되는 각종 범죄 행위들(무면허 운전, 도난 차량으로 하는 자동차 경주인 로데오, 의류, 헨드폰, 오토바이 등 각종 장물 소지, 대마초 흡연과 거래, 방리유 청년들 간의 패싸움 등)에 이르기까지, 이 현

---

[*] 초고를 읽고 논평해준 서정원, 진태원 선배에게 감사의 말을 전한다. 그들의 예리한 지적들을 충분히 수용하지 못해 미안하다는 말과 함께.

상은 이론의 여지없이 도시폭력으로 불러야 할 것이다. 하지만 도시폭력이 '낙후된 일부 도시에서 일어나는 공공질서 파괴행위'로 규정될 수 있더라도, 그것이 언론을 통해 이미지의 형태로 '가상화'되는 순간, 이미 그것은 더 이상 일부 지역의 문제가 아니라 도시 '한가운데에서' 벌어지는 사건으로 표상된다. 다시 말해 도시폭력이라는 단어는 '도시 근교'(suburbain) 혹은 저가 공공 임대주택(HLM) 단지들이 밀집해 있는 구역인 시테(cités)에서 벌어지는 사건을 도시의 중앙에 옮겨 놓는 효과를 발휘하며, 도시 근교의 폭력은 도시–국가 자체(Cité)의 규범과 사람들의 습속, 문명에 대한 위협으로 간주된다.[1] 위의 평가에서 출발해 우리는 이 글에서 다음의 두 가지를 다루고자 한다.

첫째, 우리의 가설에 따르면 주변 도시와 그곳의 주민들이 중심 도시에 위협이 된다는 표상은 아주 오래된 역사를 가진 것이다. 우리는 2절에서 방리유, 혹은 도시 외곽(faubourg)이라는 단어의 어원을 추적함으로써 그 표상의 기원을 그려보고, 도시민들이 그곳 주민들에 대해 가졌던 통념들을 보여주는 몇몇 증언들을 살펴봄으로써 바로 그 표상을 재구성하고자 한다. 이러한 연구는 오늘날의 방리유 거주자들이 이전의 도시 외곽 부랑자들의 표상을 대체한 것임을, 도시 공간의 분할(그것은 또한 정치 공간의 분할의 한 표현이다)은 언제나 이처럼 그 '주

---

1) 사회학자 로랑 무치엘리는 도시폭력을 개념화하는 네 가지 주요 경향으로 '위험한 계급의 회귀', '야만의 회귀, 문명의 위기', '문화 갈등', '계급 투쟁'을 들고 있다. Laurent Mucchielli, "Violences urbaines, réactions collectives et représentations de classe chez les jeunes des quartiers relégués de la France des années 1990", *Actuel Marx*, n°26: Les nouveaux rapports de classe, 1999, pp.85~107. 특히 앞의 세 가지는 공통되게 '야만이냐 문명이냐' 하는 배타적 선택지에 기초해 방리유의 청년들을 북아프리카 이슬람계 이민자 출신의 게으른 자, 제대로 교육받지 못한 자, 공화국의 가치를 위협하는 자로 조작해내는 데 중층적으로 작동하고 있다.

변부인들'의 자리에 임의의 무엇을 채워넣음으로써 유지되는 것임을 보여줄 것이다.

둘째, 오늘날 방리유 청년들의 폭력, 범죄, 비행의 원인은 그네들의 '무례'(incivilité)[2] 때문이므로, 그에 대한 예방 작업들(근접경찰과 시민 교육)이 필요하다는 진단이 언론 매체뿐 아니라 치안 전문가들 사이의 주요한 입장으로 정착되고 있다. 이러한 입장은 '예의 바름'(civilité)이 문명의 지표인 것과 마찬가지로, 무례가 야만의 표현이라고 전제한다. 따라서 3절에서는 시테 내의 이 무례한 자들을 처리하기 위해 어떤 담론들이 동원됐는지, 그 담론들은 사실 무엇에 대한 반응이며, 무엇을 은폐하고 있는지, 마지막으로 시테의 야만인들이 제기하고 있는 것이 무엇인지 생각해볼 것이다.


## 2. 표상의 전이: 도시 외곽(민)에서 방리유(자르)로

### 1) 방리유에 들어가는 방법

① 방리유의 발전사에 대한 개략적 소묘

먼저 우리의 연구 대상인 방리유가 무엇을 지칭하는지, 그것은 어떻게 구성됐는지 살펴볼 필요가 있다. 오늘날 사전적인 의미에서 방리유란 '대도시를 둘러싼 주거 밀집 지역 전체'를 뜻한다. 11세기 문헌에서부

---

2) 무례는 시빌리테(시민으로서 가져야 할 '예절', 가령 타인에 대한 존경이나 예의 바름, 공손 등)의 부재를 뜻한다. 무례는 만났을 때 인사를 하지 않거나 부딪혔을 때 미안하다고 하지 않는 것에서부터 담배 꽁초나 쓰레기를 공공장소에 버리거나 사람들이 많은 곳에서 고성방가하는 등, 우리가 흔히 경범죄라고 부르는 것들을 모두 아우른다. 즉 무례는 법적으로 처벌해야 할 대상으로 규정되어 있는 것이라기보다 그것이 행해졌을 때 사회 구성원들에게 불쾌감을 주는 행동들을 포괄한다. 이 글에서는 civil/incivil, civilité/incivilité의 대구를 살리기 위해 예의 바른/무례한, 예절(예의 바름)/무례로 옮긴다.

터 방리유라는 단어가 발견되지만,[3] 중심지와 그 주변의 집성촌이라는 공간 배치의 역사는 그 이전으로까지 거슬러올라갈 수 있을 것이다. 그러나 이전의 방리유는 주거 밀집 지역이라기보다는 그저 도시 변두리의 농촌 지역에 불과했으며, 위의 사전적인 의미를 띠는 방리유는 19세기 산업 방리유의 발전과 관련된 것이다. 특히 1845년경 철도 건설과 더불어 시작된 강력한 산업화 과정에서 파리 주변의 라 빌레트, 생드니, 이브리 등이 주도적인 역할을 했으며, 많은 산업시설(특히 재봉 공장)이 플랜 생드니에 들어섰고, 생드니는 지방의 농촌에서 이탈한 프랑스인이나 외국의 이주노동자들을 수용하면서 급격히 발전해, 이미 1891년에 파리의 가장 중요한 노동자 방리유가 됐다.[4]

양차 세계대전 사이에는 산업 방리유와 다른 주거형 방리유도 출현하는데, 이는 파리나 산업 방리유를 피해 전원 생활을 누리고자 한 부유한 가문들이 교외 별장을 지으며 생겨난 것이다. 이곳이 오늘날의 **부르주아 방리유**를 이룬다고 할 수 있다.[5] 제2차 세계대전 이후에는 위의 산업 방리유 지역이나 저발전 지역에 노동자나 중간 계층의 주택난

---

3) 『주요 프랑스어 정보사전』에 따르면, Banlieue에 해당하는 중세 라틴어 bannileuga가 1069년 독일 문헌(WAITZ, *Urk. deutsch. Verf. gesch.* nº2 dans NIERM.)에서 처음 발견됐고, 1080년 프랑스(MÉTAIS, *Cart. de la Trinité de Vendôme*, I, nº295, ibid.)에서 처음 사용된 뒤, 11세기에서 13세기 사이에 bannileuca, banleuca, banleugium 등의 여러 형태로 변형되어 자주 쓰였다고 한다. ATILF/Équipe, *Le Trésor de la Langue Française informatisé*, Nancy: CNRS/Université Nancy 2. 〔atilf.atilf.fr/〕

4) Daniel Pinson, *Des banlieues et des villes: Dérive et eurocompétition*, Paris: Ouvrières, 1992, pp.76~77. 1891년 당시 생드니에는 13,500명, 서쪽의 노동자 방리유였던 불로뉴에는 9,500명, 오베르빌리에에는 8,100명의 노동자가 있었다. 방리유 인구는 폭발적으로 증가해, 1911년에는 파리를 포함한 센 지역(현재의 일드프랑스)의 전체 인구 중 30.5퍼센트가 방리유에 거주했다. 산업화 초기 방리유의 인구 구성에 대해서는 다음을 참조. Jean-Claude Farcy, "Banlieues 1891: Les enseignements d'un recensement exemplaire", *Les Premiers Banlieusards: Aux origines des banlieues de Paris, 1860-1940*, (dir.) Alain Faure, Paris: Créaphis, 1991, pp.15~69.

해소를 위해 HLM이 건설되기 시작한다.[6] HLM은 욕실, 내부 화장실, 중앙 난방 등의 편의시설을 갖춘 방 2개와 거실, 부엌으로 이뤄진 근대화된 주거 공간으로서, 중간 소득 소준의 노동자 가족을 위한 조치였다. 그러나 대규모 주택 단지의 획일화된 주거 공간, 인구 밀집으로 인한 사생활 침해 탓에 처음 HLM에 입주했던 가정은 그곳에서 나갈 수 있는 수단이 생기기만 하면 그곳을 빠져나가겠다고 생각하고 있었다. 1977년 주택 마련을 위한 대출 및 주택 보조금 정책이 수립되자, 재정적으로 안정을 찾은 중간 계층은 HLM을 떠나 **전원도시**로 향했고, 바로 이 공간을 보다 가난한 이민 노동자 가족이 메웠다. 그리고 1980년대 이후 바로 이곳에서 일련의 소요가 발생했고, HLM을 지칭하는 다른 표현이던 시테[7]는 이제 부정적인 뉘앙스를 획득하게 된다.[8]

위의 방리유 발전사에 기초해 현재의 도시폭력 문제, 혹은 방리유의 게토화 문제에 대해 다음과 같은 도시정책들이 제안되어왔다. 시테에 이주민 비율이 높아지기 때문에 프랑스 사회의 가치와 규범들이 제

---

5) 산업 방리유가 생기기 이전부터 왕의 거주지 주변, 특히 베르사유를 중심으로 '귀족 방리유'가 존재했으나 이는 산업 자본주의의 발달 과정에서 출현한 '부르주아 방리유'와는 약간 성격이 다르다. 물론, 귀족 방리유와 부르주아 방리유는 지리상 흔히 포개지곤 한다.

6) 1949년 58,000세대, 1963년 336,000세대, 1972년 546,000세대가 지어졌다.

7) 라틴어 civitas에서 유래한 cité라는 단어는 로마 시대에는 '주교의 도시'라는 의미로 사용됐고, 고전주의 시기까지도 '대성당'이 있는 도시의 중심'이라는 의미로 사용됐다. 1840년에 도시 조직 내의 집단 거주촌을 뜻하는 '노동자 시테'(cités ouvrières)라는 단어가 사용됐을 때까지도, 시테라는 단어에 부정적인 함의는 없었다. 오히려 19세기 말에는 시테가 문명(civilisation)의 표현으로 이해됐고, 동일한 맥락에서 1954년부터 1973년(영광의 30년) 사이에 대거 지어진 HLM을 시테라고 불렀을 때, 그것은 사회적 변이의 상징이었다. 시테가 부정적인 단어가 된 것은 1980년대 이후의 일이다.

8) 방리유의 도시 발전사에 대해서는 다음을 참조하라. Pierre Merlin, *Les banlieues*, Paris: PUF, 1999. 당장 위의 개략사를 보더라도 방리유는 하나의 실체적인 도시 공간에 대한 고유명이라기보다는 여러 이질적인 성격을 갖는 복잡한 역사적 의미의 두께를 지닌 명칭이라고 할 것이다. 우리가 이 글에서 방리유라고 지칭하는 것은 부르주아 방리유나 오늘날의 신도시, 전원도시가 아니라 이전의 산업 방리유 및 시테에 한정된 것이다.

대로 지켜지지 않을 뿐 아니라, 그곳에 독자적인 문화 공동체가 만들어지고 있다. 따라서 먼저 낙후된 주거 환경을 개선하기 위해 30~40년이 지난 HLM을 허물고 새로운 도시계획을 수립해야 한다. 그리고 '공동체주의적인'[9] 종족 집단의 발전을 저지하기 위해서는 재개발된 시테에 프랑스인들이 다시 들어갈 수 있는 유인책들을 마련함으로써 사회 혼합(mixité sociale)을 이뤄야 한다. 방리유의 청소년들에게 일찍부터 직업 교육을 실시하며, 그들(의 미숙련성)에 맞는 유연적인 노동계약 형태를 통해 보다 많은 일자리를 창출하고, 그들로 하여금 시테 자체에 대해 책임감을 갖도록 만들어야 한다.

하지만 이러한 대책들은 이미 10여 년 전부터 제안되어온 것인데, 왜 여전히 방리유 문제는 전혀 해결될 기미가 보이지 않는 것일까? 방리유 문제는 물리적인 도시 공간의 분할과 그 재편성의 문제로 환원되지 않기 때문이 아닐까? 우리는 그 환원되지 않고 남은 것에 주목하고자 하며, 그 나머지란 중심 도시민이 도시 외곽민들에 대해 갖는 일그러진 표상의 문제라고 생각한다. 이는 무엇보다 물리적 도시 공간의 분할 수준이 아니라, 정치 공간(polis, Cité) 자체의 상징적 분할과 관련된 것이다. 다음에서 방리유의 어원이나 도시민들이 도시 외곽민에 대해 가졌던 표상들이 어떠했는지를 살펴보도록 하겠다.

② 방리유의 어원과 표상사적 접근

방리유는 중세 라틴어 banleuca라는 단어에서 유래한 것으로서, ban

---

9) 프랑스에서 '공동체주의적' 이라는 표현은 일반의지가 모아지는 공적 공간과 공화국적 가치를 유지하지 못하고 특수의지와 문화상대주의에 빠진 미국식 모델을 지칭하는 부정적인 의미로 사용된다.

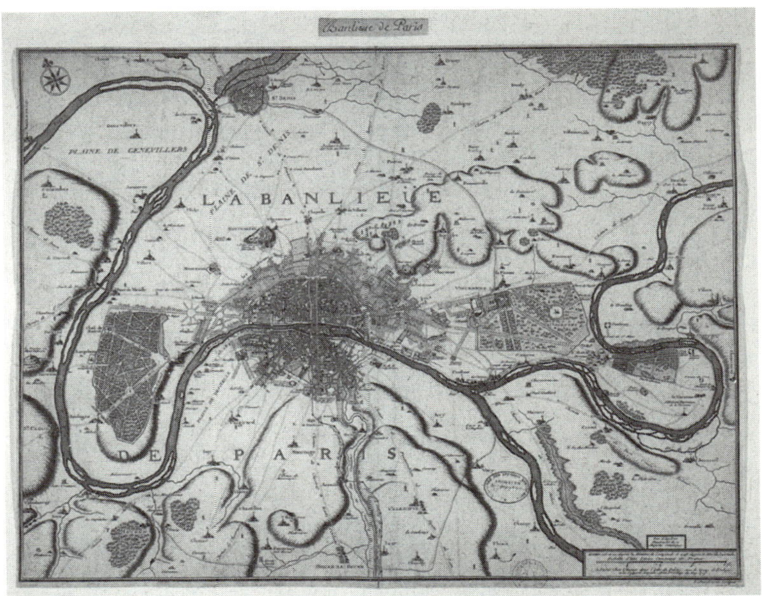


가운데 위치한 파리 주위에 가는 실선으로 표시된 지역을 통틀어 파리의 방리유라고 한다. 다시 말해 방리유란 도시의 권위와 법인 ban이 적용되는 권역의 개념으로 보아야 한다. [출처] Nicolas de Fer, *La Banlieue de Paris*, Paris: Chez l'Auteur, 1717. (plans.paris.on-line.fr/gallica/envir1.html)

과 leuca(프랑스어로는 lieue)의 합성어다. ban은 '혼인공시, 포고, (행사, 수훈식 따위의 선언에 앞선) 북소리, (농경 행사 개시일의) 알림, 봉건 영주의 소집 혹은 소집된 영주들, 추방 등'을 뜻하는 어근이다. lieue는 갈로-로망 시대부터 사용한 거리 측정 단위로서, 걸어서 도달하는 데 1시간이 걸리는 거리, 대략 4킬로미터에 해당한다. 따라서 방리유란 원래 대도시 주변 4킬로미터 내에 있으며, 'ban의 권리'(droit de ban)가 실행되는 공간을 의미한다. 여기에서 관건은 ban의 권리를 어떻게 이해하는가에 있다.

　　최근 들어서 널리 확산되고 있는 방리유에 대한 어원 분석은 ban 의 권리에서 '추방'의 의미를 강조한다. 요컨대 ban이라는 어근에서 추방(bannissement), 추방된 자(banni), 도적(bandit), 포기하다/버리다(abandonner) 등의 단어가 파생되어 나왔으니 방리유란 ban-lieu, 즉 추방된 자, 중심 도시로부터 버려진 자, 마치 도적떼처럼 도시를 위협하는 자들이 거주하는 '장소'(lieu)로 해석할 수 있다는 것이다.[10] 보다 정교한 해석은 ban의 권리에서 '포고령'(법과 권리의 영역 내에 있음)과 '추방'(법의 영역 바깥으로 몰아냄)을 동시에 강조함으로써 방리유가 단순히 추방의 공간이 아니라 '주권자에 의해 배제됨으로써 포함되는 공간, 바깥으로부터 가두어진 공간'이라고 주장한다. 특히 이 분석은 지오르지오 아감벤의 『호모 사케르』에 기초하고 있다.[11]

　　아감벤은 주권 권력의 '예외적' 본질을 설명하는 가운데 성스러운 인간, 배제적 포함, ban의 메커니즘 등을 말한 것이나, 이것을 방리유에 그대로 적용하기는 어렵다. 특히 'ban의 권리'는 예외적 권리가 아니라, 주권자가 그의 영토의 모든 주민들과 맺는 '정상적' 관계에 해당한다. 영주는 "여러 권리, 자유, 특권과 더불어 재판을 하고, 자신의 땅과 거기에서 나오는 산물에 대한 권리, 그가 통치하는 주민들을 모집하기 위해 종을 울리고(bancloque), 추방할 수 있는 권리(banlieue)"[12]를

---

10) 이러한 입장은 아감벤의 『호모 사케르』, 특히 「ban과 늑대」 장을 방리유 분석에 적극적으로 적용한 최근의 연구에서도 재발견된다. Mehdi Belhaj Kacem, *La psychose française. Les banlieues: Le ban de la République*, Paris: Gallimard, 2006. 그러나 엄밀히 말해 banlieue를 ban-lieu로 읽는 것은 잘못된 어원 분석이며, 오늘날 방리유가 갖는 추방·배제의 표상을 이전의 역사에 역투사하는 것이다. 하지만 위와 같은 (의미에 대한) '오인'이 어떤 표상을 반영하는지 살피는 것은 중요하다.

11) Giorgio Agamben, *Homo Sacer: Il potere sovrano e la nuda vita*, Torino: Giulio Einaudi, 1995.

가졌다. 그리고 주민들을 모으거나 그들에게 어떤 명령을 내리고 알릴 수 있는 권리, 전쟁 시 주위의 영주들(arrière-ban)을 소집할 권리, 추수의 시작을 알릴 권리(ban de vendange), 범죄자나 그들을 은닉한 자들을 자신이 통치하는 지역에서 추방할 수 있는 권리, 추방당한 자를 방리유 안으로 다시 부르는 권리(rappel de ban) 등을 통틀어 ban의 권리라고 하며, ban의 권리가 적용되는 전 지역을 방리유라고 부른다. 특히 추방은 방리유 바깥으로 쫓겨나는 것을 의미하는 것이지, 도시 바깥의 방리유로 쫓겨나는 것을 의미하지 않는다. 왜냐하면 방리유는 중심 도시와 마찬가지로 도시의 법이 적용되는 공간이기 때문이다. 예를 들면, 법을 실행하는 시장과 재판관은 시내와 방리유에서 발생한 모든 범죄에 대해 조사를 하고 정보를 모을 의무가 있었는데[13], 이는 시내와 방리유에 동일한 법이 적용됐고, 시장과 재판관의 권위가 방리유에 동일하게 미쳤으며, 방리유는 결코 법망에서 벗어나 있지도 않았고, 무법지대는 더욱 아니었음을 보여준다.

　그밖에도 방리유는 도시에서 부과하는 중세 봉건적 규칙(특히 도시가 부과하는 일련의 세금들)을 따라야 했고[14], 중심 도시와 상품 교환 관계를 맺고 있었던 것으로 비추어볼 때, 방리유는 중심 도시로부터 배제되어야 할 대상이라기보다 철저히 통제되고 포함되어야 하는 공간

---

12) 『중세 프랑스어 어휘집』의 "banlieue", "bancloch" 항목을 참조하라(*Hist. dr. munic.* E., t.1, 1370, 377). ATILF/Équipe, *Base de Lexiques de Moyen Français*(DMF1), Nancy : CNRS/Université Nancy 2. [www.atilf. fr/blmf]
13) 『중세 프랑스어 어휘집』의 "criminel" 항목을 참조하라(*Hist. dr. munic.* E., t.1, 1374, 93). ATILF/Équipe, *Base de Lexiques de Moyen Français*(DMF1), Nancy : CNRS/Université Nancy 2.[www.atilf.fr/blmf]
14) Hervé Vieillard-Baron, *Les Banlieues: Des singularités françaises aux réalités mondiales*, Paris : Hachette, 2001, p. 10.

이었다.[15] 심지어 오늘날 방리유 소요의 중심에 있는 생드니의 경우, 이전에는 그 자체의 성곽과 방리유를 가진 도시였다[16]는 사실을 생각한다면, 방리유가 추방의 공간이라는 명제는 역사적으로 뒷받침되기 어려운 듯이 보인다.

우리가 주목하는 것은 지난 소요사건 자체의 동학이나 주권 권력의 메커니즘이 아니라, 방리유라는 공간과 그곳에 사는 주민들에 대한 도시민들의 표상의 역사이다. 후자야말로 전자의 근본적인 원인이라고 할 수 있다. 즉 우리는 방리유 문제에서 도시-국가의 '상징적' 공간 분할, 그리고 도시민과 외곽민의 지위 문제에 초점을 맞추고자 한다. 이를 분석하기 위해서 우리는 주권자, 법(권위), 성스러운 인간, 예외, 안/밖, 배제되면서 포함됨의 범주들을 사용하는 것이 아니라, 도시-국가(Cité)와 시테들(cités), 중심부와 주변부, 공백, 포함되면서 배제됨의 범주를 사용할 것이다.

시테 혹은 방리유는 위상학적으로는 도시-국가의 '주변부'이며, 상징적으로는 일종의 '공백'이다. 방리유 주민들의 문제는 배제됨으로써만 권력 자체에 직접적으로 포함되는 그런 존재가 아니라, '언제나 형식적으로는 포함되지만 실질적으로는 배제되는 존재의 문제'에 해당한다. 방리유 청년들은 죽음의 위협 앞에 놓여 있는 자들이 아니라

---

15) Alain Faure, "Banlieue", *Soixante-quatre mots de la ville*, Paris: CNRS, 2005, pp. 6~9.

16) Jean-Claude Boyer, *Les banlieues en France: Territoires et sociétés*, Paris: Armand Colin, 2000, p. 11. 생드니의 성곽 및 그 주변 방리유를 보여주는 것으로는 다음의 지도를 참조하라. P. Loriot, *Plan du terroir de St Denis en France et des paroisses de la Chapelle, d'Aubervilliers, de la Cour-neuve, de Stains, de Pierrefitte, de Villetaneuse, d'Epinay, et St. Ouën*, Paris: Chez le Sr Inselin, 1707. 〔gallica. bnf.fr/ark:/12148/btv1b7710706r〕

무력한 인간, 쓸모없는 잉여 인간으로 간주되는 자들, 그러하기에 실질적 권리를 누릴 '자격이 없는 자들'로 간주되는 자들이다. 다시 말해, 방리유 문제에서 핵심은 주권자가 법과 권위의 경계를 결정하기 위해 예외적인 권력을 행사하는 데 있는 것뿐만 아니라, 정치 공간의 분할을 통해 정치 공간인 도시-국가의 구성에 참여할 수 있는 자와 없는 자를 구별해내는 메커니즘에 있다. 방리유 주민들은 동물과 인간이 구분되지 않는 지대에 있는 늑대 인간이라기보다는 비인간/인간/시민 사이에서 '동요'하는 자들이다. 이들은 공동체 바깥에 있다가 예외적으로 출몰하는 자들이 아니라, 항상 중심 도시와 공동체 바로 곁에 붙어 있으면서 도시를 위협하는 자들, 중심 도시 바로 곁에 거주하면서도 야만적이라고 간주됐던 자들이다.

이러한 문제틀에 기초해 우리는 방리유의 사회경제사나 도시사와 같은 구체적이고 물질적인 역사를 추적하기보다는 도시민들의 '통념'과 '표상' 속에서 방리유는 어떻게 이해됐고, 방리유의 주민들은 어떻게 인식됐는지를 밝힐 것이다. 우리는 이를 방리유에 대한 '표상사'적 접근이라고 부르고자 한다. 이와 같이 '통념'과 '표상'에 대한 분석틀을 가지고 작업할 때, 우리는 중세 이후부터 근대를 거쳐 오늘날까지 방리유가 도시와 맺는 관계가 아니라, 도시의 외곽(faubourg)이 중심 도시(도심, centre-ville)와 맺었던 관계에 보다 주목해야 한다. 앞에서 우리가 지적했듯이 중심 도시와 방리유는 동일한 권위(auctoritas)의 영향 아래 있었으며, 특히 방리유는 소규모의 농촌 촌락에 불과했다. 반면 도시 외곽은 도시와 인접하면서 도시를 위협했으며, 중심 도시(민)가 이 외곽(민)들에 대해 가졌던 표상이 오늘날 중심 도시가 방리유에 대해 갖는 표상으로 자리를 옮겼기 때문이다.

## 2) 외곽(민)에서 방리유(자르)로

### ① 외곽과 방리유

그렇다면 오늘날의 방리유 이미지를 추적하기 위해 중세 말 이후 근대까지의 방리유가 아니라, 그 당시의 도시 외곽으로 여행을 떠나보자. '성문 바깥(외곽)의 거주 지역'을 뜻하는 faubourg[17]는 12세기부터 발견되는 단어이며, 후기 라틴어 foris burgus 혹은 furis burgum에서 유래한 것이다. 이는 옛 프랑스어에서는 fursborc, furborc, furbours 등으로 표기되다가 현재의 faubourg로 정착됐다.

실제 사회사의 관점에서 보면, 중심 도시와 방리유의 관계가 (적어도 실제 역사상) 상호의존적인 것이었던 것과 마찬가지로 도시와 외곽 역시 완전히 독립된 두 공간이 아니었다. 공식 문서에서 '도시와 그 외곽'이라는 표현이 흔히 발견되는데, 예를 들어 1693년 6월 16일 당시 루이 14세는 "**파리의 도시와 외곽**에 있는 도로 공무원들의 기능과 권리에 대한 규칙"에 관한 선언을 하면서, 도시와 외곽을 함께 묶어서 부르고 있다.[18] 더욱이 외곽은 도시의 일부로 생각되기도 했다. 가령 1762년 간행된 『아카데미 프랑세즈 사전』에서 외곽은 "도시의 문, 성 너머에 있는 **도시의 부분**"으로 정의되고 있다.[19] 또한 18세기의 한 파리 지도[20]는 파리 북쪽에 위치한 외곽의 경계를 명확히 설정하면서 외곽의

---

17) 우리는 이 글에서 faubourg를 외곽, 변두리, 포부르 등으로 다양하게 옮길 것이며, 그 단어의 어원적 의미인 '성 바깥'의 의미를 강조하기 위해 주로 외곽이라는 말을 사용할 것이다. 외곽을 이미지화하기 위해서는 한국의 '사대문 밖'에 위치한 여관, 우편 기관, 시장이 주는 왁자지껄한 분위기를 연상하면 좋을 것이다.

18) Auguste-Pierre Perrot, *Dictionnaire de voierie dont l'objet est d'indiquer les lois de la matière, les officiers qui sont chargés d'en maintenir l'excution, leur compétence*, Paris: Prault, 1782, p.168; Alain Faure, "Faubourg", *Soixante-quatre mots de la ville*, Paris: CNRS, 2005, p.94. 재인용.

19) *Dictionnaire de L'Académie française*, 4ᵉᵐᵉ édition, 1762, p.723.

경계가 곧 파리의 경계임을, 다시 말해 파리는 그 외곽까지 포함한 범위임을 보여주고 있다.

그러나 행정적인 차원, 공식적인 차원에서 도시와 변두리가 함께 명명됐다고 하더라도 중심 도시와 외곽이 동등한 지위를 누렸다고 할 수 있을까? 도시민들은 변두리 주민과 별 차이가 없었던 것일까? 이 점과 관련해 도시민들이 14세기 이후부터 외곽을 '가짜 마을'(falsus burgus, faux bourg, fausse ville)에서 유래한 말이라고 생각했다는 사실은 아주 흥미로운 일이다.[21] 이를 두고 대중들이 어원 분석을 잘못했다고 비판하는 것으로 충분할까? 문제는 그리 간단하지 않다. faubourg라는 단어가 정착되기 이전에 fauxbourg가 사용됐기 때문에 위와 같은 오해가 생겼을 수도 있지만, 우리는 사람들이 '외곽'을 '가짜 마을'로 표상하게 된 이유에 주목해야 한다. 왜 사람들은 어떤 단어의 현대적인 의미를 과거로 소급 적용하려 하며, 심지어 '기원을 발명'하는가에 말이다.

14세기의 파리를 보여주는 지도[22]에는 파리 시를 구성하는 세 부분, 즉 시테(왕궁과 노트르담 성당을 비롯해 일련의 행정 기관이 있는 센 강 한가운데의 섬), 시내(파리 시민들의 주요 거주지), 대학(소르본 대학을 비롯한 각종 학술기관이 몰려 있는 지역)만이 표시되어 있고, 북쪽의 파리 성벽 바깥은 대부분 들판이었다. 센 강 남쪽의 대학 구역과 연결

---


20) Jean-Baptiste-Henri Delahaye, *Plan de Paris*, 17—?.〔gallica.bnf.fr/ark:/12148/btv1b77107023〕.

21) John M. Merriman, *Aux marges de la ville: Faubourgs et banlieues en France 1815-1870*, Paris: Seuil, 1994, pp. 13~14.

22) Nicolas Delamare, *Cinquième plan de la ville de Paris, son accroissement, et sa quatrième clôture commancée sous Charles V. l'an 1367 et finie sous Charles VI. l'an 1383*, Paris: MLCDLM, 1705. 〔gallica.bnf.fr/ark:/12148/btv1b77107483〕

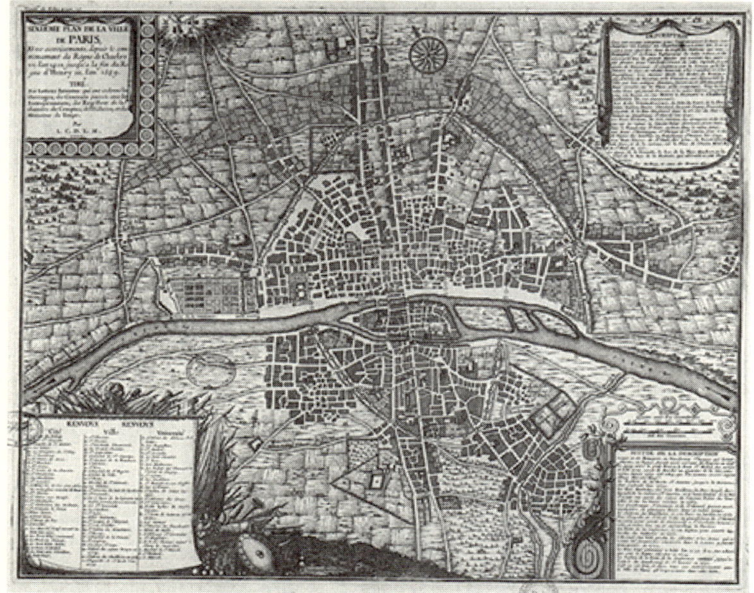

여기에서 특히 성문을 따라 뻗어나가는 주요 도로를 중심으로 외곽이 형성되고 있음에 주목해야 한다. 다시 말해, 외곽민의 일부는 농업 외에도 유동 인구를 위한 서비스업에 종사했을 것이고, 외곽민 사이에는 이주민, 부랑자, 뜨내기들이 다수 섞여 있었다고 볼 수 있다. 〔출처〕 Nicolas Delamare, *Sixième plan de la ville de Paris*, Paris : LCDLM, 1705. (gallica.bnf.fr/ark:/12148/ btv1b7710749h)

된 포부르 생제르맹이나 포부르 생마르셀 등이 예외적으로 도시 외곽을 형성했다고 하겠다. 반면 15~16세기의 파리 상황을 보여주는 위의 지도는 우리에게 파리 성벽의 성문 바깥으로 이어진 길을 따라 여러 외곽이 발전하고 있음을 보여준다.

이때부터 파리 외곽으로의 인구 이동은 계속됐고, 17~18세기의 왕들은 시내에 살던 사람들이 주거비나 생활비가 저렴한 외곽으로 이주함으로써 외곽 지역에 집이 늘어나는 현상을 막고자 했다. 왜냐하면 그들은 이러한 인구 유출로 인해 파리 한가운데가 황폐화되고 버려지는 것을 두려워했기 때문이다.[23] 실제로 외곽이 시내 못지않게 세력을 형성하면서부터 크고 작은 사회 문제가 발생했다. 가령 1739년 경 '포부르 생앙투안'의 노동자들, 막노동꾼, 무직자들은 다른 상점 앞에서 모욕적인 노래를 부르거나 잦은 소요를 일으켰고, 이는 당시 경찰의 큰 골칫거리였다.[24] 외곽의 노동자들은 협동조합(길드) 바깥에서 사회적으로는 부정하고, 정치적으로는 불온하며, 도덕적으로는 부패하고, 기술적으로는 무능한 노동 세계를 만들었다. 즉 이들은 조합에 속하지 않은 '가짜 노동자'였고, 이들이 만들어내는 상품은 '가짜 상품'으로 간주됐으며, 이들이 사는 곳은 '가짜 마을'이었던 것이다. 조합이나 국가와 같이 사회에 질서를 부여하고자 하는 자들에게 도시 외곽의 노동자들은 일종의 부랑자들이나 다름없었다. 이 때문에 어느 단추 제조 조합은 "파리 전체가 생앙투안 외곽이 될 것이다"라며 두려워했다.[25] 이는 외곽이 너무 발전하고 있는 것에 대한 두려움, 그리고 그 외곽이 도시를 집어삼킬 것에 대한 두려움을 동시에 표현하고 있다.

그렇다면 방리유와 외곽이 공유하는 위상학적 표상이란 무엇인가? 그 둘은 공통되게 도시 성문 바깥을 의미한다. 그리고 성문의 안

---

23) Faure, "Faubourg", pp.93~96. 18세기에 특히 파리 시내뿐 아니라 주변의 변두리까지 상세히 그린 지도가 유난히 많이 제작된 것 역시, 17세기부터 18세기 사이에 시내에서 변두리로의 인구 이동이 많았고 지배자들이 그들을 관리해야 할 필요성이 대두됐음을 보여준다.

24) David Garrioch, *Neighborhood and Community in Paris, 1740-1790*, Cambridge: Cambridge University Press, 1986, p.218; Arlette Farge, "Un espace urbain obsédant: Le commissaire et la rue à Paris au XVIIIe siècle", *Les Révoltes logiques*, n°6, 1977, pp.11~12.

25) Merriman, op. cit., pp.78~79.

(도시)과 밖(방리유, 교외, 외곽)이 주는 메타포 때문에, 방리유란 도시에 부속적인 동시에 도시 바깥으로 추방되어 있는 것으로 쉽게 표상가능하다. 왜 성벽이 갖는 상징적 의미를 간과해서는 안 되는가? 성벽이 있다는 사실은 그곳 주민들이 인간화된 본성을 갖췄다는 지표였으며, 성벽이 없다는 사실은 그곳 주민들이 야만인이었음을 보여준다고 생각됐다.[26] 왜 그럴까? 성벽은 모두의 안전을 보장하고 성의 안과 바깥을 구분할 뿐 아니라, 그것을 건축하기 위해서는 '공통된 것'의 발명과 실행을 필요로 한다. 성벽이 문명의 상징이라면 그것이 바로 공통된 것 혹은 정체(政體)의 메타포를 구성하기 때문이다. 여기에서 중요한 것은 이처럼 성벽이 문명의 상징이 되면서 성벽 바깥에 사는 사람은 동시에 문명의 바깥, 야만의 지대에 사는 자로 간주됐다는 것이다.


② 방리유자르, 오늘날의 메토이코이 혹은 아티모이

프랑스 혁명 이후 인민들의 정치의 중심으로 떠오른 파리와 그 주변 지역의 미묘한 세력 관계를 따지는 것은 아주 중요한 의미를 가진다. 특히 방리유 주민들에 대한 도시민들의 평가, 방리유 주민들 스스로 만들어가는 정체성과 도시에 대한 거리두기의 문제들은 중요한 생각거리를 제공한다.

　1789년 파리 주변 행정구에서 작성된 삼부회 진정서에서 '방리유 주민들' (이는 그들 스스로 방리유 주민들이라고 인식하고 있었음을 보여

---

26) 호메로스나 그리스 고전기 당시부터 이미 성벽과 문명이 밀접한 관련을 맺고 있었음을 보여주는 자료로는 다음을 참조하라. Yvon Garlan, "La fortification dans l'espace civique", *Guerre et économie en Grèce ancienne*, Paris: Découverte, 1989. 특히 126~138쪽을 참조할 것.

준다)은 도시(혹은 도시민)가 그들을 홀대하며, 도시 당국은 그들을 그저 아무런 특성 없는 보조물로 간주한다고 비난한 바 있다. 더욱이 1790년 국민의회에서 채택된 도(道) 설계도는 파리가 독립된 하나의 도인 동시에 그 주위에 일상적인 필요를 충족시킬 수 있는 시설들, 예를 들어 도살장·쓰레기장·공동묘지·마차 경주장·공원 등을 포함한 방리유를 갖도록 구상하고 있다.[27] 이것은 어떻게 중심 도시가 방리유라는 공간을 포함적으로 배제하면서 통제하는가를 보여준다. 게다가 단순히 방리유 주민들(habitants de banlieue)이 아니라 방리유자르(banlieusards)라는 호칭이 출현했다는 것은 또 하나의 독특한 사례다. 1889년 지방 선거에서 파리의 한 후보자는 "문명화된 도시의 문가에 숙영하는 천박한 사람들"이라는 의미로 방리유자르라는 단어를 처음 공식적으로 사용했다.[28] 이것은 방리유자르가 방리유 주민들과는 달리 처음부터 멸시의 표현으로 사용됐음을 보여주는 동시에 방리유자르가 문명화된 도시의 '문가'에 위치한다고 말하면서 그들의 위상을 아주 적확하게 보여줬다는 데 의의가 있다.

도시민들이 방리유 주민들에 대해 갖는 주요한 표상인 '무례', '교육받지 않음', '야만적임' 등은 이미 1550년경부터 퍼져 있던 도시민들의 통념을 보여주는 다음의 증언 속에서도 발견된다. "파리 주민들은 도시 외곽에 새로운 주민들이 대거 유입되는 것에 대해 불편해 했다. 이 새 거주자들(이 '메토이코이들')은 품행이 수상했으며, 청년들

---

27) 1789~90년의 상황에 대해서는 다음을 참조하라. Fernand Boumon, *La Création du département de Paris et son étendue, 1789-1790*, Paris: Champion, 1897.

28) 도시 외곽의 노동자들에 대해서도 "문가의 야만인들"이라고 불렀다는 사실로부터 우리는 방리유자르에 대한 이미지와 도시 외곽의 노동자들에 대한 이미지가 중첩된다는 것을 알 수 있다.

사이에 비행의 증가를 야기한다."[29] 이 증언은 특히 유의미하다. 왜냐하면 오늘날 널리 퍼져 있는 방리유에 대한 표상이 16세기 중반에 이미 도시민들이 외곽 주민들에 대해 갖는 표상 속에 그대로 담겨 있음을 보여주기 때문이다. 우리는 다음 절에서 바로 이 '수상한 품행' 혹은 '무례함'과 '비행의 원인'으로 지목되는 방리유자르의 문제를 다루기로 하고, 지금 당장은 이 증언에 포함된 독특한 단어에 더 주목하고자 한다. 파리 주민들로부터 '메토이코이'라고 간주된 도시 외곽의 주민들. 여기에서 '메토이코이'란 무엇이며, 어떤 함의를 갖는 것인가?

메토이코이(mētoikoi)는 고대 그리스어로서 mēta-와 oikoi(집, 가정)의 합성어인데, 여기에서 어근 mēta-의 의미를 둘러싸고 두 가지 해석이 존재한다. 하나는 메토이코이를 다른 도시로 거주지를 완전히 옮긴 자들로 해석하는 것인데, 이때 메토이코이는 오늘날의 이주자에 가깝다. 다른 하나는 시민들과 '더불어', 시민들 '사이에서' 사는 사람으로 그 단어를 해석하는 것인데, 왜냐하면 메토이코이에는 비단 이주민뿐 아니라 해방된 노예도 포함됐으며, 무엇보다 시민 자격 법령의 변화로 인해 부모 중 한 명이 외국인이거나, 불법적인 결혼 관계 속에서 출생한 자들이 시민에서 메토이코이로 전락했기 때문이다. 위의 16세기 증언에서 사용된 '메토이코이'라는 표현은 외부에서 이주해온 '낯선 자들'의 의미에 제한되는 것이지만, 우리는 오늘날의 방리유자르에게서 고대 그리스의 메토이코이의 특성을 발견할 수 있다. ① 외국인으로서 방리유자르. 그들은 주로 상인이나 장인 혹은 노동 계층을 형성하면서 도시민의 일상적 삶을 지탱하는 역할을 했다. 따라서 그들은 단순

---

29) Bernard Rouleau, *Paris: Histoire d'un espace*, Paris: Seuil, 1997, p. 175.

한 배제의 대상이 아니라 정교하게 통제해야 할 대상이었다.[30] ② 해방된 노예로서 방리유자르. 이는 방리유의 문제를 탈-식민주의의 문제로, 방리유자르의 문제를 '해방된 노예-주체'의 문제로 바라볼 수 있게 해준다. 어떤 의미에서 오늘날의 방리유가 주는 상징적 황량함은 통째로 옮겨진 사하라 사막의 그것과 크게 다르지 않다. 더불어 피식민지 주민으로서 동일하게 가졌던 프랑스 국적, 그러나 그 내용 없는 텅 빈 시민권은 오늘날에도 여전히 유지되고 있다. ③ 서자로서 방리유자르. 기원전 5세기의 경우 메토이코이의 대다수가 그리스 출신이었고, 아테네에서 교육받거나, 아테네 태생인 경우가 많았다. 다시 말해 문화적으로 아테네인이었다.[31] 오늘날에도 마찬가지로 방리유자르는 프랑스 문화에 완전히 동화되어 있음에도 불구하고, 프랑스 정부에서 그들은 아직 동화되지 않았다고 끊임없이 유예시키는 형국이다.

메토이코이보다 더 흥미로우며, 오늘날의 방리유자르에 더 가까운 형상은 아티모이(atimoi)다. 아티모이는 atimos인 자, 즉 timē(영예)를 박탈당한 자를 의미하는 것으로, 여기에는 중죄(重罪), 가령 국세를 내지 않은 자, 강도, 군역 거부, 3회 이상의 거짓 증언 등으로 처벌을 받은 자들이 포함된다. 아테네인들에게 영예란 무엇인가? 그것은 단순히 땅이나 집을 소유할 권리가 아니라 무엇보다 정치에 참여할 수

---

30) 메토이코이는 땅이나 집을 가질 수 있는 권리(enktēsis gēs kai oikiou)를 포함한 일체의 정치적, 시민적 권리를 갖지 못했다. 더욱이 외국에서 온 이방인들은 메토이코이의 지위를 획득하기 위해서 자신이 정착할 데모스(dēmos)를 자유로이 선택했다기보다, 그 데모스의 시민들 중에 보증인(prostatēs)을 찾아야 했다. 또한 메토이코이는 거주권을 받는 대신, 거주세(mētoikion)나 자신이 거주하는 도시 국가가 개입하는 전쟁에 참여해야 할 의무를 가졌다.

31) Edmond Lévy, *La Grèce au Vᵉ siècle de Clisthène à Socrate*, Paris: Seuil, 1995, p.146.

있는 권리와 종교 의례에 참여할 수 있는 권리(이 두 권리는 공적인 사무[res publica]에 참여할 수 있는 권리를 구성한다)를 뜻했다. 아티모이는 그리스 아테네에서 정치와 종교의 중심이었던 아고라에 발을 들여놓는 것이 금지됐기 때문에, 역시 아고라에 위치한 재판정에 증인으로조차 참석할 수 없었다. 즉, 그들은 공적 공간에서 스스로를 대변할 수 없었으며, 그네들 자신의 '말'(logos)을 빼앗겼다고 할 수 있다. 그리하여 로고스 없는 그들의 말은 한낱 소음(phonē)이 된다. 또한 그들은 종교 의례를 공유할 수 없기 때문에 문화적 정체성마저 상실한다. 아테네인들의 신은 아티모이를 더 이상 보호하지 않는다. "시테의 권리를 박탈당하는 것이 아티미아(atimia)의 성격을 규정한다는 사실은 이 처벌이 가족 간 복수의 시대의 본원적인 아티미아, 즉 집단으로부터 추방당한 상태의 모든 개인을 처벌받지 않고 죽일 수 있게 하는 원리로부터 따라나왔다는 것을 뜻한다."[32] 이는 곧 그들이 법의 보호를 받지 못하지만, 법 바깥에 있는 것도 아님을 보여준다. 그들은 시테의 정치 생활이 진행되는 장소와 종교 생활의 현시로부터 배제됐을 뿐이다.[33] 아티모이는 "도시-국가 '내의' 이방인"이라고까지 말할 수 있다.[34]

방리유자르를 아티모이의 형상에 포개는 것은, 오늘날 실업자로서의 시민을 인정할 수 있는가 하는 근본적인 쟁점을 제기할 수 있도록 해준다. 구체제 이전부터 부르주아지와 노동자가 능동적 시민과 수동적 시민으로 구분됐고, 프랑스 혁명 이후 그나마 노동자가 시민의 자격

---

32) Victor Ehrenberg, *L'État grec: La cité, l'État fédéral, la monarchie hellénistique*, Paris: Maspero, 1976, p.81.

33) Claude Mossé, *Politique et société en Grèce ancienne: Le "modèle athénien"*, Paris: Champs-Flammarion, 1999, p.23.

34) Fustel de Coulanges, *La cité antique*, Paris: Flammarion, 1984, p.232.

을 획득할 여지가 생긴 뒤 복지국가 아래에서 '시민=노동자'의 틀이 확립됐다고 한다면, 복지국가의 위기 이후, 우리가 고민해야 하는 것은 더 이상 노동에 의해 공동체에서 자신의 자리를 잡지 못하거나 정치적 권리를 획득하지 못하는 사람들의 구성적 시민권(citoyennté constitu-tionnelle) — 실업자에게 단순히 실업수당이나 보조금이라는 수혜적 형태의 시민권이 아니라, '정체'(constitution, politeia)를 구성할 수 있는 권리로서의 시민권 — 을 구상할 수 있는가의 문제다. 이런 핵심적인 쟁점을 은폐하면서, 사회는 방리유자르의 시민권을 박탈하지는 않지만 실업자로서의 그들을 무용한 인간, 쓸데없이 남아도는 잉여 인간, '[쓰다가] 버릴 수 있는 인간'(homme jetable)[35]보다 더 심한 '고용불가능한 자'(inemployables)[36]로 만든다. 이를 위한 가장 효과적인 담론은 그들이 무능할 뿐 아니라 무례하다고 단정짓는 것이다. 우리는 아래에서 방리유자르에 대한 부정적 표상을 생산하는 핵심적 메커니즘인 무례 담론에 대해 살펴볼 것이다.

## 3. 문명이냐 야만이냐: 무례 담론에서 시민권(성)까지

### 1) 무례 담론과 불안감: 문명이냐 야만이냐

앞에서 도시 외곽을 다루며 살펴보았듯이, 파리 시민들은 외곽의 주민

---

35) Bertrand Ogilvie, "Violence et représentation: La production de l'homme jetable", *Lignes*, n° 26, octobre, 1995.

36) Robert Castel, *L'insécurité sociale. Qu'est-ce qu'être protégé?*, Paris: Seuil, 2003, p.51. 따라서 지난 반-CPE 투쟁 정국에서 "우리는 (쓰다가 버리는) 크리넥스 티슈가 아니다"는 슬로건은 비정규직계약의 확산을 겨냥하고는 있으나, 노동 세계로의 진입 자체가 유예되는 방리유 청년들의 처지를 충분히 수렴하지 못한 제한적인 것이었다.

들에 대해 '무례'하거나 '야만적'이라고 생각했으며, 외곽의 노동자들이나 부랑자들이 파리 시를 뒤덮지나 않을까 두려워했다. 외곽 주민들의 무례함, 야만적 행위, 무질서가 잠재적으로 범죄와 연결된다는 표상역시 널리 퍼진 통념이었다. 이러한 통념에 기초할 뿐 아니라 그것을 끊임없이 재확인하고 강화시키는 유사-과학적 담론이 오늘날에도 여전히 존재하며, 우리는 그것을 무례 담론이라 부르고자 한다.

무례와 불안감 혹은 무례와 범죄의 관계를 부각시키는 이론들의 준거가 된 것은 미국에서 발전된 제임스 Q. 윌슨과 조지 L. 켈링의 '깨진 유리창 이론'이다. 건물의 유리창이 깨진 채 방치되어 있으면 나머지 유리창도 곧 깨진다. 왜냐하면 수리되지 않고 깨진 채 남아 있는 유리창은 아무도 그것을 돌보지 않는다는 신호로 간주되며, 다른 유리창을 더 깨더라도 아무런 손실이 없다고 여겨지기 때문이다. 윌슨과 켈링은 버려진 자동차가 어떻게 금세 반달리즘의 대상이 되는지 보임으로써, 무질서가 범죄로 이어지는 과정을 보여준다. 또한 그들은 사람들이 폭력적인 사람이나 범죄자가 아니라, 오히려 무질서하거나 소란스러운 사람, 거지, 취객, 약물 중독자, 떠들썩한 10대들, 매춘부, 어슬렁거리는 사람들, 정신적으로 이상한 사람들을 더 두려워한다고 지적한다. 다시 말해 무질서 혹은 무례야말로 불안감의 원인인 것이다.[37]

정치학자인 세바스티앙 로셰는 무례로 발생하는 불안감과 관련된 경험적 개별 사례 연구와 범죄율 상승 경향을 논거로 대며 깨진 유리창 이론을 프랑스적 맥락에 적용한다. 특히 그는 불안전이 정치 통합의 쇠

---

37) James Q. Wilson and George L. Kelling, "Broken Windows: The Police and Neighborhood Safety", *The Atlantic Monthly*, March, 1982, pp. 29~37. [www.streetgangs.com/academic/brokenwindows.html]

퇴, 배제된 자의 증가나 경제 위기, 실업 상승 등과 큰 연관성을 갖지 않을 뿐 아니라, 프랑스에서 비행은 1950년대 말~1980년대 초까지 계속 상승했으며, 불안감을 증대시키는 것은 사실 비행 자체보다는 사람들 간에서 일상적으로 공공연히 이뤄지고 있는 무례한 행위들에 기인한다고 본다. 무례한 행위들은 공적 공간에서의 '무질서'와 같으며 그 안에는 낙서, 소음, 욕, 고성방가, 우편함 부수기, 쓰레기나 폐차 방치, 주위 사람들을 위협해 긴장감을 고조시키는 행동처럼 우리 주변에서 흔히 눈살을 찌푸리게 만드는 모든 행위들이 포함된다.[38] 특히 무례는 법적으로 코드화된 질서인 공공질서(ordre public)가 아니라 사람들 간의 공중질서(ordre en public)에 대한 침해라고 할 수 있다. 무례는 범법 행위는 아니지만 '타인과의 임계적 거리'[39], 즉 인간의 습속이나 행동이 **문명화**되면서 체화한 타인과의 '상징적인 거리'(자신이 위협받지 않는다고 느끼는 거리)를 위협한다고 보기 때문이다.[40]

'공중 공간에서의 무질서'로 이해될 수 있는 무례한 행위들이 사회적 유대와 규범을 파괴하며, 이는 무례를 당하는 사람들에게 불안감

---

38) Sebastian Roché, "Les incivilités vues du côté des institutions: Perceptions, traitements et enjeux", *Les cahiers de la sécurité intérieure*, n° 23-1, 1996, pp.86~99.

39) 로셰는 '임계적 거리'라는 개념을 어빙 고프먼에서 가져온다. Erving Goffman, *La mise en scène de la vie quotidienne 2: Les relations en public*, Paris: Minuit, 1973, p.267. 타인이 무례한 행위(inconduite)를 하면서 이 임계적 거리를 훼손할 경우, 개인은 그것을 경고 신호로 받아들이고, 위험을 예견함으로써 두려움에 빠지게 된다. 로셰는 또한 이와 유사한 개념을 노르베르트 엘리아스의 "신체들 사이에 세워지고, 신체들을 서로 밀어내고, 고립시키는 정서 반응의 비가시적인 벽"에서 발견한다. Norbert Elias, *La civilisation des moeurs*, Paris: Calman-Lévy, 1973, p.117. 로셰 자신의 이론적 참조점들을 가장 잘 보여주는 글로는 다음을 참조하라. Sebastien Roché, "Les incivilités, défis à l'ordre social", *Projet*, n° 238, été 1994, pp.37~46.

40) Sebastian Roché, *La société incivile: Qu'est-ce que l'insécurité?*, Paris: Seuil, 1996.

을 증대시킨다는 것. 그 무례한 행위가 법적으로 금지된 것이 아니라는 이유로 처벌되지 않을 경우, 그 무례한 행위는 또 다른 무례를 낳게 되고, 이것이 결국 비행으로 이어진다는 것. 더욱이 무례한 행위들이 제대로 처벌되지 않을 경우, 무례의 피해자들은 각종 제도(경찰, 사법, 시장 등)를 불신하게 된다는 것. 이것은 우리가 가진 일반적인 통념에 너무도 잘 들어맞기에 도저히 반박불가능한 논증인 듯이 보인다.

그러나 무례 담론은 통념 이상의 것을 말해주지 않으며, 통념 자체를 자명한 사실로 간주하고 그것을 확대재생산한다.[41] 로셰는 예의 바름(공중질서 준수, 타인과의 상징적 거리를 유지함으로써 타인을 배려하기 등)이 문명화 정도의 한 척도라는 기본적 관념에서 출발한다. 이 관념이 노르베르트 엘리아스의 '문명화 과정' 개념과 만날 때 재미있는 입장이 만들어진다. 엘리아스에게 문명화 과정은 '강압적 외부 통제로부터 자율적 자기 통제로의 전환 과정'을 의미한다. 특히 국가의 물리적 폭력 독점, 사회 통제에 의한 호전성 및 폭력 제재가 문명화된 사회의 지표가 된다. 국가의 폭력 독점은 대인 간의 폭력을 감소시키며, 개인들은 사회의 통제를 내면화하면서 스스로를 제어한다. 무엇보다 이러한 문명화 과정, 개인에게 예절이 체화된 것은 궁정사회의 문화가 전 사회로 확장됐기 때문이다.

이 주장과 관련해 우리는 두 가지를 지적하고자 한다. 한편으로, 엘리아스가 묘사한 사회 통제의 내면화 과정은 사실상 푸코가 말한

---

41) 깨진 유리창 이론을 비롯한 무례 담론이 원인 분석이 아니라, 통념에 대한 동어반복이라는 비판에 대해서는 다음을 참조하라. Philippe Robert, "Le sentiment d'insécurité", *Crime et sécurité: L'état des savoirs*, (dir.) Laurent Mucchielli et Philippe Robert, Paris: Découverte et Syros, 2002, pp.367~375.

'규율 권력'의 확대 과정과 다르지 않다. 규율 혹은 훈육 과정은 단순히 국가나 사회의 규범이 강제로 개인에게 체화되는 것이 아니라, 그 개인과 규범 간의 일종의 '게임'을 거친다. 개인은 그 게임 속에서 독특한 개인, 하나의 개별성을 갖는 개인으로 생산된다. 그렇다면 이제 문제가 되는 것은 무엇인가, 혹은 로셰가 엘리아스를 참조하며 도시폭력이나 방리유 청소년 비행에서 문제로 제기하는 것은 무엇인가? 오늘날 공중질서를 유지하기 위해 필요한 예의 바름이란 바로 개인이 얼마나 문명화(사회의 통제나 궁정식 질서의 내재화)를 잘 겪었는가와 관련된다. 이로부터 로셰는 예의의 부재인 무례가 개인의 책임이라고 자연스럽게 결론짓는다. 1950~80년대까지 범죄율이 꾸준히 상승하고 있다는 지표를 자명한 것으로 받아들이면서, 로셰는 문명화 과정이 역행한다고 주장한다. 그러나 문명 대(對) 야만의 대립 구도[42]를 유지할 뿐 아니라, 범죄율 상승 원인의 구조적 원인을 밝히지 않을 경우, 문명화의 경향적 역행 원인은 외부에서 침입해 들어온 야만 혹은 야만의 회귀로 간주되기 쉽다. 이민자 출신 자녀들이 '서구' 사회의 (궁정식) 질서에 충분히 적응하지 못했을 수 있다는 로셰의 조심스러운 지적은 사실상 무례 담론의 본질을 보여주는 고해성사나 마찬가지다.

　　다른 한편으로 서구 사회에서 폭력이 줄어든 것이 국가에 의한 폭력 독점 때문이라면, 오늘날 도시폭력 현상 증가의 원인이 바로 그 국

---

42) 문명 대 야만의 대립 구도는 예의와 무례의 대립과 정확히 일치하는 것이다. 엘리아스가 잘 말하고 있듯이, '예의 바른'(civil)이라는 단어는 '궁정식의, 정직한, 공손한, 잘 교육받은'을 뜻하는 것으로서, '농촌의, 야생의, 투박한, 거친, 상스러운, 버릇 없는'을 뜻하는 '촌스러운'(rustique)에 반대된다. *Dictionnaire de L'Académie française*, 5ème édition, 1798, p.248. 이런 점에서, 오늘날의 무례 담론은 우리가 앞 절에서 살펴본 도시 중심과 외곽 사이의 대립을 그대로 반복하고 있다.

가의 권위가 약화되고 시민들이 자기-통제를 내면화하는 데 실패했기 때문이라는 진단도 가능하다. 따라서 이제 국가는 개인들이 국가의 통제 이전에 자기-제어를 내면화할 수 있도록 유도함으로써 폭력을 예방해야 한다. 사실 이것은 '근접경찰' 제도의 탈을 쓰고, 사실상 개인들(잠재적 비행자들)에게 그들이 일상적으로 감시되고 있다는 사실을 일깨우고, 또 다른 개인들(치안불안을 느끼는 자들)에게는 그들이 일상적으로 보호되고 있다는 사실을 각인시키는 방식으로 이뤄진다. 미국의 깨진 유리창 이론이나 프랑스의 무례 담론은 실제로 1994년 뉴욕 시장 루돌프 줄리아나나 내무부 장관 시절의 니콜라 사르코지에 의해 '톨레랑스 제로' 정책으로 발전됐다. 이 정책은 길거리 곳곳을 누비는 경찰차와 도처에 설치된 감시 카메라를 통한 '편재한 감시망 체제' 구축, 범죄율이 인종·국적·실업·경제적 형편 등과 무관하다는 명목 아래 진행되는 사회보장정책 후퇴, 공격적이고 적극적인 경찰 형태에 기반한 '성과주의'[43]로 실현된다. 더구나 이 모든 것은 사회 구성원 일부 분파의 폭력 사용을 반대하는 국가의 폭력 독점이 정당할 뿐 아니라, 그것은 오히려 공공 서비스에 해당한다는 식으로 정당화된다.

오늘날 프랑스에서 불안전과 불안감이 중요한 정치적 의제가 됐다는 것은 부인할 수 없는 사실이다. 그러나 불안전과 불안감의 원인을 무례한 일부 사람들의 비행이나 야만의 회귀라는 선정적인 구호를 통해 해명하려는 시도를 넘어서 우리는 '현대사회 내 불안의 보다 구조적인 원인'이 무엇인지, 그것이 '오늘날의 치안정치'로 어떻게 이어지

---

43) 이것은 경찰로 하여금 예상 검거율을 선언하고 나서, 그 실적을 발표하는 식으로 이뤄지는데, 이는 범죄자를 최대한 빨리 그리고 많이 잡아들이면, 그만큼 안전은 확보된다는 수의 논리에 기초한다(영업 사원이 된 경찰?).

는지를 살펴볼 필요가 있다. 우리는 이것들을 가설적인 방식으로 제언하고자 한다.

첫째, 오늘날 불안감의 확산은 도시범죄의 익명성과 무관하지 않다. 프랑스의 범죄율에서 대인 범죄나 강도, 상해는 줄어드는 반면, 절도는 늘어난다. 또한 범죄 사건에 대한 해명률이 낮아지는 이유는 범죄 신고 자체가 "누가 내 카오디오를 훔쳤어요"라는 식으로 이뤄지며, 이는 오늘날 절도의 특성이 훔치는 자와 피해자가 서로 마주치지 않을 뿐 아니라, 사람을 훔치는 것이 아니라 무언가를 훔치는 것이기 때문이다.[44] 이것은 개인주의가 강화되고, 도시 공간이 익명화됨에 따라 '내'가 나를 제외한 모두가 잠재적 도둑이 될 수 있는 '불특정 다수' 앞에 놓여 있으며, 이에 대해 공권력이 제대로 보호해주지 않는다는 실존적 불안감과 연결된다. 실존적 불안감에 처한 개인은 가족이나 사회운동 단체, 협회와 같은 소규모 공동체 속에서 이 불안감을 해소하려 하는 것이 아니라 모든 분파를 초월한 폭력 독점체로서의 국가의 권위에 자신을 맡기게 된다. 우리는 이를 미카엘 푀셀을 따라, 개인들의 자유의 이름으로 대권을 증대시키는 '자유주의적-권위적' 국가의 역설이라고 말할 수 있을 것이다.[45]

둘째, 오늘날의 통치는 가상성의 차원과 현실성의 차원을 뒤섞음으로서, 그 둘을 구분 불가능하게 만드는 가상현실로서의 정치를 이용한다. 우리는 그 예가 '원거리 전쟁'(화면을 통해서 미사일이 발사되고, 화면을 통해서 사람들은 전쟁을 경험하며, 불안감과 안도감을 느낀다)이

---


44) Hugues Lagrange, *Demandes de sécurité*, Paris: Seuil, 2003, p.56.
45) Michaël Fœssel, "Légitimation de l'État: De l'affaiblissement de l'autorité à la restauration de la puissance", *Esprit*, mars-avril, 2005, pp.242~256.

나 조류독감 같은 각종 전염병, 방리유자르와 경찰의 무력충돌 등이라고 생각한다. 우리는 화면에서 보는 것이 현실인지 영화 속의 한 장면인지 구분하기 어려우며, 텔레비전을 끄면 또다시 아무 일 없었던 듯이 일상적 삶을 살아간다. 지난 소요사건 해결 과정 중 언론매체에서는 연일 비상사태로 떠들썩했으나, 도시민들은 지극히 정상상태 속에서 일상적으로 생활했다. 그러나 그 가상현실 혹은 스펙터클은 무의식에 각인되며, 이것이 불안감의 일차적인 원인이 된다. 이처럼 사람들은 '폭력을 미디어를 통해 느낀다'.[46] 사실상 시테의 청년들이 중심 도시의 번화가에 출몰(!)하는 경우는 극히 드물지만, 도시민의 실생활에선 그 어디에도 없는 불안의 '원인'들, 바로 그 청년들의 표상, 미디어라는 상상과 상징의 차원에서는 도처에 존재하게 된다. 이는 상상적 불안감과 (중심 도시 도처에 실재로 존재하는 경찰과 사기업 안전요원들의 존재가 제공하는) 실재적 안정감의 차이를 통해 일종의 평형상태를 유지한다. 대중의 불안감을 조장하는 것은 국가가 더 이상 시민들을 보호해주지 못한다고 생각하게 만들지 않을 정도까지만 진행된다. 최대의 불안과 최대의 안전이 교묘하게 유지되는 것이다. 이렇게 유지된 평형 상태는 점차 치안을 강화할 것을 요구하는 사회 분위기를 조성한다.

셋째, 불안(insécurité)의 반대말인 안전(sécurité)이라는 단어의 중의성을 이용한 통치 전략이 있다. 안전은 한편으로 생명과 재산의 안

---

46) 비록 오래된 수치이기는 하지만, '의도적으로 누락된' 1985년 한 신문의 설문조사 결과에 따르면, "당신은 폭력을 겪고 있다는 느낌을……"이라는 질문에 대해 사람들은 '길에서 받는다: 예(19퍼센트), 아니오(81퍼센트)', '미디어에서 받는다: 예(53퍼센트), 아니오(44퍼센트)'라고 답했다. Eric Stemmelen, "L'insécurité des sondages", Institut des hautes études de la sécurité intérieure, *Les Cahiers de la sécurité intérieure*, n°4, 1991, p.69 ; Jean-Luc Mathieu, *L'insécurité*, Paris: PUF, 1995, p.17. 재인용. 우리는 이러한 경향이 여전히 유지되고 있다고 생각한다.

전이라는 시민적 안전(sécurité civile)의 의미도 있지만, 다른 한편으로 복지국가의 틀에서 보장되던 사회적 안전(sécurité sociale)의 의미도 갖고 있다. 분명 오늘날의 안전 혹은 치안 담론은 기존의 국민국가, 복지국가, 혹은 합쳐서 '사회적-민족 국가'의 위기에 따른 사회적 안전의 후퇴(실업, 완전 고용의 위기, 계약 방식의 개별화 및 불안정, 임시 노동으로의 전환, 사회복지정책의 축소)를 시민적 안전(어디에서나 쉽게 눈에 띔으로서 안전을 느끼게 해주는 경찰)으로 대리 보충하는 의미를 가진다. 즉, 각종 사회보장 혜택의 축소로 인한 사회적 '불안'을[47] 치안상의 '안전감'으로 해소하려는 경향을 보여준다.[48] 다음과 같이 바꿔 말할 수도 있겠다. 오늘날 '안전'을 의미하는 단어로 혼용되어 쓰이고 있지만, sécurité와 sûreté는 다른 말이다. 전자는 '안전하다는 의식 혹은 느낌'과 관련되고, 후자는 '실제로 안전을 보장받은 상태'를 의미한다.[49] 불안감과 관련된 가상-현실성을 이용하는 오늘날의 치안 통치

---

47) 2006년 10월 31일 발표된 설문조사(20minutes-RMC-LH2) —— 1천 명에게 전화해 질문했으며, 중복 답변이 가능했다 —— 에 따르면, "프랑스의 불안전에 맞서 싸우기 위해 우선적으로 해야 할 것이 무엇이라고 생각하는가?"라는 질문에 대해 사람들은 ① 실업과 사회적 배제에 대한 투쟁(63퍼센트), ② 청년들과 경찰들 간의 대화 개선(46퍼센트), ③ 비행 청소년들의 부모에 대한 처벌(38퍼센트), ④ 억압과 사법 처리에 노력과 수단을 집중(24퍼센트), ⑤ 무응답(2퍼센트)이라도 답했다. 이 결과는 정부의 치안 담론과 달리 사회에서 진정으로 요구하는 것은 실업 문제 해결과 사회보장임을 분명히 보여준다.

48) 사회안전보장을 연구하는 학자들, 대표적으로 피에르 로장발롱이나 로베르 카스텔은 치안에 대한 요구들이 국가의 권위 회복에 대한 요구로 이어지면서 더 이상 사회보장국가가 아니라 치안국가를 유도하게 되며, 평등의 요구 역시 상대화시킨다고 비판한다. Pierre Rosanvallon, *La Crise de l'État-providence*, Paris: Seuil, 1981, pp.37~38; Castel, *L'Insécurité sociale*, p.56. 반면 로셰의 경우, 안전에 대한 고민과 요구는 사회적 고민의 부분인 만큼 치안에 대한 권리와 민주주의 혹은 '사회적 안전'은 대립되는 것이 아니라고 본다. Sébatian Roché, *Police de proximité?: Nos politiques de sécurité*, Paris: Seuil, 2005, p.8.

49) Jean-François Féraud, *Dictionaire critique de la langue française*, Marseille: Mossy, 1787~88, p.C541a.

는 정작 sûreté는 보장하지 않은 채, 어떻게 효과적으로 sécurité를 부과하는가에 초점이 맞춰져 있는 것이다. sûreté를 sécurité로 번역하려는 치안 담론의 시도는 이를 아주 잘 보여준다.

### 2) 치안 담론의 이론적 정식화 : 무례에서 시민의 덕으로

#### ① 빌팽트 콜로키움 : 치안의 논리

우리가 앞에서 살펴본 무례 담론이 사실 무례의 문제를 문명의 후퇴로 간주하고, 그에 대한 대책의 측면에서도 여전히 '문명화'의 문제로 접근했던 반면에, 그것이 정부의 치안 담론 속으로 편입되면서 부각된 것은 무례의 문제를 시민권(성)의 문제와 결부지어 해결하려는 경향이다. 이제 무례는 시민적 덕의 부재로 간주되고, 따라서 해결책은 바로 그 부재한 시민의 덕을 채워주는 공민 교육(éducation civique)이 된다. 또한 무례에 대한 해결책으로 제시된 '치안의 권리' 역시 시민권의 하나로 자리 잡는다.

1997년 10월 24일과 25일 양일간 "자유시민을 위한 안전한 도시들"이라는 제하에 열린 빌팽트 콜로키움에서, 사회당 정부는 "오늘날 공화국이 맞서야 하는 두 가지 위협은 실업과 치안불안"[50]이라고 말하며 좌파로서는 처음으로 안전 문제를 정부의 의제로 설정했다. 더욱 주목할 만한 것은 사회당 정부가 공화국적 가치의 근간이라고 간주되는 1789년 「인간과 시민의 권리 선언」(이하 「선언」)에 근거해 자신들의 치안정책을 정당화했다는 점이다. 다시 말해 치안은 '공화국의 이름으

---

50) Jean-Pierre Chevènement, "Discours d'ouverture", *Des villes sûres pour des citoyens libres: Les actes du colloque de Villepinte*, Paris: La documentation Fran-çaises, 1997, pp.3~14.

로' 행해진다. 그 콜로키움에서 제안된 근접경찰이나 지역안전협약 같
은 구체적인 정책의 문제가 아니라, 무례와 범죄를 연결함으로써 치안
담론을 정당화하는 것에 우리가 주목하려 하는 만큼, 무례의 문제를 본
격적으로 다루기 시작한 빌팽트 콜로키움을 연구하는 것은 불가피한
작업이다. 또한 당시 내무부 장관 사르코지의 톨레랑스 제로 정책이나
성과주의에 대해서는 위에서 약간 언급했으나, 우리는 현재의 치안정
책의 '이론적' 배경이 바로 이 빌팽트 콜로키움에서 만들어졌으며, 방
리유 소요 이후 만들어진 '기회균등에 관한 법' 역시 이 틀의 연장선상
에 있다고 생각한다.[51]

빌팽트 콜로키움의 세 가지 코토이자, 치안정책의 세 축에 해당하
는 '1)시민권 — 2)근접성 — 3)효율성'을 중심으로 사회당 정부의 치안
정책의 문제틀을 정리해보자. 우선 콜로키움을 이론적으로 주도했던
당시 내무부 장관 장-피에르 슈벤느망은 1960년대에 연간 50만 건에
이르던 범죄가 당시(1997년)에는 350만 건으로 대폭 상승했는데, 그

---

51) 우파 정부가 방리유 소요에 대한 대책으로 제출했다는 '기회균등에 관한 법'은 그 안에
CPE 조항을 포함하고 있어 학생들과 노동자들의 반대에 부딪힌 바 있다. 반-CPE 투쟁
을 통해 CPE 관련 조항은 다소 수정됐으나, '기회균등에 관한 법'의 '비밀'은 무례와 범
죄에 맞서는 전쟁과 관련된 장에 있다. 특히 톨레랑스 제로나 성과주의는 아래에서 살펴
볼 빌팽트 콜로키움의 세 축 중 '효율성' 부분을 특권화시키고 있는 듯이 보인다. 가령,
'기회균등에 관한 법'의 제4항 '무례에 맞서는 투쟁'(Lutte contre les incivilité)은 제대
로 정의되지 않은 무례한 위반 행위에 대해 형벌을 부과할 수 있도록 할 뿐 아니라, 심지
어 시장이 직접 재판을 하고 형벌을 부과할 수 있도록 함으로써 전통적인 권력 분립의
틀을 깨면서까지 이 '효율성'의 논리를 극단적으로 밀어부친다. 효율성에 대한 강조는,
한편으로 신자유주의 경제 원리가 치안을 비롯한 각종 행정 영역에 확산된 것이며, 다른
한편으로 '행정'과 '통치'가 입법이나 사법의 층을 넘어서 예외적인 심급으로 등장하고
있는 현대 권력 시스템의 변화와 맥을 같이하는 것이다. 지난 방리유 소요사건에서 지방
의 도지사나 시장의 수준에서 야간통행 금지령을 발동하는 것 역시 행정부의 예외적인
권력 행사라는 측면에서 바라봐야 한다. 이러한 부분들이 반-CPE 투쟁에서 전혀 문제
제기가 되지 않은 것은 전통적인 사회운동 지형에서 방리유 문제나 치안 문제가 충분히
고려되지 않고 있음을 보여준다.

원인으로 무례의 증가를 지목했다. 그리고 그는 이 무례의 증가가 불안 '감'을 확대시키는 역할을 하는 것으로 진단한다. 이처럼 범죄 증가와 불안감의 원인을 무례에서 찾는다는 점에서 사회당의 치안논리는 로세의 무례 담론의 연장선상에 있다. 특히 범죄 증가 요인으로 미성년 범죄가 주목됐는데, 이는 사회가 청소년들에게 그 사회의 가치나 규칙들을 전수하는 데 실패했음을 보여주는 것으로 진단된다. 이 때문에 '공화국의 가치'와 '시민권의 가치, 1789년 「선언」 이후, 헌법에 명시된 각종 권리와 의무'에 대한 교육이 재차 강조된다.

또한 앞에서 불안감 증대의 원인으로 무례를 지목한 만큼 강력 범죄와는 달리 일상적인 차원으로 벌어지는 무질서들(소음이나 고성방가, 쓰레기 투척, 건물 주변의 공터에 모여 위화감을 조성하는 행위들)을 근거리에서 교정할 필요성이 대두된다. 이를 위해 근접경찰과 지역안전협약이 그 대안으로 제시된다.

마지막으로, 전통적으로 무례는 단지 사람들에게 불편함을 주는 행위들이기 때문에 법적으로 처벌할 수는 없었으나, 심히 무례한 행위의 경우에는 이제 법적으로 처벌할 수 있게 되며, 특히 그 효율성을 위해서는 경찰과 사법부가 지역 차원에서부터 연계되어 즉결심판('위법행위에 대한 실시간 처리')을 하는 경우가 많아진다. 위의 진단에서 슈벤느망은 장기적인 대책으로서 고등학교 1학년 수업에 시민권 교육 도입, 교사 임용고시에 시민도덕 과목 도입, 단기적인 대책으로서는 경찰·헌병대·사법부가 비행에 맞서 신속하고 강력하게 대처할 것을 주장한다.

이러한 치안정책은 1789년 「선언」에 의해 뒷받침된다. 내무부에서 작성한 국립 경찰 소개문의 첫머리 역시 경찰 행위의 철학이, 「선

언」 2조('안전이 인간의 자연적이고 소멸될 수 없는 권리' 중 하나임을 인
정함)와 12조(인간과 시민의 제권리의 보장은 공공무력을 필요로 한다.
따라서 이는 모든 사람의 이익을 위해 설치되는 것으로서 그것이 위탁되는
사람들의 특수이익을 위해서 설치되지 아니한다)에 의해 정의된다고 밝
히고 있다.[52]

　우리는 빌팽트 콜로키움의 세 축인 시민권, 근접성, 효율성 중에
서 특히 '시민권'의 문제에 주목하고자 한다. 왜냐하면 근접성과 효율
성은 구체적인 치안대책인 반면, 시민권 혹은 시민성에 대한 규정, 그
리고 「선언」에 대한 치안 담론적 해석은 현 치안정책의 이론적 고갱이
에 해당하기 때문이다.


② 「선언」에 대한 '경찰적' 해석 비판

빌팽트 콜로키움의 세 축을 지탱하는 기반을 우리는 '안전-평등-자유
명제'라 부를 수 있을 것이다. 슈벤느망은 도시 주변의 낙후된 구역인
방리유에서 비행이 가장 빈번히 딜어나고 있으며, 치안 문제로 고통을
겪는 것은 가장 취약하고 가난한 사람들이라고 본다. 따라서 방리유에
대한 보다 강화된 치안 조치는 '모든 시민들은 안전에 대한 평등한 권
리를 누려야 한다'는 명제에 의해 정당화된다. 안전에 대한 평등한 권
리는 「선언」 2조에 명시된 인간의 기본권 중 하나일 뿐 아니라, '안전'
은 재산, 압제에 대한 저항과 마찬가지로 자유와 동일한 수준에 놓였던

---

52) Ministère de l'Intérieur de la Sécurité intérieure et des Libertés locales, "Présenta-
tion générale de la police nationale", *Problèmes politiques et sociaux*, n°905: La
police. Une réalité plurielle, Paris: La documentation Françaises, octobre, 2004,
pp.43~46.

것이라고 해석된다. 특히 슈벤느망은 콜로키움의 작업들에 대해 결론을 내리는 가운데 "모두에게 평등한 안전에 대한 권리는 우리의 모든 자유의 조건이 된다"고 말하면서 안전을 자유의 전제조건으로까지 격상시킨다.[53] 이후 2002년 대통령 후보 연설에서 리오넬 조스팽 역시 "안전은 첫번째 자유"라고 말하면서 위 명제를 재확인한다. 따라서 바로 안전을 지키는 것이 국가의 최우선 과제가 되며, 이로써 안전-평등-자유 명제(안전이 평등하게 보장되어야 자유를 행사할 수 있다는 명제)가 성립된다. 이전까지 「선언」에 대한 논의가 자유와 평등의 문제, 인간과 시민의 동일성 문제, 압제에 대한 저항권 문제에 머물렀다고 한다면, 이제 '안전'이라는 또 하나의 자연적인, 시효 없는, 침해 불가능한 권리가 치안불안이라는 독특한 정세 속에서 새로운 시사성을 획득하게 된 것이다.

여기에는 어떤 문제가 있는가? 역설적이게도 이 명제는 위 세 항목을 동등하게 간주하는 것이 아니라 안전에 가장 큰 우위를 부여한다. 자유 없이도 우리는 안전을 보장할 수는 있으나, 안전 없이는 자유로울 수 없다. 이러한 비대칭성에 근거해 안전을 위해서라면 얼마든지 자유는 제약될 수 있다. 소요사건의 대처와 관련해 우리가 보았던 각종 자유 제한 조치들은 이러한 맥락에서 비롯된 것이다.

---

53) Jean-Pierre Chevènement, "Les conclusions des travaux", *Des villes sûres pour des citoyens libres: Les actes du colloque de Villepinte*, Paris: La documentation Françaises, 1997, p.63. 그리고 빌팽트 콜로키움 사흘 후에 발표된 '지역안전협약의 실행에 관한 1997년 10월 28일 공문'의 첫머리 역시 "안전은 공화국이라는 건축물에서 모든 자유의 행사에 필수적인 초석에 해당한다. 그것은 시민의 첫번째 권리이자 국가의 첫번째 임무이다. 사실 개인이든 집단이든 우리 국민들의 안전이 보장되지 않는다면 그들의 자유는 있을 수 없을 것이다. 모든 이의 생명과 재산의 안전이 어느 곳에서나 보장되어야 한다"고 말하고 있다.

이러한 논리의 보다 근본적인 문제는 「선언」에 대한 독해와 관련된다. 빌팽트 회의에서 슈벤느망과 조스팽은 「선언」 2조에 있는 '안전'(sûreté)에 대한 권리를 '치안'(sécurité)에 대한 권리로 번역하고 있다. 사실 「선언」에서 '안전'은 국가로부터의 안전을 의미하는 것이었던 반면, 이제 그것을 치안으로 번역하면서 '안전'은 국가의 책임인 치안을 요구할 수 있는 권리, 더불어 치안에 따른 안전을 동등하게 누릴 권리로 이해된다. 이에 대해 법관인 질 세나티는 조스팽에서 사르코지에 이르기까지 일관되게 강조되고 있는 '안전이 자유의 으뜸'이라는 명제가 법치국가, 민주주의 국가의 기초 원리로부터 등을 돌리는 새로운 국가적 억견(doxa)이라고 비판한다.

특히 위 명제는 1789년 혁명가들이 명확히 구별했던 자유와 안전이라는 원리를 뒤섞고 있다는 것이다. 왜냐하면 「선언」에서 안전은 인간의 권리이지 국가의 권리가 아니며, 특히 안전은 당시에 국왕의 자의적 권력(투옥이나 유배를 명하는 왕의 봉인장, 고문 등)에 맞서는 보호막으로서 제시된 것이기 때문에 안전에 대한 권리는 압제에 대한 저항의 권리로 연장된다는 것이다. 반대로 치안은 7~9조[54]에서 소송, 처벌의 원리와 관련해 언급되는 기능적인 원리일 뿐이며, 바로 이 치안 개념을 헌법의 기본적 권리 및 원리의 반열에 놓는 것은 집단의 재산을 위해

---

54) (제7조) 누구도 법에 의해 규정된 경우, 그리고 법이 정하는 형식에 의하지 않고서는 소추·체포 또는 구금될 수 없다. 자의적 명령을 간청하거나 발포하거나 집행하거나 또는 집행시키는 자는 처벌된다. 그러나 법에 따라 소환되거나 체포된 시민은 모두 즉각 순응해야 한다. 이에 저항하는 자는 유죄이다. (제8조) 법은 엄격히 그리고 명백히 필요한 형벌만 설정해야 하고, 누구도 범죄 이전에 제정·공표되고 또 합법적으로 적용된 법률에 의하지 않고서는 처벌될 수 없다. (제9조) 모든 사람은 범죄자로 선고되기 전까지 무죄로 추정되는 것이므로, 체포할 수밖에 없다고 판정되더라도 신병을 확보하는 데 불가결하지 않은 모든 강제조처가 법에 의해 준엄하게 제압된다.

행동하는 국가 리바이어던을 특권화하는 새로운 사회로 향하게 만드는 것이라고 비판한다.[55]

세나티의 비판은 「선언」에 대한 경찰적 해석이 어떻게 국가 권력으로부터의 안전을 국가의 치안 속에서의 안전 패러다임으로 변화시켰는지를 보여준다는 점에서 의미가 있다. 그러나 세나티의 의견은 교정될 필요가 있다. 그는 한편으로 안전과 자유를 구분하고, 다른 한편으로 안전(2조)과 치안(7~9조)을 구분한다. 하지만 1789년 인간과 시민의 권리 선언에서 가장 중요하게 강조됐던 기본권은 '자유'였다. 「선언」 4조부터 11조까지의 전 내용은 자유와 법의 상호한정 문제를 다루고 있다고 해도 과언이 아니다. 그러한 맥락에서 「선언」 7~9조는 법에 의해 규정되지 않은 경우에는 체포·처벌될 수 없을 뿐 아니라, 범죄자로 선고되기 이전에는 무죄로 추정되어야 한다고 말하면서, 여전히 개인의 '자유'에 대해 말하고 있다. 이것은 공권력의 남용으로부터 '안전'할 '자유'에 해당하는 것이다.[56] 이것은 「선언」 7~9조에서 언급되

---

55) Gilles Sainati, "La 'nouvelle société' est en marche: À propos de la loi sur l'égalité des chances'", *Collectif les mots sont importants*, avril, 2006. [lmsi.net/article.php3?id_article= 542#nh1]

56) 콩도르세가 1789년 2월 제시한 권리 선언안은 '안전'에 대해 가장 자세히 서술하고 있다. 거기에서 인명의 안전은 1) 법에 의해 한정된 행위에 의해서만 처벌받을 것, 2) 법에 의해 규정된 형벌로만 처벌받을 것, 3) 법은 시민들의 생명이나 공공안전에 반하는 범죄에 대해서만 사형을 부과할 것, 4) 모든 피의자가 자신을 변호할 수단을 사용할 수 있도록 할 것, 5) 범죄 사실이 확인되기 전에는 고문 사용을 금할 것, 6) 시민들에 반하는 군사권력의 사용을 금할 것을 그 골자로 하고 있다. 이는 콩도르세의 안전 개념이 「선언」 7~9조 작성에 기초적인 역할을 했음을 보여준다. 또한 1789년 「선언」을 정초한 입안자들에게 '안전'이란 공권력으로부터 자유를 보호하기 위해 법의 사용을 엄격히 제한하는 데 있었던 것이지, 한 시민이 다른 시민으로부터의 위협에 맞서 공권력을 요청하는 것과는 무관한 것임을 확인시켜준다. Marquis de Condorcet, "Le projet de déclaration des droits de Condorcet(février 1789)", *La déclaration des droits de l'homme et du citoyen*, présenté par Stéphane Rials, Paris: Hachette, 1988, pp.546~550.

는 것이 단순히 기능적인 치안의 문제가 아니라 분명 안전의 문제를 다루고 있으며, 안전이 자유의 문제와 분리될 수 없음을 보여준다. 「선언」은 이처럼 자유-안전 명제를 제시하는 듯이 보이는데, 이는 안전이 자유의 으뜸이라는 명제와는 명확히 구분되는 것이다. 왜냐하면 앞에서도 말했듯이 후자는 안전을 위해서는 자유가 제한될 수 있음을 암묵적으로 전제하기 때문이다. 「선언」은 그와 반대로 안전하지 않으면 자유롭지 않을 뿐 아니라 자유롭지 않으면 안전하지도 않음을 역설하고 있는 것이다.

### 3) 예의 바름, 시민권(성), 공민적 네이션(nation civique)

① 공민적 네이션[57]: 열린/닫힌 문

치안논리가 무례 담론을 이용하는 방식이 직접적이라고 한다면, 이제 시민권(성)의 쟁점에서 무례는 간접적으로 은밀하게 사용된다. 가령 빌팽트 콜로키움 개회사에서 슈벤느망은 "불안전의 첫번째 요인은 아마도 네이션에 대한 소속감, 공화국 안에서 스스로를 조직해나가기로 선택하는 그러한 소속감의 소멸일 것이다. 시민성(citoyenneté)의 부재, 바로 그것이 불안전의 주된 원인"이라고 말한 뒤에, 곧이어 방리유의 외국인 출신 청년들이 공화국의 가치를 받아들이지 못하고 있다고 말한다. 불안전의 원인으로 무례가 지목되는 맥락에서 왜 시민성의 문제가 제기되고 있는 것일까? 무례란 예의 없음, 다시 말해 사람들 사이

---

57) 우리는 여기에서 nation을 그냥 네이션이라고 옮겼다. 왜냐하면 네이션 자체가 민족, 국민, 국가 등으로 다양하게 옮겨질 수 있는 복잡한 단어인데다, 우리가 이 절에서 다룰 도미니크 슈나페는 nation을 '정치 조직의 특정한 형태'라는 의미로 쓰고 있기 때문에, 그것을 나타낼 마땅한 단어를 찾기도 어렵다. Dominique Schnapper, *La Communauté des citoyens: Sur l'idée moderne de nation*, Paris: Gallimard, 1994.

에 지켜야 할 일상적 규칙들을 지키지 않는 것, 충분히 문명화 과정을 거치지 못해 공중질서를 어지럽히는 행위들을 지칭하는 것이며, 이는 결국 사회적 차원의 문제라고 할 수 있다. 반면, 시민성은 국가의 구성원인 시민의 권리와 의무와 관련된 행위들, 다시 말해 정치적인 차원의 문제인 듯하다. 예의 바름은 흔히 시민권(성)의 기본적인 덕이자 필요조건으로 간주되기에, 한 개인이 공통의 가치를 습득하고, 집단 혹은 공동체가 유지되기 위해 필요한 행동규범들을 모두 수용했을 때 네이션에 대한 소속감을 가질 수 있다고 생각할 수 있다. 이러한 통념적인 과정을 뒤집어서 무례 및 불안전이 네이션에 대한 소속감 부재, 시민권(성) 부재에서 기인한다고 주장하는 이유는 무엇일까? 왜 예의 바름/무례와 시민성이 묶여서 논의되는 것일까?

우리는 무례가 단순히 범죄율 증가의 원인으로 지목될 뿐 아니라 국민국가의 정체성을 위협하는 것으로 간주되고 있다는 사실에 주목해야 한다. 우리의 가설에 따르면, 무례의 원인이 시민성 부재, 공화국에 대한 소속감 부재에 있다는 주장은 국민적-공화주의자들(national-républicanistes)이 국민국가의 위기 속에서 네이션을 재강화하기 위해 사용하는 담론 전략이다. 그리고 이것은 프랑스 공화주의자들 사이에 널리 공유되고 있는 한 관념에서 자연스레 도출된다. 이런 담론 전략을 뒷받침하는 프랑스식 공화주의, 국민주의의 통념이란 무엇인가?

독일처럼 전통적으로 기원과 혈연을 강조하면서 종족적인 네이션(민족)을 주장하는 경우와 달리, 프랑스는 1789년 혁명 이후 근대 국가를 이루면서 종족적인 함의를 배제한 채 공민적인 차원에서 네이션(국민)을 정의하고자 했다. 네이션에서 종족의 함의를 제거하고 공적인 것, 보편적인 것, 정치적인 것을 강조하는 것은 자연적으로 주어지는 것이 아니라, 네이션의 민족화, 종족화를 막기 위한 지난한 과정의 산물이라고 할 수 있다. 네이션을 특수 집단들의 단순한 공동체로 정의하는 것이 아니라 시민들이 자신의 특수한 의지나 이해 관계를 버리고 공동선을 위한 정치 조직화에 나서려는 '의지'로 정의하는 것은 현재까지 유지되고 있는 프랑스 공화주의 네이션 개념의 중추로서, 그 기원은 1882년 에르네스트 르낭의 「국민이란 무엇인가?」[58]에 그치는 것이 아니라 루소의 일반의지론, 인민주권론에까지 거슬러올라갈 수 있을 것이다. 이러한 관념에 따르면 무례한 자들은 공적 영역에 주체적으로 참여하고자 하는 의지가 부족한 사람들이다. 우리는 최근의 공화주의를 대표하는 사회학자 도미니크 슈나페의 사상을 검토하면서 예의 바름과 시민성을 뒤섞는 경향이 숨기그 있는 것이 무엇인지를 보다 분명히 살피고자 한다.[59] 우리가 위에서 정리한 프랑스적인 네이션 개념(네이션의 종족화가 아닌 정치화)을 슈나페는 공민적 네이션(nation civique)이라 명명한다. 우리가 보기에 그녀는 즉각적이고, 자연적인 것으로부터의 이중의 '지양'을 주장하고 있다.

첫째, 자연적 종족이 즉각적으로 네이션을 이룬다는 생각에 대한 비판으로 '공민적 **네이션**'은 자신의 자연적 기원에 대한 자기 부정(스스로에게 낯설게 하기)의 과정을 통해 도달된다.

둘째, 특수하고 사적인 이해가 공적인 공간을 잠식하는 것에 대한 비판으로, 일반의지가 특수의지의 단순 총합이 아니듯이 **'공민적** 네이

---

58) Ernest Renan, "Qu'est-ce qu'une nation?", *Conférence faite en Sorbonne, le 11 mars 1882.* [ourworld.compuserve.com/homepages/bib_lisieux/ nation01.htm]
59) Schnapper, op. cit., p.23. 슈나페는 외견상 국민적-공화주의자들과 다른 '보편적 공화주의자'로 보이지만, 그녀의 주장의 효과는 여전히 국민주의적(nationalisme)이다.

션'은 자신의 즉자적인 이해 관계에 대한 자기 부정 및 '보편적인 것'
에 대한 참여를 통해 도달된다.

위 두 명제에 다음과 같은 보충명제를 덧붙일 수 있겠다. 첫째, 르
낭이 국민은 종족, 인종, 왕족, 언어, 문화, 지리적 요건들에 의해서 선
험적으로 결정되는 것이 아니라 '함께 살고자 하는 의지'와 '매일 매일
의 국민투표'에 기초한다고 말했던 것처럼, 네이션의 종족화에 대한
거리두기는 끊임없는 과정이다. 둘째, 루소가 『사회계약론』 2권 1장에
서 말했듯이, 특수의지와 일반의지의 조화는 결코 완전할 수 없고 계속
되어야 한다. 이 역시 사회계약이라는 것 자체가 미완임을 뜻한다. 물
론 이 조화는 공적인 공간 자체가 위협받지 않는 한에서만 이뤄지는 것
이다.

슈나페는 종족과 공민성의 혼동으로 정의되어온 네이션 개념에서
종족성을 제거하면서 보편적 인간, 시민을 네이션의 주체로 설정한다.
인간이라면 누구든 그 네이션의 시민이 될 수 있다. 반면, 그녀는 네이
션을 네이션이게 해주는 것, 네이션을 종별적인 정치 조직으로 만들어
주는 공민성의 가치와 그것의 역사적 종별성은 그대로 유지한다. 즉 네
이션에의 통합 여부는 프랑스 종족 출신(사실 프랑스 종족이라는 것 자
체가 불가능하다)이라는 사실이 아니라 이 프랑스 공화국의 가치를 받
아들이는 것에 달려 있다. 더욱이 사회적 아비투스, 동질감은 국민적
소속과 밀접한 관련이 있다.[60]

왜 그럴까? 슈나페에 따르면, "사회적 관계는 본질적으로 정치적,
다시 말해 내셔널"하기 때문이다.[61] 사회적 아비투스는 네이션의 지평

---

60) Schnapper, ibid., p.183.

속에서 형성되며, 그 안에는 공화국의 가치와 프랑스의 특이성이 녹아 있다. 그러므로 누군가가 사회적 아비투스(이것은 예의 바름과 교환 가능한 용어다)를 따르지 않는 이유는 그가 공화국의 가치, 네이션의 지평에 대한 소속감을 결여했기 때문이라고 간주하게 되는 것이다. 더욱이 그녀의 주요 참조점인 르낭이 네이션을 '함께 살고자 하는 욕망'으로 성격 규정할 때, 여기에서 예의 바름과 네이션은 확실히 구분 불가능해진다. 예의 바르다는 것은 네이션의 가치를 잘 체화했다는 것이고, 네이션에 잘 소속되기 위해서는 예의 발라야 한다는 순환 논리가 만들어진다. 이 입장에서는 무엇보다 '시민들의 공통 가치'가 강조되며, 여기에서 공통된다는 규정은 전통적인 공화주의의 '공적인 것'뿐 아니라 '사회적인 것, 사적인 것'을 모두 아우르는 층위의 것이다.

오히려 그것은 한 영토에서 살아가는 사람들의 '역사에 대한 공통된 기억'과 관련된다. 이민자 출신 자녀들에게 소속감이 부재하다고 하는 것은 이 민족의 공통된 기억을 체화하지 못하고 있다는 판단이며, 이와 관련해 무엇보다 강조되는 대안은 '역사와 지리 교육 강화'이다.[62] 이처럼 예의와 시민권(성)의 구분 불가능성 속에서 도출되는 놀라운 결론은 이것이다. 예의 바르지 않은 자는 시민권(성)을 가질 자격이 없다.

슈나페가 종족이나 인민 개념과 거리를 두는 한, 그녀의 공민적 네이션은 허구적 종족체(ethnicité fictive) ── 제도적으로 제조된 종족

---

61) Schnapper, ibid., p.15.
62) 시민권(성)과 '기억'의 결합으로서의 역사 교육은 1980년대 이후부터 본격적으로 강조됐는데, 이는 1980년대부터 방리유 소요가 발생하면서 이민자 문제가 크게 부각된 것과 시기적으로 겹친다. 우리가 보기에 이것은 결코 우연한 현상이 아니다.

——가 마치 자연적 공동체인 양 표상되는 메커니즘[63]으로부터는 자유로운 듯하다. 그러나 우리는 거기에서 종족의 허구화(fiction)가 아니라, 정치의 허구화라는 오래된 문제를 다시 소환해야 한다. 다시 말해 정치적인 것 혹은 보편적인 것은 아무리 그것이 독특하고, 역사적인 것이라고 말해지더라도, 쉽사리 자연적인(naturel) 것, 선험적으로 주어진 것으로 간주되는 메커니즘 말이다.

더욱이 보다 중요한 것은 위 과정에서 naturel이 '자연적인'의 의미로 사용된다기보다 '자연스런'의 의미로 사용된다는 것이다. 이주자들의 아비투스가 자연적이지 않다는 것이 관건이 아니라 그것이 자연스럽지 못하다(충분히 통합되지 못했다), 이주자들의 정치 의식은 자연스럽지 못하다(그들은 정치적인 것의 고유성을 충분히 이해하지 못한 채 종교적 권리만을 주장한다)고 간주되는 메커니즘이 관건인 것이다. 과연 이 자연스러움을 판단하는 기준은 무엇인가? 이것은 어느 행위를 무례하다고 판단할 것인가의 문제와 마찬가지로 모호하고 자의적인 잣대를 들이대는 것이다. 결국, 종족이나 인종에 기초하지 않은 채 **모두에게 열려 있다고** 간주되는 시민권의 성 안에는 **아무나 들어갈 수 있는 것이 아니다.**

② 신성화된 공적 공간

이러한 편견에서 출발해 프랑스 공화국은 방리유 문제를 계속 (의도적으로) 잘못 제기하고 있다. 공화주의자들이 경계하는 것은 종족주의와

---

63) Étienne Balibar, "La forme nation: Histoire et idéologie", *Race, nation, classe: Les identités ambiguës*, Paris: Découverte, 1988, p.130. 〔서관모 옮김, 「민족 형태: 그 역사와 이데올로기」, 『이론』(제6호/가을), 1993, 121쪽.〕

특수주의, 경제·사회·문화의 영역이 정치의 고유한 영역, 정치적 기획을 위협하는 것이다. 왜냐하면 특수주의에 대한 요구는 끝이 없으며 사회의 파편화를 가져오기 때문이다. 하지만 과연 방리유 청년들이 자신들의 종족적 문화에 대한 인정을 요구하고 있는가? 이슬람교도들의 스카프인 히잡이 단순히 종교적인 특수주의의 요구에 국한되는 것일까? 부의 재분배, 실업, 노동 세계로의 접근 차단의 문제가 공통 이해의 문제가 아니라고 말할 수 있는가?[64] 수시로 행해지는 신분증 검사에 맞서 자유롭게 이동할 권리, 범죄자로 확인되기 이전에는 함부로 다뤄지지 않을 자기 존엄에 대한 권리를 요구하는 것이 특수이해에 근거한 요구인가? 이러한 문제들로부터 추상된 정치의 고유한 기획이란 무엇인가? 오히려 역으로 시민권(성)을 공공선이나 자유와 평등을 구성하고 정의하는 정치 참여 활동으로 한정하려는 것은 복지국가와 국민국가(사회적 민족-국가)의 위기 이후 제기되는 시민권(성)의 재구성 요구에 대해 18세기식 인민주권론을 다시 호출하는 것이 아닌가?[65]

---

64) 슈나페는 이런 문제들이 '생산주의적 민주주의'에서 제기되는 문제들로서, '정치적, 국민적 민주주의'를 쇠퇴시키는 것들이라고 본다. Schnapper, op. cit., p.202. 그러나 부의 재분배를 비롯한 각종 사회적 권리의 의제화는 단순히 경제 영역이 정치 영역을 잠식한 결과가 아니라 네이션의 주체가 '공공재'(bien commun)를 생산한다고 인정받은 노동자들(국민=시민=노동자)에까지 확장되는 과정인 사회적-민족 국가의 결과로 보아야 한다. 발리바르가 지적하듯이 문제가 되는 것은 사회적 권리, 사회적 시민권의 보편성과 그것이 배태한 내적 배제 메커니즘에 있는 것이지, 사회적 시민권과는 독립된 정치적 시민권을 고민하는 데 있는 것이 아니다. 발리바르는 경제적·사회적 민주주의 없이 슈나페가 말하는 시민들의 공동체가 유지될 수 있는가라고 묻는다. Étienne Balibar, "Une citoyenneté sans communauté?", *Nous, citoyens d'Europe: Les frontières, l'État, le peuple*, Paris: Découverte, 2001, p.106.

65) 슈나페의 공민적 네이션 주장은 루소의 인민주권 개념에서 '인민'(peuple)이라는 단어가 가진 종족성을 걷어내기 위해 '시민주권'(souveraineté des citoyens)이라는 다른 말을 사용할 뿐 '공화국', '정치적인 것', '조국애', '특수의지에서 일반의지(보편적인 것)로의 초월' 등 루소의 주요 테마를 그대로 반복하고 있다. Schnapper, ibid., p.202.

　　이러한 경향의 보다 더 큰 위험은 사회보장의 후퇴에 대한 비판의 목소리를 입막음하는 두 가지 기제로서 '예의 바름'과 '정치적인 것' (le politique)을 내세운다는 데 있다. 예의 바름이 단순히 다른 사람들과 함께 살아가기 위해 지켜야 할 예절의 차원에 머무는 것이 아니라 장 르카가 지적한 대로, "사회적 차별화와 공통적 소속 사이의 긴장을 관리"하게끔 해주는 것이라고 한다면,[66] 예의 바름에 대한 강조는 저항과 갈등의 몸짓들을 길들이려는 시도로 보아야 한다. '정치적인 것'의 자율성 담론이 '정치'에 대한 억압으로 작동하는 셈이다.[67] 그리고 우리가 이 글 전체에서 일관되게 유지하고 있는 '야만' 표상에 비추어 이 문제를 재정리하자면, 정치적인 것의 자율성은 각종 사회적 권리에 대한 정치적 요구들을 사회적인 것, 사적인 것, 특수이해의 영역으로 간주하거나 그 요구 방식의 야만성을 빌미로 그 요구 자체를 정치적인 것에서 배제하려 한다.

　　이 입장은 공적인 영역과 사적인 영역을 명확히 구분하고, 사적인 것이 공적인 영역 안으로 들어오는 것에 대해 강력히 대처한다. 그러나 엄밀히 말하면 그것은 공적인 영역에 머물 수 없는, 머물러서는 안 되는 문제를 사적이라고 규정하면서 유폐시키는 것에 불과하다. 가장 대표적인 예는 이슬람 여학생들의 히잡 착용을 통해 촉발된 '정교분리

---

66) Jean Leca, "Individualisme et citoyenneté", *Théories et méthodes*, (éd.) Pierre Birnbaum et Jean Leca, *Sur l'individualisme*, Paris : Presses de la Fondation nationale des sciences politiques, 1986, pp.172~174; Schnapper, op. cit., p.113. 재인용.

67) '정치적인 것'(le politique)과 '정치'(la politique), 그리고 그 외의 가능한 범주들의 관계 도식을 밝히는 것은 이 글의 대상을 넘어서는 것이다. 위 문장에서는 단순히 경제·사회·문화 영역으로부터 독립될 뿐 아니라, 그것으로부터 초월해 있음으로써 그 자체로 자율적이라고 간주되는 '정치적인 것'의 장소와 그것에 대해 일종의 공백으로서 존재하는 정치적인 것의 타자들(평등하지 못한 자들)의 정치 공간에서의 현시(manifestation)를 '정치'로 간략히 구분하고자 했다.

원칙' 논쟁이다.[68] 공립 학교 내에서 히잡 착용은 그 어떠한 토론과 협상의 대상도 되지 못하고, 즉각적으로 사적인 영역으로 추방됐다. 그러나 히잡을 쓰고 등교 투쟁을 벌인 여학생들은 종교의 문제 이전에 자신의 정체성을 선택할 '자유'의 문제를 제기했고, 자신의 '자유'가 사적 공간으로 추방되기를 거부하는 동시에, 무엇보다 그들의 '주체성–개인성의 압축될 수 없는 최소치'[69]를 보여줬다. 우리는 발리바르의 위 개념을 패러디해 '압축 불가능한 사적 영역의 최소치'에 대해서 말할 수 있지 않을까? 즉 사적 영역으로 밀려났던 것들이 공적인 공간을 깨뜨리며 솟아오르는 사건이 존재하며 이 웅성거림, 떠들썩함, 난장판이야말로 정치의 시작이라고 말이다.

공적인 공간의 '정화'(purification)를 강조하는 논리 속에서는 그 공간 고유의 활동과 언어를 체화할 수 있는 시민을 길러내는 것이 중요한 과제가 된다. 다시 말해, 공민 교육의 목적은 학생들이 정치적인 개념어들을 습득하게 함으로써 그들이 정치적인 문제를 이해하고, 그 문제에 대해 하나의 입장을 가질 수 있도록 한다는 데 있다. 이것은 역설적이게도 공적으로 소통 가능한 정치적 용어로 풀어내지 않은 의견은 고유한 의미에서 정치적이지 않다는 논리로 이어진다.[70] 시민권(성) 교육, 공민 교육의 핵심은 '정치적인 언어로 말하도록 하라!'에 있다. 이

---

68) 이 문제에 대한 보다 깊이 있는 분석으로는 이 책의 3장인 이지선의 글, 「어디에도 (속해) 있지 않은, 어디에나 (속할 수) 있는」을 참조하라.

69) '개인성의 최소값의 원칙 혹은 개인의 압축 불가능성의 최대값의 원칙'에 대해서는 다음을 참조하라. Étienne Balibar, "Spinoza, l'anti-Orwell", *La crainte des masses: Politique et philosophie avant et après Marx*, Paris: Galilée, 1997, pp.95~97. 또한 우리가 이 개념에서 주목하는 것은 "개인성의 압축불가능한 최소가 있는 것과 마찬가지로, 가장 무정부적인 인민적 혁명들의 효과 아래에서조차 동일하게 **압축 불가능한 사회적인, 심지어 정치적인 관계의 최소가 역시 존재한다**"(강조는 인용자)는 사실이다.

러한 논리에 흔히 따라붙는 것은 '폭력'이라는 수단을 사용해 표명된 의견은 결코 정치적으로 올바르지 않은 '소음'에 불과하다는 것이다. 방리유 청년들의 소요에 대한 국가의 반응은 다음과 같은 두 가지 명제로 정리될 수 있다.

첫째, 소요는 '폭력'이다. 둘째, 소요는 '소음'이다. 전자가 문명화 과정의 입장에서든, 정치적인 것의 고유성의 입장에서든 '참을 수 없는 것'이라면, 후자는 '들을 수 없는 것'이다. 그러나 정치적인 행위들이 참을 만한 것에 한정된다면 애초부터 정치에는 동의(consensus)밖에 없을 것이며, 정치가 오로지 들을 만한 것으로만 이뤄진다면 정치에는 투명성(transparence)밖에 없고, 대표나 재현이라는 말이 문제가 되지도 않았을 것이다. 사실, 공적인 공간의 정화 논리가 꾸준히 강화하고 있는 것은 '하나의 분할 불가능한 공화국'[71]이라는 가치이다. 그러나 우리가 보기에 그것은 역으로 정치 자체의 가능성을 차단하고 있다. 특히 공권력을 향한 투석이나 화염병 투척이라는 수단으로 표현된 '돌과 불의 외침'은 권력을 획득하기 위한 대항-폭력이 아니라 자기-

---

70) 방리유 청년들이 어떠한 정치적 구호나 슬로건도 제시하지 않은 채, 폭력만을 일삼았기에 그들의 소요를 정치적 행위로 인정할 수 없다는 것은 우파 정부뿐 아니라 제도화된 좌파 세력도 지지한 입장이었다. 이와 다른 방식으로 방리유의 폭력을 바라보려는 입장은 대개 이러한 것이다. 방리유자르의 폭력은 의례화된, 마치 놀이와도 같은 폭력이다. 보통 슬로건은 운동의 '목적'의 표현이며, 폭력은 그에 대한 '수단' 중 하나로 간주된다. 그러나 슬로건 없는 운동은 무목적적인 폭력, 목적 없는 수단이며, 이는 죽음 충동, 자기 파괴, 축제, 소진, 희생의 차원에 속하는 신성한 폭력이다. 그러나 그들의 폭력이 과연 그런 것이었는가? 그들의 폭력은 억누를 수 없는 삶의 충동, 그 어떠한 신성함도 없는 지극히 세속적인(profane), 통속적인(banal) 것이 아니었는가? 다시 말해 그 어떤 신성도, 그 어떤 초월성도 다시 끌어들이지 않는 방리유의 통속적인 폭력, 그야말로 '난장판'이 가진 정치적 함의를 방리유 소요 속에서 읽어내야 한다.
71) 이는 공민교육의 핵심인 '공화국의 가치와 정교분리 원칙'의 기초 텍스트에 해당하는 「1958년 10월 4일 헌법」 1조에 표명된 가치이다. "프랑스는 분할 불가능하며, 정교분리적이고, 민주적이며, 사회적인 하나의 공화국이다."

방어적, 자기-현시적 폭력이었으며, 역으로 그것은 공화주의의 폭력
을 폭로하는 것을 겨냥한 것이었다. 그것은 결코 무의미한 외침이 아니
다. 그 돌과 불의 외침의 의미를 읽어내야 함에도 불구하고, 공화주의
자들은 끊임없이 방리유 청년들의 말 아닌 소음들, 물리적인 소리들을
'번역'할 것을 요구한다. "제대로 된 프랑스어로 알아들을 수 있게 얘
기해라. 예의 바르게 점잖고 공손하게 얘기해라. 안 그러면 너희들의
말은 알아들을 수 없으며, 그런 한에서 너희들은 야만인이다. 너희들
대신 우리가 고용한 중개자를 데려와라"(야만인은 원래 그리스에서 희
랍어를 사용하지 않기 때문에 알아들을 수 없는 말을 하는 사람들을 지칭
하는 것이었음을 잊지 말자).

## 4. 공화국을 넘어 민주주의로

우리가 이 글 전체에 걸쳐 일관되게 주장한 것은 방리유자르를 낙인찍
고 공적 공간으로부터 추방하기 위한 메커니즘으로 동원되는 '무례 담
론' 혹은 '야만인 담론'이었다. 으리는 그 기원을 방리유의 어원의 법
률적 차원과 위상학적 차원을 통해 살펴본 뒤, 근대의 도시 외곽과 중
심 도시의 관계, 특히 도시민들이 외곽민들에 대해 가졌던 '야만인'의
표상을 추적해보았다. 그리고 현재 재생산되고 있는 야만인 담론, 혹은
무례 담론이 어떻게 오늘날 치안 담론 속으로 편입되고 있는지, 그것이
단순히 사회의 규칙을 지키느냐 마느냐의 문제가 아니라, 국민국가의
위기 속에서 공화국의 완전성과 공적인 것/정치적인 것의 고유성을
강조함으로써 어떻게 역으로 시민의 자격을 축소하면서 정치 영역 자
체에 대한 접근을 가로막고 있는지 등을 살펴보았다.

특히 국민=시민 등식(국적을 가진 국민은 자동적으로 시민이 된다)의 위기 이후, 공동체의 가치를 공유하거나 공적인 언어로 말할 수 있느냐 하는 기준에 근거한 새로운 시민 '자격' 생산 메커니즘이 만들어지고 있다. 그리고 무례가 지나친 톨레랑스, 권위의 실추, 지나친 자유(방종) 때문이라고 떠들어대는 무례 담론이 문제삼고 있는 것은 사실상 '자유주의'가 아니라 무질서, 아노미, 더 나아가서는 '아나키로서의 민주주의에 대한 증오'이다. 우리는 여기에서 프랑스의 공화국 규정이 '분할 불가능한', '정교분리의', '민주적인', '사회적인'의 순으로 나열되고, 특히 뒤의 두 가지가 앞의 두 가지 가치에 의해 위협받고 있다는 비판에 주목해야 한다. 그리고 하나의 분할 불가능한 전체성과 완전성(이것은 사실 '인민주권'이라는 이름으로 정당화되는 지배자들의 주권의 성격이다)을 강조하는 공화국과 그것의 '권리상' 피지배자들의 다중적이며 불안정한 이질발생성에 기초한 민주주의 사이의 갈등에 주목해야 한다.[72] 방리유 청년들이 2005년 겨울 동안 우리에게 보여준 것은 바로 이것이다. 공화국을 넘어 민주주의로.

---

72) 민주주의에 대한 증오, 그리고 공화국과 민주주의의 모순에 대해서는 다음을 참조하라. Jacques Rancière, *La haine de la démocratie*, Paris: La fabrique, 2005.

## .3장. 어디에도 (속해) 있지 않은, 어디에나 (속할 수) 있는
— 히잡 문제를 통해 본 프랑스 이방인 여성의 존재론[*]

이지선(파리 7대학, 과학철학)

### 1. 그 청소년들의 어머니들과 누이들은 어디에 있었는가?

2005년 11월 방리유 청소년들이 거리로 뛰쳐나와 자동차와 학교를 불
태워 온 프랑스 국민들의 분노와 우려를 자아내고 있을 무렵, 남몰래
가슴을 태우던 이들이 있었다. 그 청소년들의 어머니들과 누이들이다.
한 방송국에서는 "이 청소년들의 부모들은 자식들이 거리로 나와 방화
를 저지르는 동안 어디에서 무얼 하고 있었는가? 왜 그들은 자식들의
옳지 못한 행동을 막지 않았는가?" 하는 질문을 던진 뒤, 그 답을 구하
기 위해 방리유의 한 서민 아파트를 찾았다. 남편을 일터에 보낸 뒤 젖
먹이아기와 다른 어린아이들을 돌보고 있던 한 어머니는 말했다. "그
아이들은 부모들의 말을 듣지 않아요. 저도 지금 제 큰아이가 어디서

---

[*] 초고를 꼼꼼하게 읽고 조언해준 공저자들, 홍서연 선배와 장임다혜에게 이 자리를 빌려 감
  사의 말을 전한다.

무얼 하고 있는지조차 모르는 걸요."

　고되고 임금도 적은 일에 종사하며 가족 안에서는 무기력한 가장일 뿐인 아버지, 가사에 종사하며 여러 명의 자식을 동시에 돌보는 어머니, 또는 일부다처제인 가족의 경우 2명 이상의 어머니들, 가족과 학교와 사회로부터 버림받은 채 거리를 떠돌며 범죄를 일삼고 다니는 청소년들, 그리고 가족과 시테 내의 가부장적 질서에 묵묵히 순종하는 소녀들, 이것이 방리유에 거주하는 이민자 가족에 대해 사람들이 가지고 있는 전형적 이미지다. 이 전형은 이러한 종류의 이미지들 대부분이 그러하듯 현실과는 거리가 있다. 그것은 지난 세기 북아프리카 출신(이하 마그리브) 이민 1세대가 프랑스에 정착하기 시작하면서부터 형성된 프랑스 사회의 뿌리 깊은 편견을 반영한다.

　그러나 편견은 힘이 세다. 그리고 질기다. 이 가족들이 프랑스 땅에서 태어나 자란 마그리브 이민 2세들과 그들의 자녀들로 구성되어 있고, 그중 대부분이 프랑스 국적을 가지고 있을 뿐 아니라, 그 이전 세대의 삶이나 사고방식, 그리고 가치체계보다는 프랑스인들의 그것을 더 친숙하게 받아들이고 있음에도 불구하고, 사람들은 여전히 그들에게 마그리브 이민자 가족의 상을 부여한다.

　2005년 방리유에서 일어난 소요에 대해 몇몇 정치인들이 일부다처제를 "가능한 원인 중 하나"라고 진단을 내린 것도 이러한 맥락에서다.[1] 방리유의 높은 청년 실업률이나 주택난, 그리고 청소년들의 반사

---

1) 당시 노동부 장관이었던 제라르 라르셰는 한 인터뷰에서 방리유 '사태'와 관련해 노동시장에서의 방리유 지역 청년들에 대한 차별이 단지 회사측이 인종주의적 태도를 가져서가 아니라 일부다처제에서 비롯된다고 말해 논란을 일으켰다. 대중운동연합(UMP) 소속의 원 베르나르 아쿠아예 역시 라디오 방송에 출연해, 일부다처제 가족들의 존재가 주택난을 야기한다며 방리유 '사태'를 해결하기 위해서는 이 문제를 해결해야 한다고 주장했

회적 행동의 원인이 일부다처제라는 비정상적 가족 형태에 있다는 것이다. 문제를 일으킨 아이들의 대부분이 가장 혹은 역할 모델로서 제 몫을 다하지 않은 아버지와 프랑스 중산층 가족의 가정교육 모델을 실천하는 데 무능력한 어머니(들) 밑에서 자랐고, 그 때문에 학교에 적응하지 못하고 따라서 사회진출에도 실패했으며, 이것이 결국 비행과 일탈이라는 결과로 이어졌다는 것이 그들의 주장이었다. 이러한 견해는, 비록 방리유 '사태'를 둘러싼 보다 면밀한 진단과 분석 속에서 '소수의견'으로 묻히긴 했지만, 정치권과 언론의 이민자 관련 담론이 이민자들, 특히 여성 이민자들의 이미지를 각자 자신의 방식으로 전유한 수많은 징후의 사례 중 하나라고 할 수 있다. 여성 이민자들[2]은 사회 문제

---

다. 유명한 여성 역사가이자 프랑스 학술원 회원인 엘렌 카레르 당코스도 비슷한 주장을 했다. "그 사람들은 아프리카 부족마을 출신입니다. 그러나 파리나 유럽의 다른 도시들은 아프리카가 아니에요. 예를 들어봅시다. 이 아프리카 아이들은 도대체 왜 학교에 가지 않고 거리를 배회하는 걸까요? 왜 그 아이들의 부모들은 아파트를 마련하지 못할까요? 이유는 분명합니다. 이 가족들 중 상당수가 일부다처제를 따르고 있기 때문입니다. 한 아파트에 서너 명의 부인들과 25명의 아이들이 살고 있어요! …… 이제 왜 아이들이 거리로 나가는지 이해할 수 있을 겁니다"(『리베라시옹』, 2005년 11월 16일자).

2) 이 글에서 '이민자 여성' 혹은 '이주민 여성'은 마그리브 출신 여성을 일컫는다. 다른 이방인 여성들(마그리브가 아닌 다른 국가 출신, 유학생, 외국주재원, 망명자, 불법체류자 등)의 경험을 마그리브 출신 여성들의 그것으로 환원할 수 없는 것은 사실이지만, 후자의 경우 범례성(exemplarité)을 띤다는 점에서 전자에 대해 시사하는 바가 적지 않을 것이라 기대할 수 있다. Nacira Guénif-Souilamas, "Femmes, immigration, ségrégation", *Femmes, genre, et sociétés: L'état des savoirs*, (dir.) Margaret Maruami, Paris: Découverte, 2005, p.391. 사야드는 마그리브 이민을 범례적 이민으로 규정하는데, 이는 우선적으로는 그것이 수적으로 우세하며 또 이 수적 증가가 지속적·체계적·조직적으로 이뤄졌다는 측면으로써 설명되지만, 다른 한편으로 통계수치가 보여주는 바와는 다른 차원에서 이해될 수 있다. 첫째, 유럽 내에서 제3세계 국민의 대량유입을 받아들인 최초의 사례이며, 둘째, 식민지경험과 연속성을 지니고, 셋째, 노동이민(immigration de travail)에서 가족이민(immigration de peuplement)으로의 전환이라는 이주현상의 추이를 전형적으로 보여준다는 점이 그것이다. Abdelmalek Sayad, "Une immigration exemplaire", *La double absence: Des illusions de l'émigré aux souffrances de l'immigré*, Paris: Seuil, 1999, pp.103, 418. 이렇듯 마그리브 이민이 전체 이민에 대해 범례성을 가진다고 가정할 때, 마찬가지로 마그리브 여성들의 이주경험을 여성 이민자들

를 일으킨 장본인 혹은 직접적 당사자가 아니라고 할지라도 간접적으로 원인을 제공했다는 점에서 잠정적 동조자로 지목되고 있는 것이다.

방리유 '사태' 때 그녀들은 어디에 있었는가? 이 질문은 형식적으로는 외국인 혹은 이민자라는 넓은 범주 안에 포함되어 있으나, 실질적으로는 배제되어 있거나 단지 비가시적으로만 포함되어 있는 존재들에 관한 것이다. 여성 이민자들은 실제로는 어디에도 속하지 않으나, 바로 그렇기 때문에 어디에나 속할 수 있는, 즉 어디에나 등장하고 또 어떤 방식으로든지 이용당할 수 있는 표상으로서 존재한다. 이러한 표상들은 이미지가 아닌 실체로서의 그녀들의 삶에 대해 별다른 정보를 주지 않을 뿐 아니라, 심지어는 제3자(그것이 주류사회든 아니면 이슬람 근본주의자들이든)에 의해 왜곡되고 악용될 여지를 남긴다. 그렇기 때문에 이 이방인 여성들의 경험에 구체적으로 다가가기 위해서는 이 표상들을 보이는 그대로가 아니라 그 이면을 보다 자세히 들여다보고 그 행간을 보다 세심하게 읽어냄으로써, 좀처럼 그 모습을 드러내지 않는, 혹은 드러내지 않는 것처럼 보이는 이방인 여성들의 경험을 '가시화' 할 필요가 있는 것이다.

마그리브 이민자 여성들의 히잡 착용을 둘러싸고 불거진 논란은 (그녀들의, 그녀들에 대한, 그렇지만 그녀들에 의한 것은 아닌) 이러한 표상에 대한 가장 구체적이고 극명한 사례라 할 수 있다. 히잡은 1989년 이후 수차례에 걸쳐 프랑스 전역을 뜨겁게 달궜으며 현재까지도 여전히 이슈화되고 있다. 그러나 히잡을 둘러싼 무수한 담론들은 이 여성들

---

일반의 경험에 대한 하나의 범례로서 간주할 수 있을 것이다. 마그리브 이민을 포함한 프랑스 이민의 역사에 대해서는 이 책의 5장인 강진희의 글, 「이민과 프랑스 사회의 공존: 19~20세기 프랑스 이민사」를 참조하라.

의 이미지를 각자 나름의 방식으로 전유했을 뿐, 정작 그녀들이 이 사건을 어떻게 살아냈는지는 베일에 싸인 채 남아 있다. 이 글에서는 그 베일을 걷어냄으로써(2절) 그녀들이 어떤 생존전략을 구사하며 또 어떤 실존적 갈등을 겪고 있는지(3절)를 살피고, 나아가 그녀들의 '어디에도 속하지 않은, 동시에 어디에나 속하는' 존재론적 위치를 어떻게 긍정적으로 전유할 수 있을 것인지(4절)를 모색해보고자 한다.

## 2. 히잡 논란 다시 보기

### 1) 히잡 논란: 벗길 것인가 씌울 것인가

① 사건의 개요

히잡[3]이 처음으로 언론에 등장하게 된 것은 1989년 가을, 파리 외곽의 소도시인 크레유에서 세 여학생이 히잡을 벗으라는 학교측의 요구를 거부하자, 정교분리(laïcité)[4]의 정신에 어긋나는 행동을 했다는 이유

---

3) 히잡은 머리에 두르는 이슬람식 스카프이다. 프랑스에서는 원어인 '히잡'(hijâb, hidjab) 보다는 '스카프'를 뜻하는 'foulard'나 '베일'을 뜻하는 'voile'라는 프랑스어가 통용되고 있다. 히잡이라는 말이 알제리 점령기에 이미 쓰였다는 사실을 고려해볼 때, 이 말이 프랑스에서 아직까지 대중화되지 않은 현상을 이슬람 문화 및 언어에 대한 일종의 거리두기로 해석하는 일도 가능할 것이다. 한편 주로 히잡착용 금지에 반대하는 진영에서는 '베일'이 차도르(전신을 덮는 검은 천)나 부르카(안면가리개) 같은 다른 이슬람 상징물과 혼동될 우려가 있다는 이유에서 '이슬람식 (헤드)스카프'라는 말을 선호한다. Charlotte Nordmann et Jérôme Vidal, "La République à l'épreuve des discriminations", *Le foulard islamique en questions*, (dir.) Charlotte Nordmann, Paris: Amsterdam, 2004, p.14. 이 입장에 따르면 '베일'은 히잡을 이슬람 근본주의나 이슬람교의 여성억압적 문화와 지나칠 만큼 동일시하려는 의도를 은연중 반영한다. 이 글에서는 '히잡'을 사용한다. 그것이 가장 정확한 용어일 뿐더러 한국에서 드물지 않게 쓰이고 있으며, 동시에 다른 복잡한 정치적 의미들을 일시적으로 해소해 논란의 본질에 직접적으로 다가가게 해준다는 장점을 갖고 있기 때문이다. 박단, 「프랑스 공화국과 무슬림 여학생의 교내 히잡(헤드스카프) 착용 금지」, 『서양사학』(제185집/3월), 2005, 246쪽.

로 퇴학을 당하면서였다. 이 여학생들은 학교측과 가족의 중재로 교실 안에서만 히잡을 벗는 것을 조건으로 학교로 되돌아갔으나, 나중에 이 조건을 어겨 다시 한 번 퇴학을 당했다. 결국 이 사건은 당시 교육부 장관이었던 리오넬 조스팽의 요청에 따라 최고행정재판소로 넘어가기에 이르렀고, 최고행정재판소는 학생들의 히잡 착용이 종교적 의미를 띠더라도 다른 학생들의 권리를 침해하거나 수업활동을 방해하지 않는 한 정교분리 원칙의 정신에 위배되지 않는다는 결론을 내려 일단 여학생들의 손을 들어 주었다.[5]

여기에서 그쳤다면 히잡 논란은 천조각 하나에 나라 전체가 들썩인 단순한 해프닝으로 남았을지도 모른다. 그러나 1990년 새학기가 시작된 가을을 비롯해서 1994년 가을, 그리고 1999년 겨울에 유사한 사건이 발생했고, 이 논란은 2004년 3월 15일 공립학교에서 모든 종교적 상징물의 착용을 금지하는 법안(공식 명칭은 '정교분리 원칙을 적용, 공립학교에서 종교적 소속을 드러내는 상징물이나 의복의 착용을 금지하는

---

4) 이 용어에 상응하는 마땅한 번역어를 다른 언어에서 찾기 힘들다는 사실은 정교분리라는 개념 자체가 프랑스 고유의 역사와 문화를 반영해 주고 있다. Alain Rey(dir.), "Laïcité", *Dictionnaire culturel en langue française*, Paris: Le Robert, 2006. 'Laïc'이라는 형용사는 '민중의'라는 뜻의 그리스어 laikos에서 파생됐는데, 중세까지만 해도 '가톨릭 성직자가 아닌'이라는 소극적 의미로 쓰였다. 그러다가 19세기에 이르러 오늘날과 같은 의미로 쓰이기 시작했으며, 1871년 세속화 원칙의 법제화에 기여한 공로자 중 하나인 페르디낭 뷔송에 의해 실사화된 형태의 laïcité가 처음으로 도입됐다. 이 글에서는 관례에 따라 laïcité를 '정교분리' 혹은 '정교분리 원칙'으로, laïc를 '세속적' 혹은 '세속'으로 번역하기로 한다.
5) 최고행정재판소의 판결문 요지는 다음과 같다. "학생에게 인정되는 자유에는, 타인의 자유와 다원주의를 존중한다는 가정 아래, 학교 내에서 자신의 종교를 드러내고 표현할 권리가 포함된다. 단, 그것은 교과목 내에서의 교육활동과 출석의무를 침해하지 않는 한도 내에서 이뤄져야" 하며, 동시에 "'압력이나 선동, 선전'의 모든 행위와 '다른 학생들의 자유와 존엄성을 침해하는' 모든 행위는 금지"되어야 한다. 박단, 『프랑스의 문화전쟁: 공화국과 이슬람』, 책세상, 2005년, 51~52쪽. 재인용.

법', 이하 '3월 15일법')이 좌우 다수 의원들의 압도적인 찬성표결로 통과되기까지, 그리고 그 이후에도 계속됐다. 3월 15일법의 정당성에 대한 찬반양론이 아직까지도 팽팽히 맞서고 있다.[6]

② 논쟁의 구도: 공화국, 정교분리 원칙, 그리고 이슬람

여학생들의 히잡 착용이 그토록 문제시됐던 까닭은 무엇인가? 이 질문에 답하기 위해서는 일단 이 논란의 핵을 구성하고 있는 몇 가지 개념들을 프랑스의 역사적·사회적 맥락 안에서 이해할 필요가 있다. 공화주의 또는 공화국의 이념, 정교분리, 그리고 공립교육제도가 그것이다. 정교분리 원칙은 1905년 12월 9일 제정된 국가와 교회의 분리에 관한 법(이하 1905년법)을 통해 처음으로 공표됐다. 이 법의 기본원칙은 "공화국은 양심의 자유를 수호하며, 공공질서를 저해하지 않는 한에서 자유로운 종교적 활동을 보장한다"(1조)와 "공화국은 그 어떤 종교도〔국교로서〕인정하지 않으며, 특정 종교에 대해 보상하거나 후원하지 않는다"(2조)는 조문에 명시되어 있는데, 1946년 헌법 제1조에서 프랑스를 "분리 불가능하고, 세속적이고, 민주적이며, 사회적인 공화국"으로 규정함에 따라 공화국 정신의 기초를 이루는 원리로서 확립됐다.

사실 1905년법은 공화주의자들이 1789년 대혁명 이후 전개해온 교권세력에 대한 오랜 투쟁의 산물이라 할 수 있다. 혁명이 탄생시킨 공화국이 애당초 모든 권력이 국민으로부터 나오며 국민의 이름으로서가 아니라면 다른 특정한 단체(교회)나 개인(왕)은 이 권력을 행사할 수 없다는 원칙을 기반으로 하고 있었던 것은 사실이지만, 이 원칙이

---

6) 자세한 내용은 이 글 맨 뒤에 수록된 「부록: 사건일지」을 참조하라.

혁명과 더불어 본격적으로, 그리고 전면적으로 시행된 것은 아니었다. 왕당파뿐 아니라 오랜 구교국가였던 프랑스에서 커다란 세력을 형성하고 있었던 교회의 반발이 거셌기 때문이다. 그중에서도 정교분리의 원칙을 둘러싼 공화주의자들과 교권주의자들의 대결이 가장 첨예하게 벌어진 곳은 바로 학교였는데, 이는 한편으로 그 이전까지 프랑스의 교육제도가 전적으로 교회를 중심으로 구축되어 있었기 때문이고, 다른 한편으로 계몽주의를 계승한 공화주의자들의 교육, 특히 공화국 가치의 견습장으로서의 학교에 대한 각별한 관심과 열정 때문이었다.

1792년 콩도르세는 「대중지도에 관한 보고서」에서 근대적 국민교육의 이념을 처음으로 공론화시켰다. 콩도르세에 따르면 교육기관은 모든 정치권력으로부터 독립적이어야 하고, 국민들은 무료로 교육의 혜택을 받을 수 있어야 하며, 학교는 특정 종교의 가르침과 무관한 도덕을 교육하고 또 학교 안에서만큼은 그 어떤 종교적 활동도 허용되어서는 안 된다. 제3공화국의 쥘 페리가 프랑스 공립교육제도의 기틀을 마련한 것은 이런 정신을 계승하려는 의도에서였다. '세속학교(l'Ecole laïque)의 아버지'라고도 불리는 페리는 1886년 공공화, 무료화, 의무화, 세속화 등의 원칙에 입각해 '대중 지도'에 대한 공화국의 이상을 현실화시켰다.

요컨대 오늘날의 프랑스 공화국이 확립되기까지 정교분리 원칙과 학교는 결정적인 역할을 했으며, 다시 이 두 가지는 서로 불가분의 관계에 있었다. 즉, 공립학교는 정교분리 원칙과 더불어 탄생했으며, 정교분리 원칙 역시 근대교육제도에서 비로소 체화(구체화/현실화)될 수 있었다는 것이다. 학교가 "공화국의 성소"[7] 혹은 "세속화의 싸움터"[8]라고 일컬어지는 것도 이 때문이다.

그러나 오늘날 정교분리 원칙은 더 이상 100년 전과 같은 의미로 이해되지 않는다. 이를테면 1882년 당시 교육에서의 세속화는 교사의 학교에서의 전교활동 및 종교교육을 금지하는 것을 골자로 하되, 학생의 종교활동에 제제를 가한다는 의미는 포함되어 있지 않았다. 1905년 법 역시 종교적 상징물과 관련해서는 이전까지 교실에 걸려 있던 커다란 십자가를 삼색기로 교체하는 수준으로 해석될 수 있었고, 여기에서의 강조점은, 위에서 언급한 제2조에서 보듯이, 국가가 종교와의 관계를 전적으로 단절한다기보다는 오히려 특정 종교——당시로서는 가톨릭——에 대한 특혜를 폐지하고 모든 종교를 동등하게 취급한다는 데 있었다.[9] 이와 같은 사실들을 고려해볼 때, 교사뿐 아니라 학생들의 모든 종교적 상징물의 착용을 금지한 3월 15일법이 기존의 관련법들에 비해 보다 엄격하고 보수적인 색채를 띠게 됐음은 분명하다.

이는 정교분리 원칙이 갖는 역사적·사회적 맥락 외에 시대가 변함에 따라 그것에 부여된 새로운 맥락들을 통해 이해될 수 있다.[10] 실제로 정교분리 원칙은 교회가 영향력을 잃어감에 따라 대혁명을 이끈 세력의 교권주의자들과의 투쟁이라는 의미를 더 이상 갖지 않게 된 반면, 오늘날에는 가톨릭이 아닌 다른 종교, 특히 20세기 중반 이후 마그리브 이민자들의 유입으로 인해 급격하게 성장한 이슬람교 세력을 겨

---

7) 박단, 『프랑스의 문화전쟁』, 90쪽.

8) "Le champ des batailles laïques", *L'Humanité*, suppl.: Loi de 1905, décembre 10, 2005, p.8.

9) Christine Delphy, "Antisexisme ou antiracisme: Un faux dilemme", *Nouvelles questions féministes*, vol.25, n°1, 2006, pp.31~82. 참고로 제2조에는 이런 조문이 포함되어 있다. "그러나 국가는 공소의 활동이나 그밖의 공립학교, 양로원, 요양원, 감옥 등 공공기관에서의 자유로운 종교활동을 보장하기 위해 일정한 예산을 책정할 수 있다."

10) Joël Roman, "Pourquoi la laïcité?", *La république mise à nu par son immigration*, (dir.) Nacira Guénif-Souliamas, Paris: La fabrique, 2006.

냥해서 사용되는 측면이 크다. 3월 15일법이 일부 종교 분파의 극단적인 원리주의나 배타적 공동체주의(communautarisme)[11]에 대항하는 논리를 넘어 프랑스 내의 반이슬람 정서가 '공화국'의 이름 아래 정당화된 가장 극명한 사례라는 해석이 설득력을 얻고 있는 것은 이 때문이다.[12] 이를테면 무슬림 여성들의 히잡을 우파는 프랑스의 민족정체성에 대한 위협으로, 좌파는 공화국정신의 위반 혹은 남성에 대한 여성의 굴종으로 각각 다르게 읽었지만,[13] 양 진영 모두 이슬람교도들로 대표되는 마그리브 이민자들에 대한 인종주의 논리를 감추기 위한, 혹은 보다 교묘하게 펴기 위한 수단으로서 정교분리 원칙을 내세우고 있다는 혐의에서 벗어나기 힘들다는 것이다.

　이 문제에 새로이 또는 보다 면밀히 접근하기 위해서는 여성주의적 시각을 접목시키는 일이 필요하다.[14] 공화국, 정교분리 원칙, 이슬

---

11) '공동체'라는 뜻의 communauté에서 온 이 단어는 최근에서야 사전에 등재된 신조어로 현재 프랑스에서 대체로 집단(이기)주의 혹은 배타적 집단주의와 유사한 부정적인 의미로 쓰이고 있다. 2006년판 『로베르 소사전』은 communautarisme을 "국민을 분열시킬 수 있는 집단논리"로 정의하면서 반대어로는 개인주의(individualisme)와 보편주의(universalisme)를 제시하고 있다. 이 글에서는 이 말을 '공동체주의'라 번역하되, 우리말에서 '공동체'가 갖는 긍정적 어감의 효과를 경감하고 전통 도덕철학/윤리학에서 논의되어 온 공동체주의(communitarianism)와의 혼동을 피하기 위해 경우에 따라서 '배타적'이라는 수식어를 붙이기로 한다.

12) 박단, 앞의 책, 101쪽 이하.

13) 정치인들을 비롯한 오피니언 리더들 대부분이 좌우파를 막론하고 히잡 착용 금지에 찬성하는 입장이었다는 점은 이번 논란의 특징 중 하나다. 좌우 양 진영의 입장에 관해서는 박단, 같은 책, 72~86쪽; Murray Smith, "Des origines de la laïcité à la question du foulard", *Socialisme international*, n°9, janvier, 2004.

14) 이 글에서는 '여성주의'를 한편으로는 여성억압의 철폐와 남녀평등의 실현을 목표로 하는 이데올로기적이고 거시적인 운동이라는 의미로, 다른 한편으로는 추상적인 이념보다는 여성들의 다양한 경험에 기반해 여성적 주체성 및 정체성을 고민하는 이론적이고 실천적인 운동이라는 의미로 쓸 것이다. 물론 이 두 가지만으로 여성주의의 다양한 맥락과 흐름을 규정할 수는 없다.

람 혐오증(islamophobie)을 둘러싼 담론들 대부분은 이 사건이 전적으로 무슬림 여학생들, 즉 이민 2세 여성의 희생으로 이어졌다는 사실을 간과하고 있기 때문이다. 이를 이해하기 위해서는 젠더라는 요인을 고려하지 않을 수 없다. 실제로 1989년 이후 3월 15일법이 제정된 2004년에 이르기까지, 금지법 찬성론자들은 점차 공화주의보다는 여성주의 혹은 반성차별주의에 무게 중심을 두는 경향을 띠게 됐는데, 이는 한편으로는 크리스틴 델피의 냉소적인 지적[15]대로 이들이 정교분리 원칙만으로는 금지법의 정당성을 주장하기 힘들어져 이를 뒷받침할 다른 논거로서 여성주의를 끌어들였기 때문이고, 다른 한편으로는 여성주의자들이 목소리를 내기 시작함으로써 이 문제를 여성주의적으로 접근할 수 있을 만한 분위기가 조성됐기 때문이다.[16]

이와 더불어 학교측 외에 가장 중요한 당사자였던 여학생들의 관점에 주목할 필요가 있다. 정치권의 공방 와중에 대부분의 사람들은 공화국이나 이슬람 공동체주의 같은 거대 담론 속에서 '벗길 것인가, 씌울 것인가' 라는 논쟁에 골몰했을 뿐, 정작 법에 따라서 혹은 법과 상관없이 벗거나 쓸 것을 결정해야 하는 장본인이었던 여학생들에게는 주의를 기울이지 않았다. 다음에서는 히잡 문제에 대한 여성주의자들의 입장에 대해 논하는 한편, '벗길 것인가, 씌울 것인가' 라는 논란의 대

---

15) Delphy, "Antisexisme ou antiracisme Un faux dilemme", pp.81~82.
16) 시라크 대통령이 공립학교에서의 히잡 착용에 관한 법을 검토하기 위해 구성한 스타지 위원회가 결과를 발표하기 직전인 2003년 12월 8일, 여성잡지 『엘르』는 "여성의 권리와 히잡"(Droits des femmes et voile islamique: *Elle* s'engage)이라는 제목으로 대통령에게 보내는 공개서한을 게재했는데, 이 서한에는 이자벨 아자니, 줄리아 크리스테바, 엘리자베스 루디네스코 등 저명한 여류 인사들과 유명한 방리유 여성운동 단체 니퓌트니 수미즈(Ni Putes Ni Soumises, NPNS)의 대표인 파델라 아마라 등이 서명에 참여해 큰 반향을 불러일으켰다.

상이었던 여성들을 스스로 '벗거나 쓸' 것을 결정하는 주체로 규정함
으로써 이 사건을 그녀들의 경험을 통해 재해석하고자 한다.

### 2) 히잡을 바라보는 여성주의의 두 가지 시선

① "히잡을 벗어던져라, 그대가 여성이라면"

우선 여성 지식인들이나 일부 여성 이민자들이 히잡 착용을 반대하는
이유와 근거에 주목할 필요가 있다. 그(녀)들은 무엇보다 여성억압의
철폐를 주장한다는 점에서 공화국 수호나 배타적 공동체주의 반대를
구호로 삼은 뭇 정치인들과는 차별성을 보여준다. 이들에게 제도나 규
범으로서의 히잡은, 그것이 강요에 의한 것이든 자의에 의한 것이든 간
에, 일부 비서구국가들에서 여성에게 가하고 있는 차별적·적대적·비
인권적 행태(조혼, 강제결혼, 일부다처제, 음핵 절단, 축첩제 등)처럼 가
부장적 사회의 표상 그 이상도 이하도 아니다. 이들에 따르면 정교분리
와 양성평등의 원칙이야말로 모든 구성원들을 민주주의와 공화국의
가치 아래 통합시키는 가장 중요한 원리다. 각 개인은 국가의 이름으로
운영되는 학교나 그밖의 공공기관에서 이 원칙을 철저히 준수할 의무
가 있다. 어떤 여성이 히잡을 착용한다면 이는 그녀 자신이 특정한 종
교집단에 속해 있음을 '노골적으로 드러낼' 뿐 아니라 이슬람교의 교
의, 즉 여성이 남성에 비해 열등하고 따라서 남성에게 종속되어야 하는
존재라는 종교적 가르침을 수용하고 또 실천한다는 사실을 증명한다.
따라서 이를 착용하는 것은 위 두 원칙을 거스르는 행위다.

> 히잡 착용이 개인의 종교적 확신이라는 사적 영역에 머무는 한, 그것
> 은 프랑스의 지배원리〔정교분리와 양성평등의 원칙〕와 상충하지 않는

다. 실제로 각 개인에게는 자신의 양심에 따라 특정한 신을 믿을 자유가 있다. …… 히잡이라는 종교적 상징물 역시 표현의 자유라는 이름 아래 허용될 수도 있다. 그러나 이 자유가 여성을 남성에게 순종해야 하거나, 남성이 함부로 대해드 되는 존재로 보는 종교 원리주의자들의 기만적인 선전도구로 이용될 때, 바로 거기에서 [특히] 히잡을 착용하지 않은 여성에 대한 사회적·도덕적·물리적 폭력이 시작된다. 이 지점에서만큼은 히잡을 착용할 자유가 불허되어야 한다.[17]

정교분리 원칙에 대한 여성주의자들의 확고한 입장은 20세기 프랑스 여성운동사의 맥락에서 살펴볼 때 보다 분명히 이해된다. 이들에게 정교분리 원칙은 공화주의자들에게만큼이나 유용한, 혹은 필요불가결한 이론적·실천적 수단이었다. 실제로 이 원칙은, 적어도 오랜 가톨릭 국가인 프랑스에서는, 피임과 낙태의 권리나 성해방 등 20세기 여성주의의 가장 주된 성과 중 하나인 성적 자기결정권 획득에 일정한 역할을 했다. 여성들에 대한 사회적·법적 차별을 개선하기 위해서는 종교적 규범, 특히 여성이 남성에 비해 열등한 존재임을 전제로 하는 기독교, 이슬람교, 유대교 등 일부 종교의 가르침에서의 자유가 필요불가결했던 것이다. 이처럼 여성주의가 정교분리 원칙과 병행, 혹은 연합전선을 형성하며 성장했다는 사실[18]을 고려할 때, 일부 여성주의자들이 이 원칙에 대해 확고한 입장을 가지는 것은 수긍할 만하다.

---

17) Anne Zelensky et Anne Vigery, "Laïcardes, puisque féministes", *Le Monde*, mai 19, 2003.
18) "La laïcité, alliée des femmes", *L'Humanité*, suppl.: Loi de 1905, décembre 10, 2005, p.31.

어떤 이들은 히잡 논란을 국가가 개인의 자유에 그 어떤 제한도 가할 수 없음을 주장하는 극단적 개인주의 혹은 자유주의의 산물인 동시에 제국주의 혹은 식민주의 시대가 낳은 콤플렉스의 소산 중 하나로 보기도 한다.[19] 즉 식민통치의 과거에 대한 죄의식과 인종주의자로 낙인 찍히는 것에 대한 공포가 차이의 권리(droit à la différence)를 무비판적으로/무조건적으로 옹호하고, 나아가 그것을 성역화하는 결과를 가져왔고, 이것이 결과적으로는 모든 개인의 종교적 믿음 및 표현의 자유를 보장하기보다는 특정 집단(가부장적 가족질서를 유지하고자 하는 소수의 남성 이민자들 혹은 이슬람 원리주의자들)에게 자신들의 세력을 확장하거나 다른 집단(무슬림 여학생들, 더 넓게는 여성 일반)에 대한 억압과 지배를 정당화하는 구실을 제공했다는 것이다.

이 주장은 최근 들어 이슬람교 세력의 배타적 공동체주의 경향이 심화되고 있다는 진단[20]과도 일맥상통한다. 이에 따르면 이슬람 근본주의자들은 정부가 통합노력을 게을리한 틈을 이용해 이민자 출신 무슬림들의 반정부 정서를 자신들의 교세를 확장하는 데 이용했으며, 이들이 선전활동의 장이자 전략적 거점으로 삼고 있는 것이 방리유와 학교다. 그들이 공립학교에서의 히잡 착용을 요구하는 것은 일견 어린 무슬림 여학생들 고유의 문화를 인정해야 한다는, 즉 차이의 권리를 옹호해야 한다는 명목을 갖고 있기는 하지만, 사실상 학교를 구심점으로 프랑스 공공기관 전체에 자신들의 요구를 관철시키려는 전략에서 비롯

---

19) Zelensky et Vigery, op. cit..
20) Juliette Minces, *La génération suivante, Les enfants de l'immigration*, Paris: L'Aube, 2004. 특히 서문을 참조하라; Fadela Amara, *Ni Putes Ni Soumises*, Paris: Découverte, 2004. 특히 후기를 참조하라.

된다는 것이 그 주장의 핵심이다. 이렇게 볼 때 학교에서의 히잡 착용을 허용하는 것이 이를 요구하는 무슬림 여성들의 권익을 신장시키는 것이 아니라 오히려 그녀들을 이슬람 내 가부장적 질서로 재편입시키는 결과를 낳을 수 있다는 이들의 주장은 일면 타당성을 지닌다.

　히잡 착용을 금지하는 법에 찬성하는 여성주의자들은 차이의 권리에 대한 감수성이 부족하고, 문화다원주의에 반해 서구적 가치체계를 절대시하는 보편주의적 입장을 취하고 있으며, 심지어 인종주의나 이슬람 혐오증의 징후를 보여준다는 비판을 받았다. 문제는 이러한 비판이 남성 이슬람 원리주의자들뿐 아니라 일부 여성주의자들 사이에서도 제기됐다는 것이다. 물론 양자가 일견 같은 논변을 펼치고 있는 듯이 보인다고 해도 둘을 동일시할 수는 없다. 전자가 방리유에서 일어나는 여성에 대한 폭력[21]에 대해서는 침묵하면서(혹은 이에 대해 이민자들에 대한 일종의 낙인찍기라 항변하면서) 히잡 문제에 있어서만큼은 여학생들의 권익을 보호하고 나선다는 점에서 그 의도를 의심받을 만하다면, 후자는 찬성론자들에 못지않게 정교분리의 원칙과 양성평등의 원칙을 수호하며, 다름 아닌 바로 그 원칙의 이름으로 3월 15일법에 반대하고 있기 때문이다.

---

21) 17세 소녀였던 소안 방지안의 비극적 사례는 방리유의 여러 가지 사회 문제(높은 실업률 및 범죄율, 주택난, 열악한 주거환경 등)가 여성에게 더욱 큰 고통을 안겨주고 있음을 보여준다. 2002년 10월 4일, 대표적인 저소득층 거주지 중 하나인 비트리쉬르센의 한 쓰레기장에서 소안은 한때 남자친구였던 18세 소년에게 '내게 돌아오지 않으면 죽이겠다'는 협박을 당했다. 그는 소안이 협박에 굴하지 않자 기름을 부은 뒤 불을 질렀다. 소안은 불을 끄기 위해 쓰레기장으로부터 30미터 가량 몸을 굴렸으나 결국 사망했다. 이 자리에는 '소년과 소녀들이 평등하고 서로 존중하며 살도록 산 채로 불에 탄 소안 방지안(1984~2002), 이곳에서 잠들다'라는 문구가 새겨진 기념비가 세워졌다. 이후 NPNS를 비롯한 프랑스 여성단체들은 소안을 기리기 위해 매년 국제 여성의 날(3월 8일) 행진을 이곳에서 출발하고 있다.

② "히잡을 쓴 여성들, 가부장제의 빈틈을 비집고 솟아 오르는"

위에서 살펴본 것처럼, 3월 15일법에 반대하는 여성주의자들의 논지는 히잡이 일부 이슬람 문화권에서의 여성억압을 상징하는 동시에 고착화한다는 사실에 대해서는 경계해야 하고, 또 마땅히 반대해야 하지만, 그 방식이 여학생들을 학교에서 퇴학시키는 법의 제정 및 적용이어서는 안 된다는 것으로 요약될 수 있다. 실제로 이 법으로 인해 교육권을 박탈당한 무슬림 여학생들의 사례가 비록 소수이기는 해도 끊이지 않았는데,[22] 이는 3월 15일법이 어린 소녀들을 이슬람교의 가부장적 질서에서 보호한다는 미명 아래 학교에 가지 못하게 함으로써 결국 바로 그 "성차별주의적 종교가 지배하는 공간으로 되돌려 보내는"[23] 결과를 낳았음을 여실히 보여준다 하겠다.

3월 15일법에 반대하는 여성주의자들이 일관되게 지적하는 것은 히잡에 대한 일의적이고 경우에 따라서는 교조적이기까지 한 해석과 이를 착용한 여성들이 무조건 가부장적 문화에 순종하는 존재들이라고 보는 고정관념이다. 우선, 히잡이 이슬람 문화권에서만 해도 여러가지 코드들의 복합체임을 상기할 필요가 있다.[24] 이슬람 교리에서 여성이 남성에 비해 열등한 존재라는 전제 아래 여성에게 히잡을 착용할 것

---

22) 3월 15일법이 제정된 후 새학기가 시작된 2004년 가을에는 639건(2003년에는 1,500건)의 위반사례가 보고됐고, 이중 다수인 496건이 학생들의 복학조치로 해결됐다. 그러나 44명의 무슬림 여학생들과 터번을 벗지 않은 3명의 힌두교 학생들은 끝내 학교로 돌아가지 못했으며, 96명의 학생들은 자퇴한 뒤 학교를 완전히 떠났다. "Rentrée 2005: La loi a plié les voiles, pas le débat", *L'Humanité*, suppl.: Loi de 1905, décembre 10, 2005, p.10.

23) Étienne Balibar, "Dissonaces dans la laïcité", *Le foulard islamique en questions*, (dir.) Charlotte Nordmann, Paris: Amsterdam, 2004, p.15. 이는 다른 한편으로 여학생들의 학습권이 남학생들의 그것에 비해 침해당하기 쉽다는 사실을 보여준다. Michèle Le Doeuff, *Le sexe du savoir*, Paris: Flammarion, 2000, p.207.

을 권고하고 있는 것은 사실이지만, 무슬림 여성들은 오랜 세월을 거치면서 이 교리가 지배하는 사회에서 나름의 생존전략을 터득해왔고, 오늘날의 히잡은 여성들의 이러한 가부장적 질서에 대한 투쟁 혹은 타협의 산물이라 할 수 있다.

실제로 마그리브 국가들이나 터키 등 아랍 문화권에 속하는 국가에서는 히잡 착용이 법적으로 의무화되어 있는 것은 아님에도 불구하고 무슬림 여성들 스스로 히잡을 선택하는 경우를 어렵지 않게 찾아볼 수 있다. 한 알제리 여성의 말을 들어보자.

> 히잡을 써야겠다고 생각하게 된 것은 여성-남성의 관계, 남녀평등, 여성의 자유 등을 고민하기 시작하면서부터였어요. 나는 내 자유를 얻기 위한 가장 좋은 수단이 히잡이라는 결론을 내렸죠. …… 내 몸을 히잡으로 감쌈으로써 나는 남자들 앞에서 내 스스로를 자신 있게 드러내 보일 수 있어요. 그들이 내가 생각하는 바나 행동하는 바가 아닌 다른 어떤 것에도 관심을 갖지 않을 테니까요. 요컨대 히잡을 씀으로써 나는 한 사람의 인간으로서 대접받을 수 있다는 거예요. 남성들의 시선으로부터의 해방, 이를 통해 나는 자유를 얻게 되는 것이죠.[25]

이때 히잡은 교육이나 사회진출 등을 통해 자아를 실현하기 위한 욕구와 종교적 요구를 조화시키기 위해 여성들이 선택하는 타협점으

---

24) Sonia Dayan-Herzbrun, "The Issue of Islamic Headscarf", *Women, Immigration, and Identities in France*, (ed.) Jane Freedman and Carrie Tarr, London: Berg, 2000. 마그리브 국가들, 이집트, 터키 등 이슬람 국가에서 히잡이 갖는 다양한 의미는 다음 책을 참조하라. Hinde Taarji, *Les voilées de l'Islam*, Paris: Balland, 1990.
25) Taarji, ibid., pp.277~278.

로서 작용한다. 히잡을 착용해야만 비로소 공공장소로의 출입이 가능한 현실에서, 여성들은 히잡을 쓰지 않은 여성적 자아에게 허용된 사적 영역에 머물기보다는 히잡을 쓴 무성적 자아를 택함으로써 사회에 진출, 사회적 자아를 완성시키고자 하는 것이다. 다시 말해, 히잡은 단순히 공적영역에서 여성을 배제하고 통제하기 위한 수단으로만 사용된 것이 아니라, 그 공간으로 진입하는 수단으로, 즉 억압이 아닌 해방의 도구로서 역설적으로 여성 스스로가 재전유해왔던 것이다.

다른 한편으로, 히잡을 단순히 여성억압의 상징으로 단정하는 일종의 '본질론'을 재고할 필요가 있다. 오늘날의 히잡이 단순한 종교적 상징물이 아니라 하나의 의복 코드로서 시대와 사회가 변화함에 따라 한층 복잡한 의미를 갖게 됐다는 사실을 고려하면 그러하다. 실제로 프랑스에서 태어나서 자란 이민 2세 여성들이 스스로의 선택에 따라 히잡을 쓰는 것과 이슬람 원리주의자들이 권력을 장악한 이란에서 여성들이 '법에 따라' 차도르를 두르는 것 사이에는 커다란 간극이 자리하고 있다. 이란의 경우 호메이니가 권좌에 등극하면서 사회 분위기가 극단적으로 보수화됐고 여성들에게 히잡을 쓸 것이 강요됐지만,[26] 프랑스의 경우는 다르다.

프랑스에서 태어나 자란 이민 2세 여성들에게 히잡은 부모의 출신 국가의 전통문화가 지배하는 가족과 프랑스적 가치와 문화를 대변하는 학교 및 사회, 이 두 세계의 문화적 충돌을 해결하는 수단이 되는 경

---

26) 이란 여성들의 현실은 이란 출신 여성작가인 샤도르트 자반이 프랑스 대중에게 알렸는데, 자반은 자신의 책을 통해 이란에서 히잡이 가지는 반여성적 상징성을 강조함으로써 히잡에 대한 반대 여론의 조성에 기여했다. Chahdortt Djavann, *Bas les voile!*, Paris: Gallimard, 2006. 그녀는 스타지 위원회에서 참고인 자격으로 증언하기도 했다.

우가 많다.[27] 물론 부모의 강요나 시테의 분위기 때문에 어쩔 수 없이 히잡을 착용하는 소녀들이 있는 것은 사실이다. 그러나 이 소녀들 중 상당수가 경제적으로 자립한 후에는 스스로 히잡을 벗는다는 사실로 미뤄본다면, 그녀들의 선택이 절대적인 것도, 무조건적인 강제에 의한 것도 아님을 알 수 있다. 이 소녀들은 히잡이라는 전통적 상징을 '근대'의 표상인 프랑스 사회로의 진출을 위한 교두보로서 역설적으로 전유하고 있는 것이다.[28]

이렇게 볼 때, 히잡 반대론자들은 이러한 문화적 차이 및 간극을 간과하고 저마다 다른 배경과 역사를 가진 사람들을 '무슬림'이라는 이유 하나만으로 한정적이고 전형화된 이미지 안에 가둬버리는 오류를 범하고 있다는 비난을 면하기 어렵다.[29] 더구나 히잡이 그것을 쓴 여성으로 하여금 가부장제의 빈틈을 비집고 솟아나도록 하는 창구의 역할을 하기도 한다는 점을 고려한다면, 그것의 착용을 음핵절단과 같이 명백한 여성폭력과 동일시하는 태도 역시 범주를 혼동한 오류라고 하지 않을 수 없다. 히잡에 반대한 여성주의자들이 의도와는 달리 일부 여성에 반(反)하는 태도를 취하게 된 것도, 히잡이 시대와 사회적 맥락

---

27) 가스파르와 코스로카바르에 따르면, 오늘날 프랑스에서 히잡이 갖는 의미는 적어도 세 가지다. 첫째, 이민 1세 여성들이 쓰는 히잡으로, 이는 특별히 이슬람교의 교리를 따르려는 의식적인 태도라기보다는 출신 국가의 전통과 문화에 따르는 무의식적이고 자연스러운 태도에서 나온다. 둘째, 위에서 언급한 이민 2세 여성들에서처럼 가족과 사회 사이의 타협 지점으로서의 히잡이다. 셋째, 자신의 정체성을 표현하고 권리를 적극적으로 주장하기 위한 수단으로서의 히잡이다. 이 장에서는 두번째 의미에, 그리고 이 글의 3절(특히 "히잡을 벗은 어머니와 히잡을 쓴 딸: 뵈레트 아이콘의 해체")에서는 세번째 의미에 초점을 맞출 것이다. Françoise Gaspard et Farhad Khosrokhavar, *Le foulard et la Ré-publique*, Paris: Découverte, 1995, pp.34~69; 박단, 『프랑스의 문화전쟁』, 53~68, 99~101쪽.
28) Gaspard et Khosrokhavar, ibid., p.37.
29) Dounia Bouzar, *Ça suffit!*, Paris: Denoël, 2005, p.32.

에 따라 다른 의미를 갖고 또 그것을 착용하는 여성 또한 다양한 역사와 경험을 가지고 있다는 사실을 간과한 데서 비롯됐다고 할 수 있다. 바로 거기에서, 여성의 이름으로 히잡을 쓰는 여성에게 다른 여성이 같은 '여성'의 이름으로 히잡 벗기를 강요하는 모순적 상황이 발생한다. 그 '여성'은 실제로는 하나가 아니었던 것이다.


## 3. 히잡이 드러내는 것과 숨기는 것

### 1) 포함/배제 메커니즘의 여성화

① 인종주의와 성차별주의, 그리고 오리엔탈리즘과 옥시덴탈리즘

지금까지 살펴본 것처럼, 히잡을 쓴 소녀들을 바라보는 찬반양론의 시선에는 성차별주의와 인종주의가 복잡하게 얽혀 있다. 여성주의자들 역시 여기에서 완전히 자유로울 수 없다. 인종 및 민족이라는 범주적 요인을 고려하지 않은 반성차별주의 논리는, 젠더라는 요인을 고려하지 않은 반인종주의 논리와 마찬가지로, 의도치 않은 부정적 결과를 낳을 위험이 있는 것이다. 이는 다른 한편으로 성차별주의와 인종주의가 '따로 또 같이' 가는 이데올로기이며, 따라서 각각에 대한 투쟁을 위해서는 양자를 같이 사고할 필요가 있음을 보여준다.[30]

인종주의와 성차별주의는 제도로서든 사고와 행동의 양식으로서든 둘다 근본적으로 역사적으로 구성된 사회적 차이와 그 차이에 기초한 가치판단의 체계를 생물학적 차이라는 사실의 차원으로 환원하려

---

30) 인종주의에 대한 논의는 이 책의 4장인 김한창의 글(「방리유 소요사건과 '인정'의 정치」)을 참조하라.

는 본질론적 태도라는 점에서 같은 종류의 시스템이라 할 수 있다.[31] 두 이데올로기는 여타의 차별과 지배의 메커니즘과는 또 다른 영속성을 지닌다는 점에서도 유사하다. 현실 속에서 드러나는 육체적 차이가 대부분의 경우 명시적이고 영구적이며 확고하기 때문이다. 여기에서 몸은 사회적 구성물인 차이를 정당화하는 근거로서 작용, 그것을 본질화하는 매개체가 되는 한편으로, 이렇게 하여 '자연화'(naturalisation)된 차이를 반영하는 동시에 이에 대한 부인할 수 없는 근거로 작용함으로써 이에 기반한 지배체제를 더욱 공고히 하는 역할을 한다.[32]

지배하는 자와 지배받는 자 사이의 물리적·문화적 거리가 점차 사라져가고 있는 이 세계화 혹은 '탈' 식민시대, 몸은 전자가 후자와의 거리를 유지하기 위해 사용하는 최후의 보루로서 기능한다.[33] 식민주의자들은 이제 식민지 상태에서 벗어난 계급을 자신과 동등한 권리를 누려야 할 내부의 타자로서 인정해야 하는 상황에 직면했다. 왜냐하면 식민지의 독립과 이주현상의 보편화로 식민주의자들이 지난 세기까지 피식민계급을 타자화하고 그에 대한 지배를 정당화하기 위해 내세웠던 인종학, 진보주의, 보편사관 등의 논리가 힘을 잃게 됐기 때문이다. 이들은 차이의 권리와 평등의 원칙을 거스르지 않으면서도 우월한 위치를 유지하기 위해 보다 정교한 구별짓기의 기준과 보다 세련된 차별의 논리를 개발하지 않으면 안 되는데, 바로 이 논리의 중심에 몸

---

31) Étienne Balibar, "Quelques réflexions à propos de sexisme et racisme", *Cahiers du CEDREF*, n°3, (dir.) Régine Dhoquois, Paris: CEDREF, 1993.
32) Pierre Bourdieu, *La domination masculine*, Paris: Seuil, 2002, pp.23, 39.
33) Nacira Guénif-Soumliamas, "La république aristocratique et la nouvelle société de cour", *La république mise à nu par son immigration*, (dir.) Nacira Guénif-Soulia -mas, Paris: La fabrique, 2006.

(corp)과 몸에 체현된(incorporé) 섹슈얼리티가 있다. 이를테면 이주민들이 프랑스 땅에서 경험하고 있는 구체적인 삶(실업, 주거난, 그리고 일상에서 직·간접적으로 겪는 차별)보다는 일부다처제, 여성할례, 여성에 대한 결혼강제 등 출신국가, 즉 구식민지의 관습이 더 부각되고, 사람들은 그들의 이국적 외양에서 이러한 관습을 체현하는 몸을 보게 되며, 이것이 다시 그들의 소외와 차별에 대한 정당화 기제로서 작용하고 있는 것이다.

그런 면에서 우리는 식민주의 시대를 벗어난 것이 아니라 그 후기를 살고 있다. 그 시대 특유의 인종주의 및 성차별주의의 산물인 오리엔탈리즘은 여전히 유효하게 작동하고 있는 것이다. 사이드가 말하는 오리엔탈리즘을 동양—서양의 이분법에 기초, 동양을 서구의 관점에서 구성하고 이를 다시 정복의 대상인 타자로서 재구성하려는 이론적·실천적 태도로서 이해할 때, 여기에서 놓치지 말아야 할 것은 여성이 때로는 신비화 및 지배의 대상이라는 메타포로서, 때로는 프랑스 식민주의자들이 알제리 여성의 해방을 식민화를 정당화하기 위한 하나의 논리로서 제시한 예[34]에서 보듯이, 지배를 정당화하기 위한 도구로서 중요한 역할을 한다는 사실이다.

그런데 이렇게 여성(성)에 특정한 상징을 부여하고 이를 통해 여성 일반을 대상화·도구화하는 태도는 서구에 대한 (경우에 따라서는 서

---

34) 히잡이 알제리의 독립투쟁에서 어떤 의미를 가졌는지에 관해서는 다음을 참조하라. Franz Fanon, "L'Algérie se dévoile", *L'an V de la révolution algérienne*, Paris: Maspéro, 1959; Julia Clancy-Smith, "Le regard colonial: Islam, genre et identités dans la fabrication de l'Algérie française, 1830~1962", *Nouvelles questions féministes*, vol.25, n°1, 2006; Todd Shepard, "La 'bataille du voile' pendant la guerre d'Algérie", *Le foulard islamique en questions*, (dir.) Charlotte Nordmann, Paris: Amsterdam, 2004, pp.134~141.

구의 지배논리를 내면화하기도 하는) 동양의 저항 담론에서도 나타난다. 로라 네이더는 이를 옥시덴탈리즘(occidentalism)이라 부른다.[35] 그녀에 따르면, 아랍의 근본주의자들은 서구문화에 대한 이슬람의 우월성을 주장하기 위해 서양여성들의 지위를 문제삼는다. 그들이 미디어를 통해 서구국가의 여성을 대상화하는 상품광고나 포르노, 성범죄, 유명인들의 추문 등을 집중적으로 재현함으로써 서구사회가 안고 있는 성차별주의적 문제들을 상대적으로 크게 부각시키고, 따라서 자국 내의 여성억압적 풍토를 은폐하고 가부장적 체제를 유지하려 하고 있다는 것이 네이더의 주장이다.

히잡을 쓴 무슬림 여학생들의 표상에는 이 모든 인종주의와 성차별주의, 오리엔탈리즘과 옥시덴탈리즘이 혼용된 형태로 나타난다. 그녀들의 몸은 반성차별주의의 탈을 쓴 인종주의에 의해 이슬람 공동체주의의 대변인, 혹은 근본주의자들에 의해 조종되는 꼭두각시로 그려지는가 하면, 옥시덴탈리스트들에 의해 전근대적이고 가부장적인 체제를 유지하기 위한 선전도구로 이용되기도 하며, 오리엔탈리스트들에게는 베일을 걷어내고(dévoiler) 정복해야 할, 베일을 쓴(voilée) 자연이나 동양에 대한 환상, 혹은 식민시대의 향수를 불러일으킨다.

이렇게 그녀들의 몸이 언제, 어디서나, 누구라도 그 안에 원하는 의미를 채워넣을 수 있는 다중적 기표로서 작용할 수 있다는 것은, 사실상 그것이 그녀들을 지시대상으로 삼고 있지 않음을 의미한다. 그것은 그녀들의 몸에 투영된, 그녀가 아닌 어떤 다른 것(그것이 이슬람 근

---

35) Laura Nader, "Orientalism, Occidentalism and the Control of Women", *Cultural Dynamics*, vol.2, n°3, 1989.

본주의자들이건, 동양이건, 서구 제국주의자건 간에) 지나지 않는다.[36] 결국 히잡이 숨기고 있었던 것은 그녀들이 아니었고, 따라서 히잡을 걷어낸 자리에 그녀들은 없었던 것이다.[37]


## ② 가시성의 변증법

히잡은 무엇을 드러내고 또 숨기는가? '가리기 위해' 만들어진 히잡이 도리어 가려졌던 것을 드러내 보인다는 사실은 흥미롭다. 즉 평상시 비가시적 존재에 불과했던 무슬림 여성들이 '가시권' 내에, 그것도 전면으로 부각된 것이 다름 아니라 '비가시화'의 수단인 히잡에 의해서였다는 것이다. 사실 이민의 역사에는 '가시성'(visibilité)의 문제가 점철되어 있다. 1980년대까지 가시성은 가족재결합정책으로 그 수가 급격하게 늘어난 이주민들이 프랑스의 사회와 문화에 적응하지 못한 데서 오는 문화적 거리(distance culturelle)의 표현이었다.[38] 직장에 나가지 않아 프랑스 사회를 접할 기회가 적고 가정에서는 출신국의 전통을 고

---

36) Nacira Guénif-Souliamas, "La Française voilée, la beurette, le garçon arabe et le musuman laïc, Les figures assignées du racisme vertueux", *La république mise à nu par son immigration*, (dir.) Nacira Guénif-Souliamas, Paris: La fabrique, 2006, p.114.

37) 장임다혜는 구별의 메커니즘이 단지 지배계급에 의해 특정집단을 배제하기 위한 수단으로 사용되는 것이 아니라 피지배계급이 스스로를 타 집단으로부터 구별하고 자신들의 결속을 다지기 위해 전유하는 도구가 될 수도 있으며, 히잡이 그러한 경우일 수 있음을 지적해줬다. 히잡이 "자신의 인종적 공동체에 포섭되려는, 그리고 동시에 백인 프랑스인과 차별화하려는 의도"를 반영하는 측면이 없지 않고, 이렇게 볼 때 거기에서 "디아스포라의 맥락과 식민주의의 복잡한 결합"을 발견하는 것도 불가능하지 않다는 그녀의 지적은 타당하다. 이 장에서는 인종주의, 성차별주의, 오리엔탈리즘, 옥시덴탈리즘 등의 포함/배제 논리를 철저히 지배자의 관점을 따르는 것으로서 다루었지만, 다음 장에서는 이러한 '위로부터의 시선'보다 '아래로부터의' 그것에 주안점을 두되, 구별의 메커니즘도 지배자의 논리를 내면화한 것으로서보다는 더욱 긍정적이고 적극적인 차원에서 다루도록 노력할 것이다.

38) Minces, *La génération suivante*, pp.152~153.

수하는 여성들이나, 같은 이주노동자 출신이 대부분인 직장에 머물렀던 1세대와는 달리 학교나 그밖의 프랑스 사회에 진출한 자녀들은 외모나 문화적 차이로 인해 지나치게 가시화되곤 했다. 이때의 가시화란 이주민들을 타자로 규정하고 이러한 타자와 거리를 둠으로써, 즉 타자를 철저하게 소외시킴으로써 자신들의 정체성을 유지하려는 타자화의 기제라 할 수 있겠다.

　이러한 가시성의 문제는 오늘날에 이르러 사뭇 다른 양상을 띤다. 프랑스 땅에서 태어나 프랑스식의 교육을 받고 자랐으며 프랑스 국적을 가지고 있는 이민 2세대들의 수가 급격하게 늘어나면서 문화적 거리에서 오는 가시성이 퇴색된 반면, 9·11 테러나 방리유 소요처럼 특정한 사회적 사건이 일어날 때마다 이들의 존재가 가시화되고, 이때 새롭게 부여된 가시성은 타자에 대한 오래된 거부정서와 맞물려 낙인찍기(stigmatisation)로 곧잘 이어지곤 하고 있는 것이다.[39] 히잡을 쓴 여학생들이 논란의 대상이 됐을 때 일차적으로 가시화된 것은 여학생들이지만, 사실 그보다 더 가시적으로 드러난 것은 공동체주의와 성차별주의의 화신이거나 여학생들을 배후에서 조종하는 세력으로 간주된 이슬람 근본주의자들, 혹은 이민자 일반이었다. 이러한 가시화의 기제가 공공장소(espace public)에서 이슬람을, 나아가 모든 공적인 것(le public), 즉 '공화국'[40]에서 이주민들을 비가시화하는 데에 그 목표를 두고 있었음을 짐작하기란 그리 어렵지 않다.[41]

---

39) Aïcha Touati, "Féminisme d'hier et d'aujourd'hui, ou le féminisme à l'épreuve de l'universel", *Nouvelles quesions féministes*, vol.25, n°1, 2006, pp.115~116. 이민 2세 중 가수나 운동선수로서 성공한 사례에 대한 지나친 '가시화' 역시 비슷한 가시화/비가시화 전략의 일환이라 볼 수 있을 것이다.
40) 공화국(République)은 '공적인 것'을 뜻하는 라틴어 res publica에서 온 말이다.

여기에서 이주민 여성들이 가시화되는 방식에는 다른 타자들과는 다른 종류의 가시화/비가시화 기제가 작동하고 있음을 알 수 있다. 뵈르(beur)[42]라 불리는 이민 2세 남성들이 각종 일탈행위 혹은 이에 대한 언론의 지나친 부각과 과장으로 지나치게 가시화되는 경향[43]이 있다면, 뵈레트(beurette), 즉 이민 2세 여성들은 부재하는 것과 다를 바 없을 정도로 비가시적 존재로 머무는 경우가 많다. 이는 사람들이 무슬림 여성들에게 부여하는 두 가지 상반된 이미지로 설명할 수 있다.[44] 하나는 이민자 통합모델의 기수라는 상인데, 이는 여성 이민자들이 범죄율이나 학교탈락률과 관련해서 남성 이민자들에 비해 통합의 정도에 있어 보다 긍정적인 결과를 보여주고 있다는 인식에서 비롯된다.[45] 다른 하나는 가부장적 이슬람 문화에 종속된 수동적 존재로서의 상이다. 이 여성들 중 상당수가 가족의 울타리 안에 갇혀 외출을 일체 삼가거나 적

---

41) Nacira Guénif-Souliamas, "Ni pute, ni soumise ou très putes, très voilées, Laïcité d'en haut et féminisme d'en bas", *Le foulard islamique en questions*, (dir.) Charlotte Nordmann, Paris: Amsterdam, 2004, p.87.

42) 뵈르는 Arabe[arab]의 음절을 거꾸로 뒤집어 만든 말로, 마그리브 이민 2세들 사이에서 스스로를 지칭하는 은어로서 통용되기 시작해 오늘날에는 이들을 가리키는 가장 대표적인 용어가 됐다. 뵈레트는 뵈르의 여성형이다.

43) Hana Malewska, "Crise d'identité, problémes de déviance chez les jeunes immigrés", *Les temps modernes*, n°451, 1984, p.1795. 남성 이민자 및 이민 2세에 대한 낙인찍기의 메커니즘에 관해서는 이 책의 1장인 이기라의 글을 참조하라.

44) Danièle Djamila Amrane-Minne, "Femmes et Islam en Occident", *Encyclopédie politique et historique des femmes, Europe, Amérique du Nord*, (dir.) Christine Fauré, Paris: PUF, 1997, p.775. 물론, 저자 자신도 지적하고 있듯이, 이 모델은 1990년대에 이미 낡은 것이 됐다. 이에 대해서는 3절의 "이 소녀들은 누구인가?: 이민 2세대 여성들의 정체성" 부분을 참조하라.

45) Minces, op. cit.; Farhad Khosrokavar, "L'islam des jeunes filles en France", *Le foulard islamique en questions*, (dir.) Charlotte Nordmann, Paris: Amsterdam, 2004, p.89. 실제로 뵈레트들 중 프랑스에 적응하지 못한 부모들을 도움으로써 가족과 사회를 연결하는 '사절'(messagère)의 역할을 하는 경우도 있다. "La messagère", *La misère du monde*, (dir.) Pierre Bourdieu, Paris: Seuil, 1993.

어도 저녁에는 외출을 하지 않으며 지내고, 따라서 사회적 문제를 일으
켜 '눈에 띌' 일을 만드는 경우가 거의 없다는 것이다.

비가시적인 영역에 머물러 있던 그녀들이 히잡의 사례에서처럼
가시화될 때, 그 효과는 자못 크다. 사람들은 위의 두 가지 상에 전면적
으로 도전하는 소녀들의 모습을 보면서 놀라게 된다("도대체 이 여자애
들이 어디 숨어 있다가 나온 거지?"). 이 놀라움은 히잡이 그들이 덮어두
고자 했던, 즉 비가시화하고자 했던 이민 문제를 부각시킬 뿐 아니라,
알제리 전쟁에 대한 역사적 기억을 환기시킴으로써 더욱 커진다.[46] 그
리고 그녀들의 요구가 종교에 관한 것이라는 사실에서("종교로부터의
자유가 얼마나 많은 사람들이 목숨을 걸고 싸워서 얻은 결실인데, 다시 그
종교로 돌아가자고 하다니!"), 이 종교에 대한 요구가 다른 누구도 아닌
이민 2세 여성에게서 나온다는 사실에서 놀라움은 더더욱 커진다("얌
전하고 순종적인 줄 알았는데, 아니네?"). 가장 큰 충격은 그녀들이 공화
주의와 여성주의의 기본전제들에 대해 문제를 제기한다는 사실에서
온다("도대체 이 여자애들이 누구길래 감히 우리한테 도전하는 거지?").[47]
이 종교적 요구가 오늘날 프랑스 사회에서 피억압계층을 형성하고 있
는 이민자들, 그중에서도 여성들에게서 나올 때, 모든 종교는 보수적이
며 반민중적이고 그중에서도 특히 이슬람교는 여성억압적이라는 도식
적 사고는 힘을 잃게 되는 것이다.

이렇듯 비가시화의 수단, 히잡은 사람들로 하여금 그녀들을 다시,
그리고 새롭게 보게 만든다. 도대체 이 소녀들이 누굴까? 누구길래 사

---

46) Touati, op. cit., pp.115~116.
47) 이에 관해서는 이 글 3절의 "히잡을 벗은 어머니와 히잡을 쓴 딸 : 뵈레트 아이콘의 해
　　체" 부분에서 더욱 자세히 다룰 것이다.

람들을 이토록 놀라게 한 걸까? 이 소녀들이 숨어 있었다면, 어디에 숨어 있었을까? 그리고 어떻게, 왜 나온 걸까?

### 2) 이 소녀들은 누구인가? : 이민 2세대 여성들의 정체성

① 뵈레트들의 (짤막한) 역사(들)

[1] 이민자라 함은 도대체 무얼 뜻하죠? 나는 이민자지만, 내가 이민자라는 느낌이 들지 않아요. 그곳보다는 파리가 더 내집같이 느껴지는 걸요(이민 1세대 여성).[48]

[2] 나는 우선 공산주의자고, 고등학생이고, 여성이에요. 국적은 중요하지 않아요(알제리 이민 2세대, 고등학생).[49]

[3] 걸프전과 관련해 생각해봤어요. …… 프랑스와 브라질이 전쟁을 한다고 가정해보죠, 불가능한 일이지만. 그럴 경우 과연 파리 16~18구의 건물들을 찾아다니며 포르투갈 출신 건물 수위의 아들딸들에게 프랑스편이냐 브라질편이냐 하고 물어볼 기자가 한 명이라도 있을까요? 나도 마찬가지에요. 나는 이라크인이 아니에요. 그 애들이 브라질인이 아닌 것처럼! 만약 어떤 기자가 그렇게 한다면 항의가 빗발치겠죠. 사람들은 보도윤리나 의사표현의 자유를 얘기할 거구요. 그런데 '아랍인들'에 대해서는 다들 그냥 넘어갔어요. 사실 아랍과는 아무 상관도 없는 사람들인데 말이죠(아이샤, 알제리 이민 2세대, 대학생).[50]

---

48) 프랑스의 민영방송국 카날플러스(Canal⁺)의 다큐멘터리 DVD에서 재인용. Yamina Benguigi(dir.), "Les mères", *Mémoires d'immigrés, L'héritage maghrébin*, 1997.
49) Malewska, op. cit., p. 1810.

〔4〕그러니까 나를 소개하자면 …… 내가 누구지? 모르겠어. …… 내 나이도 확실하지 않아. 내겐 나이가 없어 …… 그건 내가 존재하는지를 묻는 거랑 다름없는데. 사람들은 다들 자기 생년월일을 알잖아. 몇년, 몇월, 몇일 …… 그리고 생일 …… 태어난 곳도 마찬가지야 …… 그것도 아예 없어. 난 이 모든 걸 즐겨 …… 사람들은 나한테 호적에서 빠졌다(omise)고들 하지. 말이 참 예쁘지 않아? 난 빠졌어. 난 나에 대해 말할 때 이 '빠지다' 라는 동사를 모든 시제와 모든 태로 변형시키고 있는 거야. 난 이 동사가 좋아. …… 이건 진실을 말하는 동사야(파리다, 알제리 이민 2세대, 35세).[51]

〔5〕나는 프랑스인이에요. 국적에 따르면 그렇죠. 하지만 …… 프랑스인이라고 할 수는 없어요. 나는 알제리인이에요. 프랑스에서 태어난. 우리 가족은 프랑스에서 살고 있는 알제리 사람들이에요(살리마, 알제리 이민 2세대).[52]

〔6〕내 경우에 사람들은 나를 두고 어떤 〔소수의〕 여성들에 관해, 그리고 그 여성들에게 말하는 여성이라고 하지. 여성으로서, 이민자로서, 마그리브 출신으로서의 본성, 그리고 이 전부를 뭉뚱그린 '뵈레트' 라는 아이콘, 그것이 내 전부인 것처럼 말이야. 내가 겉으로는 그렇게 보일지 몰라도 여성으로서 혹은 마그리브 출신으로서 말하거나 글쓰는 것은 아닌데 말이

---

50) Abdelmalek Sayad, "Trois entretiens sur l'identité", *La double absence: Des illusions de l'émigré aux souffrances de l'immigré*, Paris: Seuil, 1999, p.378.
51) Pierre Bourdieu, "L'émancipation", *La misère du monde*, (dir.) Pierre Bourdieu, Paris: Seuil, 1993, pp.1326~1327.
52) Nacira Guènif-Souliamas, *Des beurettes*, Paris: Grasset, 2000, p.196.

야. 뵈레트로서는 더더욱 아니지. 왜냐하면 나는 (확실히) 뵈레트가 아니거든(나시라, 알제리 이민 2세대, 사회학자).[53]

이주민들의 경험을 이야기하기 위해서는 대문자 역사(Histoire)라는 거대 담론이 요구하는 확실성, 안정성, 지속성, 신빙성, 체계성 등의 기준으로부터 벗어나야 한다.[54] 이는 이들이 (적어도 프랑스에서는) 하나의 역사를 구성할 만한 시간과 경험을 아직까지 축적하지 못했기 때문이기도 하지만, 무엇보다 이들의 삶이 그 자체로 불확실하고 불안정하며 일시적이기 때문이다. 또, 이들이 삶을 언어화하기 위해 사용하는 유일한 수단인 증언(témoignage)은 역사의 기록(écriture)으로 남기 위한 조건들을 충족시키기 어렵다. 역사가 아무리 구술이라는 매체를 역사화를 위한 정당한 수단으로 인정한다 하더라도, 아직까지는 이들의 증언을 자신의 객체/대상으로서 인정하고 있지 않기 때문이다. 그렇지만, 아니 바로 그렇기 때문에, 이들의 역사는 통계자료나 그밖의 이민정책과 관련된 공식문서만으로는 쓰일 수 없다. 이민자들의 '말'이 그 자체로 이주의 경험을 생생하게 전하는 매체가 될 때, 그것은 '글', 즉 문자로 남겨진 자료에 못지않게 사료로서의 가치를 발하며, 이것은 그들의 하나이지 않은 역사, 즉 소문자 역사 '들'(histoires)을 구성한다. 그러한 말들로 이 절을 연 것은 이러한 이유에서다.[55]

---

53) Eric Macé, "L'antisexisme est un postféminisme ou comment défendre l'individu contre les assignations de sexe", *Les féministes et le garçon arabe*, Paris: L'Aube, 2004, p.105. 특히 각주 55번 참조.

54) Gérard Noiriel, *Le creuset français: L'histoire de l'immigration des XIXe~XXe siècles*, Paris: Seuil, 1988, pp.136~137. 그런 점에서 다큐멘터리라는 형식을 빌어 이민자들의 기억을 언어화하는 작업은 이민사 기술의 범례라 할 만하다(Benguigi, *Mémoires d'immigrés*).

〔1〕~〔6〕까지 여섯 명의 화자들은 이주민 여성들이 정체성의 위기(crise d'identité)를 어떻게 겪고/살아내고 있는지를 보여준다. 귀국의 신화(mythe du retour) 시대, 즉 프랑스에서 노동으로 돈을 번 뒤 고국으로의 금의환향을 꿈꾸던 노동이민의 시대를 살던 이민 1세대들(〔1〕)이 국적 그리고/혹은 민족적 정체성과 관련해 겪었던 혼란과 양가감정은 1983년 뵈르의 행진(Marche des Beurs)을 기점으로, 이민 2세대들이 자신들의 권리에 대한 목소리를 높이기 시작한 1980년대(〔2〕)부터 반이슬람 정서가 심화되기 시작한 1990년대(〔3〕, 〔4〕)를 거쳐 오늘에 이르기까지(〔5〕, 〔6〕) 여전히 전승되고 있는 것이다.

파리다(〔4〕)는 일종의 '상파피에'(sans-papier), 즉 문자 그대로 신분을 증빙할 만한 서류가 없는 자[56]다. 알제리에서 태어나 조부모님과 같이 지내다가 먼저 이주해 있던 부모를 따라 프랑스로 온 그녀에게는 국적은커녕 호적조차 없다. 16세에 학교를 그만둔 후, 파리다는 결혼 전까지 외출을 삼가라는 부모의 명 때문에 집 밖으로 발은커녕 고개조차 내밀지 못하는 감금생활을 견디느라 우울증에까지 시달려야 했는데, 그러다가 한 사촌의 방문을 계기로 집을 나와 새 삶을 개척했다. 그렇게 해서 처음으로 사회생활을 시작한 그녀에게 호적(état civil), 즉 시민으로서의 신분이 누락됐다는, 즉 국가에 의해서든 아니면 다른 경로를 통해서든 신분/정체성이 규정될 가능성이 원천적으로 차단되어

---

55) Noiriel, op. cit., p.127; Abdelmalek Sayad, "La faute originelle et le mensonge collectif", *La double absence: Des illusions de l'émigré aux souffrances de l'immigré*, Paris: Seuil, 1999.
56) '상파피에'는 통상적으로 체류허가를 받지 않은 외국인을 지칭하는 말로, 불법체류자(immigré clandestin)의 대체어로 쓰인다. 여기에서는 '파피에'가 신분증빙서류의 의미를 지닌다는 사실에 주목, 그러한 종류의 서류를 구비하지 못한 파리다의 경우를 은유적으로 표현하기 위해 상파피에라는 표현을 차용했다.

있다는 사실은 위기 이상의 충격이었을 것이다.

파리다가 억압적인 가정환경과 이민이라는 상황으로 인해 정체성을 박탈당한 경우라면, 살리마([5])는 정체성이 규정될 만한 조건들을 충분히 갖추고 있음에도 불구하고 혼란을 겪고 있다. 살리마는 1970년대에 알제리에서 이주한 부모 밑에서 태어났으며, 방리유에서 자라 지금까지 살고 있는 18세 여성으로 프랑스 국적을 가지고 있다. 그럼에도 불구하고 자신이 프랑스인이라고 말하기를 주저하는 까닭은 무엇일까? 그녀는 히잡을 쓰지는 않지만 집안 분위기에 따라 자연히 이슬람교를 택했고, 교인으로서 의무를 다하고 있으며, 무슬림으로서의 정체성 또한 강하다. 그녀의 정체성에 대한 혼란은 무슬림은 곧 알제리인이고 프랑스인이 될 수 없으며 또 그 역도 성립한다는 전제에서 비롯된다. 무슬림이면서 동시에 프랑스인일 수는 없다는 것이다.[57]

그런가 하면 한 알제리 출신 여고생([2])은 국적, 즉 국가가 부여하는 정체성 자체를 아예 거부하고 있다. 다른 정체성의 기준, 이를테면 사상, 신념, 계급, 혹은 젠더로 눈을 돌리고, 이를 통해 자신의 정체성을 새롭게 구성하고자 하는 것이다. 그러나 아이샤의 말([3])은 뵈르 및 뵈레트들이 살아내고 있는 현실이 그들을 인종이나 국적의 문제로부터 자유롭게 하지 못한다는 사실을 보여준다. 그들의 몸이 앞서 말

---

57) 한편 살리마의 혼란에서 알제리인들의 식민지 경험에 대한 집단적 기억을 읽는 일도 가능하다. Guénif-Souliamas, *Des beurettes*, p.195. 1870년 크레미유 칙령에 따라 식민지 주민들도 프랑스 국적을 취득할 수 있는 길이 열렸지만, 대부분의 알제리인들은 이 혜택을 거부했다. 프랑스 국적을 취득한 알제리인은 매국노(harkis), 프랑스 국적을 거부하고 알제리인으로서의 정체성을 지킨 사람은 애국지사(또는 순교자, moudjahidin)로 취급받았다. 알제리에서 아직까지 이 이분법이 통용되고 있다는 점을 고려할 때, 귀화나 그밖의 다른 방법으로 프랑스 국적을 취득한 알제리 출신 이민자들이 무의식적으로나마 수치심이나 죄책감을 느낄 것이라는 추측이 가능하다. 바로 여기에서 국적(국민적 정체성)과 종교적 신념(민족적 혹은 문화적 정체성) 간의 혼동이 생겨나는 것이다.

한 성차별주의와 인종주의, 그리고 오리엔탈리즘과 옥시덴탈리즘의 가시화 전략에 노출되어 있기 때문이다. 모든 이민자들이 아랍인 테러리스트 혹은 그 공범자로 취급되고 "프랑스를 프랑스인들에게", "프랑스를 사랑하지 않는 사람은 떠나라"라는 구호가 여기저기에서 끊임없이 메아리치는 현실 속에서, 이민 1세대의 출신국은 1세대에게만큼이나 2세대에게도 여전히 되풀이해서 참조되고 있는 것이다.

1세대들에게 귀국의 신화는 현재의 비참한 존재조건이 지속되리라는 확신을 감정적으로 보상하기 위해 탄생한, 말 그대로의 신화였다. 이주민들은 이 신화를 통해 지금/여기(프랑스)의 고달픈 삶의 조건을 어떤 다른 시공간(과거 혹은 미래의 마그리브)에서의 더 나은 삶에 대한 임시적이고 과정적인 상태로 상정하고 모든 사고와 행동을 거기에 맞출 수 있었다. 그러나 체류기간이 연장되고 마침내 영구화되자 현재는 '지속적 일시성'(provisoire durable)[58]을 갖게 되고 프랑스는 영구적 통행/일시적 영주(passage permanent/permanence passagère)[59]의 공간이 된다. 이렇게 그들은 지금/여기와 그때/거기가 혼재하는 시공간관을 구성하게 되는데, 그때/거기로서의 마그리브는 프랑스에서의 현재를 부인하는 동시에 지연시키는 역할을 하게 되며, 이것이 그들의 존재조건을 지금/여기(프랑스)뿐 아니라 그때/거기(마그리브)에도 (속해) 있지 않은 '이중적 부재'(double absence)로 만드는 것이다.[60]

---

58) Abdelmalek Sayad, "Les trois âges de l'émigration", *La double absence: Des illusions de l'émigré aux souffrances de l'immigré*, Paris: Seuil, 1999, pp.93~94.
59) 줄리아 크리스테바는 이를 '소실되는 영원'(éternité en fuite) 아니면 '영구적 전환'(transitoire perpétuel)이라고 표현하고 있다. Julia Kristeva, *Etrangers à nous-mêmes*, Paris: Fayard, 1988, p.13.
60) 사야드의 위 책(*La double absence*)에 실린 부르디외의 서문을 참조하라.

　　2세대들은 이 이중적 부재를 국적과 정체성 사이의 간극과 더불어 경험한다는 점에서 부모와는 다른, 그러나 결코 더 쉽지만은 않은 현실에 직면해 있다. 이들은 아무리 프랑스 국적을 가지고 프랑스의 언어와 문화와 가치체계를 체화했다 해도, 파리다처럼 '누락된' 혹은 '빠져 있는' 존재다. 사람들이 기대하는 (통합모델에 적합한, 즉 성공적으로 정착한) 이민자상에 들어맞지도 않고, 프랑스인의 민족정체성 모델에도 어긋난다는 점에서 그러하다.[61] 물론 프랑스가 말 그대로의 고향인 그들에게는 '돌아갈 곳'이 없다. 그런 그들에게 사람들은 '그들이 돌아갈 곳'을 발명하고 이를 부과한다. 바로 아이샤의 말([3])에서 드러나는 것과 같은 가시화 전략에 의해서다. 이렇게 해서 발명된 새로운 그때/거기는 이슬람 공동체 혹은 부모의 나라다. 이 이민자의 아이들은 "그 어디에서도 이주하지 않은 이민자", "비록 '이민자'라는 호칭이 부여되긴 하지만 다른 이민자들과는 다른 이민자", 즉 "가장 완전한 의미에서의 이방인(étranger)"인 것이다.[62]


② 히잡을 벗은 어머니와 히잡을 쓴 딸 : 뵈레트 아이콘의 해체

이렇듯 귀국의 신화가 계속해서 회귀하고 이중적 부재가 끊임없이 반복되고 있는 현실에서, 정체성의 위기를 극복하는 일은 한없이 요원한 것으로 보인다. 이에 대해 나시라([6])는 사회가 자신에게 부여하는 일정한/한정된 이미지들을 철저히 부정하는 전략을 취하고 있다. 그녀는 외견상 여성으로 보일지 몰라도 자신을 단순히 여성으로 규정할 수

---

61) Abdelmalek Sayad, "Immigration et 'pensée d'État'", *La double absence: Des illusions de l'émigré aux souffrances de l'immigré*, Paris: Seuil, 1999, p.410.
62) Sayad, ibid..

없다고 말한다. 그 '여성'이 기존의 본질화/자연화된 젠더적 범주를 가리킨다고 할 때, 그것으로 사장하기에는 그녀의 '본성'이 너무 복잡하고 복합적이며, 더군다나 젠더가 그녀의 정체성을 구성하는 유일한 범주는 아니기 때문이다. 젠더적 정체성을 규정함에 있어 가부장적 지배의 산물인 남성/여성의 이분법을 해체하되, 각 개인들이 이 낡은 범주와 충돌하고 있는 지점들에 대한 사고를 그 출발점으로 삼는 것, 이것이 그 '녀'의 전략이다.[63]

다른 범주들에 대해서도 마찬가지의 전략을 구사할 수 있다. 알제리 이민자를 부모로 둔 엄연한 뵈레트로서, 뵈레트들을 학적 연구주제로 끌어 올리고[64] 파리 대학의 탈중심화와 방리유 지역의 교육환경 개선을 위해 유치된 파리 13대학에서 뵈레트들을 가르치는 동시에 그녀들에 대한 연구를 계속하고 있는 나시라가 뵈레트임을 강하게 부인하는 것은, 프랑스 사회가 뵈레트들에게 부여하는 일정한 이미지[65]를 거부하기 위해서다. 나시라가 볼 때, 이 이미지는 주로 공화국의 가치를 있는 그대로 수용함으로써 성공적으로 통합된 뵈레트들을 중심으로 구성되는데, 그럼으로써 뵈레트들은 본의 아니게 통합 모델이 가진 성차별주의적 그리고/또는 인종주의적 문제를 은폐하는 역할을 수행하게 된다.[66] 그녀가 뵈레트임을 부정하는 것은, 첫째, 이러한 종류의 아이콘을 거부하기 때문이고, 둘째, 자신을 특정한 위치로 한정하는 시선을 경계하고자 하기 때문이다.

---

63) Mucé, "L'antisexisme est un postféminisme", pp.52~53.
64) Géunif-Souliamas, *Des beurettes*, p.195.
65) 이 글의 3절 중 "가시성의 변증법" 부분 참조.
66) Guénif-Souliamas, "La Française voilée, la beurette, le garçon arabe et le musuman laïc", p.114.

　　나시라의 말대로 뵈레트라는 아이콘이 각 뵈레트들이 가진 다양한 정체성을 하나의 한정적인 이미지로 사장한다고 할 때, 이 아이콘을 전복시키는 일은 뵈레트들의 역사와 경험을 이해하기 위해서나 뵈레트들 자신이 그 모든 가시화/비가시화 전략의 그물망을 뚫고 스스로의 정체를 확인하기 위해서나 중요한 작업이 될 것이다. 이것이 그렇게 요원하기만 한 일인 것은 아니다. 히잡을 쓴 소녀들은 이 아이콘의 해체가 이미 이뤄지고 있음을 보여주고 있다.

　　어머니를 위시한 집안의 강요로 히잡을 쓰는 것이 아니라 오히려 어머니의 의사를 거스르고 히잡을 선택한 딸들의 사례는 히잡 논란과 관련한 가장 흥미로운 일화 중 하나다.[67]

　　레일라 지틀리의 『히잡을 쓰고 싶어하는 딸에게 보내는 편지』[68]가 좋은 예이다. 지틀리는 딸에게 보내는 가상편지의 형식을 통해 뵈레트들 간의 세대갈등을 생생히 보여주고 있다. 여기에 등장하는 화자는 1970년대 여성운동의 영향을 받아 여성주의적 문제의식을 갖게 된 한편으로 1983년 뵈르의 행진에 참여한 이민 2세 여성이다. 그녀에게 히잡을 쓰겠다는 딸의 선택은 자신이 속한 세대의 여성들이 히잡을 벗을 수 있게 되기까지 흘린 피와 땀을 이해하지 못한 행동이며, "프랑스 여자들을 따라하고 프랑스 여자들이랑 똑같아지려 한다"는 딸의 비난은 더할 수 없는 상처이다. 그러나 딸은 자신이 무슬림인 것이 자랑스러우며, 다른 프랑스 여성들과는 다른 자신의 정체성을 표현하기 위해 히잡을 쓰겠다고 말한다.

---

67) Gaspard et Khosrokhavar, *Le foulard et la République*, p. 47.
68) Leïla Djitli, *Lettre à ma fille qui veut porter le voile*, Paris: La Martinière, 2004.

　이는 이민자 가족들이 프랑스 땅에 정착하기 시작할 무렵 태어나 프랑스식의 교육을 받고 또 프랑스 국적을 가지고 있는 2세대들이 다시 가족을 구성하게 되면서 나타난 새로운 현상이라 할 수 있다. 이민 2세대들이 자신들에 대한 차별에 반대하며 적극적으로 차이의 권리를 주장하되 프랑스의 가치 및 사고체계를 그대로 받아들였다면, 그들의 자녀들은 그것을 체화하는 데 만족하는 대신 바로 그 프랑스적 가치와 사고의 보편성을 문제삼으면서 새로운 가치 및 사고방식들을 창조하고자 하고 있는 것이다. 히잡을 쓴 여성은 곧 종속된 존재라는 등식을 깨뜨리고, 종전에는 양립 불가능한 것으로 여겨졌던 정체성의 범주(프랑스인이자 무슬림인, 히잡을 썼으면서도 현대적인, 이슬람식 복장을 했으면서도 자율적인[69])들을 자유롭게 결합한 것이 한 예다.

　사실 히잡을 쓴 여성이 곧 남성의 지배에 종속된 수동적 존재이며 전근대적이고 가부장적인 사회의 표상이라는 프랑스인들의 인식 한 켠에는 알제리 식민의 역사에 대한 기억이 자리하고 있다.[70] 일본이 한국에 근대화라는 미명 아래 단발령을 내렸듯이, 프랑스도 근대화 그리고/혹은 여성해방이라는 구실로 알제리 여성들에게 히잡을 벗을 것을 강요했던 것이다. 이때 알제리 여성들에게 히잡은 프랑스의 식민정책에 대한 저항을 의미했다. 이러한 역사적 맥락을 고려해볼 때, 히잡의 또 다른, 자못 해방적이며 적극적인 의미를 발견할 수 있다. 즉 뵈레트들이 히잡을 지난 세기 식민의 역사를 상기하고 나아가 현 프랑스 정부의 강압적이고 일방적인 동화정책에 저항하며, 동시에 자신들 고유의

---

69) Gaspard et Khosrokhavar, ibid., p.47.
70) 이 글의 3절 중 "인종주의와 성차별주의, 그리고 오리엔탈리즘과 옥시덴탈리즘" 부분을 참조하라.

문화적 정체성을 지켜내기 위한 매개체로 삼고 있다는 해석도 불가능하지 않다는 것이다.

그뿐만 아니라 뵈레트들은 히잡에 스스로를 해방시키고 여성으로서의 정체성을 확인하기 위한 수단이라는 적극적이고 창조적 의미를 부여하면서, 여성주의적 관점을 바로 자신들의 관점에서 재전유하고 있다. 이들이 보기에 "당신은 해방되어 있지 않다. 당신은 종속되어 있다. 왜냐하면 당신은 히잡을 썼으니까"라고 말하는 일부 프랑스 여성주의자들은 여성주의를 왜곡하고 있다.[71] 유일한 여성주의란 없으며 여성주의는 보편적이지 않다는 것이다.[72] 이때 히잡은 여성들 간에 존재하는 차이를 간과하고 추상적·이론적·서구중심적 여성 개념을 설정, 그 안에서 여성의 권리를 추출해내려는 일부 여성주의자들에 대한 비판으로서의 기능을 가진다.


## 4. 결론을 대신해: 히잡과 상징의 정치학

이 글은 히잡 논란을 통해 여성 이민자들(이방인 여성들)이 여느 뭇 남성 이민자처럼 이민자로서도, 여느 프랑스 여성처럼 여성 일반으로서도 환원될 수 없는 고유한 존재론적 특성 ─ 어디에도 (속해) 있지 않은, 그리하여 어디에나 (속해) 있는 ─ 을 가짐을 보이고, 다시 뵈레트들을 통해 여성 이민자 특유의 이 부유하는, 고정되지 않은 정체성을

---

71) Patricia Roux, et. al., "Féminisme et racisme: Une recherche exploratoire sur les fondements des divergences relatives au port du foulard", *Nouvelles questions féministes*, vol.25, n°1, 2006, p.91.
72) Roux, et. al., ibid., p.90.

긍정적으로 전유할 가능성을 모색해보려는 의도에서 출발했다. 2절에서는 히잡 논란에 여성 문제가 착목되어 있음에 주목, 히잡에 관한 담론들이 여성주의적 관점과 논리를 어떻게 제시하고 있고 또 이것이 어떻게 해석되고 있는지에 주목했으며, 3절에서는 이 문제를 특정한 이론이나 입장의 차원이 아니라 히잡을 쓴 소녀들이 구체적으로 경험하는 삶의 지평에서 바라보고자 했다.

1989년 이래로 프랑스에서 벌어진 이 모든 논란들의 중심에는, 어찌 보면 단지 머리에 걸치는 천조각에 지나지 않는 히잡이 있었다. 물론 이제 히잡은 더 이상 단순한 천조각일 수 없다. 한편으로는 그것이 논란에 휩싸이기 전에 이미 고유한 역사적·사회적 맥락을 형성했기 때문이고, 다른 한편으로는 논란 이후 프랑스 내에서 더욱 강한 정치성을 띠게 됐기 때문이다. 그런 면에서 히잡은 하나의 상징이요, 히잡 논란은 상징의 정치가 어떻게 이뤄지는지를 보여주는 좋은 사례다. 하나의 상징으로서의 히잡을 어떻게 해석하느냐에 따라 정치적 입장이 달라지는 한편으로 정치적 입장에 따라 그 상징에 대한 해석이 달라진다는 점에서 그러하다. 히잡의 상징성이 이제는 기호의 차원을 넘어 정치적 효과를 발휘하게 된 것이다.

어떻게 하면 프랑스 사회의 하위주체인 여성 이민자들이 상징 수준에서 이뤄지는 이러한 정치를 온전히 그녀들의 것으로 만들 수 있을까? 기존의 상징체계를 완전히 전복하고 전적으로 새로운 체계를 만드는 것이 가장 좋은 방법이겠지만, 결코 쉽지는 않을 것이다. 상징들이 갖는 질서가 상당히 오랜 세월에 걸쳐 형성됐고 사회 전반에 깊게 뿌리내리고 있다는 점에서 그러하다.[73] 보다 현실성 있는 방법은 기존의 상징들을 해체하고 재해석함으로써 거기에서 새로운 의미들을 창조하는 것이다. 미국의 흑인들이 "검은 것이 아름답다"라는 구호를 내세웠던 것처럼. 뵈레트들이 기존 상징계의 도식을 깨고 히잡에서 자신들의 고유한 정체성을 재정립하고자 했던 것처럼.

이렇듯 뵈레트들은 히잡을 새롭게 읽어냄으로써 '여성적 상징'의 정치를 실현하고 있다. 이들에게 히잡은 가부장제에서 살아남기 위한 수동적·소극적 수단에 그치는 것이 아니라 보다 적극적이며 전복적인 의미를 띤다. 물론 높고 견고한 현실의 벽이 이들을 가로막고 있는 것은 사실이다. 그러나 고질적인 가부장적 혹은 여성억압적 정서가 팽배해 있는 방리유라는 공간이나 인종주의와 반이슬람 정서가 갈수록 심각해지고 있는 프랑스 사회가 히잡으로 인해 균열된 것을 보면, 그것이 갖는 전복적 효과를 무시할 수 없음은 분명하다. 뵈레트들은 머리에는 히잡을 두른 채 손에는 망치를 들고서, 자유, 평등, 국민/민족, 시민, 국가, 여성의 권리 등 근대가 쌓아 올린 보편 개념들의 아성을 위협하고 동시에 새로운 가치 및 사고체계를 만들어가고 있는 것이다.


## :: 부록 : 사건일지

이 사건일지는 『리베라시옹』 관련 기고문 모음집의 내용을 발췌해 재구성한 것이다. Jean-Michel Helvig(éd.), *La laïcité dévoilée: Quinze années de débat en quarante "Rebonds"*, Paris: L'Aube, 2004, pp. 10~13.

**1905년**　　(12월 9일) 교회와 국가를 분리하는 법이 제정됨으로써 정교분리의 원칙이 확립됨.

**1937년**　　(5월 15일) 인민전선(Front populaire) 내각 교육부 장관 장 제가 공공교육

---

73) 특히 남성—여성을 주축으로 한 상징체계가 그러하다. 이에 대해서는 부르디외의 다음 책을 참조하라. Bourdieu, *La domination masculine*.

이 모든 정치적 혹은 종교적 선전으로부터 자유로워야 한다는 내용을 담은 공문을 각 학교장에 전달함.

**1989년** (9월) 크레유에서 첫번째 히잡 사건이 발생함. 교육부 장관 리오넬 조스팽, 최고행정재판소에 의견을 구함.

(11월 17일) 최고행정재판소, 종교적 상징물의 착용이 "그 자체만으로는 정교분리 원칙과 양립 불가능하지 않다"는 판단을 내림. 종교적 상징물을 착용하는 행위가 전교의 목적으로 사용되거나 학내 질서를 해치거나 수업을 방해하는 경우에 한해서만 제제를 받아야 한다는 해석이 내려짐.

(12월 12일) 교육부에서 종교적 상징물의 착용에 관한 공문을 각 학교에 전달함. "학생들은 특정한 종교적 믿음을 노골적으로 드러내는 의복이나 다른 표식들을 몸에 지니지 말아야" 하며, 분쟁이 일어날 경우 "학교측은 학생의 이해와 학교의 원활한 통솔을 위해 즉시 학생으로 하여금 되도록 종교적 상징물을 착용하지 않도록 학생 본인 및 그 가족들과 대화를 시도해야 한다".

**1994년** (9월 20일) 교육부 장관 프랑수아 베루, "어떤 학생이 너무 노골적인 종교적 상징물을 착용, 학교 내의 규범을 따르지 않을 때, 이를 학교가 받아들이는 것은 불가능하다"라는 내용의 공문을 각 학교에 전달함.

**1995년** (7월 10일) 최고행정재판소는 베루의 공문에 대해 '노골적인 상징물'(signe ostentatoire)에 대한 명확한 규정이 없을 경우 자의적으로 해석될 여지가 있음을 지적하고, 히잡이 그러한 종류의 상징물임이 아님을 재차 확인함으로써 히잡의 금지를 거부하는 입장을 재천명함.

**1997년** (11월 6일) 최고행정재판소, 히잡을 "그 자체로 노골적이거나 요구적인 (revendicatif) 성격을 갖는 상징물로 볼 수 없음"을 분명히 함. 이 해석에 따르면 퇴학조치는 학생이 특정 수업(이를테면 체육이나 수영)을 거부한 경우에만 정당함.

**2000년** (5월 3일) 한 학교 수위가 히잡 착용을 이유로 직무정지를 통고받은 사례가 최고행정재판소에 접수됨. 이에 대해 "정교분리 원칙에 따를 때, 공교육기관에 임용된 사람은 자신의 종교적 믿음을 표현할 권리에 대한 제재를 받을 수 있다"는 의견이 내려짐.

**2003년** (5월 3일) 이슬람교자문위원회(Conseil français du culte musul-man, CFCM)가 발족됨.

(7월 1일) 공화국 내 정교분리 원칙의 적용을 재고하기 위한 대통령직속 특별위원회가 결성됨(위원장 베르나르 스타지).

(10월 21일) 시라크 대통령, 발랑시엔에서 "정교분리 원칙은 협상불가능"하며, "필요할 경우 법에 호소할 수 있다"고 선언함.

(11월 12일) 국회 하원 조사위원회, 공립학교에서 종교성·정치성이 '가시적'으로 드러나는 상징물의 금지를 공식 입장으로 취함.

(12월 11일) 스타지 위원회, 보고서를 통해 공공기관 종사자들로 하여금 엄격하게 중립을 지키도록 하고 공립학교에서 "종교적·정치적 소속을 표현하는 모든 의복 및 상징물을 금지"하도록 하는 것을 골자로 하는 '정교분리 원칙에 관한 법'을 제안함. 종교와 관련해선 "큰 십자가, 히잡, 혹은 키파 같이 명징한(ostensible) 상징물들"이 금지대상으로 거론됨.

**2004년**  (1월 5일) 최고행정재판소가 법안에 대한 검토에 착수함.

(1월 17일) 법안에 반대하는 총 2만 명 규모(경찰측 추산)의 집회가 전국적으로 벌어짐.

(1월 22일) 최고행정재판소가 법안을 승인함.

(1월 28일) 각 부처 장관들이 행정회의를 통해 법안을 채택함. 시라크 대통령은 법의 필요성을 강조하며 "아무런 조처도 취하지 않는 것은 무책임한 일"이라 덧붙임.

(2월 3일) 하원에서 입법을 위한 검토에 착수함.

(2월 5일) 하원, 표제를 수정하고 새로운 조항(처벌 이전에 학교장이 학부모 및 학생과 충분한 대화를 시도해야 한다는 내용)을 추가하는 동시에 1년 간 시행한 후 법에 대한 재검토가 가능함을 명시하는 것으로써 법안 검토를 마무리함.

(2월 10일) 하원에서 의원들 절대다수의 지지로 법안이 통과됨.

(3월 3일) 상원에서 법안이 통과됨.

(3월15일) "정교분리 원칙을 적용해 공립학교에서 종교적 소속을 드러내는 상징물과 의복의 착용을 금지하는 법"이 공표됨.

# .4장. 방리유 소요사건과 '인정'[1]의 정치
## — 호네트와 푸코, 지배와 저항의 사이에서

김한창(파리 10대학, 정치철학)

## 1. '돌멩이가 전하는 메시지를 들어라'

2005년 가을 파리 주변을 시작으로 프랑스 전역으로 번진 이번 프랑스 방리유의 소요들을 보면서, 아마도 많은 이들이 먼저 그 사건의 폭력적 모습에 놀랐을 것이다. 황량한 방리유 밤거리를 여기저기서 환하게 밝히는 화염에 휩싸인 자동차들, 무장한 공권력을 향해 돌을 던지는 성난 젊은이들, 그들에 의해 훼손된 학교, 관공서, 상가들, 그리고 쫓는 무장경찰들과 이리저리 몸을 숨기는 젊은이들과의 도심의 추격전. 한편으로, 이번 사태를 어떠한 관점에서 이해하든 누구도 부인할 수

---

1) '인정'은 독일어 'Anerkennung', 프랑스어 'reconnaissance', 영어 'recognition'에 각각 상응하며 현재 학계에서는 '인정'(認定)과 '승인'(承認)을 혼용하고 있다. 이 글에서는 우리의 일상적 생활에서 보다 널리 사용하고 있는 '인정'을 사용하고자 한다. 이는 일상적인 의미에서 '인정'이라는 표현이 이미 그 속에 인정의 대상들 간에 윤리적이고 인식적 측면을 내포하고 있다고 생각하기 때문이며, 더 나아가 우리 일상 속에서 이 '인정'의 윤리적, 정치적 의미가 보다 적극적으로 사고되기를 바라는 뜻이기도 하다.

없는 명백한 사실은 이번 사태의 주역인 방리유의 젊은이들의 '분노'
이다. 그들은 왜 그렇게 분노했을까? 우리는 어떻게 그 성난 젊은이들
의 폭력적 행위들을 이해할 수 있을까?

　　어느 사회학자의 말처럼 "이미지들은 그 자체로 말하지 않는다.
그것들이 말하는 바를 읽어내야 한다".[2] 따라서 이런 이미지들을 읽어
내는 작업은 불타는 자동차의 화염과 경찰 장갑차를 향해 날아가는 돌
멩이들이 즉각적인 분노와 흥분을 넘어 우리에게 어렵사리 들려주는
메시지에 세심히 귀 기울이는 것이기도 하다. 소요사태의 참여자들을
단순히 판단력을 상실한 잠정적 범죄집단이나 공동체와 완전히 단절
된 특수한 인종적 혹은 종교적 집단으로 치부해버리지 않는다면, 방리
유 젊은이들의 집단적 행동을 통해 드러나는 것 중 중요한 것은 사회적
으로 '무시' 당하고 있다는 그들의 부정적 경험과 그것에 저항해 자신
들의 존재를 긍정적으로 '인정' 해달라는 요구라고 이해할 수 있다. 요
컨대 방리유의 소요사태의 중심에는 분명히 '인정받기' 와 '인정하기'
의 문제가 자리하고 있다.

　　우리는 독일의 철학자 악셀 호네트가 사회비판 이론의 전통에서
꾸준히 발전시켜온 '인정투쟁' 이라는 문제틀을 통해 방리유 젊은이들
이 느낀 '사회적 무시' 의 경험들과 그러한 경험들이 어떻게 집단적 저
항의 형태로 발전하는가에 대한 이론적 출발점을 발견할 수 있다. 따
라서 이 글은 먼저 그의 인정투쟁의 문제틀을 간략하게 살펴보고, 그
것을 통해 '프랑스' 라는 공동체 속에서 방리유 젊은이들이 처한 현실

---

2) Denis Merklen, "Parole de pierre, images de feu: Sur les évènements de novem-
　　bre 2005", *Mouvements*, n°43, janvier–février, 2006, p.132.

을 어떻게 이해할 수 있는가와 그 정치적 의미를 추적할 것이다(2절).
한편 프랑스의 철학자 미셸 푸코는 호네트에 대한 비판적 대화자로 매
우 유용해 보인다. 왜냐하면 호네트는 자신의 저서 『권력비판』[3]을 통
해 푸코의 '투쟁'이라는 문제틀을 자신의 프로그램에 비판적으로 수용
하려 하지만, 정작 이 글을 통해 발전시킬 비판적 물음이 제기될 때마
다 호네트와 푸코는 각자가 사고할 수 없는 지점들을 사고하고 있는 듯
보이기 때문이다. 먼저 현대사회에서 '권력'을, 그리고 '지배'를 어떻
게 이해할 것인가에 대해, 그리고 그 권력과 지배의 틈바구니 속에서
'자유'와 '저항'이 드러나는 지점에 대해 물음을 던질 때 그러하다(3
절). 그리고 자유와 저항의 과정을 수행하고 창조해내면서 동시에 그
과정을 통해 만들어지는 '주체'의 문제에 이르렀을 때(4절), 우리는
이 두 철학자 사이에 아주 다른 드 가지 문제틀을 발견한다. 따라서 이
글에서 주목할 것은 이러한 일련의 물음들의 결코 간단치 않은 관계들
속에 '인정'이라는 문제가 관통하고 있다는 점이며, 두 철학자의 진지
하고 고유한 각각의 문제틀에서 드러나는 인정 개념의 긴장 관계 속에
서 어떻게 방리유의 성난 젊은이들을 이해할 것인가이다.

우리가 비판적으로 살펴볼 지점은 크게 두 가지다. 첫째, 인정 개
념이 인정의 규범적 요구 속에 녹아들 수밖에 없는 현대사회의 권력과
지배의 현실을 제대로 반영하고 있는가 하는 것이다. 이 질문은 인정
의 윤리적 성격이 또한 본질적으로 **정치적** 문제임을 드러낸다. 즉 **'누**

---

3) Axel Honneth, *Kritik der Macht: Reflexionsstufen einer kritischen Gesellschafts-theorie*, Frankfurt am Main: Suhrkamp, 1985. 이 글에서는 케네스 베인스(Kenneth Baynes)의 영역본을 참조했다. Axel Honneth, *The Critique of Power: Reflective Stages in a Critical Social Theory*, Cambridge Mass.: MIT Press, 1991.

가 누구를 어떻게 인정하는가?' 둘째, 인정투쟁이 저항의 '주체들'을 어떻게 그려내는가 하는 것이다. 이 질문은 또한 우리의 **정체성과 주체성**의 문제이기도 하다. 달리 표현하자면, '**그/그들은 무엇으로**, 그리고 **어떻게 인정받는가?**' 이다. 그러나 보다 궁극적으로 우리가 던질 질문을 다음과 같이 달리 말할 수 있다. 즉 '**나는 나, 우리들 그리고 남들을 무엇으로**, 그리고 **어떻게 인정하고 또한 인정받을** 것인가?' 이런 물음들과 그것을 이론 속에서, 그리고 현실 속에서 찾아가고 이뤄내는 다양한 실천들을 통틀어 이 글에서 '인정의 정치' 라고 부르자.

우리가 행할 일면 복잡하고 까다로워 보이는 이론적 논의 속에서도, 우리의 시야에서 한시도 놓치지 말아야 할 것은 바로 이번 방리유 사건의 '주체들' 과 그들이 처한 현실, 그리고 이들을 진지하게 바라보는 '우리들' 이다. 따라서 방리유의 젊은이들을 한 손으로는 핸드폰으로 투쟁의 문자 메시지를 날리며, 다른 한 손으로는 분노의 돌멩이를 던지는 현대판 도시 게릴라의 투사로 바라보며, 방리유 사건을 단순한 저항의 움직임으로 미화시키는 섣부른 이해는 접어두자.

우리의 관심은 방리유의 소요들과 그 사건의 당사자들을 통해 앞의 질문들을 비판적으로 다시 묻는 것이며, 또한 이 질문들을 통해 어떻게 방리유 사태를 새롭게 이해할 것인가이다. 그럴 때에야 프랑스 전역의 방리유의 밤거리를 밝히며 자동차들을 사르던 화염들과 그 혼돈의 현장에서 방리유 젊은이들의 손끝을 떠나 차가운 밤공기를 가르던 숱한 돌멩이들이 말 그대로 무의미한 폭력들, 또는 자신들의 삶의 터전의 자기파괴적인 이미지들을 넘어서서 우리에게 '그들' 과 '우리들' 을 진지하게 성찰할 기회를 제공할, 드러나지 않은 메시지들(그것이 비록 부정적일지라도)에 비로소 귀 기울일 수 있지 않겠는가?

## 2. '인정하기' 와 '인정하지 않기' : 인정투쟁과 사회적 무시

먼저 우리의 논의를 위해 호네트가 말하는 '인정'이 무엇인지를 살펴보자. 그가 말하는 '인정투쟁'이라는 문제틀의 핵심은, 사회를 구성하는 개인들은 **상호주관적** 인식을 통해서만 자신의 정체성을 형성할 수 있으며, 그러한 정체성의 형성은 구성원들 간의 **상호인정**을 통해서만 또한 가능해진다는 것이다. 내가 인정받기 위해서는 우선 남들을 인정해야 하며, 반대로 남들로부터 긍정적으로 인정받지 못한다면 결코 나는 나 스스로를 긍정적이고 올바르게 인정할 수 없다는 것이다. 또한 그러한 과정은 인정을 위한 **투쟁**을 통해 그 내용과 영역이 갈수록 새롭게 분화하고 확장되어간다. 따라서 사회의 발전을 이러한 인정투쟁을 통한 공동체의 윤리적 규범체계의 발달과정으로 이해할 수 있으며, 상호인정 행위 자체가 곧 규범적 요구인 것이다. 그렇다면 문제는 이제 공동체의 한 개인에게 다양한 층위에서 요구되는 인정의 형태들이며, 그 형태들을 채울 인정의 실질적 내용이 밝혀져야 할 것이다. 그의 저서『인정투쟁』[4]에서 호네트는 이러한 작업을 G. W. F. 헤겔이 예나 시기[5]의 저작들에서 발전시킨 '인정투쟁' (Kampf um Anerkennung)의 문제틀을 미국의 사회심리학자 즈지 허버트 미드의 경험적 작업에 대한 이론적 검토를 통해 재구성해낸다.

---

4) Axel Honneth, *Kampf um Anerkennung: Zur moralischen Grammatik sozialer Konflikte*, Frankfurt am Main: Suhrkamp, 1992. 이 글에서는 국역본(문성훈·이현재 옮김, 『인정투쟁: 사회적 갈등의 도덕적 형식론』, 동녘, 1996)과 불역본(trad. Pierre Rusch, *La lutte pour la reconnaissance*, Paris : Cerf, 2002)을 참조했다.
5) 호네트가 집중적으로 다루는 헤겔의 저작들은 특히 두 가지, 『인륜성의 체계』(1802~03)와 『예나 시대의 실재철학』(1805~06) 또는 『체계초고 III』이다.

호네트는 한 사회에서 개인이 규범적이고 자유로운 인격적 주체로 살아갈 수 있는 조건으로서 상호주관적인 인정 관계를 세 가지 형태, 즉 '사랑'(Liebe), '권리/법'(Recht), '연대'(Solidarität)로 도식화해 낸다. 먼저 한 개인은 가까운 주변에서 정서적으로 신뢰와 지지를 받고 있다는 감정을 가져야 비로소 자신의 신체를 자율적으로 사용하고 자신에 대한 긍정적 자기상을 가질 수 있다. 그는 이 가장 원초적이고 기본적인 인정 형태를 헤겔의 인정 개념을 따라서 '사랑'이라고 부르며, 자신과는 '자기 믿음'(Selbstwertgefühl)이라는 관계를 형성한다고 본다. 둘째, 개인은 공동체의 구성원들에게 보편적 권리를 인정받는 경험 속에서 스스로를 그들과 같은 동등한 도덕적 인격체로 간주할 수 있다. 이 인정 형태가 자기와 갖는 긍정적 관계를 호네트는 '자기 존중'(Selbstachtung)이라고 부른다. 그러나 이 단계에서는 한 개인이 오직 다른 구성원들과 차별화되지 않는 보편적 권리만 담지하고 있을 뿐, 남들과 구분되는 고유한 개인으로서의 인정 단계에 이르지 못한다. 따라서 마지막으로 한 개인이 그가 속한 공동체의 구성원들이 공유하고 있는 가치와 목적에 자기의 노동을 통해 기여하고 있다는 것을 공동체에 의해 인정받을 때, 즉 자신의 고유한 능력과 자질을 구성원들로부터 '가치 있는 것'으로 인정받을 때에만 자기 스스로에게 비로소 사회적인 가치를 부여할 수 있다. 그는 이 공동체적 '연대'의 인정 형태가 자기와 가지는 관계를 '자기 가치부여'(Selbstschätzung)라고 부른다. 그에게 있어 이 세 가지 인정의 형태가 완전히 충족될 때에야 비로소 한 개인은 그 공동체의 온전한 '구성원'이 된다.

호네트가 "도덕적 사회학"이라고 스스로 이름 붙이는 이러한 규범적 작업은 처음부터 두 가지 목적을 향해 있다. 첫째, "주체들의 도덕적 사회화"의 과정을 이론적, 경험적 방법을 통해 구성하는 것이며 이를 규범적 차원에서의 '주체 이론'이라고 이해할 수 있을 것이다. 둘째, "사회의 도덕적 통합"을 위한 규범적 전제들과 원칙들로서의 이론적 틀을 사고하는 것이라 할 수 있을 것이다.[6] 물론 이러한 두 가지 목적은 각각 서로에게 필수불가결한 조건으로서 연관되어 있다. 특히 이 두번째 목적을 위해 호네트는 헤겔의 '인륜성'(sittlichkeit) 개념을 끌어들이면서, 현대의 민주적 가치에 부합하는 그것의 형태를 모색한다. 먼저 헤겔의 인륜성 개념을 살펴보자.

헤겔은 '인륜성'[7] 개념을 통해 주관적 도덕성과 객관적 법을 통합시키면서 개인의 주관적 도덕성은 오직 정치적 공동체의 제도와 규범을 통한 역사적이고 구체적인 객관화의 운동 속에서 구성원들 간의 상호주관적 인정을 통해 비로소 한 차원 고양된 '객관적 도덕성'에 다다른다고 보았다.[8] 따라서 헤겔의 인정 이론의 문제틀에서 세 가지 인륜성의 형태들('사랑', '권리/법', 그리고 호네트가 '연대'라고 부르는 '절

---

6) Axel Honneth, "La théorie de la reconnaissance : Une esquisse", *La Revue de MAUSS*, n° 23: De la reconnaissance, Paris: Découverte, 2004, pp. 133~135.

7) 헤겔이 '인정투쟁' 이론을 토머스 홉스의 '상호투쟁' 개념과 요한 고플리트 피히테의 '상호인정' 개념을 각각 비판적으로 변형하면서 발전시켰다면, 헤겔에게 있어 그러한 인정투쟁을 통해 만들어지고, 또한 이 인정투쟁을 가능하게 하는 공동체의 규범적 토대, 즉 공동생활의 윤리적 형태는 바로 '인륜성'이다. 호네트, 『인정투쟁』, 49~51쪽. 피히테의 인정 이론과 헤겔의 인정 이론을 명료하게 비교 분석하는 글로는 다음을 참조하라. 김준수, 「승인과 사회윤리: 헤겔의 승인 이론에 의거한 현대적 인륜성의 모색」, 한승완 외, 『철학과 합리성』, 이학사, 2002. 191~198쪽.

8) 달리 표현하면 역사적으로는 인륜성, 즉 국가의 제도적 형태로 객관화된 자유는 도덕성이 가능해지는 조건이다. …… 논리적으로는, 반대로, 인륜성은 도덕성이 전제되어야 한다. …… 달리 말해, 헤겔의 인륜성은 기성의 실천적 자율성의 문제틀을 거부하는 것이 아니라, 그것을 완성시키고, 더욱 확장시킨다. Jean-François Kervegan, "Le problème de la fondation de l'éthique: Kant, Hegel", *Revue de Métaphysique et de Morale*, n° 1, 1990, pp. 44~45.

대적 인륜성')은 투쟁이라는 갈등적 계기를 통해 보다 고차원적인 공동체('가족', '시민사회', '국가')로의 단계에 각각 조응하면서 발전해나간다. 그리고 이런 인륜적 공동체 속에서만 개인들은 각각의 개별적 가치와 자유를 누릴 수 있으며, 역으로 그러한 공동체의 보편적 가치는 각 개별자들 각각의 고유한 가치와 그 실현 속에서 가능하다. 달리 말해, 보편으로서의 국가와 개별자로서의 개인도 상호인정을 통한 유기적 통일을 통해서만 인륜성은 가능하다. 헤겔에게 있어, 이러한 인륜성의 구체적인 최종적 실현의 형태가 곧 '국가'이다.[9]

그러나 호네트는 헤겔이 의식철학을 통해 보편의지의 현실태로서의 국가를 상정할 때, 최종적 단계에서의 인륜성은 더 이상 국가를 구성하는 구성원들 간의 상호작용, 사회화된 개성적 주체들 간의 상호인정의 관계 속에서 사고되는 인륜성이 될 수 없다고 비판한다. 헤겔에게 중요한 관심은 이제 오직 절대정신으로서의 국가라는 상위의 심급과 그 구성원들 간의 수직적 상호관계로만 나타난다. 따라서 인륜성 개념의 무대에서 희미하게 사라지는 것은 실제로 국가의 공동의 가치를 사회적 상호관계 속에서 생산해낼 구성원들 간의 평등한 상호인정 행위의 심급이며, 이제 무대의 전면에 나타나는 것은 국가라는 권위적 지배의 심급이다. 따라서 호네트는 이러한 헤겔의 문제틀의 한계는 곧 사회적 복종을 강제할 수 있는 "국가의 근본적 권위의 형태를 예비"하는 형태로 나아가게 된다고 지적한다. 우리는 여기서 호네트가 걱정하는 바와 그가 다시 재정립하고자 하는 바를 어렵지 않게 짐작할 수 있

---

9) Georg Wilhelm Friedrich Hegel, *Grundlinien der Philosophie des Rechts. Natur-recht und Staatswissenschaft*(1821), Helmut Reichelt (hrsg.), Frankfurt am Main, 1972, §257.

다. 즉 국가라는 공동체 내에서 헤겔이 "오직 국가라는 상위의 보편자와의 관계 속에서만 규정"되는 시민(citoyen)과 달리, 어떻게 오늘날의 시민은 보편적 권리/법의 담지자로서뿐만 아니라 더 나아가 자신만의 고유한 개별성까지 구성원들 간의 상호인정의 민주적인 대칭의 관계 속에서 사고될 수 있는가일 것이다.

따라서 우리는 왜 호네트가 『인정투쟁』의 가장 마지막 장에서 '형식적 인륜성'[10]이라는 이름으로 앞에서 제시한 문제를 극복할 수 있는 최종적 인정 형태를 모색할 때, 그 모습을 "칸트적 도덕 이론과 공동체주의적 윤리론의 중간"쯤에 위치지으려는지 이해할 수 있다. 호네트에게 인륜성은 "개인의 자기 실현에 필연적인 전제조건으로서 작용하는 상호주관적 조건 전체"를 말한다.[11] 다시 말해, 앞에서 살펴본 인정의 형태들과 그것들이 자신과 가지는 긍정적 관계들, 즉 개인이 긍정적이고 올바른 주체가 될 수 있는 전제들을 최종적으로 아우르는 총체적 틀이라 하겠다. 그러나 이러한 인륜성의 모색은 헤겔과는 반대되는 의미에서 매우 값비싼 대가의 결과물로서 얻어지는 것이다. 즉 이제 호네트의 인정투쟁의 문제틀에서 사라지는 것은 바로 개인 간, 혹은 집단들 간의 **대칭적** 층위를 벗어나는 국가가 가지는 '통치 혹은 다스림'(맥락에 따라 '권위'로, '지배'로 혹은 '권력'으로 이해될 수 있는)의 심급이다. 우리는 처음으로 이 글에서 존재론적으로 대칭적일 수 없는 **비대칭적 인정**의 영역의 등장을 보는데, 이 지점에서부터 인정투쟁 이

---

10) 호네트가 그리고자 하는 인륜성에 '형식적'이라는 수식어를 사용하는 것은 인륜성의 구체적인 형태와 내용은 오로지 역사적 상황과 실천 속에서만 결정될 수 있으며, 따라서 그가 시도하는 것 역시 다양한 인정의 층을 아우르는 보편적인 규범적 틀로서의 인륜성을 구성하는 것이기 때문이다. 호네트, 앞의 책. 특히 9장을 참조하라.
11) 호네트, 앞의 책, 281쪽.

론에 대해 핵심적이고 비판적인 질문을 제기해야 한다. 즉 '지금'을 살아가는 '우리'가 저항을 고민할 때 '인정의 정치'가 취할 범위와 한계, 또는 그 방법과 전략은 무엇인가? 우리가 하나의 현실적·정치적 공동체를 사고할 때, 그 속에서 벌어지는 인정을 위한 투쟁들을 생각할 때, 앞에서 언급한 국가와 개인 혹은 집단들, 더 나아가 개인들, 혹은 집단들 간에 존재할 수 있는 비대칭적 '다스림'의 관계로부터 인정투쟁이 과연 자유로운가? 다음 절에서 이 질문은 푸코와의 논의와 관련해서 '인정과 권력'의 문제틀에서 중요한 지점이 될 것이다.

지금까지 인정투쟁의 문제틀을 '인정'의 측면에서 접근해 논의해 봤다면, 이제 '투쟁'의 측면에 대해 관심을 가져보자. 그러기 위해서는 아마도 헤겔의 '인정투쟁'에서 '범죄'라는 개념으로, 특히 방리유 소요와 관련해서 우리의 논의를 다시 이어가는 것도 좋겠다.


## 1) '범죄' 그리고 '범죄자'들로서의 방리유 젊은이들

호네트의 적절한 지적처럼, 헤겔은 각각의 인륜성들이 보다 고차원적인 다음 단계로 넘어갈 때마다 그 사이에 이전의 인륜성을 훼손하는 '범죄'라고 이름 붙인 투쟁단계들을 위치지운다. 요컨대, 한 공동체가 규범적으로 더욱 발전하기 위해서는 갈등적 형태의 부정적 계기가 개입되어야 하며, 이러한 사회적 갈등은 또한 '사회적 투쟁'의 형태를 띤다는 것이다.

『인륜성의 체계』에서 헤겔은 주체들이 자연적 조건에서 분리되는 과정으로서 '자연적 인륜성'과 사회적 통합상태로서의 '절대적 인륜성'의 장들 사이에 '범죄'라고 이름 붙인 장을 위치지우면서 세 가지 형태의 '투쟁상황'을 범죄라는 형식으로 제시한다. '세 가지 범죄의 형태는 첫번째, 맹목적인 '파괴' 행위, 두번째, 다른 사람의 소유물을 빼앗는 '약탈' 행위, 마지막으로, '명예'를 둘러싼 투쟁이 그것이다. 우리가 유심히 볼 것은 특히 가장 높은 상호주관성을 드러내는 세번째 형태인 명예를 위한 투쟁이다. 이 투쟁이 특히 이 글에서 중요해지는 까닭은, 다음에서 살펴볼 주체가 경험하는 사회적 '무시'에 대한 헤겔의 추상적 논의 속에서의 투쟁의 형태를 볼 수 있기 때문이다. "이 투쟁의 동기는 개인적 권리 요구의 훼손이 아니라 한 인격체 전체의 불가침성에 대한 훼손"[12]이며, 여기서 '명예'란 개인의 독특한 특성과 속성들을 자신의 정체성으로 파악할 때, 자신이 자신에게 갖는 긍정적 태도이다. 헤겔에게 있어서 이제 두 주체 간의 명예를 회복하기 위한 투쟁은 '목숨을 건' 투쟁의 양상으로 진행된다. 즉 오직 자신이 자신의 명예를 위해 모든 것을 내걸 각오가 되어 있다는 것을 증명할 때에야 자신의 단순한 신체적 보존보다 자신의 개성적 특성을 더 중요하게 여긴다는 것을 상대에게 각인시킬 수 있다는 것이다. 한편, 범죄의 형태를 띠는 투쟁상황이 한 번 더 중요한 위치를 차지하는 것은 『예나 시대의 실재철학』에서이며, 여기서 보다 이론적으로 완결된 형태로서 세 가지 인정 형태(사랑, 권리/법, 연대)가 인정투쟁의 계기를 통해 인륜성의 발전으로 그려지고 있다. 여기서 주목할 점은 개별자들의 상호인정을 통한 권리/법의 인정 형태가 호네트가 자신의 글에서 '연대'라고 부르는 '절대적 인륜성'이라는 보다 높은 단계로 발전하기 위해서 헤겔이 다시 '범죄'라는 부정적 계기를 위치시키는 지점이다. 이제 법적 관계에서 한 개인이 일방적으로 계약을 파기하고 그에 대한 법적 제재가 이뤄

---

12) 호네트, 앞의 책, 281쪽.

지면서 다시 '투쟁'의 과정이 시작된다. 헤겔은 법의 내적 원천인 법적 강제에 의해 자신의 고유한 의지가 무시되고 있다는 느낌을 범죄자가 범죄를 저지르는 동기로 이해하는데, 여기서도 범죄는 한 공동체의 보편의지를 새로운 단계로 분화시키는 도덕적 도전으로서의 하나의 촉매제로 이해될 수 있다. 물론 이후에 즉각 처벌이라는 과정이 뒤따르며, 범죄자는 이러한 처벌을 통해 스스로를 보다 높은 단계의 공동체 일원으로서 지향해가는 '보편과 개체성의 통일'의 과정을 거친다. 따라서 이제 처벌의 주체는 공권력을 가진 사법기관으로 제도화된다. 헤겔에게는 그 과정이 실정법과 그 행정적 제도의 탄생과 그 틀에서 개별자들의 국가의 권위에 대한 인정의 계기로서 중요하다. 그러나 우리에게 있어 관건은, 그 권리/법의 내용과 그 적용에서 그것이 부당하게 개별자들의 자기실현을 방해할 때, 이것으로부터 그 갈등의 결과가 위법적 형태로 나타난다 하더라도 이러한 부정적 갈등을 공동체에게 있어 긍정적 발전의 계기로 이해할 수 있는 가능성이다.

이러한 '범죄'의 개념들을 통해 우리는 이번 방리유의 소요사건을 어떻게 이해할 수 있을까? 우리는 헤겔, 그리고 호네트가 인정투쟁을 통한 사회의 윤리적 발전단계가 '범죄'라고 명명된 부정적 계기들을 통해서 이뤄진다고 이해하는 것을 보았다. 한편, 헤겔의 논의에서 나타나는 다양한 범죄의 형태들 속에는 하나의 인격체로서 인정받고자 하는 다양한 도덕적 요구들이 내재해 있다는 점도 이해할 수 있다. 여기서 우리는 이번 프랑스의 방리유 소요사태가 헤겔의 '범죄'의 의미에서 프랑스라는 하나의 공동체를 보다 도덕적으로 성숙한 사회로 변화시킬 계기를 제공할 수 있다는 긍정적 측면에 대한 이해의 틀을 잠정적으로 얻는다. 또한 헤겔의 인정투쟁에서의 '범죄'가 가지는 이중적 이미지(범죄라는 이름과 갈등적 요소로서의 부정성과 그 안에 내재하고 있는 사회의 도덕적 요구와 사회발전의 계기로서의 긍정성)를 통해 이번 방리유 소요사건을 단순히 도시폭력이나 청소년 범죄와 관련된 치안 논리로 축소, 환원하려는 논리에 효과적으로 대응할 수 있는 논리를 발견할 수 있다. 가령, 이렇게 그들에게 되묻자. 그렇다. 그들은 '범죄자들'이다. 그러나 먼저 어떠한 의미에서 그들은 범죄자인가? 무엇을 위한 범죄인가? 보다 궁극적으로 그 범죄가 프랑스 사회에 던지는 의미와 요구는 무엇인가?

### 2) '인정하지 않기' : 인정의 거부와 사회적 무시의 경험들, 그리고 투쟁들

'인정투쟁'이 특히 방리유 소요사태와 함께 방리유에 거주하는 이들의 일상적 삶들을 이해하는 데 도움을 주는 것은 그것이 '사회적 무시'의 경험들, '사회적 부정의의 경험들'[13]을 적극적으로 사고하게 만들기 때문이다. 소요사건 당시 내무부 장관인 니콜라 사르코지의 다음 말을 현장에서 혹은 텔레비전을 통해 듣고 있는, 한순간 사회의 '암적 존재'로 전락하는 실업상태의 방리유 젊은이의 심정을 상상해보라. "여러분들은 충분히 당했습니다. 그렇죠? 여러분들은 이 불량배들에게 충분히 시달렸습니다. 우리가 여러분들로부터 그놈들을 치워드리겠습니다. 우리는 이 암적 존재들을 축출하기 위해 이곳에 있습니다. 우리는 이 동네가 살 만한 곳이 되도록, 일하기 위해 아침에 일찍 일어나는 사

---

13) '인정'의 문제틀 속에서 '부정의의 경험'(l'expérience de l'injustice)을 개념적으로 보다 정교하게 다루는 것으로는 엠마누엘 르노의 연구를 참조하라. Emmanuel Renault, *L'expérience de l'injustice: Reconnaissance et clinique de l' injustice*, Paris : Découverte, 2004.

람들이 깡패들과 마약상과 이곳에서 아무것도 할 일이 없는 사람들로
부터 오염되지 않은 삶을 살 수 있게 하겠습니다. …… 방법은 간단합
니다. 나는 여기 공화국 기동경찰대의 상황을 살피기 위해 왔습니다.
…… 한편 경찰정보국은 마약밀매상과 마약밀매에 관한 조사를 곧 실
시할 것입니다."[14] 소요사건의 일차적 원인은 이처럼 '존중받지 못하
고', '모욕과 무시를 당하고' 있다는 감정의 경험이다. 즉 앞에서 살펴
본 인정 형태들과 인정 관계들이 부정될 때, 당사자들이 경험하는 '모
욕', '멸시', '굴욕' 등의 '인정의 거부' 형태들로 표현되는 이 행위들
은 각각의 독특하고 고유한 '사회적 무시'의 특성을 규정할 수 있다.
한편, 이러한 행위들이 정의롭지 못한 것은, 그것이 주체의 행위 자유
를 저해하거나 직접적인 해를 입히기 때문이 아니라, 앞서 살펴본 상
호인정의 과정을 통해 만들어지는 **주체의 긍정적 자기 관계**들을 훼손한
다는 점에 있다.[15] 실제로 일상 속에서 인정의 형태들이 긍정적으로
관철되고 있을 때는 인정 상태를 현상적으로 증명하기는 매우 어렵다.
오로지 그 부정적 형태를 통해서만, 즉 사회적 무시의 경험들에 의해
서만 감지된다. 또한 그것들이 일으키는 분노의 감정은 인정투쟁으로
진입하는 주체들의 심리적 연결구조로 작동할 수 있으며, 또한 이러한
인정투쟁이 집단적 저항의 운동의 형태로 변화할 때 그것을 동기화하
는 일종의 '원천'과 같은 역할로 이해할 수 있다는 것이다.

　　호네트의 인정투쟁 이론에서는, 이번 방리유 소요사건은 앞에서
살펴본 헤겔의 범죄에 관한 논의에서 자신의 소유물들을 훼손당함으

---

14) 2005년 10월 26일 국영방송 FR2의 8시 뉴스에서 발췌.
15) 호네트, 앞의 책, 222쪽.

로써 투쟁의 상황으로 진입하는 범죄라기보다는, 자신들의 '명예'를 회복하기 위해 진행되는 투쟁으로 이해될 수 있다. 호네트의 표현을 빌려 말하자면, 공동체 구성원들의 보편적 권리들을 가진 인격체로서의 인정의 거부와, 보다 중요하기는 개인 혹은 집단적 존재로서 그들의 삶의 문화적 형태들, 그들의 노동과 개인적 능력에 대한 '사회적' 인정의 거부가 중첩된 부정적 경험들에 대한 '굴욕감', 그리고 '분노'의 표현이다. 방리유의 젊은이들이 일상적으로 경험해온 무시의 감정의 원인은 단순한 법적, 제도적 차원에서의 권리의 박탈의 문제를 넘어선다. 오히려 그것은 '프랑스'라는 공동체의 구성원들이 공유하고 있는 공동의 가치규범의 층위 속에서 방리유 젊은이들에 대한 다른 구성원들의 '사회적 동의'의 부재, 더 나아가 투쟁을 통한 그것의 회복의 문제로 드러난다. 결과적으로 방리유의 젊은이들이 취할 수 있는 투쟁의 형태는, 소극적인 의미에서는 자신들의 인격적 존엄성과 삶의 형태와 가치들을 기존의 사회적으로 동의된 공동의 가치와 부합되는 것으로 인정해달라는 요구와 그러한 노력이 될 것이다. 그리고 보다 적극적인 의미에서는 기존의 사회적 동의의 한계의 외연을 넓힘으로써 자신들의 고유한 삶의 형태와 가치를 인정받음의 과정을 통해 그 속에 새롭게 편입시키는 시도일 것이다.[16] 그러나 이러한 인정투쟁은 어떠한

---

16) 또한 기존의 사회적 동의의 형식과 내용은 호네트가 말하는 '인륜성'의 구체적 형태로 이해할 수 있을 것이다. 한편, 호네트는 이러한 사회적 투쟁이 "보편적인 목표설정과 관련해 각 사회집단이 자신들의 생활방식과 결합된 능력의 가치를 치켜세우기 위해 상징적 수단을 통해 수행하는 영원한 투쟁 아래 놓여 있다"고 이해하며, 이러한 이해의 적합한 분석틀로서 피에르 부르디외의 상징투쟁 모델을 끌어들인다. 그러나 호네트는 즉각 부르디외의 논의에서 경제적 행위 이론의 접근과 자신의 규범적 접근의 차이점을 강조하지만, 우리의 논의에서 두 저자의 보다 중요한 차이점은 부르디외의 경우 상징투쟁을 통해 상징권력과 사회계급 간의 지배의 층위가 강조된다면, 호네트의 경우 그러한 투

경우에든 구성원들 간의 사회적 동의라는 형태의 가치규범적 틀(그것
이 내용적으로는 다원적이고, 형식적으로는 열린 형태를 띨 때라도)이 전
제되어야 하며, 또한 인정투쟁은 그러한 가치규범적 틀의 확장을 통한
새로운 사회적 합의를 전제할 때에만 가능하다. 비유적으로 표현하자
면, 상호인정의 과정은 기존의 사회적으로 합의된 보편적 권리와 사회
적 가치에 맞게 구성원들 상호 간에 그들에게 맞는 '자리'를 찾아가는
과정으로, 인정투쟁은 그러한 '자리'를 차지할 수 있는 '알맞은' 자격
에 대한 인정의 요구 혹은 보다 더 '나은' 자리를 위한 인정의 요구로
이해할 수 있다. 더 나아가 특정한 개인이나 집단에게 그 사회가 할애
할 마땅한 자리가 없다면, '새로운' 자리들을 만들어내라는 요구를 위
한 투쟁으로 이해할 수 있다. 그러나 언제나 그 자리에 앉을 수 있는
마땅한 자격에 대한 사회적 합의를 전제하면서. 호네트에게 그러한
'자리'들의 이름은 무엇이라고 부를 수 있을까? 아마도 개인들이 공동
체 내에서 가지는 자신들의 '정체성'이라고 부를 수 있을 것이다. 호
네트에게 이러한 요구들에 대한 인정의 형태들은 **대칭적**인데, 보편적
권리의 인정 형태의 경우, 그 형식과 내용에 있어서 인정의 당사자들
은 권리의 보편적 주체로서 서로 '닮아 있다'는 의미에서 당연히 그러
하다. 반면, 호네트가 사회적 연대라고 부르는 인정 형태의 경우, 그
대칭성은 각자의 다양한 사회적 가치에 대한 동등한 사회적 배분이나
인정을 의미하는 것이 아니라, 그 사회 속에서 일어날 수밖에 없는 인
정투쟁의 복잡한 과정을 통해 누구나 사회적으로 가치 있다고 인정될

---

쟁을 통한 보다 보편적 층위의 사회적 합의가 강조된다는 점에 있다. 호네트, 앞의 책,
217쪽; Pierre Bourdieu, *La distinction: Critique sociale du jugement*, Paris:
Minuit, 1979.

수 있는 기회를 가질 수 있다는 의미에서의 '기회의 대칭'을 말한다. 이때에도, 호네트의 논의는 먼저 합의되어 있다고 전제되는 사회적 동의의 층위를 결코 걷어낼 수 없다.

　　지금까지 우리는 호네트의 인정투쟁 이론을 살펴보았다. 이제 우리는 '인정의 정치'를, 그리고 방리유의 현실을 진지하게 사고할 때 필연적으로 제기되어야 할 질문들의 지점에 다다랐다. 만일 우리가 직면한 현실이 호네트의 규범적 성격의 상호인정을 구조적으로 불가능하게 만드는 '지배의 현실' 속에서 사고될 수밖에 없다면, 또는 인정의 규범적 형태로서의 상호대칭적 인정을 넘어서는 권력 관계 속에서의 비대칭적 인정 관계를 인정투쟁의 지평 속에서 함께 고민한다면, 그 속에서 우리가 그려낼 수 있는 투쟁의 형태는 어떠한 것이 될 것인가? 한편 호네트의 가정과 달리 사회적 구성원들이 공통으로 공유하는 사회적 가치들에 대한 '합의의 틀'이 불가능한 상황, 혹은 그것을 전제하지 않은 상황에서 어떠한 인정의 형태와 투쟁의 과정이 가능할 것인가? 보다 궁극적으로 그러한 인정투쟁을 위해 어떠한 주체를 사고할 수 있을 것인가? 결국, 방리유 소요와 그 당사자들은 과연 어떠한 인정투쟁의 조건 속에서 어떠한 투쟁과 그것의 주체로 사고될 수 있을 것인가?

## 3. '인정하기'와 '인정받기' : '인정' 개념의 이중성, '지배'와 '저항'

### 1) 인정과 권력: 호네트의 푸코 비판

이번 방리유의 소요에서 그 참가자들에게서 가장 많이 들을 수 있었던 슬로건은 당시 내무부 장관 니콜라 사르코지에 대한 비난과 사임 요구와 함께 "자유, 평등, 박애, 그러나 시테에는 없다!"(Liberté, égalité, fraternité, mais pas dans les cités!)[17]였다. 이 슬로건은 표현 자체로 이미 중의적으로 읽혀야 할 것인데, 프랑스의 공화주의적 이념의 구체적 실현이 방리유라는 특수한 공간에는 적용되지 않고 있다는 비판과 기존의 공화주의적 이념에 대한 보다 근본적인 비판을 모두 내포하고 있다고 이해할 수 있다. 그러나 그들의 분노의 주요 대상은 무엇보다 프랑스의 정부와 그 상징적 층위의 국가다. 방리유 젊은이들의 사르코지에 대한 비난과 분노도 단순히 사르코지의 극우적 성향의 구체적 정책에 대해서라기보다는, 그가 체현해내고 있는 프랑스 정부로부터 집단적으로 무시당하고 있다는 감정일 것이다.[18] 또한 그들이 공격했던 주요 대상들이 국가의 권력을 상징하는 주요 건물들, 가령 관공서, 경찰서, 그리고 학교 등이었다는 사실은 이들이 가장 먼저 인정을 요구하는 대상이 국가라는 것을 간접적으로나마 알려준다.[19] 한편으로는, 이러한 사실에서 무엇보다 인정투쟁에 있는 두 권리 주체들(국가로부

---

17) *L'Humanité*, novembre 14, 2005.

18) 가령 다음의 자료에서 저자들은 소요사태의 소요자뿐만 아니라, 다양한 부류의 방리유 주민들, 즉 그들의 가족, 그들의 이웃, 혹은 소요에 가담하지 않은 방리유 청년들과 인터뷰를 실시한다. 특히 인터뷰에서 무엇보다 일관되게 강조되고 있는 것은, 학교에서의 모욕당한 경험이나 일터에서의 차별보다 지역의 경찰들과의 관계가 소요 참가자들의 모욕감과 부당하게 취급받고 있다는 감정을 불러일으키는 가장 직접적이고 일상적인 원인이라는 것이다. Laurent Mucchielli et Véronique Le Goaziou(dir.), *Quand les banlieues brûlent …… : Retour sur les émeutes de novembre 2005*, Paris: Découverte, 2006.

19) 내무부 자료에 의하면, 프랑스 전역에서 벌어진 소요로 인해 약 1만 대의 개인 소유 자동차, 약 3만 개의 공공쓰레기통뿐만 아니라, 공공교통수단이나 우편배달용 차량, 시위 진압용 차량 등에 대한 피해를 차치하고, 수백 개에 이르는 공공건물들이 파손되거나 부분적으로 또는 완전히 불에 탔다고 보고되고 있다. 공공건물의 경우, 많은 부분을 특히 학교들이 차지하고 있고, 또한 스포츠센터, 시청, 세무행정기관, 경찰서 등이 포함되어 있다. 방리유 젊은이들의 개별적인 삶 속에서 경험된 무시와 수치감을 가장 빈번히 그러나 강렬하고 민감하게 경험하는 공간으로서, 또한 프랑스 공화국의 미래의 시민들을 양성해내는 국가의 상징적 공간으로서, 학교가 소요 주동자들의 주요 공격대상이 됐다는 것은 어렵지 않게 이해될 만하다. Mucchielli et Goaziou, ibid., pp.8, 120.

터 자신들의 인간적 '존엄성'을 인정받고자 하는 방리유의 젊은이들과 '권위와 질서'를 지키려는 국가)의 상호인정의 수준, 방법, 그리고 그 과정은 **비대칭적**이라는 것이다. 즉 국가가 행사하는 권위적이고, 더 나아가 상황에 따라서는 억압적인 지배의 측면과 관련된 비대칭적 인정 관계에 방리유의 젊은이들은 분명히 노출되어 있다. 그러나 동시에 방리유 문제는 방리유 소요의 당사자들과 국가 간의 종적 측면과 함께 공동체를 구성하는 다양한 층위의 구성원들 간의 횡적 관계와 연관되어 있기도 하다. 요컨대, 방리유의 문제는 결코 하나의 배타적인 접근으로 설명될 수 없는 **중층적** 성격을 띤다.

우리는 이미 앞 장에서 호네트가 공동체의 구성원 간의 상호대칭적 인정 형태에 기반한 형식적 인륜성을 사고하면서, 어떻게 인정투쟁의 틀에서, 예컨대 국가가 만들어내는 지배의 측면, 혹은 '다스림 혹은 통치'(gouvernement)의 층위를 그 논의의 핵심에서 제외시켰는가를 보았다. 한편, 이러한 이론적 결과와 함께 그의 인정 이론의 틀에서 제거되는 것은 공동체 구성원들 간의 규범적 상호인정의 이면에 존재하는, 그들 간의 횡적 차원의 '권력 관계'의 측면이다. 왜 호네트가 이러한 결과를 감수하면서까지 그 나름의 이론적 노력을 기울이는지를 보다 정확히 이해하기 위해서는 그가 인정투쟁 이론을 본격적으로 발전시키기 전에 천착한 푸코의 '권력' 개념에 대한 비판작업을 살펴봄으로써 보다 명확해질 것이다.

호네트는 『권력비판』에서, 특히 푸코가 『감시와 처벌』과 『앎에의 의지』에서 그려보이는 '규율사회'(La société disciplinaire)와 '생명정치'(biopolitique)의 권력 양식들을 비판한다. 호네트는 푸코가 개인의 '정신적' 측면을 무시한 채, 오로지 '신체'를 통해서만 강제적으로

가해지는 일상적 규율, 통제, 규범(norme)의 정상화(normalisation) 과정, 그리고 권력의 행정적 기술들을 통한 '인구'(population)의 전면적인 통제와 지배가 현대사회를 전체적으로 아우르는 제도화된 지배 형태라고 과도하게 잘못 사고하고 있다고 본다. 우리의 논의에 중요하게 이해될 수 있는 푸코에 대한 비판의 지점들은 크게 세 가지 측면으로 압축될 수 있을 것이다.

첫째, 애초에 푸코의 논의에서 가정한 미시적 권력의 전략적 행위 주체로서의 개인과 집단들이 마침내 사라지고 오직 복합적인 구조의 총체로서의 제도적 권력 형태만 사고된다. 따라서, 행위 이론에서 제도의 분석 이론으로 그 관심이 옮겨가며, 사회투쟁의 상호주관적인 실천적 성격은 이론의 관심에서 제외된다는 것이다.

둘째, 푸코는 '규범'의 도덕적 행위와 사회적 가치의 측면을 제외함으로써, 규범을 오로지 권력의 강압적 기제로서 '정상성'(normalité)의 측면으로만 이해할 뿐 그것의 윤리적 '규범성'(normativité)을 고려하지 않는다는 점이다.

셋째, 푸코의 권력의 논의에서 법적으로 자유롭게 체결된 사회계약의 관계를 기반해 구성되는 사회조직과 법적 명령의 강제에 의한 전체로서의 제도를 구분하지 않음으로써 법과 도덕은 오로지 권력의 전략적 목적을 위한 은폐의 수단으로서 이해될 뿐 그 법적 규범성과 도덕적 가치들은 그 사회투쟁의 역사적 지평 속에서 어떠한 변수로도 위치 지워질 수 없다는 것이다. 요컨대 바로 법과 도덕을 아우르는 가치체계로서 규범의 긍정적 형태로서의 '규범성'이 사장되고 있으며, 근대민주주의의 성취로서 법이 가지는 진보적 발전의 해방적 측면을 고려할 수 없다는 것이기도 하다.

따라서 푸코의 권력 이론에 대한 비판적 대안으로서, 우리는 호네트가 어떻게 인정투쟁이라는 규범적 문제틀을 가지고 어떠한 이론적 측면을 보다 전면에 내세우려고 노력했는지를 어렵지 않게 이해할 수 있다. 한편으로는, 이러한 논의의 중심에는 위르겐 하버마스로 대표되는 사회비판 이론과 푸코의 비판적 작업 사이에 오랜 기간 동안 광범위하게 진행됐던 이론적 논쟁이 자리 잡고 있기도 하다.[20]

우리는 이러한 논의의 결을 따라 앞의 문제제기에 답하기 위해 푸코의 문제틀을 전반적으로 살펴보는 대신에 우리의 본연의 목적, 즉 방리유 소요를 인정투쟁을 통해 어떻게 이해할 것인가, 그리고 그것을 살피기 위한 이론적 여정으로서 푸코의 권력 개념에 녹아들어 있는, 그리고 우리가 적극적으로 구성해내야 할 '인정의 정치'에 대한 논의에 보다 집중하자.


## 2) '다스림'으로서의 권력, '저항'으로서의 실천적 자유

과도하게 사회 전체를 권력의 숨쉴 틈 없는 전면적인 지배의 도가니로 묘사하고 있다는 호네트의 비판에 대해 푸코가 전적으로 자유롭다고 말할 수는 없다.[21] 그러나 호네트의 푸코에 대한 비판적 접근과 푸코

---

20) 푸코의 권력 이론에 대한 하버마스의 비판적 논의에 대해서는 다음을 참조하라. Jürgen Habermas, *Der philosophische Diskurs der Moderne: 12 Vorlesungen*, Frankfurt am main: Suhrkamp, 1985. 특히 9, 10장 참조. 최근 프랑스의 토론 지형에서 나온 눈여겨볼 이론적 작업으로는 다음을 참조. Yves Cusset et Stéphane Haber(dir.), *Habermas et Foucault: Parcours croisés, confrontations critiques*, Paris: CNRS, 2006.

21) 푸코는 분명 원형감옥인 '파놉티콘'으로 상징되는 전방위 감시체제(panoptisme)를 통해 감옥이 학교·공장·병영을 서로 닮아가는, 그를 통해 '길들여진 개인'들을 '생산해내는' 규율사회를 그려내고 있다. 또한 18세기 후반부터 서구의 정치체제에서 '자유주의'의 탄생과 함께 기존의 '국가이성'(raisen d'Etat)과 다른, 국가와 사회를 넘나드는 정치적 합리성으로서 권력이 이제 단순히 규율을 통한 각각의 개인들의 통제를 넘어선, 국

의 현대사회에 대한 비판적 작업이 보다 생산적이고 적절한 마주침이 되기 위해서는, 푸코가 근대의 역사적 상황에서 권력이 만들어내는 권력기제들과 권력의 전략적 기술들에 집중할 때보다, 이후에 천착하는 '권력 관계'의 문제틀과 그 속에서의 '주체화'(subjectivation)의 윤리적 물음에 대해 논할 때일 것이다.

분명히 짚고 넘어가야 할 점은 푸코에게 있어 권력은 사라져야 할, 혹은 벗어나야 할 '악'이 아니라는 것이다. 푸코가 취하는 예에서 보듯이, 성적 관계나 사랑의 관계에서, 또는 어린아이를 가르치는 교육기관에서 권력은 필수불가결하며 권력 자체가 사랑과 성적쾌락의 한 요소이며, 또한 교육 과정의 한 부분이다. 오히려 우리가 경계해야 할 것은 그러한 권력의 실천에서 생길 수 있는 지배의 효과들에 대한 것이다.[22] 푸코가 이제 '권력이란 무엇인가?', '권력은 어디서부터 오는가?', 혹은 '누가 권력을 정당하게 행사할 것인가?'라는 형이상학적이고 존재론적, 법적 질문에서 벗어나서, 실제로 우리의 구체적 삶 속에서 '권력은 어떻게 다양하게 실행되는가?'라는 작은 실천적 질문으로 접근하자고 제안할 때, 푸코는 개인과 개인, 또는 집단들 간의 관계 속에서의 '누군가'가 '누군가'에게 행하는 행위양식으로서의 권력 개념을 전면에 내세운다. 권력은 개인들 간에 일어나는 행동 자체에 있으며, 타자에게 직접적으로 행해지는 것이 아니라 타자의 행위의 가능성의 구조들을 만들어내는 행위, 즉 '타자들의 행위들에 대한 행위'

---

가를 구성하는 법적 권리주체들의 합이나 초월적인 의미의 인류가 아닌 '인구'로 표현되는 살아 있는 생명체들의 덩어리로서 그들의 생명과 삶 자체(건강, 위생, 영양섭취, 출생률/사망률, 성생활 등)를 직접적 대상으로 삼는 '생명정치'의 개념을 만들어낸다.

22) Michel Foucault, "L'éthique du souci de soi comme pratique de la liberté", *Dits et écrits*, t.IV, Paris: Gallimard, 1994, p.727.

이다. 이제 중요해지는 것은 이러한 실천적 관계로서의 '권력 관계'인 것이다. 특히 단순한 강제에 의한 폭력적 관계와 달리, 권력 관계 속에서의 타자는 시종일관 행위의 주체로서 **인정된다**는 점이다. 또한 그러한 권력 관계 앞에는 행위의 주체들이 만들어낼 수 있는 대응, 반응, 효과, 가능한 전략들을 발명해낼 공간이 열려 있다는 것이다.[23] 이제 호네트가 비판하는, 규율과 규범화를 몸으로 체화한 수동적인 개인들을 생산하는 지배로서의 권력이 아니라, 또한 특정 사회계급이나 국가만이 '소유하는' 실체적 의미에서의 권력이 아니라, 상호 간에 행위주체로서 인정되는 개인들 간에 만들어내는 행위들의 복잡한 망의 형태로서 권력 관계가 중요해진다.

푸코는 규율적 통제와 생명정치의 권력기술 양식들을 통해, 한편으로는 개인들을 보다 섬세하고 구획된 규율적 통제를 통해 개별적으로 특수하게 '개인화' 시키는, 다른 한편으로는 동시에 그러한 개인들을 나뉘지 않은 생명체의 덩어리로서 일괄되게 관리의 대상으로 '전체화' 시키는 두 가지 움직임의 맞물림으로서의 '통치성' (gouvernementalité)의 문제틀로 넘어간다. 이때 푸코의 권력에 이제 더욱 분명히 위치지워지는 것은 권력의 하나의 구체적 형태로서의 국가이다. 그러나 이전까지 단순히 법에 의한 주권적 권력으로서 배타적으로 다뤄져 왔던 전통적 의미의 국가가 아니라, 이제 생명체의 덩어리로서의 인구와 개별적 개인들을 섬세하게 관리하고 통제하는 국가가 권력의 다양한 관계망 속의 하나의 행위주체로 우리의 시야에 보다 분명하게 들어온

---

23) Michel Foucault, "Le sujet et le pouvoir", *Dits et écrits*, t.IV, Paris: Gallimard, 1994, p.236.

다. 그러나 우리가 가장 눈여겨봐야 할 것은 푸코가 이러한 협의의 통치성 개념을 보다 확장 발전시키면서 개인과 개인 간, 혹은 집단 간의 권력 관계를 '다스림'이라는 개념으로 설명할 때이다. 이 개념은 물론 타자들의 행동들에 대한 행동의 의미에서, 또한 타자들의 행동과 관련된 다양한 가능성들 속에서 스스로의 행동을 결정한다는 의미에서, 타자들의 행동을 지도하고 자신의 행동까지 포함한 관계의 다양한 가능성들을 조정한다는 것을 의미한다. 이제 국가의 통치에만 국한되는 것이 아니라, 개인이 개인, 혹은 집단의 행동을 지도할 때, 아이들을 훈육할 때, 자신의 혹은 남들의 마음을 다스릴 때, 가정을 이끌어나갈 때, 환자들을 관리할 때, 권력 관계로서의 다스림은 그 다양한 형태들을 드러낸다. 여기서 우리가 눈여겨봐야 할 것은 '권력 '양식이 '다스림'의 문제로 이동하면서, 푸코는 자신의 권력의 문제틀에 행위주체들이 가지는 '자유' 개념을 정확히 위치짓는다는 점이다.[24] 또한 푸코가 왜 권력기제들과 지배상태 사이에 이러한 다스림의 영역으로서의 권력 관계를 위치지으려 하는가도 보다 명확해진다. 즉 이제 우리가 권력을 논할 때, 중요해지는 것은 지배세력과 피지배세력의 대치상황이나 계약 관계에 의한 법적 권리주체의 관계가 아닌, 자유로운 개인 혹은 집단들 간의 복잡하고 다양한 관계의 망으로서의 권력의 형태들이다. 한편, 이러한 다스림으로서의 권력 관계는 결코 행위자들 간의 폭력이나 동의의 관계에서도 자유롭지 않으며, 특히 지배의 상태에서도 자유롭지 않다. 많은 경우 다스림의 기술들은 지배의 조건으로서 사용될 수 있다. 그러나 푸코가 여기서 무엇보다 중요하게 제시하는 것은

---

24) Foucault, "Le sujet et le pouvoir", p.237.

이러한 권력 관계 속에서 다스림의 대상들이 가질 수 있는 자유의 영역이며, 저항의 가능성이다. 또한 이것은 우리의 논의에서 바로 '인정의 정치'의 영역이기도 하다.

따라서 지배의 관계도 늘 자유와 관련되어 있다. 그러나 지배와 자유는 결코 칼로 무 자르듯 선을 긋고 서로 마주 노려보고 대립해 있는 전면전이나 공성전의 모양이 아니다. 오히려 다양한 지배 형태들의 틈바구니 속에서 하나의 개인, 집단 혹은 사회계급들이 그 틈새들을 요리조리 헤집고, 비틀고, 달아나며 저항하는 어디로 튈지 모르는 게릴라전 혹은 이전투구의 그것에 가깝다. 어떤 경우, 자유는 지배가 존재할 수 있는 조건으로 나타나지만, 자유는 또한 그것을 마침내는 한 정지으려는 권력의 실행에 대해 저항할 수밖에 없는 것으로 드러난다.[25] 이러한 권력 관계 속에서 다스리는 자는 완전한 폭력의 단순한 강제적 상태를 지향하지 않는 한, 다스림의 대상들을 자유로운 존재로 인정할 수밖에 없다. 주인과 노예의 메타포를 빌려 말하자면, 노예라 하더라도 쇠사슬에 묶여 있지 않는 한, 노예의 자리를 박차고 달아날 수 있는 가능성을 담지하고 있다. 여기서의 인정의 의미는 주인이 노예가 달아날 권리를 인정한다는 것이 아니라, 노예가 만들어낼 수 있는 다양한 행위들의 가능성을 인정한다는 것이다. 즉 노예가 지배상태

---

25) 다음과 같은 푸코의 주장에 유심히 귀 기울여보자. "권력의 중심 문제는 '자발적 복종' (servitude volontaire)〔어떻게 우리가 스스로 노예가 되기를 원할 수 있는가?〕의 문제가 아니다. 권력 관계의 핵심에는 끊임없이 권력 관계에/를 '도발하는/유발하는' 의지의 말을 듣지 않으려는 고집스러운 성격(récivité)과 자유의 스스로 움직이려는 성격(intran-sitivité)이 있다. 우리는 그것에 대해서 말할 때, 본질적 '대립상태'(antagonisme)에 대해 논하는 것보다는 차라리 '투쟁상태'(agonisme)에 대해 논하는 편이 좋다. 즉 상호유발적이며, 동시에 투쟁적인 관계에 대해서, 혹은 하나가 다른 하나와 맞닥뜨리고 서서 각각이 확연히 편이 갈라진 대립이라기보다는 끊임없는 도발에 대해서 논하는 것이다." Foucault, ibid., p.238.

에서도 자신의 행위의 가능성을 보다 다양하고 풍요롭게 하는 새로운 전략들을 창조해내면 낼수록, 주인이 무력에 의해 상대를 완전히 제압하거나 파괴하지 않는 한, 그에게 노예는 더욱 '다스리기' 까다롭고, 통제하기 어려운 존재로 드러날 수밖에 없다. 요컨대, 자유의 가능성을 인정한다는 것은 자유의 권리 혹은 자유의 가치를 인정한다는 것이 아니다. 자유는 바로 그 개별적 권력 관계의 상황 속에서 개인들이 늘 다양한 가능성으로서 전략적으로 선택하고, 새로운 기술들을 만들어내고, 창조해내는 행위 그 자체이며, 곧 그 가능성의 실천의 영역이다. 한 사회 내에서 모든 법적 권리가 박탈당하고(노예의 예에서처럼), 그 사회 공동체의 구성원들 간에 요구되는 사회적 가치에 의해 무시와 굴욕의 상태에 있더라도(방리유 젊은이들의 경우처럼), 그 현실 속에서 그것에 분노하고, 그것에 맞서 행동할 조금의 빈틈이 있다면, 그것이 바로 푸코가 끊임없이 강조하는 자유의 영역이며, 실천으로서 자유이며, 또한 바로 저항의 가능성들이다. 즉 그러한 의미에서 권력 관계에서의 인정투쟁은 반드시 대칭적 상호인정을 지향하지도, 요구하지도 않는다. 다스리려는 주체와 그 다스리려는 움직임에 대해 비틀고, 벗어나고, 싸우려는 저항의 주체 사이의 관계는 당위적인 차원에서도 '대칭적' 관계의 필연적, 규범적 회복을 전제하지 않는다는 점에서 분명히 호네트와 다르다. 요컨대, 내가 내 삶의 자유로운 주체가 되기 위해서 반드시 그들만큼 인정받을 필요는 없다. 저항은 그 인정의 역학에서의 대칭성에 있지 않다. 오히려 그 비대칭성에 있다. 또한 그 비대칭성을 올곧게 지시하고 그 권력의 실행과 관계의 게임 속에서 저항의 새로운 지점들과 전략들을 새롭게 구성하는 과정은 곧 살펴볼, 개인이 스스로를 주체로 새롭게 구성하고 생산해내는 그것과 다르지 않다. 그러나 그러한 저항을 논하기에 앞서 방리유의 젊은이들이 직면해 있는 '지배상태'에 대해 살피는 것이 순서일 것이다.

### 3) '인정'의 비대칭성 : 죽게 내버려두기, 살게 하기, 그리고 인종주의

우리는 방리유의 젊은이들이 개인의 명예, 혹은 소수집단이자 특정한 문화적 집단으로서의 명예를 지키기 위해 소요의 형태를 통해 국가와 인정투쟁을 벌일 때, 그 관계는 분명 비대칭적인 권리 관계로 드러날 수밖에 없음을 보았다. 우리는 이제 '비대칭적인 인정'의 영역에 들어와 있는 것이다.

한편 푸코가 1976년 콜레주 드 프랑스의 강연(3월 17일자)에서 주권의 전통적인 '죽일 권리, 살게 내버려두는 권리'와 구별되는 생명권력의 '살게 하고(faire vivre), 죽게 내버려두는(laisser mourir) 권리'[26]라는 문제틀을 발전시킬 때, 우리는 그 속에서 '인정의 정치'를 위해 중요하게 사고할 지점들을 본다. 즉 '살게 하고, 죽게 내버려두는' 권력 앞에서 한 개인, 혹은 소수집단은 그 권력이 **그들을 인정하지 않는** 순간부터 헤겔의 명예를 위한 투쟁에서와 달리 서로 목숨을 내건 투쟁의 국면으로 갈 수 있는 가능성 자체가 차단되어 있다. 그러한 지배권력은 싸우지 않는다. 그것은 오히려 싸움의 지점들을 회피하고 은폐한다. 지배의 주체는 더 이상 그녀/그 혹은 그들의 삶을 관리하고 생산해야 하는 장소로 보지 않고 적극적인 관심 대상에서 배제해버린다. 철저히 '죽일 수 있는 권리'처럼 그들의 삶을 파괴하거나 억압하는 것이 아니

---

26) Michel Foucault, *"Il faut défendre la société": Cours du Collège de France, 1976*, Paris: Gallimard, 1997, pp.213~235 ; Michel Foucault, "Droit de mort, pouvoir sur la vie", *Histoire de la sexualité I: Volonté de savoir*, Paris: Gallimard, 1976.

라, 그 지배가 관철되고 있는 사회 '속에서' 그냥 죽게 내버려두는 것이다. 즉 보편적 권리와 법의 대상으로서는 여전히 존재하나, 더 이상 한 공동체 속에서 사회경제적으로 지지되고 관리되고 삶을 북돋아주어야 하는 삶의 대상으로서 **인정받지 못한다**. 반대로 지배권력에 대해 현실적으로 죽도록 내버려진 존재들이 보편적 권리와 법적 존재로 인정된 상태에서 그들이 국가권력을 상대로 인정을 요구할 수단들은 지극히 제한적이다. 하물며 그들이 국가권력을 인정하지 않는 상황은 즉시 국가폭력의 정당한 독점적 권리의 논리가 전면에 나서는 순간이기도 하다. 바로 이 지점에서 우리는 어떻게 국가가 개입된 '통치성'의 권력 관계에서 '다스림'의 주체와 '다스려지는' 대상 사이의 인정 관계의 '비대칭성'이 존재하는가를 사고할 수 있다. 또한 한 사회를 관통하며 지배계급과 피지배계급의 대치를 통해 전면적으로 작동하는 지배의 메커니즘이 아닌, 부분적이고 은밀하게 차별화된 지배상태에 대해 이야기할 수 있을 것이다. 그러한 고유의 지배 메커니즘에는 '포함적 배제', '배제적 포함'의 논리가 자리 잡고 있다. 프랑스에서 방리유라는 특수한 공간에 대해 보다 많은 관리와 지원이 논의될수록 방리유는 갈수록 은밀하게 그러나 견고하게 '경계화'되고, 보다 일상적으로 평등하게 '살아갈 권리'가 주장될수록 그 속의 고단한 삶은 은폐되어가는 오늘의 현실은 단지 우연일까? 이러한 고유의 지배 메커니즘은 우리가 인종주의를 살펴볼 때 더욱 우리의 가시권에 명확히 들어온다.

　　푸코의 경우, '살게 하고, 죽게 내버려둘 권리'가 전통적 주권의 법적 권리, 즉 '죽일 권리'에 덧붙여지면서 생명정치라는 현대의 고유한 권력기술을 구성할 때, 이제 어떻게 권력이 보호되고 관리되어야 할 자기의 공동체 구성원을 죽게 내버려둘 수 있는가 하는 근거를, 또

는 생명체의 연속체로서의 덩어리들을 어떻게 죽일 수 있는 부분과 살
릴 부분으로 구분할 것인가에 대한 잣대로서 생명정치의 연장선상에
서 생물학적 개념의 인종주의를 제시하고 있으며, 그 실천적 형태를
'국가인종주의'에서 찾으며, 그것의 역사적 형태로서 나치즘의 예를
들어 살피고 있다.[27]

그러나 프랑스 방리유 소요의 원인으로 쉽게 떠올릴 수 있는 인종
주의 문제는 그 성격상 보다 복잡성을 띤다. 많은 인종주의의 연구들
이 국가가 과학적 담론을 통해 공식화시키는 이데올로기와 법적·행정
적인 형태로 제도화된 명시적인 '생물학적 인종주의'에서 더 이상 명
시적인 과학적 담론이나 정치적 형태가 아닌 사회적 구조와 일상화된
메커니즘 속에서 자연스레 특정 인종집단을 차별하고 열등화시키는
'제도적 인종주의'를 거쳐서, 마침내 '신인종주의'(néo-racisme), '문
화적 인종주의'(racisme culturel), '인종 없는 인종주의'(racisme sans
race), 끝없이 미세하게 나눈다는 의미에서의 '미분적/차별적 인종주
의'(racisme différentialiste)에 대해 논할 때[28], 관건은 생물학적 인종
주의에서의 인종적 우열의 개념은 사라지고 이제 문화적 구별로서의
'차이의 논리'가 무한히 확장되어간다는 것이다. 즉 이제 프랑스의 마
그리브 출신의 젊은이들은 생물학적 인종의 논리에서 벗어난 보편적

---


27) Michel Foucault, *"Il faut défendre la société"*, pp.227~234.

28) '신인종주의'를 다루는 논의들에 대해서는 다음을 참조하라. Martin Barker, *The New
Racism*, London: Junction Books, 1981; Pierre-André Taguieff, *La Force du
préjugé: Essai sur le racisme et ses doubles*, Paris: Découverte, 1993; Étienne Bali-
bar, "Y a-t-il un 'néo-racismeé'?" *Race, nation, classe: Les identités ambiguës*,
(avec Immanuel Wallerstein) Paris: Découverte, 1988. 한편 인종주의에 대한 간략하
지만 명쾌하고 풍부한 입문서로서는 다음을 볼 것. Michel Wieviorka, *Le racisme,
une introduction*, Paris: Découverte, 1998.

인간으로서, 평등한 시민으로서 모든 평등한 권리를 누린다고 인정되나, 결코 상상으로서 존재하든 사회적 실체로서 존재하든, 프랑스의 고유의 문화공동체와 완전히 섞일 수 없는 본질적 문화의 차이를 늘 담지하는 존재로 드러난다. 또는 프랑스 문화와 이슬람 문화의 혼합의 실패한 결과물로서 이해될 위험에 처한다. 발리바르가 정확히 지적하듯이, 프랑스의 인종주의적 전통의 핵심은 무엇보다 '인권의 국가' 의 문화를 통해 인류를 교육시켜야 하는 보편적 책무를 띠고 있다는 생각에 있다.[29] 따라서 이러한 보편적 인권이라는 문화에 얼마나 동화됐는가 혹은 편입될 수 있는가에 따라 개인, 혹은 집단들은 차별화되고 위계화되며, 그러한 문화에 흡수되도록 요구된다. 한편으로는, 오늘날 신자유주의적 상황에서 보다 우월한 위치를 차지하는 문화는 분명히 '개인주의' 의 형태를 띠고 있다. 즉 사회, 경제적 조건의 불평등 속에서 개인들의 능력과 지위가 '재생산' 될 때, 이제 인종은 없으되 개인들이 속한 문화적 특성이 생물학적 특질과 서로 섞인 채 혼동되어 사용될 때, 방리유 젊은이들은 이중적 신인종주의의 차별화와 서열화의 위험에 노출된다. 따라서 문화화된 '생물학적 인종주의' 와 일상적으로 그것을 '재생산' 해내는 가해자는 없으되 피해자만 있는 '제도적 인종주의', 그리고 끊임없이 그것을 보다 더 세밀하고 다양하게 구별해내는 '신인종주의' 가 복합적으로 중첩되어 나타날 때, 푸코가 말하는 '죽도록 내버려둘' 대상으로서의 방리유 젊은이들은 이제 푸코가 그려 보였던 '국가인종주의' 를 넘어서는 보다 은밀하고 유연한, 그러나 한층 견고해진 '다중적 인종주의' 와 직면할 수밖에 없다. 그러나 늘 보편적

---

29) Balibar, op. cit., pp.37~38.

권리의 주체로서 인정받으면서. 한편, 이러한 인종주의는 호네트의 인정투쟁 이론에 보다 중대한 도전으로 이해될 수 있을 것인데, 그 까닭은 그것 또한 갈수록 인정투쟁 이론과 같은 언어들(가령 보편적 권리, 문화의 다양성, 사회적 가치로서의 개인주의 등)을 뒤섞어가며 교묘하게 구사하기 때문이다. 이러한 끊임없이 변모하는 '다중적 인종주의'의 현실 앞에서 인정투쟁의 규범적 저항의 논리든, 권력 관계 속에서의 전략적 저항의 논리든 그 저항의 범위와 방법들은 보다 풍부하고 다양하게 끊임없이 창조되어야 하는 절박한 요구에 직면해 있다.

### 4) '규범'의 두 얼굴: 규범성과 정상성

우리는 인정의 정치를 사고하면서, 이제 '규범'이라는 문제에 관련해, 어쩌면 호네트와 푸코 사이의 가장 까다로운 질문에 다다랐는지도 모른다. 그러나 그만큼 이 질문이 두 사람의 이론적 난점을 보다 명확히 사고할 수 있게 해준다는 점에서, 한편으론 그들의 투쟁의 전략을 온전하게 이해할 수 있다는 점에서 이 질문은 더욱 중요하다.

우리는 호네트의 인정투쟁 문제틀에 있어서 한 사회를 관통하는 공동의 가치규범으로서의 '인륜성'이 얼마나 중요한가를 수 차례에 걸쳐 살펴보았다. 그의 인륜적 상호인정 속에는 언제나 한 개인의 "모든 상호작용 상대자의 가치 신념들을 일반화함으로써 자신의 공동체에서 집단적으로 설정된 목표에 대한 추상적인 표상"으로서의 "공동으로 공유하는 가치의 지평"이 늘 전제되어 있다. 이 모든 조건과 과정이 가능할 수 있는 가장 기초적인 자아의 내면의 틀을 그는 미드의 사회심리학을 통해 구성해내며, 그 출발점은 바로 미드의 '일반화된 타자'[30] 개념이다. 한 개인은 어린아이 때부터 사회가 요구하는 규칙과 가치와

규범들을 자신 속에 일반화하는 것을 배움으로써 사회의 공동의 행위
규범에 대한 표상에 도달하게 되며, 이때 함께 내면화하는 것이 일반
화된 타자이다. 또한 이 개념 자체가 바로 사회적 행위규범의 심리적
상관물이다. 중요한 것은, 이러한 일반화된 타자에 의해 긍정적으로
인정받는다고 느끼는 개인의 심리적 과정과 '일반화된 사회적 파트너
들'에 의한 사회적 상호관계에서의 긍정적 인정 관계가 부재하거나 훼
손될 때, 한 개인은 온전한 자기의 정체성을 형성할 수도, 유지할 수도
없다는 것이다. 그렇다면 방리유의 젊은이의 예에서처럼 한 번도 올곧
게 스스로의 존재를 그녀/그가 속한 공동체로부터, 또는 일반화된 타
자들로부터 인정받아 본 경험이 없는 개인은 '인정투쟁' 이론의 상호
주관성의 관계 속에서는 스스로를 자주적이고 도덕적 판단능력을 소
유한 온전한 주체로 구성할 가능성을 애초부터 박탈당한다. 즉 어떻게
이러한 이들을 공동체의 긍정적 가치를 자율적이고 창조적으로 수임
할 수 있는 저항의 주체로 사고할 수 있을 것인가 하는 근본적인 문제
가 제기된다 하겠다. 호네트는 사회적 무시의 경험에 지속적으로 노출
된 주체는 계속 자신이 인정받고 있지 않다는 사실을 부정적으로 인식
하게 됨으로써 저항의 실마리를 찾는다고 이야기하지만, 한 공동체가
견고한 사회적 무시의 메커니즘을 지니고, 그것이 특정한 개인이나 집
단에게 지속적으로 작동하고 있을 때, 호네트가 주목하는 것처럼 그러
한 개인들은 병리학적 주체, '아프고 병든' 주체로 드러난다.[31]

---

30) 미드의 '일반화된 타자' 란 주체에 의해 구체적인 사회적 경험의 토대 위에서 획득되고,
내재화된 '다른 자아' (alter ego)의 정형화되고 평균적인 이미지로서, 자신의 행동과 자
신과의 관계에서 끊임없는 준거로 작동한다. George Herbert Mead, *L'esprit, le soi,
la société*, Paris: PUF, 1969.

여기서 푸코의 '규범'에 대한 접근이 개입할 지점이 드러난다. 푸코가 경계하고 비판하는 규범의 모습은 그것이 '정상화'의 과정을 통해, '정상적인 것'(le normal)과 '병리적인 것'(le pathologique), 혹은 '비정상적인 것'(l'anormal)을 구분해내는 권력기제로서 작동할 때이다. 또한 그러한 정상화된 규범이 만들어내는 타자들(호네트의 표현으로, 일반화된 타자든 일반화된 사회적 파트너든)에 대해 종속된 주체, 그리고 그러한 규범에 의해 주어진 자신의 정체성에 스스로를 결박하는 주체를 문제삼는 것이다. 또한 이 지점은 다음 절에서 논의될 '정체성과 주체성'의 문제를 둘러싸고 호네트와 푸코가 마주할 곳이다. 따라서 '권리'이든 '법'이든, '규율'이든 아니면 '도덕'이든, 그것이 규범의 이름으로 제시될 때 어김없이 제기되는 규범의 이중적 측면에 주목하자. 호네트가 '인정의 윤리'와 그것의 가장 핵심에 놓인 '인륜성' 개념을 통해 '규범'이 내포하고 있는 긍정적 가치들의 당위성과 해방적 측면, 즉 '규범성'을 논한다면, 푸코는 '규범'의 긍정적인 얼굴 뒤에 그림자처럼 따라붙을 수밖에 없는 부정성에 대해 논한다고 이해할 수 있으며, 푸코는 그것에 '정상성'이라는 이름을 붙였다.[32]

　호네트의 인정투쟁 이론에 당연히 제기될 수 있는 비판은 그것이 규범성의 논리를 극단으로 밀고 나갈 때, 과연 어떻게 그것에 뒤따르

---

31) 즉, 긍정적 상호인정 관계의 회복으로서의 인정투쟁은 호네트에게 마치 아픈 주체를 '치유'해 건강한 주체로 만드는 과정과도 같다. 호네트, 『인정투쟁』, 227~228쪽.
32) 호네트에게 규범과 그 긍정적 측면의 규범성은 전통적 의미에서 '되어야 하는 것'(devoir-être)의 사회적 총체로서 법, 관습 그리고 사회적 규칙을 포함하는 도덕적·윤리적 당위의 개념으로 이해할 수 있다면, 푸코에게 있어 규율사회와 생명정치의 핵심적 특징으로서 이제 사회를 아우르는 중심적 권력기술로서의 규칙이 '법에서 규범'(de la loi à la norme)으로 옮겨가는 것으로 이해할 때, 규범은 애초에 주권자의 의지의 표현으로서의 법적인 것에서 벗어나 있으며 오히려 삶과 생명으로부터 직접적으로 파생되는 자연적이고 생물학적 규칙에 가까운 것으로 이해될 수 있다.

는 정상성의 문제를 정확히 사고하고 해결할 것인가이다. 우리는 호네트가 이것에 대한 해답을 다양한 가치와 삶의 형태의 인정을 통한 규범의 확장과 발전의 가능성[33], 그리고 그 내용의 다원성에서 찾는다고 말할 수 있다. 그러나 호네트에게 있어 인정투쟁의 출발점이자, 갈수록 확장되어가는 규범적 인정 형태들로부터 도출되는 종착점인 '개인', 갈수록 인정되어야 할 권리와 사회적 가치로 채워지고 충만해져야 하는 '개인'이라는 개념 자체가 그 사회의 지배적 이데올로기들과 결합할 때, 사회적 합의와 동의라는 이름 아래 하나의 정상성으로 작동할 위험은 결코 걷어낼 수 없다.[34] 더구나 푸코가 말하는 정상성은 권리와 가치가 실현된 상황에서도 그 삶 자체에 촘촘하게 파고들어 잔존하는 것이다. 권리와 가치가 다양해지는 만큼 그 정상성도 정상화라는 권력 기제를 통해 더욱 다양해질 수 있다.

푸코의 경우, 규범의 개념은 처음부터 조르주 캉길렘의 생명과 삶과의 관계에서 출발하는 규범의 문제틀[35]에서 파생되고 있다. 따라서 푸코가 생명정치와 정상성을 자연스레 연결시키는 경향과 호네트가

---

33) 사회의 도덕적 규범의 발전을 설명하기 위해, 호네트는 미드의 사회심리학에서 주체의 자아의식의 발달과정에서의 '목적격 나'(me)와 '주격 나'(I)라는 개념을 차용한다. '목적격 나'는 타인이 가진 나에 대한 '상'으로서 일반화된 타자가 요구하는 사회의 가치규범을 내재화하는 자아의 자기경험이라면, '주격 나'는 주어진 가치규범을 벗어나고, 미래에 도래할 '일반화된 타자'를 상정함으로써 새로운 것을 창조하려는 자아의 내적 충동이다. 이러한 '주격 나'는 '목적격 나'와 대립 관계에 있다. 이러한 '주격 나'는 결과적으로 개인이 주어진 가치체계에 저항하는 원동력이며, 사회의 도덕적 발전의 계기를 만드는 것으로 이해되지만, 그것이 오직 개인의 심리적 내면의 무의식적 충동의 수준에서만 설명될 수 있다는 한계는 분명하다. 호네트, 앞의 책, 147; 문성훈, 「인정 개념의 네 가지 갈등구조와 역동적 사회발전」, 『사회와 철학』(제10호), 2005.

34) 발리바르는 다음의 글에서 규범성과 정상성의 이러한 딜레마를 '보편'(universels)의 문제틀에서 잘 보여주고 있다. Étienne Balibar, "Les universels", *La crainte des masses: Politique et philosophie avant et après Marx*, Paris: Galilée, 1997.

푸코에게서 지적하는 규범의 사회적 가치의 지평과 그것에서 파생되는 법/권리적 측면을 그의 논의에서 제외시키는 것도 이러한 흐름의 결과물이다. 푸코의 문제틀에서 우리가 '규범성'이라고 규정한 규범의 긍정성이 사고될 수 있을까? 이 물음은 또한 끊임없이 푸코의 문제틀에 제기되어야 할 일종의 도전이다.[36] 아마 푸코는 이러한 질문에 대해 후기의 문제틀, 즉 실천으로서의 주체화로서의 '자기에의 배려', 삶의 형태로서의 '자기의 실천'이라는 물음 속에서 전혀 다른 저항의 전략을 모색한다.[37] 줄여 말한다면, 사회적 '규범성'으로는 생명정치적 '정상성'에 효과적으로 저항할 수 없다. 오히려 외부에서 주어지는 도덕이나 규범에 의해서가 아니라 정상화시키려는 권력의 전략을 끊

---

35) 캉길렘은 규범을 생명이 만들어내는 대상과 사건에 명시적·암묵적 목적을 위해 하나의 가치를 부여함으로써 생겨나는 결과로 규정한다. 따라서 생명과 삶은 늘 규범보다 앞서 있으며, 삶은 처음부터 비규범적·비정상적이다. 또한 그 목적과 주어진 삶과의 분열을 없애는 것이 정상화의 의미이다. 즉 비정상적인 것은 논리적으로 정상적인 것에서 파생하지만, 존재적으로는 정상적인 것에 언제나 앞선다. 한편, 캉길렘은 규범성을 개별적 생명들이 자신들의 삶의 환경을 변화시키고 구성하는 행위이며, 따라서 새로운 규범을 창조하는 삶의 역능으로 이해한다. 르 블랑은 캉길렘과 푸코의 친화성에도 불구하고, 푸코에게는 정상성의 논리에서 자유로운 새로운 규범의 창조에 대한 지평이 결여되어 있다고 본다. 그러나 우리가 끊임없이 살펴야 할 것은 푸코가 규범성이라고 이름 붙이지 않지만, 결코 제거할 수 없는 '권리'로서의 삶의 생명력을 사고하고 있지 않는가 하는 것이다. Guillaume Le Blanc, *Canguilhem et les normes*, Paris: PUF, 1998.

36) 한편 놓치지 말아야 할 점은 푸코에게 있어서 긍정적인 의미에서의 권리(droit) 개념은 여러 곳에서 발견된다는 것이다. 가령 푸코가 인권을 모든 과도한 권력에 맞설 다양한 개인들로서의 '다스려지는 대상'들이 가질 저항의 권리로 규정할 때, 또는 하버마스의 의사소통 이론의 이상적 성격을 비판하며, 최소한의 지배를 가능케 하는, 권리들의 규칙들과 도덕, 자기의 실천으로서의 윤리에 대해 말하는 것을 보라. 그러나 우리는 또한 푸코의 '권리'에서 외부로부터 주어지는 금지로서의 법 개념은 발견할 수 없다. Michel Foucault, "Face aux gouvernements, les droits de l'homme", *Dits et écrits*, t.IV, pp.707~708; Foucault, "L'éthique du souci de soi comme pratique de la liberté", ibid., pp.726~727.

37) Michel Foucault, *Histoire de la sexualité III: Souci de soi*, Paris: Gallimard, 1984 ; Michel Foucault, *Herméneutique de sujet: Cours du Collège de France, 1981~1982*, Paris: Gallimard/Seuil, 2001.

임없이 교란시키는, 자기의 삶을 스스로 만들어내는 윤리적 실천으로서의 자기의 새로운 '발명'에 있다는 것이다. '규범성을 통한 저항'과 '정상성에 대한 저항'이라고 줄여 말할 수 있는, 평행선을 달리는 듯 보이는 이러한 두 저항의 논리들 사이에서 방리유 젊은이들이 처한 상황과 맞물려 그들이 만들어내는 저항의 거처는 어디쯤일까? 그것은 이제 보다 저항의 실천적 측면을 문제삼는 것이며, 우리가 함께 고민할 '**나는 나를** 그리고 **그들을** 무엇으로 어떻게 인정할 것인가?'라는 질문으로 옮겨가는 것이기도 하다.


## 4. '나/우리'를 어떻게 인정할 것인가?: 정체성과 주체화 사이에서

### 1) 베아스와 방리유 젊은이들

재판장: 사람들은 자기 집에서 자야 하오.

베아스: 내가 잘 집이 있나요?

재판장: 피고는 계속되는 떠돌이방랑자 생활을 하고 있소.

베아스: 나도 먹고 살려고 일하고 있어요.

재판장: 피고는 직업이 무엇인가?

베아스: 내 직업이라, 먼저 나는 적어도 직업이 서른 여섯 가지죠. 그리고 누구의 밑에서 머물며 일하지 않아요. 이미 꽤 오래전부터 내 일거리들로 바빴다고요. 밤에 하는 일들이 있고 낮에 하는 일들이 있는데, 가령 낮에는 지나는 사람들에게 전단지들을 나눠주고, 손님들의 짐짝들을 부리기 위해, 도착하는 역마차들을 쫓아 뛰기도 하고, 거리에서 재주도 부리죠. 밤에는 사람들에게 쇼도 보여주고. 차문을 열어주면서 암표 같은 것들도 팔고요. 나도 꽤 바쁩니다.

재판장: 좋은 집에서 머무르며 교육도 받는 것이 당신에게 좋을 것이오.

베아스: 흥, 좋은 집, 교육. 그거 성가셔요. 아, 그리고, 부르주아, 그거 맨날
　　　　불평이나 해대고, 무엇보다 자유가 없잖아요.

재판장: 피고의 아버지가 야단치지 않는가?

베아스: 아버지 없는데요.

재판장: 어머니는?

베아스: 없어요. 친구도 없고, 자유롭고 아무것에도 구속되어 있지 않아요.
　　　　(2년간의 소년원 구금이라는 판결을 듣고, 잠시 흉하게 찌푸린 얼굴을
　　　　하더니, 곧 쾌활한 기분을 되찾고는) 2년이라, 까짓것 그래봐야 24개
　　　　월밖에 더 되겠어요? 자, 얼른 갑시다.[38]

　　지금 우리는 1840년 프랑스의 어느 법정에 있다. 그리고 '떠돌이
방랑생활'이라는 죄명으로 잡혀온 열세 살 된 베아스라는 이름의 피고
와 재판장 사이에 오가는 대화를 듣고 있다. 19세기 중반의 법정 판결
록에서 푸코가 찾아낸 언뜻 웃음을 자아내게 하는 상황으로 보이기도
하는 이 광경 속에서 백 년이 훨씬 넘는 시공간과 그 구체적인 상황의
차이에도 불구하고, 소년 '베아스'와 현대의 '방리유 젊은이'들은 어
딘가 닮아 있다. 그들의 닮은 꼴이 우리에게 던져주는 이미지는 두 가
지 얼굴을 하고 있다. 하나는 사회 속에서 그들의 삶을 일구어낼 어떠
한 사회적 버팀목도 없는 '결핍된 개인'(individu par défaut)[39]들로서
의 얼굴이며, 다른 하나는 권력기술로서의 정상화의 논리를 효과적으

---

38) Michel Foucault, *Surveiller et punir: Naissance de la prison*, Paris: Gallimard, 1976, pp. 297~298.

39) Robert Castel, *Les métamorphoses de la question sociale*, Paris: Fayard, 1995.

로 교란시키는 '자유를 실천하는 주체' 의 얼굴이다. 두 개의 서로 모순된 얼굴들.

베아스의 예에서, 우리는 사회학자 로베르 카스텔이 '부정적 개인주의' (individualisme négatif) 라고 부르는 사회현상을 발견한다. 즉 사회가 개인이 개인으로서 존재할 수 있는 최소한의 사회적 지지대들(supports sociales) 을 더 이상 제공하지 않을 때, 개인이 사회적 보호체제나 안정적인 사회적 연결고리들(가령 안정적 일거리, 가정적 유대, 자신의 미래설계에의 가능성 등)로부터 떨어져나가는, 우리는 갈수록 '부족한' 개인을 발견한다. 이러한 '결핍된 개인' 은 이제 오직 자신의 '몸' 만이 유일한 자신의 자산이며 연결고리로 드러나는 개인이다. 카스텔은 역사적으로 존재했던, 그리고 지금 존재하는 두 가지 전형적인 예로서, 산업사회 이전 시대의 '떠돌이 방랑자' 들과 오늘날 '방리유의 약에 취한 젊은이' 들을 제시한다.[40]

반면 우리는 베아스의 같은 예에서 동시에 지배에 저항하는 주체의 이미지를 발견할 수 있다. 푸코가 '베아스의 예' 를 자신의 논의 속에 어떻게 위치짓고 있는가를 보자. 푸코는 19세기 서구사회에서 피지배 계급들이 하나의 저항의 전략으로서 구사하는 정치적 소요, 파업과 같은 집단적이고 정치적인 위법행위들(illégalismes) 을, 어떻게 지배계급들이 단순하고 경미한 범죄(délinquance) 라는 카테고리를 만들어냄으로써 그들을 단순한 범죄자로서 변화시키고, 양산해내는가를

---

40) Castel, ibid., p.760. 즉 카스텔은 이들의 예에서 각 시대의 하나의 극단적 한계로서 그 사회의 징후를 읽어낸다. 그리고 그러한 경험들을, 아마도 '과도한 개인' 이라고 불릴 수 있는, '능력에 대한 열광' 과 자기의 온전한 충족의 상태를 위해 자기에 몰입하고 탐닉하는 '자기에 대한 숭배' 의 절대적 개인주의의 대척점에 위치짓는다.

분석한다. 그리고 당시의 이상적 사회주의를 지향하는 푸리에주의자들의 입을 통해 법의 얼굴을 하고 있는 규율과 그것이 만들어내는 정상화의 권력기술에 베아스가 몸으로 체현해내고 있는 불복종(in-discipline)의 삶의 형태가 얼마나 위협적인지, 또는 그러한 정상화의 권력이 그것을 내부로부터 교란시키는 자유에 얼마나 쩔쩔맬 수밖에 없는지를 효과적으로 보여준다.

분명 현대의 방리유의 젊은이들도 이 두 가지의 극단적 이미지를 각자가 처한 상황 속에서 다양한 형태로 갖고 있다. 그러나 우리의 논의에서 중요한 것은 이들의 현실을 결코 이 두 이미지의 극단적 논리 중 하나로만 이해해서는 안 된다는 것이다.

과연 베아스의 예를 통해 당시의 푸리에주의자들처럼 푸코가 어떠한 사회적 규율도 거부하고 최소한의 사회적 지지와 보호에서 벗어나 있는, '문명'(civilisation)에 저항하는 '야생'(sauvage)의 자유를 찬양하고[41], 그것을 통해 지배를 전복시킬 수 있는 가능성을 저항의 전략으로 지지하고 있는가? 오히려 우리가 푸코를 통해 우리가 얻어낼 수 있는 전략은, 개인이 다양한 권력 관계 속에서 자신의 삶을 구성할 수 있는 조건으로서의 최소한의 사회적·경제적 지지대 위에서 과도한 권력기제들에 대해 저항하는, 보다 유연하고 영리한 자유의 주체를 구성해내는 것이 아닌가? 따라서 한 개인이나 집단이 사회에 그러한 최소한의 사회적 버팀목들을 요구하는 것과, 정상성에 의해 생산되는 주체를 거부하고 그러한 권력효과를 거스르며 스스로를 창조해내는 것은 하나를 버려야 다른 하나를 취할 수 있는 관계가 아니다. 차라리 두

---

41) Foucault, *Surveiller et Punir*, p.342.

전략은 서로에게 하나의 필수적인 전제이며 그것을 가능하게 하는 과정으로 드러난다. 또한 공동체에게 그러한 사회적 지지를 요구하는 저항의 '전략'으로서 호네트의 인정투쟁이 보다 적극적으로 사고될 수 있을 것이다.

### 2) 정체성과 주체화, 두 가지의 다른 논리

그러나 한편으로는 우리가 결핍된 개인으로서의 부정적 개인주의로 표현했던 방리유 젊은이들의 현실은, 이제 호네트의 인정투쟁의 문제틀에서 하나의 역설적 상황에 봉착한다. 즉 사회의 지배적 가치에 노출되면 될수록 보다 사회에서 '결핍된 개인'으로 반복해서 드러날 때, 결국에는 자신이 속한 공동체로부터 인정받을 것이 없는 오로지 부족으로만 드러나는 개인, 공동체에게 자신을 인정해달라고 요구할 것이 없는 개인으로, 즉 어디에도 '쓸모 없는 인간'으로 드러나는 상황에 방리유 젊은이들은 노출된다.

그러할 때, 호네트의 인정투쟁이 취할 수 있는 투쟁의 전략은 자신의 개성과 사회적 가치를 '일반화된 파트너'로서의 구성원들에게 다시 인정받기 위해 요구할 수밖에 없으며, 비록 그 형태가 투쟁의 모습을 띠더라도, 결과적으로 사회의 지배적 가치와 어떻게든 타협적 관계를 맺어야만 하는 상황을 그려볼 수 있다. 게다가 호네트는 사회가 개인에게 인정하는 사회적 정체성(한 개인이 사회에서 점유하는 위치를 통해 결정되는 직업, 사회적·경제적 지위, 문화적 특성 등)과 한 개인의 온전히 충족된 상태의 주체성을 명확히 구분하지 않고 혼동되게 사용하는 듯이 보인다. 이럴 경우 한 개인이 사회 내에서 긍정적인 '자리'를 차지하지 못할 때, 그는 즉각 자신이 개인성을 가진 개인으로서도, 주체로서도 인정받지 못한 채 결핍된 개인, 아픈 주체로 드러날 위험에 처한다.

　푸코가 취하는 전략은 여기서 확연히 갈라진다. 앞에서 우리는 오늘날 통치성이 만들어내는 (개인들을, 한편으로는 '인구'의 개념으로 더욱 '전체화'시키고, 또 한편으로는 정상화의 기술을 통해 더욱 '개인화'시키는) 권력 형태의 핵심은 개인을 일상적 삶 속에서 범주화해내고, 정상화된 규범이 만들어내는 자신들의 '정체성'에 묶이게 만드는, 즉 주체의 예속화에 있다는 것을 보았다. 즉 주어진 '자리'에 그들을 주저앉히거나, 그들 스스로 알아서 그 자리에 알맞은 자세로 앉게 만든다. 이러한 권력의 형태에 효과적으로 저항할 수 있는 전략으로서, 무엇보다 정체성에 예속되는 것이 아니라, 정체성을 활용하는 전략들이 있다. 주어진 자리들 사이를 이리저리 빠져나가는, 결코 주어진 자리에 묶이지 않는, 상황에 따라선 그 자리를 걷어내고 바닥에 앉을 수도 있는. 이제 중요한 것은 사회라는 공간을 꽉 차게 메우고 있는, 서로 차지해야 할 자리들보다 그 자리들 사이에 틈틈이 놓여 있는 빈 '공간들'과 '자리들'과의 관계이다. 즉 정체성은 주체와의 일종의 '게임'의 관계에 있다.[42] 이 게임의 이름을 우리는 정체성과의 '거리 두기'라고 부르자. 그러나 이러한 게임은 사회에서 어떠한 유의미한 정체성도 가지지 못하고 여기저기를 부유하는 사회의 '여분'으로서의 게임도 아니며, 또한 정체성들을 극단적으로 거부하고 회피하며, 자기 속으로 침잠해버리는 '자폐증'의 그것도 아니다.

---

42) Michel Foucault, "Michel Foucault, une interview : sexe, pouvoir et la politique de l'identité" in *Dits et Ecrits*, t. IV, p.739.

### 3) 정체성과 '거리두기'

호네트의 인정의 문제틀에서는 한 공동체의 구성원으로 인정받기 위한 조건으로 제시되는 것이 바로 다른 구성원으로부터의 자신의 정체성에 대한 인정이었다. 그러나 우리가 진정 고민해야 할 문제들은 자기 자신의 주체성과 사회적으로 인정받는 정체성과의 **'거리두기'** 에서 찾아야 하지 않을까? 앞에서 살펴보았듯이, 로베르 카스텔이 제시한 '부정적 개인주의' 에서 발견할 수 있는, 역사적 전형으로서의 두 가지 개인으로서의 근대의 '떠돌이 부랑자' 와 현재의 '방리유의 젊은이' 는 그들의 주체화 과정에서 사회적으로 인정된 어떤 정체성들과도 연관 관계를 맺지 못했다. 달리 말해, 그들은 어쩔 수 없이 모든 유의미한 사회적 정체성들과 강제적으로 '거리두기' 를 할 수밖에 없는 상황으로 이해될 수 있다. 반대로, 우리가 이 글에서 어렴풋이나마 그려보고자 하는 주체화의 윤곽은 바로 한 사회, 혹은 공동체에서 개인이 자신의 주체성을 형성함에 있어 자신을 둘러싼 다양한 정체성들과의 **자발적**, 그리고 **주권적** '거리두기' 이다. 여기서 분명히 짚고 넘어가야 할 점은, 부정적인 의미에서든 긍정적인 의미에서든, 한 개인에게 부여되거나, 또는 그 개인이 자발적으로 전략적으로 '생산해내는' 다양한 층위의 정체성들의 사회적 실체를 전면적으로 부정하거나 그 실존적 중요성을 간과해서는 안 된다는 점이다. 더욱이 이러한 정체성들을 사회운동의 차원과 연결시킬 때는 더욱 그러하다. 가령, 노동자운동이든, 여성운동이든, 성적소수자 운동이든, 혹은 반인종주의 운동이든, 운동의 주체들이 집단적으로 그들의 '연대의식' 을 투사하고 집결시킬 어떠한 정체성도 상정하지 않는 사회운동은 상상할 수 없다. 그러나 한편으로는 그러한 정체성의 사회적 실체를 인정하는 것과 그 정체성들이 만들

어내는 당연히 '그러해야 하는' 힘들의 논리를 스스로 내재화하는 것
은 다르다. 즉, '내'가 '노동자'인 것과 따라서 '노동자스러워야 하는'
것은 구분되어야 한다. 또한 '내'가 '여성'인 것과 '여성스러워야' 하
는 것은 엄연히 다른 문제이다. 하물며 방리유의 젊은이들에게 주어지
는 정체성의 게임은 보다 복잡한 모양새를 띤다.

　이러한 맥락에서 방리유의 예를 보자면, 현재 프랑스에서 마그리
브 출신의 이민 1, 2세의 자녀로 태어나 방리유라는 특수한 공간에 거
주하며, 일자리를 찾는 데 어려움을 겪고 있는 '나'에게 사회로부터 주
어질 수 있는 표상과 사회, 문화적 지위와 정체성들('이민 2, 3세', '이
방인', '방리유자르', '청년실업자', '잠정적 범죄자', '깡패', '천민', 혹
은, '억압받는 민중', '인종주의의 일차적 피해자', '사회의 부당한 차별과
배제의 대상')의 존재들을 부정하는 것이 아니라 주체가 선별적으로 정
치적 맥락 속에서 자신에게 주어진 그리고 끊임없이 생산되는 정체성
들을 선택해야 한다. 즉 주체는 정체성들을 아우르고, 그것들을 규범
적 혹은 법/권리의 관계 속에서 결정적으로 '소유'하는 것이 아닌, 언
제나 잠정적으로 '점유'하지만 그 정체성들에 절대 포섭되지 않는 것.
또한 이 과정은 권력 관계 속에서의 자유의 실천으로 이해될 수 있다.
따라서 인정의 정치에서 요구되어야 할 것은 전략적 차원에서의 정체
성의 인정을 넘어서, 궁극적으로 자유로운 주체로서 자신의 정체성을
선택할, 또는 거부할 권리와 그것의 실천적 '가능성'의 공간이다. 다
시 말하자. 인정의 정치에서의 '내가 스스로를 인정한다는' 것은 나에
게 어떠한 '정체성'을 부여하는 것이 아니라, 나를 그러한 정체성과의
긴장의 끈을 늦추지 않는 '주체'로서 인정하는 것이다. 이러한 인정은
주체에 대한 일회적 인정 행위나 그것의 규범적 성격에 있는 것이 아니

라, 권력의 '안'에서 지배상태의 가능성을 늘 인식하며 자기를 스스로 살피는 끊임없는 실천 속에 있다. 한편으로는 그것은 자신을 '다스리는' 과정이지 않겠는가? 또한 그러한 논리를 통해 타자들을 이해하고 대할 때, 그것은 또한 타자들을 '다스리는' 것이 아니겠는가?

## 5. 결론을 대신하며 : 파레지아, 돌멩이가 말을 하다

푸코가 고대 그리스와 로마 시대를 통해서 '자기에의 배려'(souci de soi)라는 문제틀을 발전시키며 그 중심에 위치지었던 것은 스스로를 어떻게 권력 관계 속에 예속된, 복종된 주체가 아닌 실천적 자유의 주체로서 만들어낼 것인가였다. 또한 그는 외부로부터 '금지의 논리'로 주어지는 코드화된 규범으로서의 윤리가 아니라 자기 삶의 방식과 형태를 스스로 고안해내는 실천을 '자기의 윤리'라고 불렀다. 이것은 '나를 다스리는' 것이기도 하다.

특히 방리유와 관련해서 우리가 진지하게 고민해야 할 것은 이제 '타자들을 다스리는' 문제이다. '다른 이들을 다스린다'라는 개념은 분명히 권력 관계이다. 그리고 앞에서 보았듯 이러한 권력 관계는 결코 지배상태나 타자에 대한 폭력의 상황에서 자유롭지 않다. 이제 우리의 관심은 '나'를 그리고 '타자들'을 자유를 실천하는 이로서 인정한 상태에서, 그리고 그 권력 관계가 비록 비대칭적이라 할지라도, 자신에게 주어진 실천적 가능성으로서의 자유를 가지고 어떻게 타자들을 지배의 상태에서가 아니라, 그리고 폭력적 상황을 최대한 억제하면서 '다스릴' 수 있을 것인가 하는 것이다. 우리는 푸코가 또한 이러한 가능성들을 그의 말년에, 특히 콜레주 드 프랑스의 마지막 두 강의[43]에서 고대 그리스 문화에서의 '파레지아'(parrhesia)[44]라는 개념을 통해 끊임없이 모색했다고 이해할 수 있다.

'파레지아'는 다른 이들에게 혹은 자신에게 진실을 '말하는' 행동이다. 먼저 파레지아는 자신의 마음속에 있는 것을 모두 솔직하게 이야기하는 것이다. 즉 듣는 이가 오해 없이 명확하게 자신이 찾을 수 있는 가장 직접적인 단어와 표현을 통해 상대방에게 자신의 생각을 말하는 것이다. 따라서 수사학적인 기술이나 완곡한 표현과 구별된다. 둘째, 파레지아는 '진실'을 말하는 것이다. 파레지아를 행하는 자는 자신이 말하는 진실에 대해 추호의 의심도 없이 진실을 말하는 것이다. 파레지아를 행하는 자의 진실성의 증거는 바로 그의 '용기'이다. 따라서 파레지아는 사변적이고 철학적 진리를 증명을 통해 전달하는 것이 아니다. 셋째, 파레지아는 '위험'을 무릅쓰고 말하는 것이다. 요컨대, 주권자나 독재자는 파레지아를 행할 수 없다. 왜냐하면, 그는 감수할 위험 자체가 없기 때문이다. 넷째, 파레지아는 대화자나 또는 자신에게 지금 당신 혹은 내가 생각하는 것과 행하는 것이 잘못됐다고 '비판'하는 것이다. 또한 파레지아는 비판의 기능을 할 때, 언제나 '아래'에서 '위'로 향한다. 즉 파레지아는 철학자가 군주를 비판하거나 시민이 다수의 시민들을 비판하거나 학생이 선생을 비판할 때 성립된다. 마지막으로 파레지아에서 진실을 말하는 것은 하나의 '의무'로 여겨진다.

---

43) 푸코의 콜레주 드 프랑스에서의 마지막 두 강의, 『자기를 다스림과 타자들을 다스림』(*Le gouvernement de soi et des autres*, 1982~83)과 『참에의 용기』(*Le courage de la vérité*, 1983~84)는 아직 발간되지 않았다.

44) Michel Foucault, "Discourse and Truth: The Problematization of Parrhesia", Six Lectures given at the University of California at Berkeley, Oct.-Nov., 1983. [www.foucault.info]. 이 강의록은 다음의 제목으로 출간되기도 했다. Joseph Fearson(ed.), Fearless Speech, New York: Semiotext(e), 2001.

그러나 누구도 그에게 강요된 것이 아닌, 파레지아를 행하는 자의 '자유'에 의해 진실을 말할 의무를 스스로에게 부여한다. 즉 파레지아는 극단적인 경우, 목숨이 위태로운 위험을 무릅쓰고라도 자신의 자유에 의해 부과된 의무로서 솔직하게 진실을 말하는 것이며, 자신을 혹은 타인들을 돕기 위해 비판하는 행동이다.

방리유로 돌아가자. 과연, 푸코가 자신을 다스리고 또한 타자를 다스리는 자신의 하나의 실천적 형태로서 사고했던 '파레지아'를 통해 방리유 젊은이들이 행한 소요사건을 단순히 폭력의 이미지에서 벗어나 '다르게' 사고할 가능성을 찾을 수 있을까? 고대 그리스의 파레지아의 예들과 달리, 말할 수 있는 '발언'의 수단과 기회가 구조적으로 차단되고 무시된 상황에서 현대의 파레지아를 행하는 이들은 말할 입은 있으되 말할 수 없고, 끓어 넘치는 말할 용기는 있으되 그들의 힘든 현실을 들을 용기 없는 다수 앞에서, 그들이 쥐어든 돌멩이들이 이제 허공을 가르며 대신 말하기 시작하는 것은 아닌가? 불타는 자동차들의 불빛이 그들 대신 귀 막고 눈 가린 프랑스 사회를 향해, 엄혹한 지배의 현실에 대해 일갈하는 것은 아닌가? 그들을 인정하라고. 그 어떠한 논리도 허공을 난무하는 돌멩이와 화염에 휩싸인 자동차의 이미지에서 그 폭력성을 제거하지는 못할 것이다. 그러나 또한 어떠한 논리도 그 이미지 너머, 현대의 '비천한' 파레지아스트들(parrhesiastes)이 전하는 진실은 걷어내지 못할 것이다. 방리유 젊은이들과 프랑스 사회 사이에서 벌이는 '진실 게임'에서, 이제 공은 프랑스 사회로 넘어갔다고 섣불리 이야기하지 말자. 지금부터 진정으로, 방리유 젊은이들에게 공이 넘어갔는지도 모른다. 이제 그들이 '스스로를 다스릴', 그리고 어떠한 형태로든 공존할 수밖에 없는 공동체의 구성원으로서 '타자들을 다스릴' 가능성으로서 말이다. 그들이 실천하고, 결정할 것이다. 이제 '우리들'로 돌아가자.

　　2005년 프랑스의 방리유 소요사건은 분명히 사회적 부정의에 맞선 '인정투쟁'이다. 그러나 무엇보다도 그것은 방리유 젊은이들이 그들 스스로를 하나의 새로운 '무엇'으로 만들어내는 과정이기도 하다. 이 '무엇'은 아직도 정해지지 않은 열린 공간이며 그 공간에 어떠한 '이름'이 들어갈지는 그들이 결정할 것이다. 우리는 그 '이름'들을 정체성이라고 불렀다. 그리고 이름 붙이기의 놀이를 넘어서는, 그 '무엇'이라는 틀 자체에게 우리는 '주체'라는 이름을 주었다. 그리고 그 정체성들과 주체들은 권력 관계에서 벗어날 수 없음도 보았다. 권력 관계 속에서 그것들을 고민할 때, 또한 그 속에서 자유와 그것의 실천, 더 나아가 저항을 고민할 때, 과연 우리의 시야에서 그 실천의 주체들이 가질 수 있는 사회적 권리와 공동체의 규범의 영역이 사라질까? 달리 말해, 우리가 권력 관계에서 저항을 사고할 때, 호네트가 줄기차게 주장하는 규범적 인정투쟁의 측면을 우리의 관심에서 지워야 하는가? 우리의 결론은, 역설적이게도 그러할수록 보편적 권리의 인격체로서의 인정, 그리고 다양한 사회적 가치를 보다 풍부하게 할 수 있는 공동체의 일원으로서의 인정은 전략적으로, 또한 저항의 하나의 가능성의 영역으로 더욱 중요해진다는 것이다. 단, 우리가 머릿속에 구상하고, 실천에 옮기고자 하는 인정투쟁은, 그러한 권리의 주체들이 그것이 거부되는 상황에서는 즉각 상처입은 덜 채워진, '부족한' 주체로 이해될 수밖에 없는, 결국에는 **화해**를 전제하고 그것을 향해 달려가는 대칭적 인정 관계에서가 아니다. 오히려 권력 관계들 속에서, 대칭적 인정 관계까지 포함한 보다 폭넓고, 유연한 비대칭적 인정 관계를 통해 사

고되는 인정투쟁이다. 다시 말해, 우리가 끊임없이 사고하고 실천해야
하는 것은, 비록 상황에 따라서는 폭력적 양상을 동반할지라도, 공동
체와 그 구성원들로부터 '인정된' 사회적 고통의 범주로는 언제나 은
폐되고 누락될 수밖에 없는 고통받는 이들을 위한, 그들 스스로를 끊
임없이 저항의 주체로 만들어내는, **'불화'**를 향해 늘 쉼 없이 달려가는
'인정의 정치'이다.

제2부

# 이민자와
# 외국인 사이

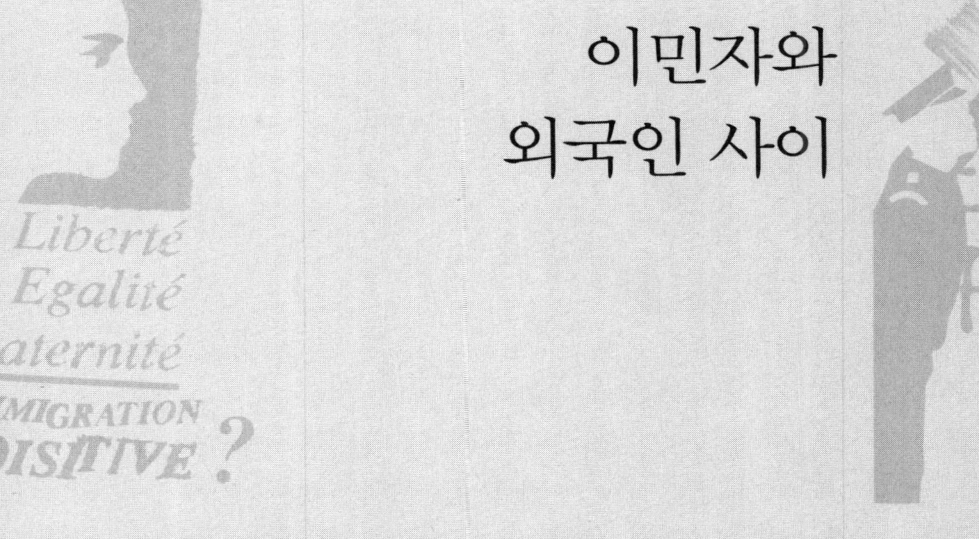

# .5장. 이민과 프랑스 사회의 공존
## — 19~20세기 프랑스 이민사

강진희
(파리 고등사회과학연구원, 사회-역사학)

## 1. 여는 말

프랑스는 유럽 국가 중 가장 오래된 이민의 역사를 가지고 있다. 프랑스 인구학자들과 역사학자들은 현재 프랑스에 살고 있는 인구 중 적게는 1/4 이상, 많게는 1/3 이상이 조부나 조모가 이민자였다는 점에 주목한다.[1] 특히 제라르 누아리엘은 19세기 중반 이래 상이한 문화, 종교, 국적을 가진 수많은 이민자들이 '프랑스의 도가니' 속에서 점차 유전적으로 혹은 문화적으로 융화됐다고 설명할 만큼, 프랑스 이민현상의 역사적 중요성을 강조한 바 있다.[2] 그렇지만 프랑스 이민현상은 1980년대 이전까지만 하더라도 프랑스 사회과학의 독립적인 연구과

---

1) 국립통계청이 제시한 1999년 외국인·이민자 관련 통계에 따르면, 326만 명의 외국인과 431만 명의 이민자가 있으며, 이들은 프랑스 전체 인구 중 약 7퍼센트를 차지한다.
2) Gérard Noiriel, *Le Creuset français: Histoire de l'immigration, XIX<sup>e</sup>~XX<sup>e</sup> siècle*, Paris: Seuil, 1988.

제로서 인식되지 못했다. 단지 '이주노동자'와 같은 개별단위의 연구
가 일부 경제학자나 사회학자들에 의해 진행되는 정도였다. 그러나
1980년대 이후 사회당의 지원으로 이민공동체들이 활성화되면서, 이
민에 대한 역사적 기록들 또한 빠르게 축적됐다. 게다가 1983년 극우
정당[3]이 정치계로 돌아오면서, '프랑스인의 정체성'에 관한 담론들이
생산되기 시작했다. FN은 이민자들이 토박이 프랑스인과 동일한 역사
와 문화를 공유하고 있지 않기 때문에 프랑스 사회에 동화되는 것이 불
가능하며, 역사적 뿌리를 공유한 자만이 프랑스인으로서의 소속감과
정체성을 가질 수 있다고 강조하기에 이르렀다. 이와 같은 FN의 주장
이 1980년대 프랑스 사회에서 정치적인 힘을 얻어가자, 그때까지 이민
현상에 대해 별다른 관심이 없었던 역사학자들 또한 이민현상과 프랑
스 역사의 학문적 연관성을 인식하게 됐다. 이민현상에 대한 연구는
이미 1970년대 이후 프랑스 정치사회학에서 파생된 '정치의 역사적
(분석에 의한) 사회학'(sociologie historique du politique) 같은 연구
분야에서 '정치의 문제'를 사회학적 분석도구를 가지고 역사 속으로
들어가, 논리의 주장을 역사화해 현재와 과거를 잇는 연구의 시도 속
에서 싹을 틔우고 있었다. 1990년대 이후 역사학측은 현재 '문제'가
되고 있는 이민현상을 단기간보다는 장기간의 역사 속으로 들어가 그
'기원'을 추적해 밝혀냄으로써, 사회현상의 역사적 사실의 가치를 조

---

3) Front National(FN). 프랑스 정당 중 하나로서 1972년 장-마리 르팽이 만든 극우노선 정
　당이다. 우리말 번역에서는 대개는 national을 '국민'으로 번역해 '국민전선'으로 칭해
　지지만 민족의 의미가 더 강하다고 판단하는 쪽에서는 '민족전선'으로 번역하기도 한다.
　그러나 현재 FN에서 사용하고 있는 national은 넓은 의미의 국민도 민족도 아닌, 그야말
　로 외국인(보다 구체적으로는 '유럽계가 아닌 외국인') 혐오주의를 드러낼 때의 national이
　므로 이 글에서는 좌우파의 대칭으로 쓰일 때는 '극우'(etrême droite) 혹은 '극우파'로,
　정당을 지칭할 경우에는 FN으로 표기한다.

명하고, 현재에 영향을 끼치고 있는 과거를 어떻게 더 총체적으로 이해할 수 있도록 역사화하는가를 고찰하는 사회-역사학(socio-histoire)이라는 새로운 분야로 발전하게 됐다.[4]

이 글은 이와 같은 이민연구의 연장선 위에 위치하고 있으며, 이민현상의 기원에서 출발해 '이민'이라는 하나의 사회현상과 프랑스 사회가 상호작용하는 과정을 이해하는 것에 초점을 둔다. 다만 2절이 역사적 순서에 따라 진행되는 수직적 성향의 글이라면, 3, 4절은 시간적 추이를 존중하되 각 절의 주제를 이해하기 위한 수평적인 글이라는 점을 염두에 두었으면 한다. 국적법, 비호권, 국가의 행정실무와 같은 이민정책에 관한 주제나 외국인 혐오주의를 다루고 있는 3, 4절의 주제별 연구는 이민자를 다루는 국가의 방식을 설명하고 있기 때문에, 프랑스 공화국의 부정적인 측면이 부각되어 있다. 이민연구의 학문적 의미가 1980년대 이후 낙인찍힌 '이민'의 역사적 가치를 찾아, 기록에서 잊혀지고 있었던 역사적 존재를 현재 온전한 실체로 끌어내는 작업을 진행하는 데 역점을 두고 있기 때문에, 이민이 정치화되는 과정을 담은 3절은 FN을 중심으로 논의가 전개되고 있다는 점을 서두에서 미리 밝혀둔다. 4절의 경우 역시 통합대상에 포함되지 못한 불법체류자의 기원과 그들이 다수로 확대되는 과정을 설명하고 있기 때문에, 이민자를 통합하려는 국가의 정책적 움직임이 미흡한 것으로 비칠 수 있다.

---

4) 이민연구 동향에 관해서는 참고목록은 다음과 같다. Gérard Noiriel, *Introduction à la socio-histoire*, Paris: Découverte, 2006, pp.3~35, 54~86; Yves Déloye, *Sociologie historique du politique*, Paris: Découverte, 2003, pp.3~28; Andrea Rea et Maryse Tripier, *Sociologie de l'immigration*, Paris: Découverte, 2003, pp.21~32. 그리고 다음 책도 참조. Joël Guibert et Guy Jumel, *La socio-histoire*, Paris: Armand Colin, 2002, pp.1~20, 83~102.

그러나 프랑스의 경우 이민자에 대한 통합정책이 따로 있었던 것이 아니라, 1960년대 이후 사회보장의 큰 틀 안에서 주거, 교육, 의료 같은 기본적인 혜택을 받을 수 있었다. 따라서 1990년대 이후 생겨난 '공화국의 통합 모델'이라는 것은 이민자를 합법과 불법의 기준으로 분리해, 사회보장 안으로 편입될 수 없는 대상을 가려내는 데 집중될 수밖에 없었다. 그러므로 이민자의 사회통합을 위한 전반적인 정책에 대한 부분은 다른 차원의 연구를 통해 밝힐 수 있을 것이다.

## 2. 이민주기에 따른 프랑스 이민의 역사

프랑스 이민의 역사는 19세기 중반부터 현재까지, 크게 세 단계의 이민주기로 설명할 수 있다. 이민주기란 대규모 단위의 이민의 시작점으로부터 그 현상이 완전히 소멸되기까지의 일정 기간을 말하며, 주기의 시작점은 산업 발달로 대규모 노동력이 필요하게 된 시점이었다.[5] 이민주기는 1기인 제2제정기(1850~70년: 나폴레옹 3세)를 시작으로, 2기 1920년대(1920~30년)를 거쳐, 3기 제2차 세계대전 이후(1960~75년)로 나눠볼 수 있으며, 이민주기가 끝나는 지점은 1880년대, 1930년대, 1980년대의 경제위기의 영향으로 대규모 노동력의 유입현상이 소멸되는 시점이었다. 그러나 이민주기 전후 일정 기간 동안 이민인구가 증감하고 있는 점을 감안해, 이 글에서는 세 단계의 이민주기를 중심으로 각 주기의 전후 시기까지를 포함한, 보다 확장된 주기의 변화를

---

5) Gérard Noiriel, *Atlas de l'immigration en France*, Paris: Autrement, 2002, pp.12~13; Noiriel, *Le Creuset français*. 특히 3장을 참조하라.

살펴보고자 한다. 따라서 주기별로 대표적인 외국인 유입과 각각의 주기 이후 프랑스 사회의 변화 모습도 함께 관찰해보는 개괄적인 프랑스 이민사를 그려볼 것이다.

### 1) 19세기 중반에서 20세기 초반

프랑스는 19세기 초 유럽에서 가장 인구밀도가 높았던 국가였다. 그러나 19세기 중반 무렵에 이르러 그 규모가 급감하면서, 이웃나라들로부터 이민자들이 오기 시작했다. 1851년 약 40만 명에 머물렀던 외국인 수는 지속적으로 증가해 1890년 전후 약 100만 명을 초과함에 따라, 프랑스는 미국과 더불어 중요한 이민국 중 하나로 떠오르게 됐다. 이민자의 수가 크게 늘어난 제2제정기를 기점으로 본격적인 프랑스 이민의 역사가 시작된다고 볼 수 있다.

초기 이민자들은 지역적 접근이 용이했던 이웃나라 이주민들이었다. 19세기 중반만 하더라도 프랑스 국내를 이동할 때 여행증명서가 요구된 데 반해, 오히려 확실한 경계가 없었던(오늘날의 국경으로 모습이 굳어지기 전), 특히 북쪽과 동쪽 국경지대는 자유로운 왕래가 가능했다. 국경지대에 살고 있었던 이탈리아, 스페인, 벨기에인들은 프랑스를 오가며 계절에 따라 필요한 인력이나 임시직 노동에 종사하게 됐고, 이들이 본국과 가까운 프랑스 국경지대를 중심으로 정착하면서 19세기 말까지 이주민의 규모는 점차 늘어났다. 1901년 실시된 조사에 따르면, 이 같은 지역의 경우 이주민의 수치가 총 인구의 7.5퍼센트 이상을 차지했다. 반면 프랑스 중앙 지역이나 바다와 인접하고 있는 서부 지역, 파리와 같은 대도시를 제외한 국경에서 멀리 떨어진 곳의 외국인 분포는 비교적 낮았다.[6] 그 당시만 하더라도, 대다수의 프랑스인들은 농업과 가내수공업을 국가경제의 기반으로 여기고 있었기 때문에 산업화에 따른 노동 형태의 변화에 민감하게 대응하지 못하고 있었다. 1880년까지도 경제활동 인구의 반 이상이 농업에 종사할 만큼 농업에 대한 의존도가 높았다.[7]

그러나 1880~90년대의 경제위기로 프랑스의 경제구조는 새로운 전환기를 맞이했다. 19세기 중반부터 수입 농산물의 유입으로 공급이 늘어나자 농산물 가격은 계속 하락하는데다, 1863년부터 지역적으로 병충해를 입기 시작한 포도주 재배지의 경우 1890년대에 이르자 피해가 거의 모든 재배지로 확대되면서 농업과 가내수공업을 기반으로 한 프랑스 농촌의 생활수준은 급격히 하락했다. 농촌 지역의 가내수공업은 이미 산업화를 통해 대량생산을 시작한 영국 상품의 대량유입으로 더욱 악화됐으며, 이것은 철도의 발달로 전국적으로 확대되는 경향을 보였다. 이로써 농촌 중심의 경제구조는 금속, 기계 분야 위주의 산업이 발달하고 있었던 프랑스 북부, 북동부, 남동부 지역을 중심으로 활성화되면서 본격적으로 변화했다. 이에 따라 농촌 인구는 산업화된 도시로 점차 빠져나가게 됐고, 도시의 인구는 1866년 30.5퍼센트에서 1906년 42.1퍼센트로 증가했다. 그러나 산업발달에 따른 노동력은 여전히 충분치 못했고, 이농현상으로 기존의 농촌노동력마저도 부족하게 됐다. 이에 국내 노동자가 채우지 못하는 빈자리를 외국인 노동인구로 메우게 되면서, 이민현상의 초기부터 대다수의 이민자들은 노동

---

6) Jacques Dupâquier(dir.), *Histoire de la population française*, t.4: De 1914 á nos jours, Paris: PUF, 1988.

7) Gérard Noiriel, *"Le rôle de l' industrialisation dans la formation du monde ouvrier en France(1880~1980)"*, Conférence SHMC, novembre 8, 1997, p.3.

자 신분으로 고정되는 경향을 띠게 됐다. 1901년 당시 외국인 노동자들의 70퍼센트가 산업이나 가내수공업에 종사하고 있었다.

1890년 전후 100만 명을 넘어선 이주민의 수치는 지속적으로 소폭 증가해, 1911년 인구조사를 기준으로 약 116만 명에 이르렀다.[8] 1900년대 이전까지 벨기에 출신 이주민이 전체의 약 60퍼센트 이상을 차지했다면, 1910년대 이후에는 이탈리아인들이 3분의 1 이상, 벨기에인들이 4분의 1 이상으로, 출신국의 분포에 다소 변동을 보이고 있었지만 대다수 이주민들은 이웃 유럽인들로 한정됐다. 이 시기에는 지역적 근접성에 따른 이동이 많았기 때문에, 국가가 주도해서 이민자들을 유도했다고 보기는 어렵다.

## 2) 1920~30년대

20세기 초까지도 이민인구를 대규모로 받아들이는 국가는 많지 않았다. 대표적 이민국이었던 미국만 하더라도, 1900~10년 사이에 대규모 이민을 받아들인 이후 유입 규모를 통제하기 위해 이미 국가별 이민자의 수를 조정하는 할당제를 도입하고 있었다. 이로 말미암아 이주민들에게 프랑스는 매력적인 이민국으로 여겨지게 됐다. 게다가 프랑스 또한 제1차 세계대전(1914~18년) 이후 전쟁으로 많은 지역이 파괴되고 수많은 사람들이 사망함으로써 인구는 급속하게 감소했다. 전쟁으로 인한 황폐화에 대처하기 위해서는 외국의 값싼 노동력을 끌어와 국가를 재건하는 것이 시급했고, 외국인 유입은 자연스러운 지역적 필

---

8) Marie-Claude Blanc-Chaléard, *Les immigrés et la France XIX<sup>e</sup>-XX<sup>e</sup> siècle*, Paris: La documentation Française, 2003, p 3.

요에 의한 이주의 성격을 넘어 국가가 관리해야 하는 성격으로 바뀌었다. 이에 따라 이민자 본국과 프랑스 양국 간의 협정이나 특정노동의 계약들이 체결됐고, 과거의 무분별한 임금협상에서 벗어나 임금과 노동조건을 구체적으로 정하기 시작했다. 이민을 원하는 외국인 노동자들에게 프랑스 정부는 노동증을 발급해, 색깔에 따라 산업종사 노동자와 농업종사 노동자를 구별하게 됐다.

이에 외국인 노동자 모집을 위해 국가의 지원을 받아 자영업자들이 주축이 된 이민총협회(Société générale d'immigration)라는 사설 기관이 만들어졌다. 1920년대에는 1기 때 없었던 동유럽 국가의 이민자들이 유입됐으며, 이들은 주로 이민총협회를 통해 모집됐다.

프랑스 정부가 친선우호 국가인 폴란드와 협정을 맺게 되자 이민총협회는 폴란드 이민자들을 모집해 농촌이나 광산으로 보냈다. 특히 북동부 루르 지역의 경우에는 이민자들과 그들의 가족이 많이 살게 되면서, 그 지역 노동자 중 외국인의 분포가 70퍼센트를 넘기도 했다. 1921년에 약 5만 명에 머물렀던 폴란드 이민자 수는 10년 사이에 10배 가까이 급속하게 늘어 1931년에는 약 50만 명에 달했다. 남부쪽 이탈리아 이민자의 수 또한 배로 증가해 1931년에 약 100만 명에 이르렀으며, 1기와 마찬가지로 전체 이민자 수의 약 3분의 1 정도를 차지했다. 전체 외국인 수의 양적 증가로 1931년 당시 이민자 수는 약 270만 명에 이르렀다.[9]

그러나 1920년대 지속적으로 증가한 외국인 노동자들은 1931년 세계 경제공황으로 프랑스 경제가 혼돈상태에 빠지게 되면서 실업의

---

9) Noiriel, "Atlas de l'immigration en France"; *Le Creuset français*, p.13.

주범으로 지목됐다. 1932년 농업 부문을 제외한 거의 모든 분야에서 외국인 노동자 유입을 제한하는 법이 상정됐고, 노동허가증이 없는 외국인 노동자들은 추방 대상이 됐다. 이들을 추방하기 위한 전용 열차 칸이 마련되어 적지 않은 수의 폴란드 노동자들이 프랑스를 떠나야 했다. 전례 없던 이런 추방 조치를 계기로 1936년 이후 노동허가증[10]은 외국인이 프랑스 국내에서 노동을 할 때 없어서는 안 될 필수요소가 됐다. 이와 같은 위기상황은 경제적인 성격에만 머무르지 않고 정치적으로도 영향을 미쳐, 외국인들 때문에 국내 상황이 혼돈에 빠지게 됐다는 내용을 담은 구호들이 퍼져 나갔다. '프랑스는 프랑스인에게', '외국인을 추방하자'와 같은 극우파의 선동은 외국인 혐오증으로까지 발전해 극우파의 정계입문에 정당성을 제공하는 계기가 됐다.[11]

1930년대 외국인 유입을 막고 노동허가증이 없는 이민자들을 추방하는 여러 가지 법안이 구체화됨에 따라, 외국인 수는 점점 감소했

---

10) 노동허가증은 외국인이 프랑스에서 노동할 자격이 있음을 증명하는 증서로서, 과거에는 노동허가증이라고 칭하지 않았으며, 외국인의 '신분증'(Carte d'identité)에 '노동자'(travailleur)라고 명시되어 있는 외국인만이 노동을 할 수 있다는 규정이 있었다. 외국인의 노동 허가에 관한 규정은 외국인 체류에 관한 규정이나 국내 노동시장 보호에 관한 법에서 언급됐다. 1893년 프랑스의 외국인 체류와 국내 노동보호에 관한 법과 1899년 국가의 이름으로 승인된 사업장의 노동조건에 관한 법(공공시설과 같은 공적 영역의 사업장에서 내국인을 우선적으로 고용해야 함을 명시함)의 미비점을 보충해, 1926년 8월 11일 처음으로 외국인 노동허가에 관한 법이 가결됐다. 이주노동자 중 농업종사 노동자들은 일정 기간이 지난 후 산업노동자가 되는 일이 잦았기 때문에, 1930년대 경제공황 이후 내국인 노동자들을 보호하기 위한 규정들은 더욱 구체적으로 정해지게 된다. 1932년에서 1936년까지 난항을 겪었던 이주노동자들의 노동 분야는 1936년 행정구역(도 단위)별, 직업별, 분야별로 수를 할당하는 선에서 마무리됐다. 그러나 농업 분야만큼은 이주노동자들의 유입을 막는 규정이 정해지지 않았다. 왜냐하면 내국인 노동자들이 약소한 보조금에 의존할지언정 농업 분야에는 종사하지 않으려고 했기 때문이었다. 1889년 국적법과 함께 이주노동자들의 노동허가에 관한 규정 또한 프랑스의 제3공화국 때 기반을 갖춘 형태이다.
11) 이 글의 3절 중 "외국인은 본국으로 돌아가라" 부분을 참조하라.

다. 1931년 약 270만 명에 달했던 외국인 인구는 제2차 세계대전 직후
인 1946년에는 약 170만 명까지 감소하게 됐다.

### 3) 제2차 세계대전 이후~1970년 중반

제2차 세계대전 이후 1945년부터 1975년까지 프랑스는 경제 부흥기
를 맞이하게 됐고, 이 시기를 '영광의 30년'(Trente glorieuses)이라고
부른다. 1946년에서 1954년까지 큰 변화를 보이지 않던 외국인 인구
의 증가는 제3기에 들어 차츰차츰 빨라져 1980년도 초반까지 괄목할
만큼 증가했다. 제2차 세계대전 이후 약 170만 명 미만까지 떨어진 외
국인 수는 1975년 약 340만 명을 기록하게 됐다.

3기의 특징으로는 이탈리아, 스페인, 폴란드 이외에 과거 프랑스
식민지 국가의 이민자들의 출현을 들 수 있다. 이들은 대부분 북아프
리카, 즉 마그리브 지역 출신으로 아랍계 이민자들이었다. 알제리 독
립전쟁 이후 대규모로 들어온 알제리 이민자를 비롯해 모로코와 튀니
지를 포함한 마그리브 이민자의 수는 1946년 2.3퍼센트에서 1975년
35퍼센트로 급증했다. 그렇다고 해서 유럽계 이민자의 수가 줄어든 것
은 아니었다. 1975년을 기준으로 프랑스 외국인 인구의 61퍼센트를
유럽계 이민자들이 차지했으나, 이들의 구성에는 다소 변동을 보인다.
이탈리아 이민자 수는 감소한 반면, 스페인 이민자의 수는 약간 증가
했고, 1931년 2퍼센트에 지나지 않았던 포르투갈 이민자가 급증해
1982년에는 20.8퍼센트에 달하게 됐다.

유럽계 이민자들의 경우, 제2차 세계대전 이후 전쟁의 후유증을
잊고 하나된 유럽을 건설해보려는 유럽 국가들의 움직임에 따라 경제
공동체가 조직되면서 연합국 간의 자유로운 왕래가 가속화됐다. 이러

한 자율성은 노동시장에까지 영향을 미쳐 유럽계 이민자들은 기존의 이민자 테두리에서 점점 벗어나게 됐다.

그러나 제2차 세계대전으로 파괴된 도시와 공장을 재건해야 하는 프랑스 정부로서는 광산, 철강, 화학 등 노동집약도가 높은 중공업에 종사할 수 있는 값싼 외국인 노동력이 절실히 필요했다. 2기 때 정부의 도움을 받은 사설 이민총협회가 대규모 단위의 이민자를 모집하고 관리했다면, 3기 때는 국가가 직접 나서 이민자의 모집과 계약을 관할했다. 이에 대한 제도적 방편으로 1945년 프랑스 정부는 현재까지 존속하고 있는 국제이주국의 전신인 '이민국'을 창설하게 됐다. 국가는 노동시장에 필요한 수만큼의 이민자를 엄격하게 선발하고 모집해 국내시장을 보호할 수 있고, 외국인 노동자들에게는 경제성장을 통해 개선된 노동조건을 내국인 노동자처럼 똑같이 보장받게 할 수 있다는 점을 들어, 국가의 외국인 통제와 관리의 정당성을 확보하려고 했다.

그러나 이민국의 주장이 설득력을 얻기에는 구조적인 문제가 너무 많았다. 프랑스 식민지였던 알제리의 경우, 이미 1946년부터 이들의 이동이 자유로웠고 이듬해인 1947년 9월 20일부터 알제리인들은 식민국 출신이지만 프랑스 국적을 가지고 있었기 때문에 이민국의 통제 밖에 있었다. 게다가 1962년 알제리 독립 이후 '에비앙 협정'[12]을 통해 이러한 특권은 계속 유지되고 있었고, 이는 점차 과거 프랑스 식민국 전체로 확산 적용됐다. 이 조치에 따라 많은 식민국들이 혜택을

---

12) Les Accords d'Evian. 1962년 7월 프랑스와 알제리 양국 간의 자유왕래 원칙을 조인한 협정. 프랑스 정부로는 식민지 시절 알제리에 살고 있었던 프랑스인들이 자유롭게 본국으로 귀국할 수 있도록 만든 조치였으나, 실질적으로는 알제리 이민자들이 프랑스로 자유롭게 왕래할 수 있는 기회가 된 셈이었다.

보게 됐는데, 대표적으로 말리와 세네갈을 들 수 있다. 이와 같은 과거 식민지국에 대한 특혜조치는 이민자 유입 시기에 노동시장에 원활한 수요를 공급할 수 있는 방편이었지만, 경기침체 시기에는 오히려 통제 조치로 대체됐다.[13]

이와 같은 구조적인 문제 이외에도 노동력이 절대적으로 부족했던 프랑스 노동시장의 실제 상황에서 연출되는 광경을 살펴보면, 이민국을 통한 합법적 경로 이외에 외국인 인력모집회사가 모로코를 비롯한 이민자 출신국으로 직접 가서 이들을 모아온다든지, 정치적으로 민감한 스페인의 경우는 아예 스페인 국경에다 사무실을 설치해 이민을 종용한다든지, 아니면 노동증이나 계약서 따위를 중개업자를 통해 불법적으로 위조하는 등 여러 가지 다양한 모집 방법이 성행했다. 1968년 이후, 이민국은 외국인 노동자 모집 기능을 거의 상실하고 통제의 역할만을 수행하게 됐다.

영광의 30년 동안 지속된 경제 부흥기는 1973년 전 세계에 불어닥친 경제공황으로 막을 내리게 됐다. 대규모 단위의 이민자를 모집하는 합법적 이민경로가 차단되어 공식적인 외국인 노동자 모집은 중단됐다. 3기가 끝나는 시점부터 현재까지는 약 30년 동안 이민인구 차단 시기로써, 공식적 대규모 경제이민은 차단됐지만, 정치난민, 결혼이민, 가족재결합에 따른 입국은 허용되고 있다.

3기 때 대규모로 유입된 신생 이민자들이었던 마그리브 이민자들

---

13) 알제리인에게 해당되는 사항으로, 경제 번영기 때 그들에게 취해진 우호적 조치는 1973년 이후 공식적 이민 루트가 차단되면서 통제의 조치로 바뀌게 된다. 1994년 축소된 국적법과 가족재결합정책의 최대 피해자로(4절의 "체류권을 둘러싼 투쟁" 부분 참조), 1998년 난민정책 중 귀국을 전제한 일시적인 보호 형태(4절의 "정치난민과 비호권" 부분 참조)의 수혜자로서 이들에 대한 강력한 통제조치들이 단행됐다.

의 경우, 대부분 본국에 가족을 남겨두고 이민 온 독신남성 노동자들이 많았다. 1973년 이후, 대규모 노동인구 모집은 더 이상 없었지만, '가족재결합정책'(Le regroupement familial)에 따라 이들의 가족은 합법적으로 프랑스에 입국할 수 있었으므로, 마그리브 이민자들 중 특히 여성과 아동이민자가 증가했으며, 그들 중 알제리인이 가장 많았다. 그러나 1980년대 이후, 합법적인 경로들도 적용대상을 좁혀 나가면서 입국자의 범위를 축소해가고 있다(4절 참조).

앞에서 살펴보았듯이, 19세기 중반부터 나타난 프랑스 이민의 역사는 세 단계의 이민주기를 거치면서 필요할 때 이민자들을 국내로 불러들여 경제활동인구를 유지하다가 국내시장에 위험신호가 생기면 경로를 차단해버리는 형태로 만들어졌다. 이처럼 경제부흥기 때 내국인으로 충족시키지 못하는 노동인구의 공백을 이미 19세기부터 외국인으로 메워갔고, 내국인이 원하지 않는 일자리를 외국인에게 권유하는 방식이 구체화됐다. 반면, 경기침체 시에는 실업, 치안불안 같은 사회적 위기의 원인들을 외국인에게 전가시키면서 이민정책의 보수화로 이어지는 경향을 띤다. 결국, 이러한 원칙은 프랑스 노동시장을 경영하는 중요한 밑거름이 됐다.


## 3. 이민의 정치화

대규모 이주노동자들의 유입은 경제 호황기 때 환대를 받았지만, 1880년대, 1930년대, 1980년대의 경제공황을 거치면서 외국인에 대한 적대적인 담론이 만들어지는 중요한 계기가 됐다. 드레퓌스 사건이 있었던 1880년대, 비시 정부가 세워지기 전인 1930년대, 극우 정당들의 선전으로 외국인에 대한 혐오가 절정에 달했던 1980년대는 경제위기와 함께 사회적 변화가 동시에 충돌하는 시기였다. 여기서 형성된 담론을 들여다봄으로써 외국인 혐오증의 원인을 찾아보고, 이민자들의 사회적 통합을 불안하게 만들었던 극우파의 등장이 여론 형성과정에 어떠한 영향을 주었으며, 그들이 어떻게 정치적 정당성을 확보해갔는지도 함께 살펴볼 것이다. 이에 앞서, 이러한 분위기 속에서 대부분이 이주노동자들이었던 이민자들이 어떠한 공적 공간을 통해 프랑스 사회와 소통할 수 있었는지에 대해서도 알아볼 것이다.

### 1) 이주노동자의 인정 공간: 노동운동과 프랑스공산당

대다수 이민자들은 산업화를 계기로 유입됐기 때문에 이들에 대한 사회적 인식도 일시적인 노동력을 제공하는 조력자로 국한됐다. 1980년대 이전까지만 하더라도 이민자는 이주노동자로 이해됐고 이것은 이들을 통제하는 실질적인 행정 수단에까지 영향을 미쳤다. 따라서 프랑스는 19세기 말부터 이미 노동증이나 노동계약서를 구체적으로 정비하게 됐고, 이와 같은 행정경로에 따라 이주노동자들을 중공업이나 농업 분야와 같은 노동력 부족 분야로 몰아넣을 수 있는 체계를 구축할 수 있었다. 이민자에 대한 관료적 경영 방식은 내국인으로 해결될 수 없었던 노동시장의 구조적 문제를 해결함으로써 프랑스 경제에 유연성을 제공해줬다. 이민인구의 유입이라는 극단적 처방에 따른 노동체계는 내국인 노동자와 외국인 노동자를 구조적으로 차별할 수 있게 했고, 내국인 노동자는 숙련공 또는 안정적인 일의 상위급으로, 이주노동자들은 비숙련되고 불안정한 일인 하위급의 노동을 하는 것으로 나뉘게 됐다. 이주노동자들은 생산성이 가장 높은 연령층인 20세에서 40

세 남자가 대부분이었고 단순직종에 집약되어 있었던 만큼 노동자층을 제외한 관료나 사업주와 같은 직업적 우위 그룹에서 외국인은 매우 한정적으로 나타났다. 이처럼 이민자들의 활동영역의 불평등 구조는 노동자층 안에서도 존재해, 이민자들은 가장 낮은 임금을 받으며 위험 수위가 높은 중공업, 광산, 건설 같은 분야에 집중되어 일했다.[14)]

또한 이민자들은 내국인이 아닌 외국인이었기 때문에 국가가 보호해야 하는 시민의 범주에 속할 수 없었다. 따라서 내국인에게 보장된 사회보장법에서 제외됐고, 1898년 산업재해에 관한 법이나 1910년 농민노동자에 관한 연금법의 혜택, 1932년 시 단위에서 행해진 소액의 연금도 받을 수 없었다.

게다가 프랑스는 공화주의 원칙에 따라 인종이나 종교에 기반을 둔 공동체를 통한 정치활동이 엄격히 금지되어 있었기 때문에, 이주노동자들이 겪어야 했던 산재[15)]와 실업[16)] 같은 현실적 고통은 이주노

---

14) 프랑스 활동인구 중 이주노동자들이 차지하는 비율은 10퍼센트를 넘지 않았으나, 이들이 종사했던 분야는 공업, 건설, 농업 분야와 같은 육체노동의 강도가 높은 단순노동과 비숙련 분야에 집약되어 있었다. 19세기 섬유산업의 본격화로 제2제정기 때부터 프랑스 북부 지역인 루베를 중심으로 제사 공장들이 자리를 잡았는데, 이곳에서 필요한 노동력이 플라망계 벨기에 이주민들로 채워지는가 하면, 양차 세계대전을 거치면서 자동차 산업에 필요한 생산 라인의 이주노동자들은 저임금과 단순구조의 노동 형태를 담당하게 됐다. 육체적 힘이 많이 필요한 대규모 공장, 공사판, 광산 혹은 농촌의 단순노동과 같은 비숙련 노동도 이주노동자의 몫이었고 서비스 산업, 즉 수위, 관리인, 집안일을 도와주는 하인과 같은 일자리는 여성 이주노동자의 몫이었다.

15) 1920년대부터 산재에 대한 통계가 발표됐다. 1927년에 발표된 '하루 이상의 휴무가 필요한 노동사고에 대한 보고서'에 따르면, 프랑스인의 경우 27퍼센트에 그친 데 반해 외국인의 경우는 47퍼센트에 달했다. 노동 분야 중 외국인 노동자가 다수를 차지하고 있었던 1930년대 로렌 지방의 철강 산지나 제2차 세계대전 이후 건설과 공공시설 공사장에서 일했던 이주노동자들은 독성 연기나 비위생적인 근로환경으로 인해 치명적인 사고를 입는 비율이 높았다. 68운동을 기점으로 외국인 노동자의 권리를 존중해야 한다는 움직임이 일어나 1980년대 이후에는 노동조건이 많이 개선되긴 했지만, 여전히 대부분의 직업군에서 외국인 노동자는 내국인 노동자와 차별된 근로조건에 처해 있다.

동자 개인의 몫으로 남겨지게 됐다. 이러한 상황에서 노조와 프랑스공산당은 제한적이나마 이민자들의 이익을 대변해줄 수 있는 사회적 공간으로서 중요한 역할을 할 수 있었다.

그러나 초기 이주노동자들의 노조활동에는 어려움이 많았다. 외국인 노동자들의 노동조합을 통한 정치적 활동이 법적으로 금지되어 있는 데다, 기존의 내국인 중심의 노동운동에서 신생 외국인 노동자가 자리를 잡는 것도 쉽지 않았다. 게다가 이주노동자들은 노동조건을 개선하거나 임금협상을 통해 노동의 질을 향상시키는 문제보다 오히려 새로운 환경에 적응하고 빨리 많은 돈을 버는 것이 더 시급한 과제였기 때문에 실질적으로 노동조합을 중심으로 단결해 노동운동을 하는 데는 한계가 있었다.

그럼에도 불구하고 일부 이주노동자들은 노동조합의 연대활동에 활발하게 참여하기도 했다. 1924년 제3인터내셔널의 결정에 따른 공장 단위를 중심으로 한 당 조직 개편으로 이주노동자들과의 연대활동이 강화되는 경향이 나타났다. 특히 광산, 철강, 화학과 같은 중공업에 속하는 산별조직에 따른 노동조합이나 단일산업, 기계제조산업이 집약적으로 이뤄지고 있었던 북부 산업지대, 남부, 리무쟁과 같은 산업 발달 지역의 경우, 프랑스공산당과 밀접한 연관을 가진 통합노동총연맹(CGT-unitaire, CGTU)을 중심으로 외국인과 내국인 노동자의 차별

---

16) 내국인이라고 해서 실업에서 해방됐던 것은 아니지만, 외국인 노동자들의 불안은 더 컸다. 경제공황 때마다 가장 선두에서 실업의 고통을 받은 층은 외국인 노동자였다. 1930년대 이들은 실업급여 수급 기초 대상자에도 해당되지 못했고, 일자리를 상실했을 경우에는 더 이상 체류증을 발급받지 못하거나 본국으로 돌아가도록 강요받았다. 또한 그 당시 이주노동자들은 공식적인 실업통계에조차 포함되지 못했으므로 외국인 실업률을 평가할 정확한 잣대도 없었다. 1970년대 경제공황 이후 내국인이나 기존 이민자조차도 실업을 극복하기가 힘들었던 만큼 신생 이민자들은 말할 것도 없는 상황이었다.

철폐를 강조하는 볼셰비키적 노동연맹의 정책이 외국인 노동자들 사이에서 호응을 얻었다.

철강 산지였던 로렌 지역은 프랑스공산당과 이주노동자의 긴밀한 관계를 보여주는 좋은 예다.[17] 그 당시 이주노동자의 권리에 대해 사회가 고민하는 분위기도 아니었고, 선거에 민감할 수밖에 없었던 정당들은 사회에서 외면당하고 있었던 외국인 노동자의 목소리에까지 귀를 기울일 여유가 없었다. 그러나 프랑스공산당은 이데올로기적 차원이 아닌 이민자들의 고유한 문화를 존중하는 것에 중점을 두어, 그들의 모국어로 된 신문을 발간하고 축제를 열어 문화적 가치를 존중해줌으로써, 이민자들을 당이 주관하는 프로그램에 집단적으로 동원할 수 있었다. 이를 통해 로렌 철강 지역의 이탈리아 노동자들은 공산당이 제공하는 문화적 모임을 계기로 사회적 유대 관계를 형성해갔다. 맑스의 이론을 공유한다거나 정치적 노선에 가담하는 것이 아니라, 프랑스공산당은 그들의 집단적 정체성을 존중해 주고 그들의 요구사항을 표현할 수 있는 사회적 장을 마련해줬던 것이다.

프랑스공산당을 통해 사회적 소속감을 가졌던 로렌 지역의 이탈리아계 노동자들의[18] 노조활동은 이민 2세대로 넘어가면서 본격화됐다. 고용주들은 고용의 안정성을 유지하기 위해 이민 2세대들이 노동자로서 정체성을 찾길 원하고 있었고, 이민 2세대들 또한 숙련된 노동

---

17) Serge Bonnet, *Sociologie politique et religieuse de la Lorraine*, Paris: Armand Colin, 1972; Gérard Noiriel, *Etat, nation et immigration: Vers une histoire du pouvoir*, Paris: Belin, 2001. 특히 8장 참조.

18) 그러나 마르세유의 이탈리아 이민자들은 사회당 노선을 따라가기도 했다. Noiriel, ibid., p.217; Anne Sportiello, *Les pêcheurs du vieux-port: Fêtes et traditions de la communauté? des pêcheurs de saint-Jean*, Marseille: J. Laffitte, 1981.

계급인 데다 선거권을 가지고 있는 프랑스 시민이었기 때문에 선거에 직접적인 영향을 미칠 수 있었다. 따라서 선거인 명단에서 이탈리아계 성이 많아지면 공산당을 지지하는 표가 상승할 정도였고, 당의 고위간 부 또한 이민자 집단에서 나오게 됐다. 이처럼 프랑스공산당은 이주노 동자와 함께 성장의 토대를 마련할 수 있었고 이민 2세들은 당의 연속 성에 결정적인 역할을 했다.[19]

이와 같이 이민 2세들이 활발하게 노조활동을 한 배경에는 프랑 스 사회에 만연해 있었던 외국인 혐오증에 저항할 수 없었던 부모세대 의 고통을 2세들 스스로가 희망으로 바꾸고자 했던 노력 또한 작용하 고 있었다. 억압적인 환경 속에서 자란 2세들은 자신들이 외국인이라 는 태생적 한계가 있다는 사실을 일찍부터 자각하게 됐고, 이는 사회 에 동화해 소속되고 싶다는 갈망으로 이어졌다. 따라서 이민 2세대들 은 그들의 권리를 법적으로 온전한 '프랑스인의 자격'으로 지켜나가기 시작했다. 이들은 공산당과 노조에 적극 가입해 자신들의 노동조건을 향상시키고 임금을 협상함은 물론 공장이나 광산의 폐쇄 등도 막을 수 있었다. 이렇게 이민 2세를 중심으로 형성된 이민과 프랑스공산당과의 관계는 더욱 밀접해졌다. 이민자들 자신이 공산당 내부로 깊숙이 들어 가 주체적으로 프랑스공산당을 만들어감으로써, 그들의 정치적 정체 성을 확보해갔다. 이렇게 프랑스공산당은 이민자집단을 사회의 한 구 성집단으로 인정해줬고, 그들의 사회적 동화와 이탈의 공적 공간을 확 보하는 데 발판이 됐다.[20]

---

19) Ralph Schor, *L'opinion française et les étrangers 1919–1939*, Paris: Publications de la Sorbonne, 1985. p.218.
20) Noiriel, op. cit., p.218.

## 2) '외국인은 본국으로 돌아가라' : 극우와 프랑스 사회의 우경화

인종주의나 유대인 혐오주의와 같은 외국인을 향한 혐오증은 서구 역사에서 끊임없이 제기된 것이었다. 그러나 과거 이러한 혐오증이 정치적 공간에서 공론화되는 것에 한계점을 가지고 있었다면, 1880년대, 1930년대, 1980년대 프랑스의 경제위기로 내국인의 실업 문제가 불거지자, 정치인들과 언론인들은 국내의 경제위기와 외국인 문제를 공적 투쟁의 장으로 만들었다. 따라서 외국인에 대한 '담론'이 생성됐고 이는 이들에 대한 혐오감을 부추기는 데 기여했다.

외국인에 대한 적대적 인식은 제3공화국 초기부터 정당들의 출현을 통해 싹을 틔우고 있었고, '불랑제주의'(boulangisme)[21]는 중도우파로 하여금 자유주의에 기초한 원칙에서 벗어나 국가 보호주의로 선회할 것을 종용했다. 이에 더해 드레퓌스 사건으로 유대인 혐오증이 극에 달했던 19세기 말, 신문의 등장과 함께 사건에 대한 정보들은 대중에게 급속하게 퍼져나갔다. 드레퓌스의 무죄를 옹호하는 지식인집단과 그가 유대인이라는 점을 강조해 외국인에 대한 혐오감을 부추기는 극우 집단이 대립하게 됐다. 이 사건을 계기로 언론은 정치적 사안을 두고 논쟁하는 본격적인 대중적 담론 형성의 장이 됐다.

1930년대와 1975년 이후 신문이 이민에 관해 다룬 주제만 보더라도 경제공황과 이민자의 상관 관계의 유사점을 발견할 수 있다. 경제번영기 때 거의 다루지 않았던 외국인 관련 주제들이 1면 머리기사로

---

21) 1886년 조르주 불랑제 장군을 중심으로 제3공화국의 전복을 기도한 정치운동이다. 공화주의자들에 대항한 민족주의자들과 반(反)의회주의자들이 모여 결성한 불랑제주의는 1871년 프로이센-프랑스 전쟁에서 승리한 독일에 대한 복수, 헌법개정, 왕정복고의 세 가지 원칙을 내세웠다. 1889년 불랑제가 자살함으로써 불랑제주의는 막을 내리지만, 불랑제주의가 프랑스 민족주의에 끼친 영향은 매우 컸다.

다뤄졌다. 물론 정치적 성향에 따라 조금씩 다른 결론을 도출하기는 했으나, 1930년대와 1975년 이후 극우 성향의 신문들[22]은 이민자들에 대한 적대적 기사를 지속적으로 생산해냄으로써, 이민은 이제 프랑스 사회의 '문제'로 인식됐다. 이와 같은 사회적 이슈화는 정치적 성향이 다소 다른 신문들에게까지 영향을 미쳐, 이민자는 '사회적 문젯거리'라는 기본적 틀을 갖추게 됐다. 외국인이 연루된 사건의 경우, 이러한 경향은 괄목할 만하게 증가해 프랑스인일 경우 언급하지 않는 사건 당사자의 출신 국적을 언급함으로써 '외국인=문젯거리=범죄를 저지를 가능성이 높음'과 같은 미묘한 공식의 뉘앙스를 풍기게 됐다.

외국인에 대한 혐오감은 경제공황기에 확대된 실업의 규모로 내국인이 그 영향을 받으면서 커져만 갔다. 공황기가 되자, 내국인 노동자들은 호황기 때 기피했던 노동 분야까지도 원하게 됐다. 그러나 고용주들은 그 분야에서 이미 축적된 이주노동자들의 경험과 자질 때문에 내국인보다 그들을 더 선호했다. 이에 따라 내국인 노동자들에게 '외국인들이 자신의 일자리를 빼앗는다'는 정서가 확산되면서 이들은 외국인 노동자들을 적대하게 됐다. 오갈 데 없이 해고된 이주노동자들은 힘들고 환경이 나쁜 노동조건에 익숙해 있었던 만큼, 작은 규모이고 소수이긴 했지만 자신의 업체를 만들어 업주가 됨으로써, 19세기 이래 중간계급을 형성했던 내국인 상인과 수공업자들에게 미움을 받기도 했다.[23] 특히 제1차 세계대전 이후 생겨난 정치난민들인 아르메

---

22) 1930년대의 『악시옹 프랑세즈』와 1970년 말 이후의 『밀리탕』이 대표적이다.

23) Claire Zalc, *Immigrants et indépendants: Parcours et contraintes. Les petits entre-preneurs étrangers du département de la Seine(1919-1939)*, Thèse de doctorat à l'Université Paris X-Nanterre, 2002.

니아, 러시아, 스페인, 이탈리아, 유대계 독일인들 중에는 전문직 종사자도 많았다. 이들은 전체 이민자에 비해 소수에 해당하긴 했지만, 내국인에게만 허용되어 있던 직업군인, 변호사, 의사, 공무원 등의 직업으로 진출을 시도하면서, 같은 직업군에 속해 있던 내국인들의 반발은 심해져갔다. 또한 호황기 때 이민자들이 대거 유입된 지역들은 경제적 모습뿐만 아니라 인구의 구조에서도 급격한 지형의 변화를 맞이했다. 특히 공황기 때가 되면 지역의 토박이들은 '타인'(외국인)이 들어와 '우리'(내국인)를 위협한다고 강하게 느끼게 됐고, 이민사회 내부에서도 신생 이민자들을 거부하는 움직임을 보였다.

앞서 말한 사회적 요인들은 민족주의, 유대인 혐오주의, 외국인 혐오주의 같은 '반 외국인 정서'의 '생산'에 근본적인 조건을 제공해 줬다. 극우 정치인들은 국내 실업과 공공질서를 위협하는 요인으로 이민자를 지목하게 됐고, 이러한 문제제기는 상투적으로 반복되어 외국인에 대한 부정적인 인식을 선동하게 됐다. 1930년대처럼 1980년대에도 극우파는 실업 문제를 해소하기 위해서는 모든 이민자들을 추방해야 한다고 주장했다. 그러나 이 두 시기를 통해 관찰할 수 있는 중요한 사실은, 비록 이와 같은 선동이 대다수의 프랑스인들을 설득할 수는 없었지만, 극우파가 지속적으로 제기한 '경제위기의 원인이 외국인들에게 있는가?'라는 질문은 다른 정당에게도 영향을 미쳐, 정치적 담론의 축이 극우가 제시한 기준에 근접하게 다가갔다는 점이다. 이처럼 담론의 축이 점진적으로 보수화되는 경향을 띰에 따라 외국인에 대한 부정적인 시각을 부추기는 데 중요한 역할을 하게 됐다.

게다가 1980년대 FN의 재등장 배경에는 1970년대의 침체된 분위기를 극복하기 위해 새로운 정치적 변화를 갈구했던 프랑스 사회의 움직임이 있었다. 샤를 드골, 조르주 퐁피두, 발레리 지스카르 데스탱 계열의 우파노선을 탈피해 사회당이 정권을 잡았지만, 정치체계가 한 순간에 바뀔 순 없는 노릇이었다. 게다가 과거 산업사회에서는 상위 (자본가)든 하위(노동자)든 각자의 자리를 가지고 투쟁할 수 있었던 반면, 사회가 양분화된 1980년대 이후에는 '사회 안으로 들어오느냐' 아니면 '사회 밖에 있을 수밖에 없느냐'로 구분되기 시작했다.[24]

이러한 프랑스 사회의 새로운 패러다임의 등장으로 사회 서클의 '안'과 '밖'의 구분은 점차 명확해졌고 기존의 이데올로기적 가치는 그 중요성을 상실한 채, 사회적 '공허'가 만연하게 됐다. 이러한 공허함을 극복하기 위해 개인의 개성이 무엇보다 강조되면서, 자신들의 정체성을 찾으려는 움직임으로 이어져, 종교와 민족을 기초로 한 운동이 활발해졌다. 이러한 현상은 1980년대 이민자 집단 내에도 영향을 미쳐 그들의 정체성을 찾으려는 공동체운동이 여기저기서 일어나게 됐고, 사회 안에서 그들의 연대체계를 만들어가야 할 중요성을 자각하게 됐다. 또한, 1981년 사회당의 집권으로 외국인들이 자유롭게 공동체를 조직할 수 있는 권리를 인정해주자, 이를 기초한 조직구성은 더욱 활기를 띠었고 그 성격 또한 강해졌다. 이들의 변화 앞에 프랑스 시민들은 그들의 나라, 지역이 이민자집단에 의해 침입당하고 있다는 불안을 느끼게 됐다. 또한 국가주의, 포퓰리즘, 외국인 혐오증이 무방비로 난

---

24) 미셸 비에비오르카는 1980년대 프랑스 사회가 두 가지 양상으로 나뉜다고 설명한다. 하나는 번듯한 직장을 가지고 소비를 하면서 현대적인 삶을 누리고 조건에 맞는 환경에서 자녀들의 교육에 참여할 수 있는 층이고 다른 하나는 실업에 노출되어 있거나 불안정한 고용상태에서 가족이 해체되어 자녀들은 교육의 기회를 잃거나 고등교육을 받지 못하고 빚에 허덕이며 빈곤을 면하지 못하는 층이다. Michel Wieviorka, *La France raciste*, Paris: Seuil, 1992.

무하는 상황에서 프랑스인들의 계급에 대한 인식이나 좌파와 우파로
나뉘었던 정치적 성향들도 혼란스럽게 뒤섞이게 됐다. 사회당의 집권
으로 무언가 대단하게 바뀔 것으로 기대했던 희망은 기존의 가치가 무
너진 상황과 전략적인 우파의 공격 앞에 또 다른 정체성을 갈구하게 됐
고, 이들 앞에 FN은 "프랑스인 우선"(Les Français d'abord!)이라는 구
호를 내세우며, 좌파와 우파가 해결하지 못한 틈을 이용해 정치계에
성공적으로 입문하게 됐다.[25]

사회당이 집권한 지 얼마되지 않아 1982년 기초의원 선거와 1983
년 시의원 선거가 실시됐다. 선거 결과는 사회당의 약세로 나타났다.
1970년대 말 서서히 좌파에게 자리를 내놓기 시작한 우파로서는 사회
당의 지지부진함이 여간 반가운 일이 아니었다. 그러나 1980년대를 기
점으로, 전반적인 우파와 좌파의 싸움의 실질적 수혜자는 FN이었다.
1983년 선거에서 비록 FN이 0.1∼0.2퍼센트의 낮은 지지율을 보였지
만 몇몇 대도시 주변이나 산업도시 주변에서는 10퍼센트가 넘는 지지
를 받았고, 1984년 유럽의원 선거를 기점으로 FN의 수장인 장-마리
르펭은 텔레비전 대담 프로그램에 초대되어 완전한 정치인으로, FN은
온전한 정치정당으로 대접받기에 이른다. 이때부터 FN의 지지율은 치
솟기 시작했다. 1956년 FN의 전신인 '푸자드'(Poujade)[26]가 국회의원

---

25) Pascal Perrineau, "Le Front national: 1972∼94", *Histoire de l'extrême droite en Franc*, Paris: Seuil, 1993. pp.243∼300.

26) 1953년 피에르 푸자드의 이름을 딴 소상인과 수공업자들의 보호를 목적으로 하는 정치
운동이다. 제4공화국의 비효율적 의회정치를 비판하며, 식육점, 빵집, 식료품 가게와
같은 소규모 자영업자들이 푸자드 운동에 참여해 국회의원으로 선출되기도 했다. 르펭
또한 1956년 푸자드의 국회의원으로 정치에 입문했으나, 프랑스의 정체성을 위협하는
요인으로 이민, 유럽, 세계화를 들어 푸자드와 다른 길을 모색한다. 1958년 제5공화국
이 들어서면서 푸자드 운동은 종식됐으며, 현재 푸자디즘은 피에르 푸자드가 지향했던
바와 달리 '대중선동주의'를 표현하는 뜻으로 쓰이고 있다.

선거에서 11.6퍼센트를 기록한 이래 동력을 잃었던 극우는, 이제 훨씬 넓은 정치지형을 확보하게 됐다. 전통적으로 좌파지지 지역이었던 랑그독이나 프로방스는 물론, 우파지지 지역이었던 동부와 북부 알프스 지역까지 극우의 세력이 뻗어나갔다. 게다가 대도시 주변과 이민자 집약 지역[27]에서는 약 20퍼센트의 지지율을 확보하게 됐다. "프랑스인 우선"이라는 구호를 내세워 유럽의원 선거임에도 유럽에 대한 언급보다는 프랑스 내부의 이민과 치안을 결합한 발언들을 쏟아냈다. 실제적으로 대도시 주변의 높은 실업률과 크고 작은 비행으로 인한 치안 문제 그리고 이민자와의 관계에서 벌어지는 문화적 차이를 겪고 있었던 현실 앞에서, FN의 구호들은 꽃을 피우기 시작했다. 재집권에 실패한 우파진영(공화국연합과 프랑스민주연합)은 사회당 정부가 외국인이 직접 단체를 설립하는 것을 인가(1981년 시행법)해주는 행위를 비판하며, 프랑스 사회를 '맑스화' 하고 있다고 고발하기에 이르렀다. 이러한 우파진영의 색깔담론은 오히려 과거 전통적인 우파 지지자들의 지지를 FN쪽으로 바꾸어놓는 계기가 됐다. 특히 파리 근교에 위치한 뇌이쉬르센(FN 지지율 17.62퍼센트)과 파리 16구(16.61퍼센트)와 같은 전통적인 부유층 지역에서 FN은 높은 지지율을 끌어내게 됐다. 1986년 국회의원 선거와 지방 선거에서 FN은 약 10퍼센트의 지지율을 얻은 것을 계기로, 국회에 본격적으로 진출하게 됐다. FN의 선전 속에 정치담론의 지형이 극우파가 제안하는 쪽으로 점차 옮겨가게 되면서, 좌파

---

27) 1984년 유럽의원 선거에서 FN의 득표율이 높았던 지역은 다음과 같다. 루베(19.1퍼센트), 망트라졸리(19.2퍼센트), 드뢰(19.3퍼센트), 뮐루즈(18.7퍼센트), 생프리(20.7퍼센트), 릴리와라파프(21.2퍼센트), 몽펠리에(19.7퍼센트), 마르세유(21.4퍼센트), 툴롱(22.3퍼센트), 니스(22.8퍼센트).

와 우파는 이민자 통합책이란 이름 아래 감시와 처벌을 위한 구체적인 방안들을 모색하게 된다.

## 4. '이민자 통합' 과 배제의 기술

1973년에 불어닥친 오일쇼크에 따른 경제공황으로 급기야 공식적 이민 경로는 일시적으로 차단됐다. 프랑스민주연합의 데스탱(재임 1974～81년) 대통령은 이민자의 입국을 차단하고 귀국을 권장하는 이민 제한 축과 프랑스에 정착한 이민자들의 삶을 고양시키는 이민자 통합 축을 담은 1974년 7월 3일 법안을 공포했다. 제한과 통합의 이 두 축은 현재까지 프랑스 이민정책을 규정짓는 새로운 잣대의 출현이었다. 프랑스 정부의 이민자에 대한 사회통합은 1960년대를 전후로 사회적 성향의 기관들[28]의 출현을 통해 이미 존재하고 있었으나, 지속적으로 늘어만 가는 외국인 인구[29]에 대한 사회적 비용과 극심한 주거부족 문제는 사회 문제를 넘어 정치 문제로 확대됐다.

1981년 사회당 당수였던 프랑수아 미테랑(재임 1981～95년)이 대통령으로 당선된 이후, 1980년대 이전에는 정권 밖에서 논의되던 이민 문제가 공적 담론의 '중심부' 로 이동하게 된 사실은 눈여겨보아야 할

---

28) 1956년 '노동자를 위한 주거 신축회' (Société nationale de construction de logements pour les travailleurs, SONACOTRA), 1958년 '사회활동기금' (Fonds d'action sociale, FAS), 1966년 '인구와 이주국' (Direction de la population et des migrations, DPM).

29) 1975년경 베트남, 라오스, 캄보디아에서 온 보트피플로 말미암아 정치난민 수가 늘어났고 난항을 겪었던 '가족재결합정책' 도 1977년에 본격화되어 마그리브 이주노동자의 가족들이 입국함으로써 특히 여성과 미성년자의 이민인구가 급속하게 증가했다. 이민자 수를 줄여보려는 방안으로 이민자들에게 '강제 귀국' 을 추진하기도 했지만 시민단체의 극심한 반발로 '자발적 귀국' 에만 한정됐다.

점이다.[30] 이 사안에 대해 정당 간의 대립은 첨예해졌고 미디어는 이를 경쟁적으로 분석, 평가했으며 여론조사기구의 역할 또한 활발해졌다. 이에 따라 이민에 관한 공공정책의 개념들도 차츰 정립이 되어 '합법적 이민자는 사회 안으로 포함하고 불법 이민자는 사회 밖으로 배제한다' 는 원칙을 확립하게 됐다. 통합과 제한의 이중적 원칙을 바탕으로 불법이민자에 대한 감시와 처벌의 기준을 구체적으로 논의하기 시작하면서, 불법을 가려내기 위한 새로운 잣대인 '체류권' 을 둘러싸고 좌파와 우파는 공방전을 펼쳤다.

### 1) 체류권을 둘러싼 논쟁

과거의 담론이 국적과 노동증의 유무를 둘러싼 논쟁에 초점이 맞추어졌다면, 합법적 경제이민이 금지된 1973년 이후 이민자들 또한 내국인들처럼 높은 실업률을 보이게 되면서, 노동허가의 여부와 무관한 '체류' 에 관한 규정이 논쟁 공방의 중심에 자리잡게 됐다. 이에 따라 불법으로 입국하는 외국인과 체류를 합법적으로 연장할 수 없는 불법체류자가 다량으로 양산되는 새로운 현상이 발생하게 됐다.

---

30) 1981년 대통령 선거를 전후해 미테랑은 이민자들에 대해 아래와 같은 관대한 공약들을 발표한다. 1979년: 이주노동자에 대한 차별을 없애고, 체류증 발급이 거부될 경우 정당한 사유가 있어야 함. 1980년: 이주노동자들에게 내국인과 동등한 권리(일자리, 사회보장, 사회보조금, 실업, 재교육 등) 보장. 5년 이상 프랑스에 체류한 자의 지방 선거권 보장. 1981년: 연 단위 외국인 노동자 입국 인원 상정, 이민국의 민주화, 불법거래 단속 강화. 집권 초반기의 그의 약속은 미디어를 통해 재천명됐고, 프랑스 공화국 원칙에 입각해 비호권을 존중하고 인종차별과 외국인 혐오현상에 대한 경각심도 일깨워줬다. 1981년에는 최초로 외국인이 단체를 설립하는 것을 허가해줬고 사회보장권이나 주거권 그리고 재교육의 기회를 제공함으로써 이들의 사회적 통합을 꾀하려 했다. 그러나 투표권만은 여론의 극심한 반발로 무산됐다. 특히 1983년 시의원 선거를 기점으로 좌파와 우파는 이민 문제에 대한 본격적인 논쟁을 벌이기 시작한다.

　　과거에는 체류권이 1년, 3년, 10년 단위로 구분되어 있었다. 그러나 1984년 5월 25일을 기점으로 모든 정당들이 '10년 단위 체류권'으로 단일화하는 데 만장일치로 합의하면서, 전면적인 통합/제한책이 시작됐다고 볼 수 있다. 1985년 10월 27일 사회당의 로랑 파비우스(재임 1984~86년) 총리가 우파의 수장인 공화국연합의 자크 시라크와 텔레비전 대담 프로그램에 나와 이민과 치안에 대해 적극적으로 대처해야 한다고 강조함으로써, 사회당은 이민 문제에 관해 새로운 전환점을 모색하게 됐다. 이듬해 1986년 동거 정부를 맞이해 우파가 집권하게 되자, 비정기적이었던 이민 관련 부처간협의회는 폐지되고, 정부의 3개 부처(내무부, 외무부, 사회부)가 역할을 분담해 통제 위주의 효율성을 높이게 됐다. 당시 동거 정부의 내무부 장관이었던 공화국연합의 샤를 파스콰는 1986년 입국조건을 강화하고 공공질서를 위반한 외국인에게 체류권을 거부할 권리를 도지사에게 부여하는 것과 거주권 소지자의 수를 줄이는 것을 골자로 한 '파스콰 법'을 공포했다.

　　당시 파스콰 개혁안에서 통과되지 못한 조항 중에는 과거 '외국인 부모를 둔 자녀가 프랑스에서 출생한 경우 자동적으로 국적을 부여했던 것'을 수정해, '자녀의 부모 중 한 명은 반드시 프랑스에서 출생한 경우에만 국적을 주는 것'으로 대상의 범위를 좁히는 내용도 있었다. 또한 일정한 나이가 됐을 때 자동으로 국적이 부여되던 원칙에서 벗어나 '판사 앞에서 법적인 선언을 하는 과정을 거쳐야만 효력을 가지도록 제한' 하는 개혁안도 상정되어 있었다. 이와 같은 국적법의 개정안에 대해 수많은 시민단체와 종교단체를 포함한 좌파진영은 속지주의 원칙이 망가지고 있다고 성토했으며, 우파진영 또한 이 사안에 대해 강경파(공화국연합)와 온건파(프랑스민주연합)로 의견이 갈라지게 됐다. 그러나 이 법안은 결국 학생들이 주축이 된 대규모 시위로 철회됐다. 당시 1988년 대선을 준비하고 있었던 시라크 총리는 어떻게 해서든지 이 국적법의 개정에 대한 진단을 내려 사태를 수습하고 싶었다. 그는 최고행정재판소에 의뢰해 이 개혁안에 대한 의견을 묻고, 이를 바탕으로 각계의 전문가들을 모아 텔레비전 대담 프로그램을 만들어 개혁 절충안을 내놓았지만, 1988년 다시 미테랑 대통령이 재집권하면서 이 개혁 절충안들은 효력을 발휘하지 못하게 됐다.

이러한 상황에서 사회당 또한 이민정책에 대한 혁신적인 개혁안을 내놓을 수 없었다. 따라서 정당들은 결국 통제를 원칙으로 한 감시와 처벌 기준을 구체화시키게 됐다. 정부가 1990~91년에 추방자의 수를 두 배로 늘리고 전세비행기를 마련해서라도 추방을 강행해 밀입국자의 유입을 근절하겠다고 하자, 외국인 구류소는 추방을 대기하는 집합소가 되어버렸다. 또한 좌파 정권의 미셸 로카르 총리와 피에르 족스 내무부 장관은 1986년 파스콰 법안을 폐지해서는 안 되며, 그것을 바탕삼아 좀더 관대한 방향으로 선회하는 선에서 적용해야 한다고 주장했다. 이에 SOS 라시즘[31]을 비롯한 인권단체들이 크게 반발해 일

---

31) SOS Racisme. 1984년 결성된 단체로서 1980년대 프랑스 반인종주의 운동의 상징으로 알려져 있다. 프랑스령 출신의 아버지와 알자스 출신 어머니를 둔 알렘 데지르, 1988년 사회당 국회의원이 된 줄리앙 드레, 프랑스 유대인 학생연합의 구성원들이 주축이 된 SOS 라시즘은 1985년 6월 30만 명이 모인 콩코드 광장에서의 집회를 계기로 대중에게 알려지기 시작했다. "내 친구를 건드리지 마라"(Touche pas à mon pote)는 구호를 손바닥 그림에 새겨 넣은 노란색 배지는 학생들의 전폭적 지지를 받으며 200만 개가 팔리면서 급속히 대중화됐다. 프랑스의 대부분의 도시에 지역사무실이 만들어졌고, SOS 라시즘이 주관한 공연과 음악축제에는 수많은 사람들이 모여들었다. 1986년 바스티유 광장에 10만 명, 1988년 뱅셴 광장에 30만 명 등 인종주의에 저항하는 시민들이 운집했다. 그러나 SOS 라시즘 외에도 역사적으로 이미 '인종간 우정과 인종차별주의에 반대하는 운동'(Mouvement contre le racisme et pour l'amitié entre les peuples, MRAP), '인권연맹'(Ligue des droits de l'homme, LDH), '이주자들을 위한 통합운동위원회'

부에 한해 추방 조건이 완화되기도 했으나, 이민인구가 더 늘어나지 못하도록 자발적 귀국에 보조금을 지급하는 정책이 추진됐다. '기존의 이민자들을 통합하기 위해서는 신생 이민을 강력히 통제할 정책이 필요하다'는 정부 입장에 따라, 1991년 불법노동에 대한 강력한 조치가 단행됐다. 이는 1992년 유럽 차원으로 확대됐고, '셴겐 조약'[32]에 가입한 프랑스도 비자나 여권을 소지하지 않은 외국인이 프랑스 영토에 들어올 경우, 이들의 운송을 담당했던 운송회사에게 제재를 가해 추방에 따른 비용을 운송회사가 지불하게 함으로써(1992년 2월 26일 법안), 밀입국자에 대한 통제를 강화하고 이들을 추방하는 절차 또한 용이하게 만들었다. 이 결과, 프랑스 입국의 관문인 공항과 항구에 설치된 임시구류소인 '대기 구역'[33]에는 외국인들이 넘쳐나기 시작했다.

1993년 3월 우파가 다시 집권하게 되면서 에두아르 발라뒤르를

---

(Comité intermouvements auprès des évacués, CIMADE) 같은 인권단체들이 외국인의 권리와 인종차별을 위해 오랫동안 활동하고 있었다. 그럼에도 불구하고 인종주의에 저항할 원칙과 프로그램이 미흡했던 SOS 라시즘이 1980년대 사회운동을 대표하는 단체로 급성장한 배경에는 미테랑 대통령을 위시한 사회당의 지지, 사회당의 지원금으로 진행된 음악공연들, 미디어의 적극적이고 대대적인 홍보가 있었다. SOS 라시즘의 2대 회장 말렉 부티가 현재 사회당 전국비서관으로 활동하고 있는 점만 보더라도 SOS 라시즘과 사회당과의 밀접한 관계는 지속되고 있으며, 대부분의 인권단체가 '비정치성'을 토대로 정체성을 지켜나가고 있는 것과 차이를 보인다.

32) Les accords de Schengen. 1985년 프랑스, 독일, 벨기에, 룩셈부르크, 네델란드인들의 자유로운 왕래를 보장하기 위해 5개국 간에 맺어진 협정으로 1990년에야 조인됐다. 이듬해부터 이탈리아, 스페인, 포르투갈이 차례로 가입하며 1995년부터 본격적으로 시행됐다. 조인국 국민들의 국경 통과 시 검문을 생략하고 자유로운 왕래를 보장하고 있는 셴겐 조약은 조인국 이외의 국민들에 대한 검문을 강화하는 결과를 초래하게 됐으며, 특히 빈국 출신의 국민들의 입국을 차단하는 통제수단으로 활용되고 있다.

33) Zone d'attente. 일반적으로 다른 국가에서는 '국제 구역'(Internatioal Zone)으로 칭하며, 국경의 관문인 공항이나 여객선 터미널 그리고 열차역에 설치되어 있다. 프랑스 본토와 해외영토를 포함해 약 100개 정도가 설치되어 있으며 입국의 허용을 '기다리거나' 강제출국을 '기다린다'는 것에 중요성을 두고 있는 프랑스에서는 '국제 구역'이란 용어 대신에 '대기 구역'으로 통칭한다.

수장으로 한, 두번째 동거 정부가 들어서게 됐다. 우파측은 총선에서 높은 득표율을 얻긴 했지만 경기침체를 탈출하기 위한 별다른 경제 프로그램이 없었다. 우파 정부는 국민의 표심을 FN에 빼앗기지 않으면서도 법안 상정 때마다 시위를 마다하지 않는 인권단체들의 항의를 저지하기 위해 논란을 야기하는 이민 문제를 빨리 매듭짓고자 했다. 이에 1993년 국적법[34]에 대한 개혁안은 신속하게 온건한 방향으로 정해지게 됐다. 그러나 그 당시 인기가 급상승하고 있었던 우파 내무부 장관 파스콰는 온건한 정책기조를 비판하며 '제로 이민'을 외치기 시작했다. 인권단체의 반발과 좌파의 질타 속에서 1993년 국적법을 둘러싸고 갈팡질팡하고 있던 우파 정부를 FN 당수 르팽은 '소심하고 개성도 없으며 사회당에 질질 끌려다니는 우파 정부'라고 비판하기에 이르렀다. 결국 1993년 7월 국적법은 1986년 파스콰의 개혁안을 계승한 형태로 굳어져, '외국인 자녀가 프랑스에서 출생했다고 하더라도 외국인 부모가 프랑스에서 출생하지 않은 경우, 그 자녀는 자동적으로 프랑스 국적을 갖지 못하는 것'으로 바뀌었다. 그리고 '외국인 부모가 미성년

---

34) 민법에 명시된 프랑스인에 관한 규정과 외국인이 프랑스인으로 귀화할 수 있는 조건을 묶어 법률상 최초로 '국적'(nationalité)이라는 단어를 명기하면서 공포된 1889년 국적법은 파스콰 법을 기점으로 1993년 미성년자에 관한 조항을 수정하면서 바뀌게 된다. 자동 국적부여 원칙에서 본인 스스로가 국적을 취득할 '의사를 표현'하도록 규정을 바꾼 것은 미성년자의 권리를 보호한다는 미명 아래 실질적으로 부모의 체류권을 박탈해 추방하는 데 더 큰 목적을 두고 있었다. 미성년자 스스로가 16세에서 21세 사이에 국적을 취득할 '의사표명'을 하는 것 가운데 나이 규정을 두고 논란이 끊이지 않자, 1998년 국적법은 13세부터 16세까지는 부모의 동의를 얻어, 16세부터 18세까지는 스스로, 18세 이후로는(미성년자의 신분이 아니므로) 정당한 권리로 국적을 '요구'(réclamer)하거나 '선언'(déclaration)한다로 바뀌게 됐다. 프랑스에서 출생한 외국인 부모를 둔 18세 이상의 자녀의 경우, 11세 이후 적어도 5년 이상 연속적 혹은 불연속적으로 프랑스에 거주했거나 거주하고 있는 자로서, 성년(18세)이 됐을 때 국적을 취득할 수 있으며, 현재까지 1998년의 국적법이 유지되고 있다.

자녀의 국적취득을 신청할 수 있는 권한을 상실'하는 것도 포함되며, 미성년 자녀는 스스로 16세에서 21세 사이에 국적을 취득할 '의사표 명'(manifestation de volonté)을 해야 한다고 규정지었다. 여기서 문 제가 되는 부분은 미성년 자녀가 프랑스에서 출생해 학교를 다니고 있 음에도 부모는 체류권을 박탈당해 추방될 수 있다는 것이었는데 이로 인해 구체적으로 피해를 입은 것은 과거 식민국이었던 '알제리인의 체 류권'이었다. 알제리가 프랑스로부터 독립하기 이전에 알제리에서 태 어난 부모를 가진 프랑스 출생 자녀는 프랑스 국적을 자동적으로 얻을 수 있었다. 그러나 1994년 1월 1일 이후 발효된 새 국적법으로, 부모 중 한 명이 5년 이상 합법적으로 프랑스에 체류한 경우를 제외하고는 단지 자녀가 프랑스에서 출생했다고 해서 자동적으로 국적을 취득할 수 없게 됐다. 이에 따라 프랑스에서 태어나고 교육을 받은 청소년들 까지 불법체류자였던 부모와 함께 추방당할 처지에 놓이게 됐다(4절의 "통합의 원칙과 배제의 현실" 부분 참조). 또한 프랑스 국적 소지자와 결 혼한 외국인 배우자의 경우, 과거 결혼 6개월 후 국적을 신청할 수 있 었던 것에서 2년으로 기간이 늘어났고, 비자 없이 입국한 외국인 배우 자는 다시 본국으로 돌아가 비자를 받아와야 하는 것으로 절차가 바뀌 었다. 외국인 배우자 중 본국으로 돌아갈 수 없는 상황에 처해 있었던 이들은 결국 불법체류자가 되는 운명에 처하게 됐다. 이처럼 체류권의 범위가 축소되고 추방의 대상자가 확대되면서 외국인에 대한 불심검 문도 빈번해졌다. 검문 시 체류증을 반드시 제시하도록 법에 명시해 놓음은 물론, 경찰력 또한 한층 강화됐다.

　이처럼 1974년 이래 이민정책에 대한 좌우파의 대응방식은 상당 히 애매한 입장을 취하고 있었다. 1981년 집권 이후 두 번의 동거 정부를 지낸 사회당이나 1995년 집권 이후 마찬가지로 동거 정부를 겪은 우파 정권 모두 연속성 있는 이민정책을 펼 수 없는 근본적 한계가 있었다. 따라서 이민정책의 두 축인 통합과 제한의 원칙은 '국경을 봉쇄하고 자발적 귀국을 권장하며 불법체류자는 추방하고 합법체류자를 통합한다'는 틀에서 체류권 수혜자의 범위를 지속적으로 좁혀가는 통제의 메커니즘으로 굳어지게 됐다.

## 2) 정치난민과 비호권[35]

앞에서 살펴본 내용이 1974년 이후 경제적 목적의 이민자의 감시와 처벌에 국한된 것이라면, 비록 사회적 변동에 따른 예외적 조치가 있었긴 했지만 정치난민에 대해서는 인권을 존중하는 틀을 유지하고 있었다. 그러나 정치난민이라고 하더라도 정치적 요인과 경제적 요인은 대부분 복합적으로 얽혀 있는 데다, 더 나은 삶을 찾으려는 목적에서는 결국 같은 맥락에 있었다. 게다가 이민이 국가의 합법적인 영역일 경우, 굳이 경제이민자냐 정치난민이냐에 대한 구분이 불필요한 경우가 많았으며, 그들이 보장받았던 사회적 권리에도 별 차이가 없었다. 실제적으로 이탈리아, 스페인, 그리고 폴란드 이민자의 경우에 공식적 경제이민을 통해 프랑스에 정착한 경우이지만, 그들의 본국의 상황이 결코 정치적 요인에서 자유롭지 않았기 때문에 실제 정치난민도 많았다. 그러나 1974년 공식적 경제이민이 차단된 이후, 프랑스에 합법적

---

35) Droit d'asile. 인종, 종교, 정치적 신념 등으로 인해 본국이나 거주국에서 행해지는 박해를 피해 다른 국가에 구호를 요청한 자가 1948년 세계인권선언과 1951년 제네바 조약에 기초한 보호를 받을 수 있는 권리로서, 인간의 기본권에 해당한다. 프랑스 외무부가 주요 해당기관이며, 비호(asile)를 신청한 자〔비호신청자(demandeur d'asile)〕의 요청이 받아들여질 경우, 난민(réfugié)으로서 권리를 보호받을 수 있다.

으로 입국할 수 있는 경로는 상당히 제한적이었으므로, 정치이민을 가장한 경제이민도 빈번했고, 비호신청 후 노동권이나 사회적 혜택을 누리고 있던 경제이민자의 숫자도 상당수였다. 1974년 이전에 1만 명에 못 미치던 비호신청률은 1980년 초반까지 두 배 가까이 늘어났고, 이후 기하급수적으로 증가해 1989년에는 약 6만 명으로 불어나게 됐다. 프랑스 정부 산하 '난민과 무국적자 보호국'(Office français de protection des réfugiés et apatrides, OFPRA)은 갑자기 밀려드는 비호신청을 감당할 수 없었으므로 시일은 무한정 지체됐고, 심사 기간 동안 이미 정착한 신청자의 가족들을 추방하는 것도 점점 어려워지게 됐다. 이런 상황에서 정부는 이들이 쉽게 프랑스에 정착할 수 없도록 하기 위해 비호신청자(demandeur d'asile)의 노동권을 삭제하는 대신 적은 액수의 보조금을 지급하게 됐다. 이에 OFPRA는 'TGV식 절차'라고 불릴 만큼 고속으로 심사를 처리하게 됐고, 1970년대 거의 제로에 가깝던 기각률이 점차 증가해 1980년에 14.5퍼센트를 기록했으며, 10년 후인 1990년에는 84.3퍼센트까지 치솟게 됐다.

　여기서 주목해야 하는 점은 난민을 가장한 경제이민이 없었던 것은 아니지만, 1980년대 신냉전의 강화로 크고 작은 국지전들이 빈번해짐에 따라 실질적인 난민수가 상당수 증가한 것도 사실이었다. 이는 국가 간의 전쟁은 줄어든 반면, 다민족 국가 내의 인종적, 종교적 갈등이나 소수민족에 대한 반발로 인한 무력충돌이 빈번해졌기 때문이다. 또한 1990년대 이후 소비에트 연방의 붕괴에 뒤이은 페르시아 만 전쟁으로 인한 쿠르드족의 대이동, 그리고 발칸 반도의 유고슬라비아 내전에 따른 '인종청소' 등이 일어나는 국제상황에서, 정치적 박해를 피해 망명하려는 이동 또한 대규모로 일어나게 됐다. 이에 유럽 국가들은 외국인 유입 문제에 대해 점차 개별적 국가정책에서 유럽 공동체적 정책으로 방향을 틀게 됐고, 1990년 더블린 조약을 통해 정책의 연대가 이뤄졌다. 비호신청자가 최초로 발을 들인 한 국가에만 심사의 권한과 책임을 부여함으로써 '해당국이 지위를 거부할 경우 다른 유럽 국가에 재요청을 할 수 없도록 규정' 했다. 이 규정은 1997년 암스테르담 조약과 1999년 탐페르 그리고 2002년 세비야의 정상회의에서 재차 확인되면서, 이들이 유럽을 돌아다님으로써 생겨나는 보호의 문제를 최소화시키는 데 합의하게 됐다. 또한 유럽인의 자유왕래를 근간으로 한 셍겐 조약을 존중해 유럽 내의 이동은 자유롭게 하되, 조인국 이외의 국민들의 이동은 철저하게 차단하겠다는 유럽 전체의 연대로 이어졌다. 결국 셍겐 조약에 따른 유럽 전반의 통제정책으로, 프랑스에서도 입국과 체류에 관한 조건을 강화하는 '외국인의 입국과 체류, 그리고 비호권에 대한 규제법'(Loi 'réglant l'entrée et le séjour des étrangers et le droit d'asile', RESEDA)[36]이 만들어졌다(1998년 5월 11일부터 시행). 조스팽 정부의 내무부 장관 장-피에르 슈벤느망은 1998년 기존의 난민 자격 외에 '일정 기간만 이들을 보호하는 새로운 지위'를 만들어 대량으로 발생한 알제리·유고슬라비아 난민들에게 훨씬 축소된 보호조치

---

36) 1998년 이전까지만 하더라도 '외국인의 입국과 체류에 관한 규정'이 노동법이나 국적법과 함께 논의됐다면, 1998년 이후 RESEDA의 시행으로 외국인의 입국과 체류에 관한 규정에다 비호권에 관한 조항을 더해, 외국인에 관한 규정을 총괄하게 됐다. 기존의 난민지위(일반적으로 제네바 조약에서 규정한 난민)는 외무부 산하 OFPRA가 관장했으나, 일시적으로만 난민의 지위를 보장하는 지위(l'asile territoriel)는 내무부에서 심사하고 관장하는 것으로 분리됐다. 이처럼 난민 문제가 1998년 이후 이민 문제의 중심부로 옮겨가면서 법명칭도 변화됐다. RESEDA를 계승한 2004년 11월 24일 CESEDA(Code de l'entrée et le séjour des étrangers et le droit d'asile)는 RESEDA(규제법)에 비해 민법과 상법처럼 상위 차원의 '외국인 관련 총괄법'이다.

를 취했다. 또한 이들의 본국이 안정국면에 접어들 때 귀환하는 것을 전제로 한 법안을 좌파 정부에서도 만들어내기 시작했다.

이로써 1951년 제네바 조약에서 명시한 인권존중이라는 틀은 결국 점차 동력을 상실하게 됐고, 좌파든 우파든 극우파와의 게임에 말려들지 않기 위해 논쟁의 초점은 '가짜 난민'에게 맞춰졌다. 난민으로 지위를 인정받게 될 경우, 법적 신분이 보장되고 노동권과 사회보장을 받을 수 있지만, 기각자의 경우 하루아침에 불법체류자로 전락하게 됐다. 비호신청자의 경우도 불안정하기는 마찬가지였다. 비록 심사가 끝날 때까지 체류를 허가받을 수는 있지만, 노동권이 없으며 1년만 지급되는 최저생활보조금에 의존해야 하기 때문에 거의 8개월에서 24개월까지 기다려야 하는 심사기간을 버티기는 매우 어려웠기 때문에 기각자와 별반 다를 게 없는 처지였다. 단지 추방명령을 받은 기각자는 국경 밖으로 추방한다는 법적 처벌을 받는 것이고, 비호신청자는 추방조치가 내려지진 않지만 이미 사회적 처벌을 받고 있는 셈이다.

기각자들은 프랑스 내에서는 합법적인 대상도 아닌 데다 박해의 위험이 있는 본국으로 돌아갈 수도 없기 때문에, 결국 국제미아로 남을 수밖에 없다. 이들에게는 돌아갈 수 있는 본국도 없고, 프랑스에서 난민지위를 획득하지 못했으며, 따라서 다른 유럽 국가에서 지위를 신청할 수도 없었다. 게다가 대부분 거주할 집도 없고, 합법적으로 노동을 할 수도 없었기 때문에 법적 권한이 전혀 '없는', 사회적으로 사형선고를 받은 것이나 마찬가지였다.

### 3) 통합의 원칙과 배제의 현실

제2차 세계대전 이후 복지국가를 지향했던 프랑스 사회는 '이민노동자와 그의 가족을 위한 사회활동기금'(Fonds d'action social pour les travailleurs immigrés et leurs familles, FAS)[37]을 중심으로 알제리 이민자의 통합을 꾀하고 있었다. 특히 '68운동'을 겪으면서 '신사회운동', 즉 여성운동, 환경운동, 비핵운동, 지역운동 등과 같이 노동 문제 이외의 보다 세부적인 주제들로 사회적 문제를 지적하기에 이른다.[38] 이민자의 권익을 대표하는 인권단체들은 경제성장 이면에 숨겨져 있었던 주택, 교육, 인권 문제와 같은 실질적 문제들을 지속적으로 제기했고, 1980년대 초반까지 이런 형태의 사회적 갈등은 끊이지 않았다.

---

37) 1958년 알제리 이민자들의 프랑스 사회 통합을 지원했던 FAS는 SONACOTRA에서 운영하는 이주노동자 기숙사에 재정지원을 했다. FAS의 초기 재정은 임금노동자들의 가족수당기금(allocations familiales)으로 운영됐다. 프랑스에서 일하고 있었던 '알제리 태생의 이슬람계 프랑스인들'(당시 알제리 이주노동자를 지칭하는 용어)도 가족수당금에 분담금을 내고 있었지만, 대부분 알제리에 남아 있던 그들의 가족들은 혜택을 받지 못하고 있었다. 따라서 FAS의 활동은 알제리 독립 이전(1962년)까지 프랑스(1/3)와 알제리(2/3) 두 부분으로 나뉘어 있었고, 독립 이후부터 프랑스 본토로 집중됐다. 그러나 행정감사원은 1963년과 2004년 수혜자 범위와 기금의 출처 간의 괴리를 언급하며, 기금과 수혜자가 일치해야 한다고 지적한 바 있다. FAS는 2001년 '통합지원기금과 차별퇴치'(Fonds d'Aide et de Soutien pour l'Intégration et la Lutte contre les Discrimina-tions, FASILD)로 명칭을 변경해 알제리 이민자뿐만 아니라 다른 국적의 이민자들의 사회통합과 모든 형태의 차별에 저항하는 것으로 활동영역을 넓혀가고 있다.
38) 사회 문제를 지적하는 주제 중, 1980년 중반 인종차별을 막기 위한 노력으로 반인종주의 연대의 움직임은 매우 중요하다. 인종차별투쟁은 인권단체들, 노조, 정당, 지식인과 종교단체 내 외국인 권리 옹호자들에 의해 활발히 진행됐다. 평화적이고 관대한 발언으로는 외국인 혐오주의를 막을 수 없다는 판단 아래, 이들은 담론에서 사용하는 단어나 표현 역시 인종차별적 문구들을 대구하고 응수해가는 형태를 띠었다. 인종차별투쟁의 주체로는 SOS 라시즘 외에도 MRAP, LDH, CIMADE, '이민자들을 위한 정보·지원그룹'(Groupe d'information et de soutien aux travailleurs immigrés, GISTI), '비호를 위한 프랑스땅'(France terre d'asile, FTDA) 같은 인권단체들을 들 수 있다. 이들은 각 단체의 성립취지와 시대의 변화에 따라 활동범위를 구체화하고 '전문화' 해나가는 경향을 띤다. 예를 들어 LDH는 인권 전반에 관한 주제들을 다룬다면, SOS 라시즘은 이민자 2세의 문제, CIMADE는 외국인구류소의 인권과 난민신청자·상파피에(미등록외국인)의 합법화, GISTI는 외국인 관련 법안·시행령 같은 법적 영역을 전문적으로 다루고 있다. 인권단체들이 외국인 영역을 다루는 만큼, 전문성이 공존할 경우 연대체계를 맺어 서로의 능력과 권한을 교환하고 있다. 반인종주의 운동은 시몬 드 보부아르, 피에르 부르디외, 질 들뢰즈, 마르그리트 뒤라스 등과 같은 지식인 집단의 지지도 받게 됐다.

특히 주거 문제 해결을 위해 1980년대 전후 파리 및 대도시 주변의 빈민촌들은 대규모 아파트 단지 형태로 변화했지만, 통합에 대한 획기적인 대책을 마련하지 못하고 우왕좌왕하는 가운데 식민지정책처럼 이들을 일방적으로 흡수하려는 경향을 띠었다.

로카르 총리는 이민자 공동체들이 프랑스 사회에 통합되지 못하고 병렬적으로 흩어져 있는 것이 더 이상 옳지 않다는 판단 아래, 통합의 기준과 대상을 구체적으로 정할 필요성을 인식했다. 그는 1989년 12월 고등통합위원회를 만들어 이들에 대한 사회통합 의지를 적극 표명했다. 새로운 국가기구의 출현으로 우선 '통합'(intégration)에 대한 개념이 처음으로 정립되어 1991년 첫 보고서에 발표됐다. 이민자들의 통합은 이들을 사회 안으로 흡수·편입시키는 것이 아니라 '특수한 통합절차에 따르는 것'이라는 전제 아래 '문화의 상이성은 인정하되 그것을 고양시키는 것은 아니다. 통합은 이민자들을 결집하고 집중시켜 그들의 권리와 의무를 평등하게 하는 데 주안점을 둔다'는 기본원칙을 정하게 됐다. 다시 말해 정교분리, 국민주권, 법치를 바탕으로 하는 공화국의 기본원칙을 근간으로 하여, 진정한 자유를 보장하고 그것을 인정하는 이민자들만 통합하는 것을 목표로 정하게 됐다.

이에 따른 고등통합위원회의 제안은 다음과 같이 제시되어 정부에 의해 받아들여졌다. 일부다처제나 강제적 다산 혹은 어린 여자아이에게 강행되는 음핵제거 같이 여성에게 해당되는 부당한 민속관습을 금지하고, 이중국적자의 경우 프랑스에서 군복무를 해야 한다는 것, 그리고 이민자 자녀들은 프랑스어를 제1언어로 삼아야 하며 출신국의 언어는 외국어로 한다는 기준을 제시했다. 또한 정교분리 원칙에 따라 공립학교나 공공기관에서 히잡을 쓰는 행위를 제한하는 것도 포함됐

고 '우선교육지구'(Zone d'éducation à priorité, ZEP)의 부가적 혜택
도 받을 수 있어 사회적 차별을 해소할 수 있다는 것이 요지였다. 통합
의 절차를 잘 따를 경우 프랑스 사회에 성공적으로 융화될 수 있고, 사
회의 불평등이 완화됨은 물론, 주거 문제도 해결되어 게토의 생성을
막을 수 있다고 주장했다. 물론 정부측에서도 이 권고를 받아들여 이
민자들의 교육시설에 투자하고 사회보장 수당과 주거보조금 같은 사
회적 비용을 지불했지만 수요에 비해 공급은 턱없이 부족했다.

　　체류를 합법적으로 승인받지 못한 외국인들은 본국으로 돌아가지
않은 한 미등록 외국인인 '상파피에'[39] 신분으로 전락하게 된다. 이것
은 앞서 제시한 통합대상에 속하지 못한다는 것을 의미한다. 예를 들
어, 일부다처제의 본처만이 체류권을 인정받을 수 있었으므로 다른 부
인들과 자녀들의 체류권은 박탈당하게 됐다. 이들이 오랫동안 프랑스
에 거주했음에도 불구하고 체류권을 연장시킬 수 없었으며, 난민지위
기각자를 비롯한 가족재결합정책에 적법한 대상이 아닌 경우 또한 불
법체류자로 남게 됐다. 상파피에의 규모를 정확하게 판단할 수 있는
근거가 없기 때문에, '합법화'(régularisation) 조치의 혜택을 받는 수
를 통해 대략 이들의 수를 파악할 수밖에 없다. 1982년 약 13만 2천 명
이 합법적인 신분으로 바뀌었으며, 1998년에는 약 9만 명 선으로 계속

---

39) sans-papiers. 상파피에는 프랑스어권 국가에서 '불법적 상태에 있는 외국인'(étranger
　　en situation irrégulière)을 지칭하는 법률 용어이다. 불법으로 프랑스에 입국하는 경우
　　혹은 합법적으로 했으되 비자 기간이나 합법적 체류 기간이 만료된 외국인이 더 이상
　　체류 기간을 연장할 수 없을 때, 이들은 상파피에로 규정된다. 직역하면 ' 종이가 없는
　　(외국인)' 을 뜻하는 상파피에는 '불법체류자' 라는 단어가 내포하고 있는 '불법성' 을 경
　　감시키는 사회적 용어이기도 하다. 이는 1996년 3월 18일 생앙부루아즈 교회와 같은
　　해 6월 28일 생베르나르 교회에서 확산된 상파피에 합법화를 위한 단식투쟁, 이에 대한
　　공권력의 개입이 생생히 중계되면서 널리 유포됐다. 이와 같은 맥락에서 우리말로는
　　'미등록 외국인' 으로 번역할 수 있다.

줄어들고 있다. 하지만 합법화의 조치에 응하지 않고 있는 불법체류자도 많기 때문에, 이 수치만으로 상파피에 규모가 줄어들었다고 단정하기에는 무리가 있다. 오히려 점차 강화되는 체류권 취득규정은 기존의 합법체류자들마저 갱신을 어렵게 함으로써 체류권 수혜자의 범위를 지속적으로 좁혀가는 결과를 가져왔다.

1986년 파스콰 법안에 기반한 1993년 국적법이 미성년자에 관한 조항을 수정해 과거 체류권자였던 그들 부모의 체류권을 박탈하는 것에 한정됐다면, 1996년 알랭 쥐페의 우파 정부가 내놓은 불법노동과 체류에 관한 '드브레 법'은 불법체류자 본인뿐만 아니라 숙소를 제공한 사람까지 처벌의 대상을 확대하고자 했다. 1997년 2월 한 프랑스인이 자이르인 상파피에를 자신의 집에 머무르게 해준 대가로 재판을 받게 되자, 2월 4일 상원 앞에서는 이에 반발하는 시위가 있었다. 상원은 이로부터 사흘 후에 드브레 법에서 이 조항을 없애기는 했으나, 10년 단위 거주권의 자동부여 원칙을 삭제하는 것과 불법체류자에게 숙소를 제공한 집주인은 이들이 거처를 떠날 때 당국에 알려야 한다는 의무조항을 남겨두었다. 드브레 법에 반발하는 시민들의 불복종 의지는 집주인의 의무조항에 강력히 반발하는 66명의 영화인들이 중심이 된 서명운동을 시작으로 2월 22일 10만 명의 시위자들의 모여들면서 표출됐다. 결국 드브레 법은 철회됐고, 같은 해 6월 좌파 동거 정부가 들어서게 되면서 드브레 법을 완화한 형태의 1998년 'RESEDA'(일명 '슈벤느망 법.' 각주 35번 참조)를 만들었지만, 좌파의 입장에서는 상당히 강경한 쪽으로 나아간 조치였다.

1980년대에서 1990년대 초반까지 논쟁의 중심에 있었던 '파스콰 법'의 강경개혁안은 좌파와 우파의 이민에 대한 대응방식의 혼돈과 인권단체들의 반발로 인해 절충안으로 매듭지어졌다. 그러나 10년이 지난 1993년 국적법에서 초기 파스콰 개혁안이 대부분 수용됨을 볼 수 있듯이 법안, 시위, 절충안, 시행까지의 주기를 거치는 우경화 현상은 이후에도 계속되는 경향을 보인다. 1996년 강경 개혁안이었던 드브레법도 상파피에의 연이은 단식투쟁으로 철회되면서 1998년 RESEDA라는 절충안을 낳았다. 그러나 RESEDA는 2002년 대선[40]을 기점으로 보다 강경한 쪽으로 기울어, 2004년 11월 프랑스 영토의 입국과 체류조건, 가족결합조항, 노동권, 추방의 조건과 범위, 외국인 구류소에 관한 규정, 불법체류에 대한 제재, 비호권, 대기 구역과 같은 외국인에 관련된 모든 법규를 총괄한 CESEDA라는 법이 만들어졌다.

2004년의 CESEDA를 바탕으로 2005년 도미니크 드 빌팽 총리는 각 부처의 장관들을 모아, 부처간의 협력을 통해 프랑스 경제에 이익을 가져다줄 수 있는 이민에 관한 실행방법을 모색해보라고 강조하게 됐다. 이에 불법이민을 막기 위한 부처간 협력강화, 이민전담 경찰 창설, 불법 결혼이민 차단, 불법노동단속을 위한 사법 경찰부 창설, 유럽 협력강화를 골자로 한 5개축이 만들어졌다. 내무부 장관을 중심으로

---

40) 1차 투표결과에서 정통우파 시라크 대통령과 조스팽 사회당 후보가 대선 2차 후보로 결론날 것이라는 안일한 예상을 깨고 개표결과 FN 당수 르팽이 대선 2차 후보(시라크 19.88퍼센트, 조스팽 16.18퍼센트, 르팽 16.86퍼센트, 기권율 28.4퍼센트)가 됐다. 많은 프랑스인이 FN을 지지했다는 사실에 놀라면서 FN을 제외한 모든 정당들이 프랑스 공화국의 기본가치를 지키기 위해 시라크에게 몰표를 던질 것을 호소했다. FN의 당수가 프랑스 공화국의 대통령이 되는 것은 기필코 막아야 한다며 좌우파가 단결하게 됐다. 이들의 굳건한 연합으로 시라크는 민주주의 국가에서 보기 어려운 82.2퍼센트의 압도적인 득표율(르팽 17.8퍼센트, 기권율 20.2퍼센트로 상당히 낮음)로 대통령으로 재선출됐다. 그러나 사르코지 내무부 장관은 르팽을 지지했던 표심을 고려하지 않을 수 없는 현실적 위치에 처하게 됐고, 외국인에 관한 정책들은 1980년대부터 오락가락하던 질풍노도기를 뒤로하고 강경일변도의 노선을 지향하게 된다.

'이민을 통제하기 위한 부처간 협의회'(2005년 5월 26일 시행령)는 '수용적 이민'(immigration subie)의 대상 축소와 '선별적 이민'(immigration choisie)[41]을 늘리는 데 동의했다. 2004년 CESEDA 법안이 '수용적 이민', 즉 가족재결합, 결혼이민, 비호권 등에 관한 '통제'(maîtrise)에 주안점을 두었다면, 2006년의 CESEDA 개혁안은 통제는 물론 10년 단위 거주권을 없애고 '능력과 재능'(Capacités et talents)에 기초해 3년 단위 거주권으로 축소 대체하는 것과 두뇌이민을 장려해 이들에 대한 '선별'(choisi) 의지까지 포함된 것이었다.[42] 여기에 대해 인권단체들은 국적과 인종에 따라 할당제를 실시하는 것은 인권에 모순되며 가족재결합과 비호권과 같은 인간의 기본권이 존중받지 못하는 사회를 비판하게 됐다. 그럼에도 불구하고, 사르코지 내무부 장관은 추방조치[43]를 강화해 그들의 수를 2005년 2만 명에서 2006년 2만 5천 명으로 확대함으로써 상파피에의 증가를 막겠다고 선언했다. 그러자 인권단체들은 선별되지 못한 외국인들이라고 할지라도 '쓰다 버리'(jetable)거나 '더 이상 쓸모없다'(superflu)고 사회 밖으로 밀어내는 것은

---

41) '선별적 이민'이 '수용적 이민'과 동시에 쓰일 때를 제외하면 'immigration choisie'는 오해를 일으킬 수 있다. 국가가 이민자를 '선별'한다는 뜻과 이민자가 이민국을 '선택'한다는 전혀 다른 뜻을 가지고 있으며, 논쟁의 소지가 다분한 사안에 대해 용어를 모호하게 선택함으로써 쟁점을 일부러 흐리게 하는 역할도 한다.

42) 공장들이 더 값싼 노동력을 찾아 해외로 이전하고 2차 산업에 필요한 대규모 노동력이 더 이상 환대받지 못하는 현재 유럽의 전반적인 고민을 떠안고 있는 정부로서는, 전문직업에 종사하는 노동력이나 전망이 뚜렷한 학생들에게만 기회를 주어 특수 분야에 이들을 집약시킴으로써 프랑스를 빛낼 일꾼을 세계무대를 대상으로 찾겠다는 공리주의적 접근을 시도하는 것으로 해석할 수 있다.

43) 추방조치는 유럽 차원의 연대를 통해 더욱 강화된다. 2005년 5월 1일 독일, 프랑스, 영국, 이탈리아, 스페인 5개국은 자국의 국경 바깥 부분까지도 효과적으로 관리하기 위해 연대하게 됐다(일명 agence européenne pour la gestion de la coopération opérationnelle aux frontières extérieures). 이에 따라 유럽 단위의 경찰조직을 만들어 입국의 강화는 물론 추방 또한 유럽적 차원에서 강행하겠다는 의지로 이어졌다.

근본적인 해결책이 아니며 오히려 상파피에의 장기화로 지속될 수밖에 없다고 경고하게 됐다. 최근 생겨난 상파피에 운동을 살펴보면, '[이민자들을 필요할 때 데려다] 쓰고 [필요가 없어지면 내다]버리는 이민정책에 대항한 단결'(Uni[e]s une immigration contre jetable)이라는 이름의 연대를 맺고 있으며, '국경 없는 교육 네트워크'[44] 또한 부모의 체류권이 박탈됨에 따라 학기 중에 있던 자녀들의 학습권이 침해당하고 있는 것에 대항해, "우리가 그들을[추방이 예상되는 아이들] 보호한다"는 청원서명을 시작으로 2006년 6월 13일 그들 부모의 체류권에 관한 사르코지 시행령[45]이 나오는 데 중요한 역할을 하게 됐다.

1980년대 이후 2, 3년을 단위로 개정을 거듭하고 있는 프랑스 이민정책의 보수화가 감시와 처벌의 틀을 구체화해 통합의 대상자를 지속적으로 줄여나가고 있다는 점에서, 비록 '선별적 이민'을 장려하는 2006년 CESEDA 개혁안이 채택되지는 않았지만, 언젠가 이 개혁안이 시행될 경우, 프랑스 사회는 공리주의에 기초한 또 다른 양상의 이민 현상을 경험하게 될 것이다.

---

44) Réseau Education sans frontières. 이 단체는 추방의 위협을 받고 있는 상파피에의 자녀들을 보호하기 위해 2004년 학교 교사들을 중심으로 설립됐다. 2005년 8월 콩고민주공화국 국적을 가진 난민지위 기각자인 어머니가 추방명령을 받자 고등학생인 그녀의 자녀 둘(라셀과 조나탕)은 추방을 피하기 위해 도망다니게 됐다. 이들이 경찰에게 발각될 경우 어머니와 함께 프랑스에서 추방당할 위협에 처하기 때문에, 국경 없는 교육 네트워크의 교사들이 이들을 숨기고 보호하게 되면서 이 단체가 알려지게 됐다.

45) 2005년 9월부터 프랑스 학교에 재학 중인 자녀를 둔 불법체류 외국인에게만 해당된다. 자발적 귀국자는 귀국보조금을 받을 수 있고, 2006년 8월 13일까지 귀국 신청을 하는 가족에게는 보조금의 두 배를 지급한다. 귀국하지 않는 자는 8월 13일까지 체류에 대한 재심요청을 해야 하며, 이들에게 한 달간의 체류를 인정한다. 이 규정은 프랑스에서 태어났거나 13세 이전에 프랑스에 입국한 자녀의 부모여야 하며 가족들은 (프랑스 사회로의) 진정한 통합 의지가 있어야 한다고 명시하고 있다. 자녀들은 학업에 충실해야 하며 가족들의 프랑스어 구사 능력도 중요하다.

## 5. 맺는 말

2004년 11월 행정감사원은 『이민자 수용과 이민출신인구 통합: 관련 행정기관과 관련 부처의 회신에 따른 대통령 전 보고서』[46]를 발표했다. 564쪽에 달하는 방대한 이 보고서는 현재 이민자 통합 모델에 대한 분석을 통해 향후 전망을 모색하고 있다. 보고서는 우선 프랑스 이민 문제의 책임소재를 분명히 밝힌다. 비록 유럽 차원의 일반적인 원칙을 준수해야 하긴 하지만, 이민을 이주 자체의 문제로 확대시켜 국가가 이민을 받아들이는 태도나 통합의 책임을 회피하려는 것을 경계한다. 프랑스는 유럽연합 가운데 이민현상이 가장 먼저 시작된 나라인 만큼 해결의 실마리를 찾는 것도 매우 까다롭다고 설명하고 있다. 특히 가장 최근에 생긴 이민인구의 문제가 심각하며, 이들에 대한 사회통합은 실패했다고 지적한다. 첫째로 문제점이 계속 증가하는 지역에 이민자의 수가 너무 집중되어 있고, 둘째로 대다수 이민자와 그들의 자녀들의 경제적, 사회적, 개인적 상황이 차별적 처우를 면하지 못하고 있으며, 셋째로 불법 외국인의 수와 그들의 생활상태의 문제를 실패요인으로 꼽고 있다. 이민자 스스로가 얼마나 프랑스 사회에 통합되려고 노력했는가보다는 국가가 이들을 어떻게 다뤘는지를 고찰함으로써 통합정책의 새로운 방향을 모색해야 한다고 조언한다.

　　본문에서 살펴본 것처럼 프랑스는 지난 20여 년 동안 입국과 체류 조건을 강화하고 관련법을 끊임없이 바꾸어, 이민자 통합을 위한 실질

---

46) Cour des Comptes, *L'accueil des immigrants et l'intégration des populations issues de l'immigration: Rapport au président de la République suivi des réponses des administrations et des organismes intéressés*, novembre, 2004.

적인 조치에서 통일성을 유지하지 못하고 있었다. 만약 국가에 소속된 모든 단계의 기관들과 기관 내부의 대표자들이 이민자들의 진정한 통합을 위해 공통된 생각을 공유하고 이를 바탕으로 법을 적용하려고 노력했다면, 2005년 방리유 소요사태와 같은 극단적인 상황은 막을 수 있었을는지도 모른다. 프랑스에서 태어났고 프랑스 국적을 가지고 있는 마그리브 이민 2세들을 온전한 '프랑스 시민'으로 인정하지 않는 채, 사회 문제의 주범으로 이들을 지목해 차별적 조치의 당위성을 강조하는 한, 이들은 여전히 프랑스 사회 안으로 녹아 들어가지 못한 채 주변부 인생을 살아갈 수밖에 없다. 대부분 도시 외곽의 열악한 지구에 집약되어 살고 있고 그들의 인종과 종교의 상이성 때문에 통합이 부적합하다는 담론은, 과거에는 이민자들에 대한 법적 지위의 차별을, 오늘날에는 행정적, 경제적, 사회적, 문화적 차별을 부추기는 결과를 낳게 됐다. 여전히 이방인처럼 살아가고 있는 이들은 2005년 소요사태 같은 폭력을 수반한 분노를 프랑스 사회에 토해내고 있다. 그러나 이들의 분노에 대한 국가의 대응은 강경하게 대처하는 쪽으로만 집중되어 있다. 그들의 분노는 대부분 자기 파괴적인 성격에 그칠 뿐만 아니라 그들이 살고 있는 공간에만 한정된 채 진행되고 있어, 공적 공간의 의미 있는 정치적 행동으로 이어지는 데 한계가 있는 데다, 그 원인조차 제대로 밝혀지지 않고 있는 실정이다.

과거와 현재는 단절과 반복의 역사적 경로를 통해 소통하고 있다. 역사는 사실에 대한 집단적이고 공통적인 기억이다. 오늘 우리가 기억하고 있는 사실과 기억하고 싶은 사실이 다르듯, 과거에도 그랬을 것이다. 그러나 기억 속에 감추어져 있을지도 모르는 진실과 현재의 삶이 반복적으로 부딪칠 때, 비로소 기억 자체를 해부해보려는 용기를

가지게 된다. 프랑스 이민연구는 1980년대 이후 급속히 성장한 연구
분야다. 현재의 삶에 분명히 존재하고 있는 '이민자'라는 실체가 과거
'힘의 관계'에 밀려 기억하고 싶지 않은 사회적 존재였다고 하더라도,
오늘의 프랑스 사회를 구성하고 있는 능동적 주체임을 부정할 수 없다
는 진실을 이민연구를 통해 밝혀나가고 있다. 오늘의 사실은 내일의
역사이다. 또한 사회구성원 각각의 삶이 모여 장구한 역사의 흐름을
만들어간다. 이민자 개개인의 삶과 그와 상호작용하는 실체들을 끊임
없이 해부해 과거와 현재를 소통시켜 나감으로써, 우리의 진실을 향한
노력은 가치 있는 하나의 의미를 만들어낼 수 있을 것이다.

# .6장. 프랑스 노동시장의 이원주의 성격
## — 이민자와 이민 2세의 사회경제적 위치

손영우(파리 8대학, 정치학)

## 1. 서론

이 글은 지난 프랑스 도시소요와 관련해 노동시장에서 도시빈민, 특히 유색인 이민자들과 그 2세들[1]이 처한 상황을 정치경제학적으로 분석하고자 한다. 특히 왜 이민자들이 밀집한 특정 지역이 다른 지역보다 현저히 높은 실업률을 보이고 있는가, 왜 도시소요가 다른 유럽이 아

---

1) 이민 2세는 이 글에서 특별한 언급이 없는 한, 이민자의 2, 3세를 포함하는 이민 후세 일반을 지칭한다. 외국인(étranger)과 이민자(immigré) 개념은 일상적으로 서로 혼용되지만, 엄밀히 이야기하면 외국인은 국적을, 이민자는 출생지와 국적을 중심으로 한 다른 개념이다. 즉 외국에서 태어나 나중에 프랑스 국적을 획득한 사람은 외국인은 아니지만 이민자이다. 이에 대한 정확한 개념은 이 책에 실린 이권능의 글을 참조하라. 다만 한편으로는 1990년대 들어 외국인회사의 설립 증가, '두뇌이전'(fuite des cerveaux)이라 불리는 고급 외국인 인력의 유입이 증가하고, 다른 한편으로는 1974년 이민중단 이후 외국 출생 후 국적을 획득하는 인구가 증가함에 따라, 1990년 중반 이후부터는 빈곤이나 인종 문제를 연구함에 있어 '외국인' 보다는 '이민자' 로 연구대상의 중심이 이동한다. 그 예로 국립통계청(INSEE) 보고서 제목이 1994년까지는 『프랑스의 외국인』이었다가 1997년부터 『프랑스의 이민자』로 바뀐 것을 들 수 있다.

닌 프랑스에서 발생했는가 하는 문제는 프랑스의 노동시장구조와 긴밀한 연관을 맺고 있다. 이를 위해 프랑스에서 이민자들이 어떤 노동시장 구조에서 받아들여졌으며 어떤 역할을 했는가 하는 문제로부터 접근하고자 한다. 특히 이번 도시소요와 연관성을 높이기 위해 1960년대 이후 1974년 이민이 중단될 때까지 급속히 증가한 '아프리카 출신' 이민자들을 주요 대상으로 한다. 이 연구는 프랑스 가을 소요에서 중심이었던 유색인 청소년들 부모세대의 경제적 상황을 살펴봄으로써 이들 청소년들에게 주어진 사회경제적 위치와 평등을 추구하는 공화국 이념에도 불구하고 잔존하는 구조적 불평등에 대해 살펴보고자 한다. 더불어 교육과 인종차별 문제를 다룸으로써 유색인 청소년들이 사회에 진출하는 데 겪는 어려움을 직접적으로 유추해보고자 한다.

이 글은 다음 가설을 중심으로 한다. 1968년을 중심으로 형성된 프랑스 노동시장의 파편화 현상은 외국인과 관련해 초기 북아프리카 남성 이주노동자의 확대를 가져와 프랑스 노동시장의 이원구조를 확연히 했고, 이원시장 구조는 여러 개혁 노력에도 불구하고 노동시장의 유연화와 함께 쉽게 개선되지 않고 있다. 또한 주체적 측면에서 저임금 비숙련 분야에서 노동을 담당하던 아프리카 출신 이주노동자들은 숙련을 위한 직업훈련의 미비, 노동시장의 불안 탓에 그 구조를 쉽게 벗어나지 못했으며, 특히 빈곤한 부모를 가진 아프리카 출신 이민 2, 3세들 역시 다른 사람과 동등한 프랑스인인데도 사회적 자본의 빈곤과 노동시장에서의 인종주의적 편견으로 노동시장의 특정구조에서 벗어나기가 어렵다는 것이다. 이를 위해 미카엘 피오레가 1970년대 프랑스 노동시장을 분석하면서 주장한 '이원주의'(dualisme) 이론이 몇몇 한계가 있음에도 불구하고 21세기에도, 특히 이민과 관련한 노동시장 분석에서 여전히 유효성을 찾을 수 있다는 측면에서 이 글의 주요 이론적 틀로 사용됐음을 밝힌다. 더불어 동일노동-동일임금, 노동권을 위한 제도개혁, 최저임금제도의 도입과 발전, 노동시간의 단축으로 대표되는 1980년대 이후 진행되어온 좌파 정부의 정책적 노력에도 불구하고 이원구조가 지속되는 이유를 우파 정부의 신자유주의적 정책에서뿐만 아니라, 이주노동자를 비롯한 불안한 고용 상태의 노동자들에 대한 조직화의 어려움 등 프랑스 노동운동의 현실과 결부해 유추해봄으로써 노동시장 개혁의 과제들을 살펴보겠다.


## 2. 왜 프랑스에 아프리카인들이 많아진 것일까?

### 1) 북아프리카 노동자들의 유입 확대와 이민노동의 성격

1968년을 중심으로 프랑스 이민자의 구조는 급속히 변화하기 시작한다. 그 특징을 살펴보면 우선 전체적으로 이민이 상당히 증가한다. 〈도표 1〉을 보면, 1962년 286만 명이었던 이민자수는 1968년 328만 명, 1975년 388만 명으로 늘어나고, 특히 1968년 이후 1975년까지는 60만 명이 증가한다. 다음으로 아프리카 출신 이주민이 1968년을 중심으로 늘어난다. 1962년 43만 명이던 아프리카 출신 이주민이 1968년에는 65만 명으로 22만 명이 늘고, 1975년에는 109만 명으로 1968년보다 44만 명이 많아졌다. 특히 1968년부터 1975년까지 전체 이민 증가량의 73퍼센트가 아프리카 출신이며, 그 기간 증가율이 1968년 이전에 비해 약 2배에 이르면서 급격히 상승했다. 마지막으로 이 시기를 중심으로 프랑스 이민자의 구조가 변화한다. 1968년을 중심으로 이민자 혹은 외국인의 분포에서 유럽 출신은 상대적으로 줄어드는 반

〈도표 1: 프랑스 이민자의 출신국에 따른 분포 변화〉

| | 1962년 | 1968년 | 1975년 | 1982년 | 1990년 | 1999년 |
|---|---|---|---|---|---|---|
| 유 럽 | 78.7 | 76.4 | 67.1 | 57.3 | 50.4 | 45.0 |
| 스페인 | 18.0 | 21.0 | 15.2 | 11.7 | 9.5 | 7.4 |
| 이탈리아 | 31.7 | 23.8 | 17.2 | 14.1 | 11.6 | 8.8 |
| 포르투갈 | 2.0 | 8.8 | 16.8 | 15.8 | 14.4 | 13.3 |
| 폴란드 | 9.5 | 6.7 | 4.8 | 3.9 | 3.4 | 2.3 |
| 그외 유럽 | 17.5 | 16.1 | 13.1 | 11.8 | 11.5 | 13.2 |
| 아프리카 | **14.9** | **19.9** | **28.0** | 33.2 | 35.9 | 39.3 |
| 알제리 | 11.6 | 11.7 | 14.3 | 14.8 | 13.3 | 13.4 |
| 모로코 | 1.1 | 3.3 | 6.6 | 9.1 | 11.0 | 12.1 |
| 튀니지 | 1.5 | 3.5 | 4.7 | 5.0 | 5.0 | 4.7 |
| 그외 아프리카 | 0.7 | 1.4 | 2.4 | 4.3 | 6.6 | 9.1 |
| 아시아 | 2.4 | 2.5 | 3.6 | 7.9 | 11.4 | 12.7 |
| 기 타 | 4.0 | 1.2 | 1.3 | 1.6 | 2.3 | 3.0 |
| 전 체(%) | 100 | 100 | 100 | 100 | 100 | 100 |
| 총 수(명) | **2,861,280** | **3,281,060** | **3,887,460** | 4,037,036 | 4,165,952 | 4,306,094 |

[출처] INSEE, *Les immigrés en France 2005*, Paris: INSEE, 2005, p.49.

면, 아프리카 출신의 비율이 높아지는 것을 볼 수 있다. 특히 프랑스에 거주하는 아프리카 출신 이민자 비율이 1968년에 전체 이민자 중 19.9 퍼센트이던 것이 7년 뒤인 1975년에는 28퍼센트로 비교적 높게 상승 한다. 즉, 1968년을 중심으로 프랑스에서 북아프리카를 중심으로 한 아프리카 이민자들이 급증할 뿐만 아니라 프랑스 전체 이민자 구조를 변화시키고 있는 것을 볼 수 있다. 이 당시의 아프리카 이민자들이 대 부분 노동을 위해 이민했다[2]는 점을 감안할 때 이 변화는 노동시장 구 조의 변화와 긴밀히 연관을 맺고 있다고 추측할 수 있다.

---

2) 이 책의 5장으로 수록된 강진희의 글, 「이민과 프랑스 사회의 공존: 19~20세기 프랑스 이민사」를 참조하라.

먼저 그 당시의 노동시장의 구조변화를 살펴보기 전에 1960년대부터 1970년대 초반까지 이민자 노동의 성격을 살펴보자.

우선 이 기간 동안 외국인 노동자들은 노동조건이 열악하고 노동강도가 강하며 숙련 정도가 낮은, 내국인 노동자들로부터 배척된 직업의 업무를 담당했다. 1973년 10월 통계를 인용한 도미니크 강비에와 미셸 베르니에르의 『노동시장론』에 의하면, 전체 임금노동자의 11.9퍼센트를 차지했던 외국인 노동자의 활동은 주로 건설, 자동차 생산, 광산 및 철강, 고무, 플라스틱 분야에 집중됐다. 이 분야들은 전반적으로 노동조건이 열악하고 노동강도가 강해 상대적으로 여성노동자들을 고용하기 힘든 분야로 숙련 정도가 낮았다. 또한 외국인이 활동하고 있는 직업에 대한 조사를 보면, 75퍼센트가 신체적 조건이 중요하게 요구되는 곳에서 일했고, 57퍼센트가 '힘들거나', '아주 힘든' 작업장에서 작업을 수행했으며, 80퍼센트가 야간작업이나 규칙적이지 않은 시간에 작업을 진행했고, 단지 7퍼센트만이 6개월 이상의 교육을 받아야 하는 직종에 종사했다.[3]

이 당시 외국인 노동자들은 젊고 육체적으로 건장하며 가족을 부양할 의무가 없는 미혼 남자들이 중심으로, 이미 자국에서 프랑스에 있는 기업과 노동계약을 맺고 프랑스로 이민을 왔다.

이 외국인 노동자들은 일반 프랑스 노동자들이 담당하지 않은 '특수한' 분야에서 일을 했고, 내국인 노동자들이 점유하고 있는 작업들의 '부수적인' 분야에서 노동을 담당했다. 외국인 노동자들은 한편으

---

3) Dominique Gambier et Michel Vernières, *Le marché du travail*, Paris: Economica, 1991, pp.92~93.

로는 전반적인 경제활동의 변화에 기업들의 적응을 용이하게끔 하기 위해 고용됐으며, 다른 한편으로는 생산비용 상승을 막기 위한 방안으로 이용됐다. 특히 기자재를 현대화하고 작업내용을 풍부화하거나 노동조건을 향상하거나 성장에 따라 임금을 상승해야 하는 것에 대한 대용으로 외국인 노동자가 채용됐다. 그리하여 경제위기 이전의 외국인 노동자는 생산도구의 발전을 지체하거나[4], 혹은 새로운 기술이 도입되더라도 이와 상관없이 육체노동력이 필요한 영역에 고용되는[5] 등 외국인 노동자의 사용은 직종별, 분야별로 기업의 전략에 의해 다양하게 취사 선택됐다.[6]

특히 중요한 것은 많은 외국인 노동자들이 활동했던 제조업과 건설 분야는 경제적 상황에 따라 고용상태가 매우 민감하고 유동적인 분야라는 점이다.[7] 예를 들면 1974년 경제위기 기간 소비위축으로 전체 고용의 7퍼센트가 줄어든 소비재 분야에서 활동하는 외국인 노동력이 17퍼센트가 감소하는 등 전체 고용이 줄어든 분야에서는 외국인 노동력이 현저하게 축소되는 것을 볼 수 있다. 이렇게 당시 외국인의 고용 구조의 특성은 1974년 이후 불어닥칠 경제위기에 따라 고용이 매우 불안정해질 수 있다는 것을 이미 예견하고 있었음을 의미한다.

---

4) Anicet Le Pors, *Immigration et développement économique et social*, Paris: La documentation Française, 1976.
5) Gambier et Vernières, op. cit., pp.92~93.
6) 이러한 사실은 "기술도입이냐, 외국인 노동인력의 도입이냐"라는 논의의 대립이 외국인 노동력 도입의 부분적인 측면만을 논한다는 것을 보여준다. 왜냐하면 기술도입을 하면 일부분의 외국인 노동인력을 감축시킬 수 있는 것은 사실이지만, 기술도입과 무관하게 혹은 기술도입과 함께 요구되는 비숙련 노동을 위해 외국인 노동인력이 사용됐다는 측면을 간과하기 때문이다.
7) Odile Merckling, *Immigration et marché du travail: Le développement de la flexibilité en France*, Paris: L'Harmattan, 1998, p.56.

## 2) 이원주의 이론과 외국인 노동자의 유입

1968년을 중심으로 한 외국인 노동자들의 유입 상승과 이들의 노동의
성격에 대한 분석은 거시적 측면에서 프랑스 노동시장의 변화와 맥을
같이한다. 피오레는 프랑스 노동시장의 사례분석에 기반한 논문 「노동
시장에서의 이원주의」[8]를 통해 1960년대 이후 산업사회의 노동시장
구조가 두 부문으로 구분되어가는 것을 발견할 수 있다고 주장한다.
노동시장이 상대적으로 높은 임금, 더욱 안정적이고 주목받는 직업,
더욱 세련된 노동력을 특징으로 하는 1차부문과 낮은 임금, 열악한 노
동환경에서 여성, 청년, 소수자 집단, 외국인 등 상대적으로 주변적이
고 비특권적이라고 여겨지는 세력으로 구성되는 2차부문으로 구분되
어가는 것이다.[9]

피오레에 의하면 노동시장에서의 분열(segmentation)은 근본적
으로 근대 산업경제에 내재되어 있는 가변성(variability)과 불확실성
(uncertainty)과 연관되어 있다. 역사적으로 인간의 노동력은 생산과
정에서 발생하는 문제를 해결하기 위해 사용됐다. 일반적인 의미에서
노동력은 생산활동의 흐름에 따라 임의로 고용하고 해고할 수 있는,

---

8) 일반적으로 dualism에 대한 번역으로 '이중주의'가 사용되지만, '이중'이라는 말은 동
   일한 영역 혹은 하나의 주체가 갖는 두 가지의 성격이라는 의미로 오해의 소지가 있기 때
   문에 두 개의 공간이라는 의미가 더욱 분명한 '이원'을 택했다.
9) 이러한 구분은 직업 안정성에 의한 것일 수도 있고, 동시에 수행하는 작업의 성격, 고용
   된 노동자의 행위적 특성에 의한 것일 수도 있는 것으로 서로 대립되는 것은 아니지만,
   피오레는 임금 결정, 교육과 훈련, 기술변화에 대한 적응을 잘 나타내주는 것은 작업의
   성격이나 행위방식에 의한 구분이라고 한다. Michael J. Piore, "Dualism in the Labor
   Market: A Response to Uncertainty and Flux, The Case of France", *Revue
   économique*, vol.29, n°1, 1978, p.27; Suzanne Berger and Michael J. Piore, *Dual-
   ism and Discontinuity in Industrial Societies*, Cambridge: Cambridge University
   Press, 1980, p.23. 피오레는 자신의 1978년 글을 1980년에 쓴 저작의 일부로 포함시킨
   다. 여기에서는 중복되는 부분에 한해 초기 글인 1978년의 글을 중심으로 인용했다.

공장이나 기계와 같은 고정요소에 비해 상대적으로 변화가능한 특성을 지니고 있었다. 또한 노동력은 계획과 엔지니어링에서 다른 자본이나 생산도구를 먼저 고려하고 나중에 배치하는 잔여요소(residual factor)였다. 다시 말해 생산활동의 흐름에 따라 자유롭게 고용하고 해고할 수 있는 가변요소(variable factor)였던 것이다. 이러한 연유로 피오레는 근대경제에서 이원주의는 원래 자본과 노동 사이에 존재했다고 말한다. 그런데 노동시장에서의 이원주의는 노동력이 수요에서의 가변성 – 불확실성과 절연하기 시작하는 순간, 계획과 결정과정에서 노동력의 요구가 미리 예견되는 순간에 발생한다고 주장한다.[10] 이 시점부터 노동은 분화되기 시작하는데, 자본의 특혜적인 위치를 다소 공유한 노동부문과 과거처럼 생산에서 잔여요소로서 기능을 지속하는 노동부문으로 구분된 이원구조가 출현한다.[11] 이에 직업들은 노동력의 행위방식(behavioral patterns), 즉 불변요소로 행동하는가 아니면 가변요소로 행동하는가에 따라 이원구조 중의 하나로 위치지어지는 것이다. 일단 노동시장에서 이원구조가 정착되면 직업의 지속성만을 가지고 이원구조로 구분할 수 있는 것은 아니다. 생산의 잔여요소이지만 결과적으로 지속적으로 같은 업무를 수행할 수 있고, 중요요소이지만 잦은 이동이 있을 수 있다. 하지만 중요성과 잔여적 성격 간의 구분을 통해 그 업무를 수행하는 노동자의 위치는 구별될 수 있다.

　　또한 이러한 이원구조는 기업 수준에서의 특수한 노동시장 형태와 관련을 맺기도 한다. 기업에서는 특수한 구체적 노동에 대한 훈련

---

10) Piore, op. cit., p.27~28.
11) Berger and Piore, op. cit., pp.23~24.

비용을 줄이기 위해 특정 부분에서의 이직률을 줄이기 위해 노력한다. 잦은 이직은 훈련비용뿐만 아니라 새로운 고용을 위한 광고, 사람 찾기, 인터뷰, 고용 기간 동안의 정지기 등 고용에 필요한 여러 가지 새로운 시간과 비용을 요구하기 때문이다. 이러한 시간과 비용을 줄이기 위해 기업에서는 '내부 노동시장'(internal labor market)을 형성하는데, 이것은 "하나의 행정적 결합으로 이곳에서 노동의 제공과 가격이 (시장이 법칙이 아닌) 행정적인 법칙과 과정에 의해 지배된다"[12]고 피오레는 규정하고 있다. 그중 '1차적인' 내부 노동시장의 행렬이 1차부문을 형성하게 된다.[13]

피오레는 1978년 논문 출판 이후 이원주의 이론을 더욱 발전시키는데, 1980년 수잔 베르제와 공동으로 출판한 『산업사회에서 이원주의와 불연속성』에서, 노동시장의 이원구조 구분에 대해 더욱 자세히 설명한다.[14] 먼저 이원주의 개념은 사회가 '두 개'로 나뉜다는 데 핵심이 있는 것이 아니라 노동시장이 연속적이지 않고 불연속적인(서로 왕래하기 어려운) 층으로 '분열'된다는 점에 중점을 두고 있다고 밝힌다.[15] 즉 '분열의 수'가 아니라 '분열' 그 자체가 핵심이다. 불연속적

---

12) Peter B. Doeringer and Michael J. Piore, *Internal Labor Market and Manpower Analysis*, Lexington: Heath Lexington Books, 1978, pp.1~2.

13) Doeringer and Piore, ibid., p.167. 이에 대한 예로 경기회복시 선차적으로 재고용을 약속하는 해고 형태인 '우선복귀해고'(layoff and recall) 제도를 들고 있다.

14) 이원주의에 대한 대표적인 비판으로는 다음의 글을 참조하라. Alain Azouvi, "Théorie et Pseudo-théorie: Le dualisme du marché du travail", *Critique de l'économie politique*, n°15/16, 1981, pp.3~52. 알랭 아주비는 이 글에서 이원주의 이론의 이론적 정교함을 문제삼으며 이원주의를 하나의 이론이기보다는 현대사회에서 발생하는 계급투쟁의 한 형태로 규정한다. 하지만 이원주의 이론은 임금, 안정성, 노동조건과 관련해 많은 주목을 받아 왔고(Gambier et Vernières, op. cit., p.82), 최근까지도 하나의 분석방법으로 사용됐다. Javier Ortega et Laurence Rioux, "Durée des contrats et indemnisation du chômage: Une analyse quantitative du dualisme du marché du

인 분열의 수는 산업구조의 특수성에 따라 증가할 수 있다고 주장한다. 또한 이원주의 현상은 선진국뿐만 아니라 개발도상국, 후진국에서도 나타날 수 있지만, 합리화되고 근대화된 시장이 모든 산업사회에서 동일하게 수렴되기보다는 각 산업사회에 따라 다양한 방식으로 발전한 것이라는 가정 아래 논리를 전개한다.[16]

피오레는 노동시장의 1차부문을 상위군(upper tier)과 하위군(lower tier)으로 세분하는데, 상위군은 전문적이고 지휘하는 위치의 직업이라면 하위군은 일부분의 화이트칼라층과 대부분의 블루칼라층 혹은 노동계급으로 구성된다.[17] 다른 한편으로 2차부문은 안정성이 낮고 승진 가능성이 낮으며, 일반적으로 비숙련 노동 또는 인간의 아주 기초적인 기술과 능력을 요구한다. 특히 이러한 직업의 노동력은 작업장 외부에서 규정된 정체성, 즉 여성, 청소년, 농업 노동자, 일시적 이민자 같은 사회적 역할의 정체성으로부터 규정되기도 한다. 이러한 노동자들은 전형적으로 불안정하고 높은 비자발적 직업 이동률을 보일 뿐만 아니라, 노동시장 내외로의 이동도 빈번하다.

1차부문의 하위군은 2차부문보다 좀더 안정적인 노동환경에 위치

---

travail français", *Revue économique*, 2002, vol.53, n°6, pp.1273~1303. 또한 제도주의적 특성을 지닌 피오레의 견해와는 달리 이원주의가 자유주의적 분석도구로 사용되기도 했다. Anne Perrot, *Les nouvelles théories du marché du travail*, Paris: Découverte, 1992.

15) Berger and Piore, op. cit., p.2.

16) Berger and Piore, ibid., p.2.

17) Berger and Piore, ibid., pp.17~19. 상위군과 하위군 사이에는 여러 층이 존재할 수 있는데, 미국의 경우 '장인'(crafts)들이 이 중간에 속할 수 있다고 피오레는 설명한다. 피오레에 의하면, 이들은 노동과정에서 기술을 습득하거나 감독자와의 관계에서 노동집단이나 관습이 중요시된다는 측면에서 하위군과 유사하지만, 많은 장인들이 독립성을 강화해 전문직에 가까워지면서 상위군과 유사한 점도 가지고 있다. 더욱이 이들의 지리적, 제도적 이동범위는 상위군에 가깝다.

<도표 2: 1차부문과 2차부문 노동의 특징>

| 특　징 | 1차부문 | | 2차부문 |
|---|---|---|---|
| | 상위군 | 하위군 | |
| 임　금 | 매우 높음 | 높　음 | 낮음, 최저임금 |
| 노동시간 | 종일노동 | 종일노동 | 시간제, 기간노동제 |
| 선행된 교육 | 높은 학위 | 전문기술 | 거의 없음 |
| 노동조건 | 높　음 | 좋　음 | 안 좋음 |
| 고용 안정성 | 높　음 | 높　음 | 낮　음 |
| 노동통제 | 약　함 | 약　함 | 강　함 |
| 통제방식 | 능　률 | 관습 및 법규 | 감독자 |
| 노동조합 | 존재 혹은 유사단체 | 존재 혹은 유사단체 | 회　박 |
| 승진 가능성 | 높　음 | 상대적으로 낮음 | 매우 낮음 |
| 교육기회 | 높　음 | 높　음 | 낮　음 |

해 있다. 보수가 더 좋고 노동조건도 덜 참혹하며 사회적 지위도 높다. 노동도 비교적 안전하고 안정되며, 그 중 일부는 높은 임금으로의 향상도 기대할 수 있다. 보통 숙련직이지만, 그 기술은 생산과정 안에서 노동자들 간의 상호학습을 통해 습득되고, 고용 이전의 정규교육 과정은 기술습득 과정에서 비중이 비교적 낮다. 그들은 작업장 내부에서 안정적인 집단을 형성하고 노동자와 감독자의 관계는 노동조합이나 공식적 혹은 비공식적 유사단체에 의해 매개된다. 그 결과 관습이나 법규 혹은 소송이 노사 관계를 지배하고, 권위는 이러한 선례에 따라 실행된다. 보통 임금은 단체협상 같은 공식적 과정이나 혹은 법적으로 규정된 임금상승률에 기반한 비공식 과정을 통해 결정된다.

이에 반해 상위군은 전문직이나 관리직이다. 이들 직업은 보수나 지위, 명예 측면에서 층위의 가장 높은 곳에 위치해 있고, 확실한 안정성을 지니며 또한 해외나 다른 지방으로의 진출 혹은 더욱 좋은 직장이나 높은 지위로 상승할 가능성이 하위층보다 상대적으로 높다. 특히 이들은 고용 이전의 정규교육을 중시하며, 노동조직이나 모임의 응집력이 하위층보다 덜하다. 이들에게는 관습이나 법규들이 덜 중시되고, 내면화된 행동코드(internalized codes of behavior)가 법규나 2차부문의 개별적인 감독을 대체한다.

그렇다면 이들 층위 간의 차이는 어디에서 기인하는 것일까? 피오레는 각 층위 간의 핵심적 차이는 노동자들이 노동을 배우고 이해하는 학습과정의 차이에서 발생한다고 주장한다.[18] 즉 하위군은 특정한 공정에서 실제 사용할 수 있는 기술을 생산과정에서 학습하는, 이른바 구체적 학습(concrete learning)을 하는 반면, 상위군은 그 분야에서 상황에 따라 여러 가지로 적용 가능한, 이른바 추상적 학습(abstract learning)을 한다. 반면에 2차부문의 노동에서 두드러지는 특징은 수행하는 작업의 일관성이 없다는 점이다. 단순공정을 제외하면 작업은 매우 불안정하고 다양하다. 노동이 비숙련적이며, 자신의 작업에 대한 이해를 요구하지 않는다. 작업자는 작업공정에서 임의적으로 행동하거나 자신의 활동을 조정할 수 없다. 그렇기 때문에 감독자의 개인적 지시가 노동환경에서 중심요소로 등장한다. 즉 이 층위들의 구분은 일시적인 노동시장의 변동이나 직업 내에서의 개인적인 성실성의 문제가 아니라 이미 교육이나 다른 요소를 통해 노동시장 외부에서부터 이러한 구분이 시작됐다는 것을 의미한다.

한편 이원구조 속에서의 직업과 주요 대상은 그 산업구조의 특성에 따라 다르게 나타날 수 있다. 즉 특정 산업구조에서는 1차부문에 속하는 직업이 다른 산업구조에서는 2차부문이 될 수 있고, 혹은 그 반대일 수도 있다. 또한 2차부문으로 유입되는 노동자의 대상 역시 특

---

18) Berger and Piore, ibid., pp.19~20.

정 산업구조 혹은 시기에 따라 특정 지방 출신 노동자라는 지역 차이에 따라, 혹은 여성이라는 성별 차이가, 혹은 나이가 어리다는 세대적 차이가, 혹은 외국인이라는 국적 차이가, 때로는 혹인 유색인이라는 인종 차이가 특정 노동자가 그 구조로 편입되는 주요 요인이 될 수 있으며, 경우에 따라서는 두세 가지가 중복되어 나타나기도 한다.

결국 지식노동의 등장과 더불어 육체노동이 사라질 것이라는 고전주의 경제 이론가들의 예견과는 달리, 현대 자본주의 산업경제에서 기업가들은 항상 자본주의 산업경제에 내재되어 있는 가변성과 불확실성 문제를 해결하기 위해 노동력이 일정 부분 자본화되어가는 경향과 독립적으로 노동시장의 하층부위를 지속적으로 유지하고 그 대상을 찾으려고 노력함에 따라 노동시장의 이원구조는 존속된다.[19)]

### 3) 68운동이 안정화시킨 노동을 피해 새로운 노동력 충원에 나선 기업가

노동시장의 이원구조는 구체적으로 어떠한 방식으로 출현하게 되는 것일까? 먼저 이원주의가 발생하는 배경에 대해 앞서 서술한 대로, 피오레는 고용주가 노동자의 훈련에 투자함에 있어 노동자를 일종의 자

---

19) 이원주의 구분에 대한 이해를 돕기 위해 한국의 상황과 비교하면, 먼저 노동시장의 분절이라는 측면에서 한국의 정규직/비정규직 구분과 1차부문/2차부문의 구분은 유사하다고 할 수 있다. 하지만 정규직과 비정규직이 직업의 안정성을 중심으로 하는 구분이라면, 1차부문/2차부문은 직업의 안정성뿐만 아니라 노동의 속성을 함께 고려한 구분이다. 이러한 차이는 한편으로는 각각의 구분이 제기된 시기가 보편적으로 노동시장의 유연성 정도를 달리한다는 시대적 차이에 기인한다고 할 수 있다. 가령 1970년대 초 프랑스에 이민온 아프리카 출신 노동자들이 비교적 안정된 직업을 가지고 있었다고 하더라도 위에서 서술한 대로 힘든 작업의 속성이나 불규칙한 노동시간으로 인해 안정성만으로 직업의 특성을 드러내기가 어렵다. 다른 한편으로는 프랑스에서 비정규직의 형성이 작업의 특성에 따라 비교적 엄격하다는 국가적 노동시장의 차이에 기인한 것일 수 있으며, 예를 들면 한국에서 찾아보기 힘든 시간제 무기간계약의 경우, 그 안정성만을 가지고 성격을 충분히 인식하기 어렵다.

본으로 간주하는 동기가 생겨 노동력이 유사고정요소(quasi-fixed factor)나 유사자본(quasi capital)으로 되어가는 과정을 겪는다고 한다. 하지만 피오레는 이러한 경제적 요인이 어떻게 전국적으로 일반화될 수 있었는가 하는 질문을 던지고, 그 해답을 프랑스 경우에는 바로 '68년 노동자운동'에서 찾는다.[20]

대학에서 시작된 1968년의 사회운동은 노동자의 총파업으로 이어졌고 이 노동자운동은 그르넬 협약으로 종결된다. 피오레는 이 제도적 개혁의 핵심을 두 가지로 정리하고 있다.[21]

첫째, 고용주가 경제상의 이유로 노동자를 해고하는 데 대한 행정적 제한이 증가됐다는 점과 둘째는 노동자들의 조직화가 더욱 용이해졌고, 경영에 대해 노동자가 개입할 수 있는 여지가 더욱 넓어졌다는 점이다. 먼저 해고에 대한 행정적 제한은 1945년 이래로 노동감독관에 의해 실행됐는데, 그들은 고용주가 집단해고를 할 경우 그 정당성을 요구할 수 있었고, 부당한 해고에 대해 해고의 연기·재고 혹은 금지할 수 있는 행정소송을 할 수 있었다. 하지만 이러한 능력은 1950년대를 경과하면서 저하됐고, 1960년대 초반에 이러한 노동감독관의 능력을 강화하려는 시도가 있었지만 성공적이지 못했다. 그런데 68운동에 의해 맺어진 그르넬 협정을 통해 고용주가 경제적 가변성에 따라 노동자를 대량으로 해고하기 어렵게 됐다. 물론 노동자를 결코 해고할수 없었던 것은 아니지만, 노동자들이 잘 조직되고 전투적인 곳에서는 고용주가 빠르고 쉽게 그리고 대량으로 해고하는 것이 절차상 쉽지 않

---

20) Piore, op. cit., pp.29~31.
21) Piore, ibid., pp.36~37.

았고, 섣부른 해고는 많은 경제적 비용의 부담을 초래할 수 있는 위험을 가지게 됐다.

　두번째 주요 개혁은 작업장 내부에 '노동조직'(section syndicale)을 허용한 것이다. 1968년 이전에도 10인 이상 사업장에서는 대표자를 선출할 수 있었고, 50인 이상 사업장에서는 기업위원회를 조직할 수 있었지만, 대표자제도는 전국노동단체에서 탈퇴를 결정하거나 혹은 작업장 내에서 개인적인 법적 권한과 관련된 것으로 영향력에서 많은 한계를 지니고 있었고, 기업위원회는 생산협력을 위한 기구로서 강제사항이 없는 조건에서 노사의 공동이해 관련 사항을 논의했다. 1968년 제도개혁은 기존의 노동조합에게 작업장에서 선전물을 돌리거나 노동자들과 토론을 통해 작업장 내에서 지부를 만들 권리를 제공한 것뿐만 아니라 노동조합이 나서서 기업 차원에서 단체협상을 할 수 있도록 했다. 초기 68운동 이전 파업에 참여한 소규모 노동집단은 주요 전국노동조합과 긴밀한 연관이 없었지만, 이들 집단은 파업운동에 조직력을 제공해주고 있었다. 전국협상을 통해 노동조합의 목적을 달성하려면 협상에 참여하고 있는 노조들이 얼마나 기업 수준의 노동집단을 잘 대변하고 있는가의 여부가 핵심이었다.

　결국 해고제한과 기업 수준에 노동조합을 허용한 새로운 제도개혁은 기존의 상층 노동조합기구와 소규모 노동집단을 중심으로 한 '들고양이식 노동운동'[22]을 통합시키는 역할을 했다. 더불어 피오레는 지적하지 않았지만, 1968년에 새로운 최저임금제도(SMIC)[23]가 도입되

---

22) wildcat labor mouvment. 일부 노동집단이 중앙노동조합의 방침을 거스르거나 허가 없이 단체행동을 하는 경우를 말한다.

면서 전반적인 인건비의 인상 효과를 가져오기도 했다. 이러한 개혁들은 고용주들에게 과거와 같은 방식으로 고용을 전개할 자유를 저하시켰고, 소위 고용주들이 사용하는 언어로 노동시장에서 노동력의 '경직화'(rigidification)를 가져왔다.

하지만 이러한 제도개혁의 영향이 전반적으로 균일하게 진행된 것은 아니었다. 이러한 개혁의 불균등한 영향은 고용주로 하여금 '경직된' 영역에서 보다 덜 경직된 영역으로 수요를 이동시키게 했다. 이런 결과 프랑스 노동시장에서 이원성은 현저하게 나타난다.[24] 그 이유에 대해, 첫째 노동감독관의 활동이 그 지역의 사회적, 정치적 환경에 따라 달리 나타났다. 노동조합이 잘 조직된 곳에서는 노동감독관이 해고를 연기하거나 재협상을 종용하는 한편, 노동조합이 잘 조직되지 않은 곳이나 노동세력이 비교적 순종적인 곳에서는 노동감독관이 고용주들 편으로 '융통성 있게' 활동했다. 둘째 노동집단마다 조직화나 투쟁성에서 차이가 존재했다. 전통적으로 농촌의 노동자들이 산업도시보다 비교적 온순했고, 외국인 노동자들이 내국인보다, 여성들이 남성들보다 저항을 덜했다. 셋째 1968년 제도개혁에서 임시고용 노동자들과 50인 이하의 중소사업장에 대해서는 예외적으로 해고에 대한 제한도, 회사 차원의 대표를 둔다는 조항도 적용되지 않았다. 넷째 고용

---

23) Salaire minimum interprofessionnel de croissance. 프랑스에서 최저임금제도가 형성된 것은 1950년 최저임금보장제(Salaire minimum interprofessionnel garanti, SMIG)였지만, 최저임금의 상승을 위해 여러 협의를 거쳐야 했던 이전과는 달리, 1968년의 SMIC는 매년 7월 1일을 기준으로 성장에 따라 자동적으로 일정 액수의 임금이 상승하는 제도로서, 이 제도의 실행으로 전체적인 임금상승효과를 가져오게 됐다. 현재 프랑스의 최저임금은 2006년 7월부터 시간당 8.27유로(약 1만 원), 월급 1254.28유로(약 150만 원, 주 35시간 기준)이다. 이에 반해 한국은 2007년 1월부터 각각 3,480원, 72만 7,320원(주 40시간 기준)이다.

24) Piore, ibid., p.38.

주들이 조합대표를 무시하거나 기업 수준의 협상을 거부하는 행위가 '기술적으로' 혹은 '부분적으로' 합법화될 수 있는 50인에서 100인 사업장에서도 많이 나타났다.[25] 즉 '경직화' 라는 특성은 최소 100인 이상의 비교적 큰 기업에게만 해당하는 특성이라 할 수 있다.

결국 노동자운동이 기존의 전통적 노동력에 대해 1차부문적 특성을 강화시켰고, 이에 고용주들은 경제에서의 불확실성에 조응하기 위해 2차부문적 특성을 가진 새로운 노동력을 '찾은' 것이라 할 수 있다. 그리하여 고용주들은 초기 자본주의화 과정 때 노동력을 찾기 위해 거지, 정신병자, 패잔병들을 동원했듯이 가변적 노동을 위해 더욱 많은 외국인, 여성, 청소년들을 동원하고자 한 것이다.

이러한 노동시장의 변화는, 먼저 68운동 이후 1971년까지 프랑스 이민사에서 가장 높은 외국인 이민율이 뒷받침해주고 있다. 특히 앞에서 살펴본 바대로 1968년을 전후로 아프리카 출신 외국인들이 대부분 비숙련 노동에 집중되어 있음을 알 수 있다. 둘째, 이 당시 프랑스 성인여성의 노동참여율의 급격한 증가를 들 수 있다. 물론 여성의 노동참여는 20세기 초반부터 있어 왔던 것이지만, 1962년에서 1968년 사이에 증가하기 시작해 1968년 이후 더욱 가속화된다. 1962년 전까지 40퍼센트 선에서 머물러왔던 성인여성의 노동참여율은 1968년 45퍼센트, 1970년에 47퍼센트, 1975년에 52퍼센트로 증가한다. 물론 68운동을 통한 문화적 변화가 여성이 직업을 갖는 것을 꺼리던 인식을 바꾼 것으로 볼 수 있지만, 이와 동시에 경제적 수요의 증가라는 배경 없

---

25) 예를 들면 1975년 단위 사업장 내 노동조합 지부의 존재가, 150명에서 299명의 사업장에서는 62퍼센트, 1천 명 이상의 사업장에서는 96퍼센트에 달했던 반면, 50명에서 149명의 사업장에서는 35퍼센트에 머물고 있다. Piore, ibid., p.39.

이 이러한 변화를 완전히 설명하기 힘들다. 이렇게 노동시장에 편입된 여성들은 특히 비숙련 노동과 반숙련 노동에서 일부 프랑스 남성노동을 대체하기도 한다.[26] 셋째, 여성고용과 함께 증가하는 여성실업은 여성의 고용 분야가 임시적이거나 불안정적이라는 것을 보여주고 있다. 특히 피오레에 의하면 여성고용이 증가하는 지역은 동시에 실업률이 증가하고, 청년들에게서도 유사한 현상이 나타난다고 한다.[27]

여기에서 1968년 이전에도 역시 아프리카 출신 외국인 노동자들이 존재했다는 사실을 유념해야 한다.[28] 1962년부터 이미 아프리카 노동력은 서서히 증대하는데, 이에 대한 설명은 노동력의 유사자본화에 의해 1960년대 이후 개별 기업적 혹은 지역적 차원에서 진행되던 이원구조가 68운동을 통해 전국화되는 과정을 겪는다는 피오레의 논리로 설명이 가능하다. 즉 기술화, 노동의 자본화가 진행됐던 1960년대에 당연히 기업적, 지역적 차원에서 외국인 노동이 요구되어 아프리카에서 노동력의 이전이 시작됐고, 1968년 그르넬 협정을 중심으로 전국화, 일반화되는 경향을 띠며 외국인 노동자에 대한 수요가 급격히 증대됐다고 할 수 있다.

---

26) 가령 기계산업의 경우 1968~73년간 여성비율이 39퍼센트 상승하고, 같은 기간 비숙련 노동과 특수단순노동(ouvriers specialisés)에서 남성의 수가 각각 18퍼센트와 5퍼센트가 감소한 반면, 여성은 각각 10퍼센트와 14퍼센트가 상승했다. François Eymard-Duvernay, "L'emploi au cours du VI Plan", *Economie et Statistique*, n°74, 1976, pp.40~42; Piore, op. cit., p.44. 재인용.

27) Piore, ibid., p.44.

28) 68운동의 슬로건들은 "프랑스 노동자와 외국인 노동자의 단결", "동일노동, 동일임금"(travail égal salaire égal) 등으로 이미 외국인 노동자들을 보호하는 성격을 가지고 있었다. 이에 대한 설명으로는 다음을 참조. Yvan Gastaut, "Mai 1968 et les étrangers", *L'immigration et l'opinion en France sous la V[e] République*, Paris: Seuil, 2000, pp.37~51. 특히 이 논쟁은 아주비에 의해 제기되기도 한다. 자세한 내용은 다음을 참조할 것. Azouvi, op. cit..

## 3. 이민자의 토착화와 외국인 노동자의 분화

**1) 이민노동자의 토착화에 따른 아프리카 이민자의 가족화와 여성 청소년 인구의 증가**

1974년 7월 이민은 중단된다.[29] 이러한 결정의 배경으로 먼저 경제위
기를 들 수 있다. 1973년 10월 이스라엘과 이집트, 시리아 등 중동 국
가들과의 긴장으로 아랍석유수출국가연합(OPEP)이 이스라엘이 점거
한 영토에서 물러날 때까지 석유가격과 수출량을 조정한다는 계획을
발표함에 따라 유가상승에 의한 1차 경제위기[30]가 발생한다. 동시에
프랑스에 1974년 5월 발레리 지스카르 데스탱 대통령과 자크 시라크
를 수상으로 하는 새로운 우파 정부가 들어서면서 이민에 따른 사회적,
경제적 비용의 문제가 하나의 정치적 주제로 등장하게 된 것을 그 배경
으로 들 수 있다. 예컨대 경제적 어려움으로 인한 고용 규모의 축소로
거주외국인이 외국인 노동자보다 월등히 많아져 더 이상 이민을 통한
노동력 유입이 필요하지 않게 됐으며[31], 특히 프랑스에서는 전후 소위
'베이비 붐' 세대들이 성장해 노동시장에 대거 진출하면서, 고용의 성

---

29) 이민중단 정책으로 공식적인 이민은 줄지만, 이후에도 정치적 망명, 가족재결합, 불법
이민 등 다양한 방법으로 외국인이 유입되기도 했다. 이 책에 실린 강진희의 글과 다음
의 글을 참조. Marie-Claude Blanc-Chaléard, *Histoire de l'immigration*, Paris:
Découverte, 2001, pp.74~77. 또한 이민의 중단은 단지 프랑스에 국한되어 나타난
현상이 아니었다. 1974년 다른 나라의 활동인구 중 외국인 분포를 살펴보면, 스위스 28
퍼센트, 룩셈부르크 26.3, 독일 9퍼센트, 프랑스 8퍼센트, 벨기에 7.2퍼센트, 네덜란
드 3.2퍼센트로 외국인 이민은 프랑스만의 문제가 아니었고, 1973년을 중심으로 해 독
일연방(1973년 11월), 영국(1971년 새로운 이민법 제정, 1973년 적용), 그리고 덴마크,
노르웨이, 스웨덴, 벨기에, 네덜란드, 오스트리아 등 많은 서북유럽 국가들이 이민을
중단하거나 제한한다. Catherine Wihtol de Wenden, *Les immigrés et la politique*,
Paris: Presses des sciences-po, 1988, p.189.
30) 제2차 석유파동은 1980년 6월 OPEP 국가 장관회의에서 1979년 배럴당 13달러이던 유
가를 배럴당 32달러로 인상한다는 발표를 시작으로, 그해 11월에 배럴당 41.5달러까지
인상되면서 최고조에 달하게 된다. Jean-Marcel Jeanneney(ed.), *L'économie
française depuis 1967*, Paris: Seuil, 1989, p.54.

장은 경제적 위기로 둔화되는 가운데 노동인구는 증가하는 현상을 보인다.

그런데 문제의 핵심은 이민을 중단한 것에만 있지 않다. 국경의 패쇄는 다른 한편으로 이미 이민 온 '외국인 노동자들의 토착화'를 의미하기도 했다. 그들은 더 이상 단순히 외국인 직공이 아니었으며, 이제 무시할 수 없는 '영원한 소수자'로서 프랑스의 사회구성원이 되기 시작한 것이다.[32] 특히 1981년 프랑수아 미테랑 대통령은 이전 우파 정부의 자발적 귀국 혹은 강제적 추방과 같은 상대적으로 강경한 정책을 일단락지으며 이민자 안정화정책을 실시한다. 이 정책의 요지는 국경에서의 통제는 유지하되 일단 프랑스에 사는 외국인들의 삶은 개선한다는 것이다.[33] 먼저 인도적 차원에서 이민아동의 강제추방을 금지한다. 아이가 비록 외국인 부모를 가졌더라도 만약 프랑스에서 태어났다면 그 가족을 강제로 추방할 수 없도록 했다.[34] 둘째 가족재결합의 권리가 재확인되고 외국인 입국과 체류 조건에 관한 법률이 1981년 10월 29일 개정되면서 가족결합을 위한 입국이 예전보다 간편해졌다. 셋째, 외국인들의 동등한 결사권을 인정한다. 외국인이 단체를 결성할

---

31) 이에 대한 연구로는 다음을 참조하라. Catherine Wihtol de Wenden, "Les étrangers et le marché de l'emploi", *Droit social*, n°5, mai, 1976, pp.23~33.
32) Wenden, *Les immigrés et la politique*, p.191. 물론 국경폐쇄 이후 일부 이민노동자가 강제적이든 자발적이든 종용을 받아 자국으로 돌아가지만 그 수가 압도적이지는 않다. 특히 시라크 정부는 1976년, 실업 후 6개월 이상 새로운 일자리를 찾지 못하는 외국인 노동자들은 본국으로 다시 되돌려보내는 정책을 시행하기도 한다.
33) 이 시기에도 자발적으로 자국으로 돌아가고자 하는 이민노동자들을 정부에서 지원했다. 그 결과 1981년부터 1986년까지 자국으로 돌아간 외국인 수는 4만 5천여 명(이민국 집계)으로 1981년 한 해 동안 합법화된 외국인 노동자가 14만 명인 것에 비하면 대규모의 귀국이 이뤄진 것은 아니다.
34) 이것은 2006년 사르코지 이민법에 의해. 비록 아이가 프랑스에서 출생했다고 하더라도 부모가 특정 체류자격을 획득하지 못하던 추방할 수 있도록 개정됐다.

때는 내무부 장관의 사전허가를 얻어야 한다는 1939년법을 대체한 1981년 10월 9일 법에는 프랑스인과 동일하게 사전에 신고만 하는 것으로 외국인도 단체를 결성할 수 있도록 했다.[35] 넷째, 불법체류자에게 현재 안정적인 직업이 있고 1981년 1월 1일 이전에 프랑스에 입국했다는 증명이 있으면 체류를 합법화한다는 내용의 '비합법체류 외국인 노동자 고용에 관한 법률'을 제정해 14만 명 이상의 외국인이 합법적인 체류권을 인정받게 된다.[36] 결과적으로 미테랑 대통령의 등장은 고용, 단체결성, 가족결합 및 결혼, 아동교육과 관련해 이민자의 생활을 안정시키는 법률을 제정해 이민자 역사에 새로운 단계를 형성했다고 할 수 있다. 이 무렵부터 프랑스에서 출생하는 이민자 아동이 증대함에 따라 이민자들의 체류가 장기 혹은 영구체류의 형태로 발전해, 다인종사회로서 프랑스의 특징이 더욱 확연해진다.

이민노동자들의 토착화와 함께 1977년 11월부터 본국에 남겨두고 온 가족들과의 결합이 다시 이뤄지면서 이민자의 인구구성은 가족화, 여성증가, 청소년화의 특성을 갖게 된다. 미혼자주택에 거주하는 외국인의 수가 1975년의 175,610명에서 1982년에는 128,460명으로 줄고, 프랑스 전체적으로는 감소하는 결혼율이 외국인들에게서는 1973년 6.8퍼센트에서 1981년에는 8.3퍼센트로 증가하고, 가족재결합에 의한 이민수가 노동자의 이민수를 초과한다.[37] 1975년부터 1982

---

35) Wenden, ibid., p.365. 단체결성법의 도입을 통해 본격적으로 외국인 단체운동이 펼쳐진다. 특히 1984년 파리에서는 여러 국가 출신 이민단체들의 연합으로 '프랑스 이민단체위원회'가 결성되기도 한다.
36) Wenden, ibid., p.281. 10월 17일 제정된 이 법률은 1982년에도 연장되어 현재 안정적 직업을 가지고 있고 1982년 1월 1일 이전에 프랑스에서 입국했다는 것을 증명할 수 있는 경우 체류를 합법화하기도 했으며, 이후에도 몇 차례 연장됐다.

년 동안 외국인 여성 활동인구는 23.7퍼센트 증가하고, 취업여성은 6.6퍼센트 증가한다.[38] 한편 1982년 조사에 따르면, 전체 이민자 인구의 33퍼센트가 20세 이하(프랑스 전체에서는 28퍼센트)였으며 1982년 프랑스 일반가정의 0.6명에 해당하는 16세 이하 아동의 수가 이민자 가족에서는 1.15명으로 상대적으로 높았으며, 가구당 가족수도 외국인은 3.34명으로 프랑스 평균 가족수 2.70명보다 높았다. 특히 6명 이상의 대가족 비율의 경우 알제리인은 28.1퍼센트, 모로코인 25.6퍼센트, 튀니지인 17.3퍼센트로 프랑스 전체평균(4.6퍼센트)을 월등히 상회해 북아프리카 이주민들의 대가족 비율이 높은 것을 알 수 있다. 더불어 16세 이하의 아동의 수가 5명 이상인 가구의 경우, 전국평균이 0.9퍼센트인 데 비해 알제리인 17.0퍼센트, 모로코인 15.4퍼센트, 튀니지인 8.5퍼센트로 월등히 높은 것을 알 수 있다.[39] 이러한 이민자의 가족화, 여성증가, 청소년화의 특성은 이후 노동시장의 변화와 긴밀한 연관 관계를 형성하게 된다.


**2) 경제위기에 따른 외국인 노동자의 분화와 국민전선의 지지율 상승**

1974년 경제위기에 대응해 우파 정부는 몇 가지 정책[40]을 실시했지만

---

37) Maryse Tripier, *L'immigration dans la classe ouvrière en France*, Paris: L'Harmattan, 1990, p.85.
38) Tripier, ibid., p.90.
39) INSEE, *Les étrangers en France 1985*, Paris: INSEE, 1985, p.39.
40) 1974~76년은 자크 시라크 정부, 이후 1977~81년은 레이몽 바르 정부로, 우파 정부 정책의 축은 경제활동인구 상승을 억제하기 위해 이민을 중단하고 조기퇴직을 유도하며, 어려움에 처한 기업을 지원해 고용을 유지하고, 노동감독원의 활동을 강화해 경제적 이유에 의한 부당한 실업을 감독하며, 경제적 실업에 대해 추가수당을 제공하는 것이었다. DARES, *Les politiques de l'emploi et du marché du travail*, Paris: Découverte, 2003, pp.36~37.

외국인 노동자의 생활개선과는 직접적인 관련을 갖지 못했고, 경제위기를 극복하기 위한 새로운 기술의 도입은 노동시장의 변화를 가져왔다. 새로운 기술도입과 관련해 노동시장에서 새로운 기술이나 기계와 직접적으로 관련된 직업은 더욱 안정화되는 경향을 띠지만, 그 기술과 관련이 적거나 부수적인 작업을 하는 직업은 사라지거나 부분적으로만 필요하게 되어 더욱 불안해지거나 유연해지는 경향을 띤다.[41] 그리하여 미숙련 이민노동자들은 작업내용상 새로운 기술이 도입되기 어렵거나, 혹은 신기술을 도입해 경제적으로 감가삼각을 할 수 없는 분야에 고용되는 등 더욱 열악한 상황으로 빠져들게 된다.

한편 기술변화에 따른 노동시장의 변화는 상당히 가변적이었다. 노동자와 노동조합의 압력에 따라 기술에 의한 인력대체 현상이 규제 혹은 조정될 수 있었는데, 이러한 압력은 노동자의 조직화 정도와 노동의 숙련 정도에 따라 달라질 수 있었다. 우파 정부에서 부당한 해고의 확산에 대한 노동감독원의 감독 기능을 강화하는 정책을 시행했지만, 조직화되어 있지 않는 외국인 노동자와 비숙련 노동자들은 이러한 기술변화에 따라 더욱 주변화될 수밖에 없었다. 그리하여 이민자들은 경제위기에 따른 고용감축에 의한 실업과 기술변화에 따라 비숙련 노동자가 필요 없어지는 기술적 실업이라는 이중적인 고통을 겪게 되면서 이 시기 실업률은 급증하게 된다. 하지만 이원주의 이론에 의하면 예기치 않은 경제적 위기에 의해 외국인 노동자가 실업상태에 놓였다기보다는 외국인 노동자는 이미 자본주의의 가변성에 대처하기 위한 '실업예비군'으로서 경제적 위기 상황에서 민감하게 반응해야 하고,

---

41) Merckling, *Immigration et marché du travail*, p.34.

〈도표 3: 1982년 프랑스 내 국적에 따른 실업률 현황〉

(단위: 만 명, 퍼센트)

| 직업분포 | 전체 | 프랑스 | 외국인 전체 | 이탈리아 | 스페인 | 포르투갈 | 그 외 유럽 | 알제리 | 모로코 | 튀니지 |
|---|---|---|---|---|---|---|---|---|---|---|
| 활동인구(만) | 23525 | 21969 | 1556 | 147 | 137 | 388 | 65 | 319 | 168 | 76 |
| 실업자 | 2059 | 1841 | 218 | 13 | 13 | 30 | 6 | 70 | 25 | 14 |
| 실업률(%) | 8.8 | 8.4 | 14.0 | 9.1 | 9.7 | 7.7 | 8.9 | 21.9 | 15.2 | 18.2 |

[출처] INSEE, *Les immigrés en France 2005*, Paris: INSEE, 2005, p.29.

또한 쉽게 구조조정을 할 수 있는 분야에 고용된 것으로 이러한 실업은 이미 준비된 것이라 할 수 있다.

외국인 노동자들의 실업 증가율을 살펴보면, 1982년 외국인 실업자는 22만 명에 달하고, 실업률은 14퍼센트(전체실업률 8.4퍼센트)에 달하게 된다. 이는 1975년부터 1982년까지 53만 명[42]의 많은 외국인 실업자들이 강제 혹은 자진 출국한 것을 고려하면, 실제 해고율과 실업률은 이보다 더욱 높았을 것으로 추측할 수 있다. 특히 〈도표 3〉을 보면, 1982년 알제리, 모로코, 튀니지 등 아프리카 출신 이민노동자의 실업률은 다른 국가 출신의 외국인이나 전체 실업률보다 훨씬 높은 것을 알 수 있다. 또한 실업률의 수준 역시 1982년의 실업률은 1975년보다 4배가 증가한다.[43] 더욱이 이 당시 주변에 가족과 친척이 있고, 항상 일정 정도의 비율로 존재해오던 프랑스인들의 실업과 취업을 위해 타국으로 이민온 사람들의 실업이 가져오는 충격을 단순히 수치로 비교하기는 어렵다.

---

42) 다음의 자료에 의하면 1975~82년 동안 연간 평균 약 7만 5천 명의 외국인들이 되돌아 갔으며, 총 53만 명에 달했다고 한다. François Zamora et André Lebon, "Combien d'étrangers ont quité la France entre 1975 et 1982?", *Revue européenne des migrations internationales*, n°1, septembre, 1985, pp.67~81.

43) Tripier, op. cit., p.86.

한편 1981년의 정치적 개선과는 별도로 프랑스 경제는 다시 침체한다. 전체 실업률은 미테랑 대통령이 재임하는 1988년까지 계속 상승한다. 특히 1981년 강제추방에서 보호하는 제도가 도입되자, 1982년 이민노동자의 실업률은 13.8퍼센트(전체 실업률 8.8퍼센트)에 이르고, 경제가 더욱 침체하던 1986년에는 18.6퍼센트(전체 실업률 9.6퍼센트)에 이른다.[44] 하지만 외국인 노동자와 관련된 특정 지역이나 빈곤계층 등 특정 소외계층을 정확한 목표 아래 지원하는 정책은 전체 실업률이 10퍼센트에 가까워지는 1986년이 되어서야 형성되기 시작한다.

1980년대 들어 프랑스는 전체적으로 높은 실업률뿐만 아니라, 고용에서 불안정화(précarisation)의 모습을 보인다. 시간제 노동, 임시대리직(intérim), 기간계약직(CDD) 등 여러 다양한 형태의 불안한 고용이 확산되어 임시대리직에 종사하는 사람들이 1962년 1만 명, 1981년 19만 6천 명으로 20배 가까이 확대됐을 만큼 일자리도 불안정하게 됐다.[45] 이러한 불안정화는 2차부문의 주요 대상이 더 이상 여성, 청년, 이민자가 아니라, 노동인구 전체로 확대되어가는 것을 의미한다. 더불어 이민 출신의 여성과 2세 청년들이 노동시장으로 대량 유입되기 시작한다. 이에 2차부문의 활동인구 증가를 가져와 고용방식은 더욱 경쟁적으로 되고 유연화된다. 이러한 변화는 내국인 비숙련 노동자의 주변화와 외국인 노동자의 분화 혹은 이전의 결과를 가져온다.

그래서 1980년대 이전 특수단순노동(ouvriers specialisés, OS)에 집중되어 있던 이민노동자는 1980년대를 거치면서 3차산업 혹은

---

44) Tripier, op. cit., p.94.
45) Tripier, ibid., p.93.

<도표 4: 산업분야에서의 외국인 이동>

(단위: 퍼센트)

| | 프랑스인 | | 외국인 | |
|---|---|---|---|---|
| | 1975 | 1982 | 1975 | 1982 |
| 1차 산업 | 11.6 | 9.28 | 6.3 | 4.95 |
| 2차 산업 | 43.5 | 41.06 | 72.0 | 63.77 |
| 3차 산업 | 44.9 | 49.69 | **21.7** | **31.28** |
| 총　계 | 100 | 100 | 100 | 100 |

이민자들이 경영하는 영세소기업으로 다양화되는 경향을 띤다. 먼저 외국인 노동자의 3차산업으로의 이동은 '1, 2차산업 중심에서 3차산업 중심으로'라는 그 당시 산업구조의 일반적인 경향에 따른 것이기도 하지만, <도표 4>를 보면 1975년부터 1982년까지의 기간 동안 3차산업 종사자 증가폭에서 프랑스인은 4.79퍼센트 상승하는 것에 비해, 외국인은 9.58퍼센트 상승함에 따라 그 변화현상이 더욱 두드러진 것을 알 수 있다. 이것은 비숙련 외국인들이 새로이 유연화된 형태로 발생하는 3차 서비스 산업에 고용되기 쉽기 때문에 발생하는 현상으로 볼 수 있다. 특히 이러한 현상은 가사 서비스업에 집중됐던 이민여성 노동자에서 더욱 두드러졌다. 이민여성 노동자는 직접적으로 산업구조의 변화에 따라 편입됐다기보다는 내국인 여성의 사회활동의 확대에 따라 이들의 가사노동을 보조하는 부수적인 성격으로부터 출발했다. 1997년 INSEE 통계에 의하면, 이민여성의 82.2퍼센트가 3차산업에 종사하고,[46] 이중 많은 이민여성 노동자가 개별적 가정을 돕는 서비스 탁아 등의 가사노동을 대체하는 노동에 종사하고 있다.[47]

---

46) INSEE, *Les immigrés en France 1997*, Paris: INSEE, 1997, p.77.

한편 전반적으로 외국인 노동자 고용이 감소하는 가운데 외국인의 경제활동 중 소매상 활동만이 6.4퍼센트에서 13.5퍼센트로 대폭 증가한다.[48] 이들은 경제위기 속에서 일자리를 찾지 못해 전업한 영세소상인으로, 이 업종 전환은 정치사회학적으로 극우 정당의 지지률 상승과 관련을 맺게 된다. 그들은 소위 '아랍 상점'이라 불리는 소매상점에서 특유의 경영정신(이른 시간부터 혹은/그리고 늦은 시간까지 개점, 배달 서비스 제공 등)으로 상행위를 하여, 보수적인 푸자드주의(poujadistes)[49] 전통의 일부 프랑스 중소상인들과 갈등을 빚기도 했다.

1980년대 중반 국민전선(FN)의 인기상승은 경제적 어려움에 따른 내국인 비숙련 노동자의 고용불안화와 실업률의 상승과 더불어 이러한 외국인 노동자들의 업종전환과 연관성을 찾을 수 있다. 국민전선의 인기상승 원인으로 먼저 내국인 실업률의 상승에 대한 책임 전가를 위한 정치권의 희생양 논리를 들 수 있다. 1976년 1월 자크 시라크 수상은 텔레비전 토론에 출현해 "90만 명의 실업자가 있지만, 동시에 200만 명의 외국인 노동자가 존재한다면, 고용 문제의 해결이 불가능한 것은 아니다"[50]고 주장하며, 6개월 이상 실업상태이면 다시 자국으

---

47) 이전에도 이러한 종류의 가사 서비스 노동이 있었지만, 과거에는 상류층 집안에 외국인 여성이 거주하며 여성노동을 대신하는 경향이 강했다면, 여성의 사회적 진출이 활발해짐에 따라 시간제 노동 형식의 아동 하교 돕기, 학교 이후 부모의 퇴근시간까지 아이 돌보기, 시장 봐주기 등 여러 형태로 발전한다.

48) Tripier, op. cit., pp.71~75. 1973년 전체 노동의 11.9퍼센트였던 외국인 고용률이 1988년에는 7.3퍼센트로 감소한다. 중소상인의 증가와 관련해서는 다음을 참조하라. Merckling, op. cit., p.160.

49) 1950년대 피에르 푸자드에 의해 주도된, 정부의 고세율정책에 반대하고, 새로운 무역 열풍에 맞서 중소상인들을 보호하려는 보수세력의 운동. 이 책에 실린 강진희의 글 혹은 다음의 책을 참조하라. Michel Winock(dir.), *Histoire de l'extrême droite en France*, Paris: Seuil, 1993.

로 돌려보내는 법을 제정했다.[51] 이렇게 이미 1976년부터 실업률과 외국인 노동자와의 정략적인 연관은 시작됐다. 이렇게 외국인 노동자를 경제위기의 희생양으로 내모는 행위는 '외국인이 프랑스인의 빵을 빼앗아 먹으러 왔다'로 대표되는 국민전선의 선동에서 노골화된다. 결국 1980년대 실업의 상승과 고용불안은 2차부문의 백인 비숙련 노동자들에게는 자기피해의식으로 자리잡아 정치적 극우화를 불러일으키고, 유색인 노동자들에게는 인종차별이 확산되도록 했다.[52] 둘째, 일부 외국인 노동자의 소상인으로의 전환은 또한 극우의 상승과 관련을 맺는다. 백인 비숙련 노동자와 함께 대표적인 극우 지지계층으로 거론되는 백인 영세소매업자들은[53] 1980년대 대기업의 소매업 진출 확산과 외국인의 소매업 진출로 인해 이중적으로 어려운 환경에 내몰린다. 이러한 상황 속에서 국민전선이 내세운 외국인에게 배타적인 본토박이 소상인보호정책은 백인 소상인들의 이해와 결부된다. 결국 국민전선의 상승은 단지 일방적인 극우 정치세력의 정치적 선동에 의해서 형성된 것이기보다는 노동시장의 불안화에 따른 비숙련 내국인 노동자의 주

---

50) 이 주장에 대해 노동총연맹(CGT)은 "프랑스 노동자와 마찬가지로 외국인 노동자에게도 경제적 위기의 책임이 없다"고 주장하면서, 국적을 떠나서 모든 노동자는 평등하며, 프랑스 노동자와 외국인 노동자를 대립시키려는 어떠한 시도와도 투쟁할 것이라고 밝혔다. Wenden, *Les immigrés et la politique*, p.206.

51) 이민노동자들의 자국 귀환을 유도하기 위해 1977년 6월 1일 영구 귀국하는 이민노동자들에게 정착지원금 1만 프랑을 지급하는 정책을 도입했지만, 오랫동안 프랑스에서 노동한 경우 그 이민노동자가 프랑스에 머물 때 제공되는 실업보조금, 가족 수당, 직업재교육 비용을 합치면 그 이상의 이익을 누릴 수 있다고 한다. Wenden, ibid., p.233.

52) 이후 이것은 '노동자르팽주의'(Ouvriéro-lepénisme)로 정식화된다. 이에 대해서는 다음을 참조하라. Nonna Mayer, *Ces Français qui votent Le Pen*, Paris: Flammarion, 2002, pp.35~36.

53) 이러한 현상은 2006년까지도 지속적으로 이어진다. 2006년 『누벨 옵세르바퇴르』(제2169호)에 실린 SOFRES 조사에 의하면 지금도 최고의 극우 지지자로 소상인과 비숙련 노동자를 꼽았다.

변화, 백인소상인과 노동시장에서 소상인으로 밀려나게 된 외국인과의 직접적이고 극심한 생존갈등 관계에서 자신들의 이해가 극우의 희생양 논리와 왜곡되게 결합하면서 가져온 결과라고 하겠다.


## 4. '불안한 고용' 시대의 이원주의와 구조적 개혁을 위한 사회정책들

### 1) 노동시장이 유연화되면서 그들은 어디로 갔는가

프랑스에서 유연화의 확산은 영국과 독일에 비해 상대적으로 서서히 제한적으로 진행됐지만[54] 1992년을 거치며 시간제 노동이 증가하기 시작했다.[55] 1980년 7퍼센트였던 시간제 노동자 고용비율은 1992년에는 12.7퍼센트, 2000년에는 17.5퍼센트로 증가했다. 이 현상은 1990년을 거치며 꾸준히 증가한 하청고용(sous-traitance) 형태[56], 임시직 고용과 함께 노동시장을 유연화했다. 특히 시간제 노동자 고용은

---

54) 이렇게 제한적으로 유연화가 진행된 이유로 세 가지를 들 수 있다. 첫째 빈번한 좌파 정부의 등장이다. 1981~86년, 1988~93년, 1997~2002년에 걸친 좌파 정부의 등장은 미국, 영국, 독일과 달리 신자유주의적 유연화가 비교적 덜 도입된 이유가 될 수 있다. 둘째, 노동조합운동의 사회운동화를 들 수 있다. 보통 노동조합운동이 이익단체적 성격을 강하게 띠는 미국과는 달리, 노동운동이 사회운동과 결합하고 사회 다수를 대변하려고 하는 경향을 띤다. 셋째, 프랑스의 자코뱅주의적 전통으로, 경제적 어려움이나 빈곤의 확산을 막기 위해 국가 개입에 대한 요구가 익숙해 있는 전통을 들 수 있다.

55) 1992년 사회당 정부에서는 무기간계약(CDI) 시간제(주당 16~32시간) 고용에 한해 사회보장 분담금의 30퍼센트를 공제하는 정책(abattement temps partiel)을 도입했고, 이는 35시간 노동제가 실행되는 2001년까지 실행됐다. 여기에서 시간제 고용이란 일반적으로 유럽연합의 기준으로 '주당 평균시간과 연간 총 노동시간이 전일노동의 기준 이하일 때'로 규정한다. 이에 대한 예외로 스페인의 경우 1998년 전일노동시간의 77퍼센트 이하로 유럽 기준보다 낮게 시간제 고용을 규정하기도 했다. 1973년 법에도 언급이 되기는 하지만, 프랑스에서 시간제 고용에 대한 전반적인 법적 규정이 정해진 것은 1981년 1월 28일법에 의해서다. 이에 대한 법적 정의에 대해서는 다음을 참조하라. Eric Aubry, "Définition du travail à temps partiel", Gilbert Cette, *Le temps partiel en France*, Paris: La documentation Française, 1999.

3차산업인 서비스 업종에서 집중적으로 증가해 2000년에는 전체 서비스 업종 고용 중 70.7퍼센트가 시간제 고용에 해당했다.[57] 위에서 이민자들의 직업분포가 3차산업으로 대규모로 이동하는 것과 이 분야의 높은 시간제 노동자 고용률은 서로 상관 관계를 유추할 수 있다.

프랑스의 시간제 노동자 고용 수준은 유럽의 다른 나라와 비교했을 때 중간 수준[58]이라고 할 수 있지만 시간제 노동을 자발적, 비자발적으로 구분할 수 있다면, 비자발적 시간제 노동자의 비율은 유럽에서 최고로 높다. 1997년에 시행된 OECD 통계에 의하면 비자발적 시간제 노동자가 전체 시간제 노동자 중 41퍼센트로, 네덜란드 6퍼센트, 영국 12퍼센트, 독일 13퍼센트, 스페인 24퍼센트, 스웨덴 32퍼센트로 그리스와 함께 가장 높은 비율을 보이고 있다.[59] 이러한 현상은 종일노동을 찾고자 했으나 찾지 못해서 시간제 노동을 하는 것으로, 시간제 노동이 종일노동을 하고자 하는 사람들의 임시거처가 되고 있다는 것을 의미한다. 물론 전체적으로 시간제 노동의 확대가 비록 고용의 유

---

56) 하청고용 형태에 대한 통계청 조사가 1990년부터 시작된 것을 보아, 이 시기를 중심으로 확산됐다고 볼 수 있다. INSEE, *Emploi de 1971~2000*, LASMAS-Quételet. 〔www.insee.fr〕. 한국의 하청고용이 모기업의 노동과 유사한 형태를 가지면서도 상이한 노동조건과 임금을 받는 문제를 가지고 있는 것에 반해, 프랑스에서는 특정 연구의 수주나 기자재의 구입과 서비스 제공, 혹은 청소, 경비 같은 '특정 영역'에만 한정되어 하청고용이 허가되어 모기업과 동일한 노동이 하청고용으로 진행되지 않는다. Catherine Souquet, *La sous-traitance industrielle en 1999*, Paris: SESSI, 2001, p.13.

57) INSEE, *Enquêtes Emploi*, LASMAS-Quételet. 〔www.insee.fr〕

58) 1998년 OECD 통계를 기준으로 하면, 프랑스는 전체고용에서 시간제 고용이 14.8퍼센트인 반면에 유럽 전체는 16.0퍼센트, OECD 평균은 14.3퍼센트였다. 네덜란드, 영국, 독일은 각각 30.0퍼센트, 23.0퍼센트, 16.6퍼센트로 프랑스보다 다소 높았다. 한편 스페인, 스웨덴, 미국은 각각 7.7퍼센트, 13.5퍼센트, 13.4퍼센트로 프랑스보다 비교적 낮았다. OECD, *Perspectives de l' Emploi*, Paris: OECD, 1999. 시간제 고용의 발전은 여성의 노동참여에 많은 영향을 받는다.

59) OECD, ibid..

연화를 가져왔지만 이것이 자동적으로 불안정화를 초래했다고 볼 수
는 없다. 왜냐하면 여성고용의 확대를 가져오고 상대적으로 안정적인
무기간계약제 시간제 노동이 존재하므로 모든 시간제 노동자의 노동
이 2차부문의 노동으로 규정되지는 않기 때문이다.[60]

　　하지만 높은 비자발적인 시간제 노동의 비율은 새로운 문제를 야
기한다. 빈곤수치 이하로 떨어진 전체가구 중 25퍼센트가 1년 중 6개
월 이상 활동인구 실업상태라는 사실에서 보이듯이, 실업이 빈곤의 핵
심원인 중 하나인 것은 분명하다. 하지만 1996년 통계에 의하면, 빈곤
수치 이하의 가정에서 생활하는 활동인구가 182만 명에 이르는데, 그
중 51만 5천 명이 지속적인 실업상태였고, 35만 5천 명이 연중 일부
기간이 실업상태였다. 게다가 학업을 이유로 가난한 9만 명을 제외한
다면 한 해 내내 일하지만 가난한 사람들이 86만 명에 다다른다. 가난
한 활동인구 중 거의 절반이 실업과는 직접적으로 상관이 없는 것이다
(물론 가족구성원 중 다른 사람이 실업으로 인해 수입이 빈곤수치 이하로
떨어지는 간접적인 영향은 있을 수 있다). 이러한 사람들을 가리켜, 일
하지만 가난한 사람들, 즉 '빈곤한 노동자'(travailleurs pauvres)라고
부른다. 이러한 사람들은 1년에 한 달 이상이라도 일을 하는 사람들을
포함하면, 130만 명에 이른다.[61]

---

60) 덴마크의 '안전유연화'(flexicurity) 모델의 경우, 노동시장의 유연화가 즉시 불안화로
　　이어지지 않게 하는 사례로 유명하다. 이와 관련해 특히 노동조합의 조직화 정도가 중
　　요한 요인이라고 할 수 있다. 불안화가 '해고의 위협' 혹은 '해고 후 빈곤해질 가능성'
　　이라고 했을 때, 노동조합이 조직되어 고용주가 해고하기가 어렵거나, 혹은 해고가 되
　　더라도 충분한 실업보조금과 새로운 일자리를 찾기 위한 교육보장을 강제할 수 있다면
　　유연화가 불안화로 이어지는 것을 막을 수 있기 때문이다.
61) Tony Atkinson, et al., *Michel Glaude et Lucile Olier: Inégalités économiques*,
　　Paris: La documentation Française, 2001, p.85.

이러한 위치에 있는 사람들의 40퍼센트가 자유직 종사자에 해당하는데, 이들의 경우 대부분 농업종사자들이거나 가정도우미들이다. 특히 다른 집 아이들을 돌보거나 가사일을 돕는 가정도우미들의 경우 열 명 중 일곱 명이 시간제로 노동을 한다. 그 외 빈곤한 노동자들은 종업원들이다. 그 중 27만 명이 종일 무기간계약 노동을 하고, 10만 6천 명이 시간제 무기간계약 노동, 13만 4천 명이 기간계약 노동이나 정부보조노동을 한다. 특히 27만 명의 종일 무기간계약 노동자들은 대부분 학력이 높지 않고, 최저임금 수준을 받지만 자녀들이 많은 경우가 대부분이다.[62] 즉 종일 무기간계약 노동을 하지만 가족이 많기 때문에 가계당 수치가 빈곤상태로 떨어지는 것이다. 따라서 2차부문 노동자들의 자녀보육비 지원은 매우 중요한 사회적 문제가 됐다.

하지만 다른 유럽 국가들과 비교해 프랑스가 이러한 빈곤한 노동자의 수준이 높은 것은 아니다. OECD 기준으로 보면, 평균임금의 60퍼센트 미만의 수입(2006년 774유로/달 이하)을 버는 노동자가 프랑스의 경우 7백만(활동인구의 7퍼센트) 정도로 측정된다. 이는 유럽(10.7퍼센트)보다 상대적으로 낮고, 영국(11퍼센트), 포르투갈(13.7퍼센트), 미국(17퍼센트)에 비해서도 낮은 수준을 보이고 있다.[63] 그 이유로는 상대적으로 노동시장이 덜 불안하고 최저임금이 높기 때문이라고 볼 수 있다.

그러나 〈도표 5〉에서 보면, 1992년 시간제 노동을 하는 이민자의 비율이 경제활동 이민자 중 13.4퍼센트로 12.6퍼센트만이 시간제 노

---

62) Atkinson, et al., Ibid., p.85.
63) OECD 통계로 2006년 6월 『누벨 옵세르바퇴르』(제2165호)에서 재인용.

〈도표 5: 시간제 노동이 차지하는 비율과 이민자〉

(단위: 퍼센트)

|  | 1992 | | 2002 | |
|---|---|---|---|---|
|  | 비이민자 | 이민자 | 비이민자 | 이민자 |
| 남자 | 3.6 | 4.5 | 5.0 | 5.9 |
| 여자 | 24.2 | 33.0 | 29.0 | 38.7 |
| 전체 | 12.6 | 13.4 | 16.0 | 19.0 |

[출처] INSEE, *Les immigrés en France 2005*, Paris: INSEE, 2005, p.121. 일부 발췌(숫자는 분야별 전체 노동자 중 시간제 노동자의 비율).

동을 하는 비이민자에 비해 상대적으로 높은 것을 알 수 있다. 하지만 1992년에는 시간제 노동에 종사하는 이민자와 비이민자 간의 간극이 전체에서 각각 13.4퍼센트와 12.6퍼센트로 0.8퍼센트에 지나지 않는다면, 2002년에는 각각 19.0퍼센트와 16.0퍼센트로 3퍼센트의 차이로 간극이 증가했고, 특히 여성의 경우 거의 10퍼센트의 차이를 지속적으로 보이고 있다. 남성의 차이와 여성의 차이가 비슷하게 유지되는데, 전체에서의 간극이 확대된 것을 통해 여성의 시간제 노동 참여가 상대적으로 확산됐음을 알 수 있다. 또한 하층고용[64]과 이민자의 관계를 나타낸 〈도표 6〉을 보면, 이민자의 하층고용 비율이 비이민자보다 월등히 높고 또한 시간이 지날수록(1992년에서 2002년) 그 간극이 확대되는 것을 볼 수 있다. 특히 여성 이민자의 하층고용 비율은 알제리 출신 24.8퍼센트, 남사하라 아프리카 출신 25.0퍼센트로 비이민자 8.4퍼센트에 비해 3배가 높다. 결국 노동시장이 유연화됨에 따라 시간

---

64) ‘하층고용’(sous-emploi) 노동자는 시간제로 노동하면서 더욱 많은 시간 혹은 좋은 노동환경의 일자리를 구하는 사람을 의미한다.

<도표 6: 경제활동인구 중 하층고용이 차지하는 비율과 이민자>

(단위: 퍼센트)

| | 전 체 | | | 남 자 | | 여 자 | |
|---|---|---|---|---|---|---|---|
| | 전체 | 비이민자 | 이민자 | 비이민자 | 이민자 | 비이민자 | 이민자 |
| 1992 | 3.8 | 3.7 | 5.1 | 1.3 | 2.2 | 6.8 | 11.7 |
| 2002 | 5.1 | 4.9 | **8.4** | 1.9 | 3.4 | 8.4 | **16.0** |
| 노동자 | 10.2 | 9.7 | 16.0 | 4.0 | 7.6 | 11.6 | 18.8 |
| 알제리 출신 | – | – | 11.0 | – | 4.5 | – | **24.8** |
| 남사하라 출신 | – | – | 13.6 | – | 6.1 | – | **25.0** |

[출처] INSEE, *Les immigrés en France 2005*, Paris: INSEE, 2005, p.121. 일부 발췌(숫자는 하층고용이 차지하는 비율. '노동자'는 경제활동인구 중 노동자만을 대상으로 했을 때의 하층고용 비율이다).

제 노동에서나 하층고용에서(즉 2차부문 노동에서) 이민자 노동비율이 비이민자에 비해 지속적으로 상승하고, 시간이 지남에 따라 혹은 유연화가 확대됨에 따라 그 격차도 증가하는 것을 알 수 있다.

## 2) 유연화 시대에 노동시장의 이원구조

70년대 초반에 제기됐던 노동시장의 이원주의 이론이 노동시장 전체가 유연화되어가는 현재까지도 유효할 수 있을까? 노동시장 유연화는 자본주의의 가변성이 증대됨에 따라 고용방식을 다양화하는 것이라고 정의할 수 있다. 하지만 유연화에 의해 발생할 수 있는 노동시장의 불안화 현상은 노동자로 하여금 더욱 열악한 비자발적 노동을 감수하게 함에 따라 노동의 주변화(périphérisation)로 발전한다. 또한 첨단기술의 도입에 따라 일부 노동에서는 '지식자본'의 속성이 강화되어 더욱 높은 임금과 많은 권한을 지닌 부문을 창출하게 되어, 주변화 현상과 함께 이른바 노동의 '양극화'(polarisation) 현상을 발생시키기도 한다. 결국 애초에 가변성에 조응하기 위한 고용 부문이었던 2차부문

은 현대 자본주의 사회에서 가변성이 증대함에 따라 더욱 넓어진다고
할 수 있다. 이에 따라 2차부문의 대상은 초기 이론이 주요 대상으로
염두에 두었던 여성, 청년, 이민자에 국한되는 것이 아니라 1차부문의
하위군, 심지어 노동인구 전체로 확대된다.

그러나 노동시장을 분석함에 있어 이원주의 이론이 놓치고 있는
몇 가지 문제가 있다. 먼저 이론의 제도주의적 특성으로, 노사 관계에
서의 시원적인 노동자의 착취 문제, 특히 1차부문 노동자들의 착취 문
제에 대해서 간과할 수 있다. 1차부문의 노동자가 완전히 자본화된 것
이 아니라고 할 때 이곳에서도 노동환경, 임금의 문제를 겪는다. 물론
이곳의 노동자들이 상대적으로 조직률이 높고, 노사 관계에서도 상대
적으로 노동자의 힘이 높다고 하지만 그렇다고 이곳의 노동자 문제가
완전히 해결된 것은 아니고, 이들도 기술변동에 따라 노동시장의 불안
화의 대상이 될 수 있다는 점에서 완전한 성역이란 없다. 그리하여 전
체구조의 변화가 1차부문 노동자를 포함해 노사 간에 어떠한 문제를
가져오는지를 근본적인 노사 관계를 포함해서 고려해야 한다. 둘째,
노동자 내부의 모순을 적대화시킬 수 있는 요소를 가지고 있다. 1차부
문과 2차부문의 구분이 자칫하면 노동자 내부의 적대적인 모순으로 비
추어져 노동자 간의 연대를 해칠 수 있다. 그러므로 이 둘 사이의 모순
이 전체 노동자를 위해 어떠한 방향으로 극복되어야 하는가를 염두에
두어야 한다. 셋째, 초기의 피오레 이론은 실업의 문제를 간과하고 있
다. 물론 노동시장 외부의 문제도 언급하고 있기는 하지만, 현재 실업
자의 존재는 노동시장과 동떨어진 어떤 3차부문이 아닌 자신의 이전의
노동성격에 따라 현재 실업의 상태와 전망이 연동된다는 측면에서 노
동시장과 실업과의 세밀한 연동에 대한 고찰이 요구된다.

그럼에도 불구하고 이원주의 이론은 현재 불안화되고 양극화된 노동시장의 문제점을 구체적으로 설명하고 원인과 대안을 제시하는 데 많은 도움을 줄 수 있다고 생각한다. 특히 이원구조 분석에 따라 노동시장 내에서 획득되지 못하는 교육(추상적 교육) 문제에 대한 방안, 부문 간의 격차를 줄이기 위한 최저임금과 인플레이션 문제, 실업보상 기간과 보상 수준의 문제, 노동시장의 불안과 극복에 대해 많은 시사점을 제공한다. 특히 이원주의 이론이 가져다줄 수 있는 장점은 첫째, 시장의 문제를 개선해나가는 데 개인적인 측면에서 2차부문의 노동자가 1차부문으로 진출할 수 있는 기회를 균등히 제공하는 관점뿐만 아니라 구조적으로 2차부문 자체에 대한 개선의 방향을 제시한다는 측면에 있다. 둘째, 경제 문제를 해결해나감에 있어 실업의 축소뿐만 아니라 동시에 불안한 고용 자체를 감소시키고 안정적이고 더욱 높은 수입을 얻을 수 있는 고용을 창출하는 것이 중요하다는 것을 제시한다는 측면에서 장점이 있다.

그렇다면 노동시장의 파편화를 극복하기 위해서는 어떠한 방향의 정책이 요구되는 것일까? 정책을 논하기 앞서 노동시장의 파편화의 특성을 세밀히 살펴보면, 먼저 1차부문의 진입을 위해 필요한 대표적인 기준은 '경력'과 '학력'이다. 경력은 노동시장 외부에서 1차부문으로 진입하고자 하는 신참자들에 대한 장벽이고, 학력은 신참자들을 포함해 2차부문의 노동자들에 대한 장벽으로 작용한다. 여기에서 문제점은 2차부문의 경력은 1차부문으로 진출하는 데 별로 도움이 되지 않는다는 점이다. 왜냐하면 1차부문의 하위군은 노동시장 내부에서 기술을 획득한다는 측면을 상기한다면, 2차부문의 노동자가 1차부문의 하위군 내부에서 통용되는 기술을 2차부문에서 습득하기는 어렵기 때문이다. 그리하여 실업자들이 노동시장으로 진출할 때 2차부문으로 진출하기보다는 차라리 실업상태를 유지하면서 1차부문으로 진입하기 위한 훈련을 받는 '대기실업'(chômage d'attente)' 현상이 발생하기도 하고, 동시에 1차부문의 경력을 쌓기 위해 최저임금 이하의 활동비가 허가되는 실습제도[65]가 악용되기도 한다. 그리하여 특히 2차부문에 종사하는 노동자들에 대한 1차부문으로의 진입을 위한 학문과 전문기술에 대한 교육의 기회를 열어 놓는 것이 중요하다. 이러한 배경으로 프랑스에서는 1990년대 이후 고용과 직업교육을 동시에 고려하는 정책들이 등장하게 된다.

이원구조와 SMIC는 깊은 연관을 가진다. 프랑스처럼 최저임금제가 있는 곳에서는 2차부문 노동의 임금이 최저임금의 100퍼센트, 120퍼센트와 같이 최저임금을 중심으로 형성된다. 그러므로 법정최저임금의 인상은 2차부문 노동 전체의 임금인상 효과를 가져오고, 1차부문 노동과의 임금격차를 줄일 수 있는 방안으로 논의된다. 특히 사회당이 2007년 대선공약으로 제기한 '최저임금의 장기적 인상계획', 즉 2010년까지 최저임금을 1,500유로(약 180만 원 정도)로 인상하겠다는 공약은 일단 임금의 수준을 떠나서[66] 장기적으로 일관되게 최저임금을 인상해 2차부문 노동의 임금을 전반적으로 인상하는 것을 중심으로 경제

---

65) '실습'(stage)의 경우, 보통 대학과 같은 교육기관에서 학위나 자격증 취득 과정의 일부로 취급되는 의무실습(Stages obligatoires)과 특정 직업이나 특정 계층에게 고용에 적응하거나 접근하기 용이하게 하기 위한 선택실습(Stages facultatifs)이 있다. 참가자는 교육과정상 실습자 자격에 있거나 기업과 실습 노동계약을 맺어야 한다. 이 경우, 법률적으로 후자는 고용으로 간주하지만 전자는 그렇지 않다. 의무실습의 경우, 임금 지불은 고용주의 선택이고, 최저임금의 30퍼센트 이하일 경우 사회분담금을 내지 않는다. 반면에 선택실습의 경우 고용주는 일반적으로 사회분담금을 납부하게 된다. Dominique Gambier et Michel Vernières, *L'emploi en France*, Paris: Découverte, 1998, p.54.

정책을 입안하겠다는 의도로 볼 수 있다. 또한 1988년 도입된 사회적
응 최저소득제(Revenu minimum d'insertion, RMI)는 이민자의 생활
에 많은 영향을 미쳤다. 이 제도는 빈민에게 최소한의 사회생활에 필
요한 수입을 정부가 보장하는 제도로 25세 이상의 성년 혹은 그 이하
라도 1명 이상의 자녀를 가진 가구에 혜택이 주어졌다. 이 제도는 5년
이상 거주한 외국인에게도 적용됐으며, 자녀의 수에 따라 수당이 인상
됨으로써 자녀의 수가 많은 이민자들에게 많은 도움을 주었다.

한편 고용이 불안화되는 가운데 노동시장의 이원구조와 실업은
긴밀한 관련을 가진다. 일부 경제학자는 위의 두 가지 층위 이외의 제3
의 부문으로 실업자를 구분하기도 하지만,[67] 실업자들의 위치는 이전
에 자신이 어느 부문에 속해 있었느냐가 매우 중요한 변수가 된다. 이
것은 이전 임금을 기준으로 실업수당을 받기 때문에 실업자의 생활 수
준을 결정하는 요인이며, 재취업에도 중요한 변수가 된다. 동시에 노
동시장의 경직성이 고용을 창출하는 데 장애요인이 되어 2차부문 직종
의 확대를 위한 제도 수정이 불가피하다는 주장은 경험적으로 그 정당
성을 찾기 어렵다. 왜냐하면 지난 1990년 이후 지속적으로 2차부문은
확대됐지만, 동시에 실업률도 지속적으로 상승했기 때문이다. 또한
적지 않은 실업자층이 2차부문의 일자리를 수용하기보다는 실업상태
에 있기를 원하고 있기도 하다. 이들을 자발적인 실업자층으로 보기도

---

66) Parti socialiste, *Réussir ensemble le changement: Le projet socialiste pour la France*,
   Paris: Robert Laffont, 2006. 일부에서는 사회당에서 목표치로 잡은 1,500유로가 기존
   의 인상 정도로 볼 때 자연히 달성될 수 있는 수준으로 보고 더욱 높게 책정해야 한다고
   사회당을 비판하기도 한다.
67) 대표적으로 다음 책을 참조하라. Anne Perrot, *Les nouvelles théories du marché du
   travail*, Paris: Découverte, 1998, p.95.

어려운데 왜냐하면 이들에게 1차부문의 일자리가 주어질 경우 이들은
그 일자리를 수용할 것이기 때문이다. 그러므로 정부의 실업정책과 2
차부문 일자리의 조건을 향상시키는 정책을 동시에 고려해야 그 효과
를 극대화할 수 있다.

### 3) 고용을 중심으로 한 노동시장에 대한 정부정책들

프랑스의 고용지원정책은 대단히 광범위할 뿐만 아니라, 적용대상에
따라 상당히 세밀히 구분되어 있다. 이 정책들은 1980년대 중반 이후
본격적으로 시작되어 1997년 조스팽 정부 시절 최고로 발달하며, 방
향 또한 이미 발생한 문제를 해결하는 '치유적 활동'에서 문제를 피하
기 위한 '예방적 활동'으로 그 중심이 이동한다. 여기에서는 대표적인
지원정책의 사례를 소개한다. 어려운 사람들에 대한 지원을 위한 정부
의 고용과 노동시장에 대한 정책은 상업 분야 고용지원, 비상업 분야
고용지원, 직업교육활동, 실업자와 청년을 위한 특별 정책, 특별 지역
지원정책 등 5가지 범주로 구분할 수 있다.[68]

가. 상업 분야에 대한 고용지원 정책: 보통 기업에 고용 보조금을 지급하
　　거나 고용주의 사회분담금을 감면하거나 예외적으로 최저임금 이하의
　　임금을 허가하는 방법을 통해 인건비를 낮추는 대신 고용을 확대하고,
　　노동자에 대한 교육을 부과하는 방법으로 진행됐다.
　　① 고용증진계약(Contrat initiative-emploi, CIE)은 1995년 신설된

---

68) 노동부 산하 통계연구조사증진위원회(DARES) 자료 참조. 아래 각 정책에 대한 수치는
　　2003년 자료에 근거해 작성되고 이후 추가된 정책을 첨가했다. DARES, *Les politiques
　　de l'emploi et du marché du travail*, Paris: Découverte, 2003, pp.55~81.

것으로 장기실업자 아니면 사회최저생활자(minima sociaux)를 CDI, CDD[69]로 고용할 때 사회보험에 대한 고용자분담금을 면제해주는 제도이다.

② 숙련계약(Contrat de qualification)은 원래 1986년부터 25세 미만의 청년을 대상으로 하던 제도를, 1998년부터 26세 이상에게도 적용되도록 한 것이다. 주로 미숙련 노동자를 고용할 때 사회보험 고용자분담금을 면제해주고 계약기간의 25퍼센트 이상, CDI일 경우 숙련기간을 따로 두어서 숙련교육을 받을 수 있도록 한 제도이다. 이때 청년의 경우 최저임금 이하로 임금을 줄 수 있지만 26세 이상인 경우는 최저임금 이상을 주어야 한다.

③ 기업청년계약(Contrat jeunes en entreprise)은 2002년에 신설된 제도로서 22세 이하의 비숙련 청소년을 기업이 CDI(종일노동이나 최소 종일의 50퍼센트 이상)로 고용했을 경우 3년 동안 최저임금의 130퍼센트에 한해서 최저임금 초과 부분을 국가가 제공하는 것을 그 내용으로 한다.

나. 비상업 분야 고용지원정책: 주로 공공기관, 지역공동체, 시민단체 활동에 대한 지원으로 새로운 공공노동 분야를 개척하고 지역 시민단체의 활성을 목적으로 한다.

---

69) 프랑스에서 노동계약은 크게 무기간계약(contrats à durée indéterminée, CDI)과 일시적계약(contrats temporaires)으로 구분된다. 일시적계약에는 기간계약(contrats à durée déterminée, CDD)과 임시대체계약(contrat intérim, CI)이 있다. 그 외 신고용계약(Contrats nouvelles embauches, CNE)이 있다. 보통 무기간계약이 일반적이고 일시적계약이 특정 분야에 한정해서 가능하다. 현행 법규에서 기간계약과 임시직은 노동의 특성에 따라 그 노동의 성격상 한시적이거나, 계절적 특성을 띤 노동에 한해서 허용되므로 원칙적으로 일시적계약이 무기간계약을 대체할 수 없다.

① 연대고용계약(Contrat emploi-solidarité, CES)은 1990년부터 시행됐고 6개월부터 2년간 행해지는 반종일 노동계약으로서 저소득층의 청소년, 장기실업자를 대상으로 했다. 최저임금에 해당하는 임금을 거의 대부분 국가에서 보장했고, 사회분담금은 사회보장단체에서 제공했다.

② 장기연대고용계약(Contrat emploi consolidé, CEC)은 1992년부터 진행된 제도로 연대고용계약과 유사한 대상과 활동을 내용으로 하지만, 계약기간을 5년까지 연장할 수 있고 노동시간 역시 30시간에 한해 최저임금의 120퍼센트까지 국가에서 보장했다. 고용주의 사회분담금은 면제됐다.

③ 청년고용(nouveaux services-emplois jeunes, NSEJ) 1997년부터 시행된 제도로 26세 미만(특별한 경우 30세 미만)의 청년을 CDI 혹은 60개월 이상 고용할 경우, 정부가 최저임금의 80퍼센트를 보조하는 제도이다.


다. 직업교육활동: 위 상업 분야 고용계약에서도 직업교육 활동이 포함되어 있지만 1994년부터 시행된 고용훈련 적응실습제도(stage d'insertion et de formation à l'emploi, SIFE) 같은 경우, 구직신청을 하고도 1년이 지나도록 취업이 되지 않는 실업자를 대상으로 하는 전문 훈련 과정으로 개인적으로는 평균 200시간 정도, 집단적으로는 500시간 정도 훈련을 받는다.


라. 실업자와 청년을 위한 특별정책: 미숙련 혹은 무숙련 청소년들을 위한 대표적인 정책으로 트라스(trajectoire d'accès à l'emploi, TRACE)

정책을 들 수 있다. 트라스는 혼자서 기술을 습득하기 어려운 청소년들에게 18개월까지 개인교습을 진행할 수 있도록 한 정책이다. 하지만 이 활동은 2003년에 중단됐다.

마. 특별 지역 지원정책: 1996년부터 특별히 낙후된 지역에 대해 기업 설립과 고용창출에 대한 특별지원책이 시작된다. 대표적으로 도시를 대상으로 하는 도시우대지역(zone franche urbaine, ZFU), 도시재활지역(zone de redynamisation urbaine, ZRU) 정책과 지방을 대상으로 하는 지방재생지역(zone de revitalisation rurale, ZRR) 정책으로 나눌 수 있다.

위의 정책들은 이민자들과 그 2세들에 대해 직접 도움을 제공하거나 그들의 지역을 개선하는 데 도움을 제공하기 위한 정책으로서 실행됐다. 하지만 이 정책의 성과에도 불구하고 가장 큰 문제점은 그 구조의 허약성이라고 할 수 있다. 예를 들면 거주인의 유색인 비율이 높은 지역을 겨냥해 비용의 대부분을 정부에서 부담하고 있는 비상업 분야 고용지원과 실업자와 청년을 위한 특별 정책은 정부의 교체와 경제적 유동에 영향을 많이 받는다는 문제점을 지니고 있다. 특히 2002년 우파 정부의 등장으로 여러 사회지원정책은 규모나 사업면에서 축소된다. 이러한 축소는 도시 외곽 지역주민의 삶과 밀접히 연관되고 특히 청년들의 취업에 직접적으로 연관된다. 특히 2005년 1월 '사회적 결합정책'(plan pour la cohésion sociale, 일명 '보를로' 법안)의 입안으로 복잡한 지원정책의 '단순화'라는 명목 아래 여러 사회정책들이 유실되고, 특히 '지방화'라는 원리의 긍정성에도 불구하고 중앙 정부에서 지원해주던 많은 정책들에 대한 예산이 지방자치체의 재원으로 대체되면서 중앙 정부의 예산은 줄었지만, 산업이 발전되지 못하고 거주민들이 빈곤한 지방은 재원 마련이 어려워 결과적으로 사회정책들이 줄어드는 등 지방 정부의 양극화 현상을 양산하기도 했다.[70]

## 4) 사회적 힘의 관계와 정치의 중요성

자본주의의 가변성에 대한 정부의 대처방식은 정부의 정치적 성향에 따라 완급과 부침(浮沈)을 달리하기도 하지만, 이와 함께 노동시장 구조와 노사 간의 역관계에 따라 다양화될 수 있을 것이다.[71]

지난 2005~2006년에 있었던 노동시장 개혁과 관련한 프랑스 사례는 위의 관계를 잘 보여준다. 지난 2006년 봄에 도미니크 드 빌팽 정부는 최초고용계약(Contrats de Première Embauche, CPE) 법을 사회적 대화 없이 일방적으로 의회에서 통과시켰다가 학생, 노조 등의 반대로 다시 철회했다. 이것은 정부가 26세 이하 청년들에게 무기간계약(CDI, 즉 1차부문)의 가능성을 '유인책'으로 2년 동안 언제든지 사유 없이 해고될 수 있는 위험을 노동자에게 감수하도록 요구한 사례다. 이것은 현재 1차부문으로 진출하기 위해 몇 년간 실습활동을 하는 현실로 볼 때 일부 구직자에게 보다 유리한 조건이라고 볼 수도 있지만, 공공부문까지 포함한 모든 신규 계약이 한시적으로 혹은 특정 집단의

---

70) 보를로 법안에 대한 문제점 지적으로는 다음을 참조. Renaud Epstein et Thomas Kirszbaum, "Après les émeutre, comment débattre de la politique de la ville?", *Re-gards sur l'actualité*, n° 319, mars, 2006.

71) Lyle Scuggs and Peter Lange, "Where Have All the Members Gone?: Globalization, Institutions, and Union Density", *The Journal of Politics*, vol.64, n° 1, 2002, pp.126~153.

사람에게는 영원히 2차부문화될 수 있는 위험을 알기에 모든 노조들과 학생들은 반대했다.[72] 반면 2005년 7월 도입된 CNE의 경우는 이와 대비되는데, 이 계약은 20인 이하 사업장에 대해 연령에 관계없이 CPE와 유사하게 2년 후 무기간계약 가능성을 전제로 2년간 사유 없이 해고할 수 있는 제도이다. 하지만 이 계약은 청년을 대상으로 하는 CPE와는 달리 전체 노동인구를 대상으로 한다. 즉 2차부문이 더 이상 여성, 청년, 이민자를 대상으로 하는 것이 아니라 노동인구 전체로 확대되어간다는 것의 분명한 사례이기도 하다. 전체 노동인구를 대상으로 한다는 측면에서 철회된 CPE보다 더욱 심각하다고 할 수 있는 CNE이 좌파정당과 노동계의 반발에도 불구하고 도입됐던 이유는 주요하게 노동조합의 조직화 정도와 연관이 있다.

'1차부문은 조직된 노동조합 분야'라고 규정되기도 한다.[73] 조직된 분야에서는 고용의 불안화가 상대적으로 덜 이뤄지지만, 노동조합이 미약하거나 존재하지 않는 특정 부문 혹은 소기업에서는 고용의 불안화가 가속될 수 있다. CNE의 도입과정에서 보듯이, 정부의 발표와 더불어 중도정당을 포함한 좌파정당, 그리고 노동조합 등 거의 대부분

---

72) 이러한 불안한 고용의 확대정책은 방리유 청년들과는 거리가 멀다. 왜냐하면 실업상태로 실업수당, 혹은 RMI 등의 사회적 혜택을 받거나 이미 일하면서도 가난한 노동자의 위치에 있는 이 지역 청년들에게 낮은 임금의 불안한 새로운 노동을 창출하는 것은 생활의 향상이라는 측면에서 큰 효과를 가져오지 못하기 때문이다. 한편으로는 사회적 차별 때문에 고학력이면서도 취업이 어려운 청년들에게 기회가 확대될 가능성을 가지고는 있지만, 이것도 1차부문에 한해서 고용이 확대될 경우에 한정되어 효과를 가져올 것이며, 사회적 차별 자체에 대한 해결책이 되기 어렵다.

73) 노동조합과 1차부문에 관한 내용으로는 다음을 참조하라. Ian MacDonald and Robert Solow, "Wage and Employment in a Segmented Labor Market", *Quarerly Journal of Economics*, 1985, pp.1115~1141 ; Andrew Oswald, "The Economic Theory of Trade Union", *Scandinavian Journal of Economics*, vol.87, n°2, 1985.

의 사회운동 진영이 반대했지만, 여러 전국단체를 가지고 있는 대학생들과는 달리, 20명 이하의 소규모 사업장에서는 조직된 세력이 미약해 이 제도 도입 반대운동의 주체를 형성하기가 어려웠다. 물론 바캉스 기간에 법을 통과시키고 시행했다는 상황적인 어려움이 존재했지만, 현재 공공기업과 대기업 노동자를 중심으로 하는 거대노조 중심의 저항은 현실적 어려움을 토로하는 영세기업가들의 비판에 맞서서 여론을 설득하기가 쉽지 않았다.[74] 이렇게 진행되는 고용 불안화는 노동조합의 조직화 정도에 따라 많이 달라진다.

하지만 더 심각한 문제는 1차부문과 2차부문의 대립이다. 노동시장의 양극화를 개선하기 위한 대표적인 방법은 최저임금의 인상이다. 다수의 2차부문 직업들의 임금은 최저임금 근처에 머물고 있기 때문에 최저임금 인상정책은 대부분의 2차부문의 임금을 전반적으로 상승시켜 1차부문과의 거리감을 줄일 수 있다. 또한 최저임금의 인상은 2차부문의 고용을 일시적으로 축소시키는 효과를 가져올 수 있으므로 최저임금의 인상정책은 이를 대비한 실업정책과 함께 사용되어야 효과적이다.[75] 하지만 만일 1차부문의 특성을 유지하기 위해, 혹은 노동조합의 힘에 의해 1차부문 역시 동일하게 임금을 인상한다면, 결과는 상대 임금격차는 그대로 유지되면서 인건비의 인상으로 각 부문의 고용이 줄어들게 된다. 더불어 사회적 인플레이션과 정부의 재정 적자에 민감하게 반응할 수밖에 없는 세계화시대의 경제에서 프랑스 정부가

---

74) 사회당은 CNE 폐지를 2007년 대선 공약으로 내세운 바 있다.
75) 최저임금과 실업과의 관계에 관해선 다음의 글을 참조하라. Javier Ortega et Laurence Rioux, "Durée des contrats et indemnisation du chômage : Une analyse quantitative du dualisme du marché du travail français", *Revue économique*, vol.53, nº 6, 2002, pp.1273~1303.

더욱 적극적인 사회보장정책을 실시하는 데 걸림돌로 작용해 의도와
는 반대의 결과를 낳기도 한다. 이렇게 공기업 중심의 사회운동적 성
격을 짙게 띠는 프랑스 노동운동은 그 특성상 최저임금에 대한 인상이
지속적으로 강제되지만, 낮은 노동조합 가입률로 사회코포라티즘적
특성을 갖지 못하는 사회협약구조로 인해 1차부문의 높은 임금인상을
제어하기 힘든 구조라 할 수 있다. 이러한 구조적 특성이 좌파 정부에
게도 노동시장의 개혁을 어렵게 하는 요인이라 할 수 있다.[76]

## 5. 이민 2세에게 '사회적 승강기'는 작동하지 않는가

2006년 국립통계청에서 발표한 통계(《도표 7》)를 보면, 이민자들이 밀
집거주하는 '민감한 도시 구역들'(Zones Urbaines Sensibles, ZUS)에
서의 실업률이 전체실업률에 비해 두 배를 넘는 것을 볼 수 있다. 물론
이렇게 실업률이 높기 때문에 정부에서 ZUS으로 지정하고 남다른 지
원을 한다고 유추할 수 있지만, 문제는 이러한 차이가 좀처럼 줄어들
지 않고, 또한 이 지역에 산다는 이유로 부가적인 차별을 받는다는 점
이다. 이 장에서는 주체적 측면에서 이민자들과 이민 2세들이 사회진
출에서 갖는 어려움을 다루고자 한다. 특히 평등이념을 중시하는 프랑
스에서 어떻게 이민 2세들이 내국인에 비해 동등한 기회를 보장받지
못하는가 하는 문제를 살펴보자.

---

76) 바로 이 때문에 노동조합의 대표성을 개선하는 노사구조에 대한 논의가 진행되기도 한
다. 이에 대한 논의로는 다음을 참조하라. Paul Aurelli et Jean Gautier, *Consolider le
dialogue social*, Paris: CSE, 2006.

〈도표 7: 2005년 ZUS의 실업률〉

(단위: 퍼센트)

|  | 전국실업률 | ZUS 실업률 |
|---|---|---|
| 전 체 | 9.2% | 22.1% |
| 젊은 여성(15~24세) | 24.6% | 38.0% |
| 젊은 남성(15~24세) | 21.4% | 44.9% |
| 이민자 | 18.0% | 31.7%[77] |

## 1) 사회적 자본의 차이는 거스를 수 없는 근본적 조건인가

사회계층의 주요 차이를 경제적·문화적·사회적 자본 등 실제 이용 가능한 자원과 권력의 총체로서 자본 총량의 소유 여부를 통해 구분했던 부르디외의 자본구분법에 의하면, 사회적 자본이란 "상류사회의 신망과 그 지지자들을 모으고 보증하는 데 필수적인, 정계에서는 그 정도를 곧바로 측정할 수 있는 세속적 관계의 자본"[78]으로 흔히 한국에서 사용하는 고급 '연줄' 혹은 '인맥'의 부르디외식 표현이라 할 수 있다. 이러한 사회적 자본은 내국인과 이민자를 가르는 중요한 요소라고 할 수 있다. 다른 종류의 자본의 경우, 각각의 특수한 상황에 따라 달리할 수 있지만, 대대로 같은 고장에 살아왔던 내국인과 외부로부터 들어온 이민자 간의 사회적 자본의 차이는 보편적으로 크다고 할 수 있다. 일단 프랑스에서 태어난 청년들의 부모가 어디 출신이냐에 따라 노동시장에서 차지하는 위치가 많이 다르게 나타나는 것을 볼 수 있다.

〈도표 8〉을 보면 프랑스 청년들에게 부모가 이민자인가의 여부가 고용과 실업률에 영향을 미치고 있음을 알 수 있다. 즉 프랑스에서 태

---

77) 이 수치는 ZUS이 아니라 유럽 외부 이민자의 실업률임(출처 INSEE).
78) Pierre Bourdieu, *La distinction*, Paris: Minuit, 1979, p.133.

〈도표 8: 프랑스 출생 청년들의 노동시장에서의 위치〉

(단위: 퍼센트)

| | 전 체 | | | 남 자 | | | 여 자 | | |
|---|---|---|---|---|---|---|---|---|---|
| | 두부모 프랑스생 | 한부모 프랑스생 | 두부모 외국생 | 두부모 프랑스생 | 한부모 프랑스생 | 두부모 외국생 | 두부모 프랑스생 | 한부모 프랑스생 | 두부모 외국생 |
| 활동 a | 55 | 49 | 46 | 61 | 53 | 48 | 50 | 45 | 44 |
| 실업 b | 14 | 15 | 20 | 12 | 14 | 20 | 15 | 15 | 19 |
| 대학생 | 26 | 32 | 29 | 25 | 31 | 29 | 27 | 33 | 29 |
| 무활동 | 5 | 4 | 5 | 2 | 2 | 3 | 8 | 7 | 8 |
| 총 계 | 100 | 100 | 100 | 100 | 100 | 100 | 100 | 100 | 100 |
| 활동률 a+b | 69 | 64 | 66 | 73 | 67 | 68 | 65 | 60 | 63 |
| 실업률 $\frac{a+b}{b}$ | **20** | **23** | **30** | 16 | 21 | 29 | 23 | 25 | 30 |

[출처] INSEE, *Les immigrés en France 2005*, Paris: INSEE, 2005, p.131. 19~29세 청년들을 대상으로 1999년에 실행된 조사.

어났더라도 프랑스 출생 부모를 가지고 있는 청년들의 경우 실업률이 20퍼센트인 것에 반해 외국 출생 부모일 경우 30퍼센트로 상대적으로 실업률이 높다. 특히 여자보다 남자의 경우 이러한 차이가 더욱 크다. 이 표에서 특이한 점은 부모 중 한 사람이 이민자거나 둘 다 이민자인 경우, 자식들이 대학생인 비율이 부모가 둘 다 프랑스인인 경우보다 높다는 점이다. 비록 위 표가 아프리카 이민자만을 염두에 둔 것은 아니지만, 사회적 자본이 빈약한 외국인 부모들이 자식들의 학력자본 형성에 보다 집중한다는 것을 알 수 있다. 다음의 석사학위(BAC+5)를 가지고 있는 이민자의 자녀와의 인터뷰는 이를 증명한다.

이민 출신의 청년들은 사회적 자본이 없기 때문에 일자리를 얻기 위해서는 학력자본(capital scolaire)을 획득하도록 의무지워진다. 하지만 일자리를 찾기 시작하면서 새로운 우리들을 발견하는데, 사람들

이 우리들에게 전혀 교육되어 있지 않다고 말한다.[79]

이 인터뷰는 위 문제를 증명함과 동시에 다른 문제를 제기한다. 먼저 이전 노동시장의 이원구조와 관련해 노동시장 외부에서 진행되는 추상적 교육, 혹은 노동시장 내부에서 획득되는 구체적 교육의 획득 여부가 1차부문과 2차부문으로의 진출을 가르는 하나의 기준이라는 사실을 상기한다면 여기서 제기되는 교육 문제가 무엇인지 분명해진다. 이것은 학력자본 수준에 맞는 사회적 경험과 직업적 경력을 갖춰야 함을 뜻한다. 결국 일반적으로 추상적 교육 수준이 높은 간부 혹은 고위직 노동시장으로 진입하는 데 사회적 자본이 더욱 요구되는 현실 상황을 생각하면, 사회적 자본이 부족해 학력자본을 획득했지만 다시 그 수준에 맞는 사회적 자본이 필요하다는 출발점으로 돌아온 것이다.

한편 노동시장에 진입한 이후에도 지속적인 직업교육은 사회적 승진에 필수적이다. 직업 범주별로 전체 경제활동가 중 직업교육을 지속하고 있는 비율을 나타내는 〈도표 9〉에서는 이민자의 경우 비이민자보다 직업교육에서 뒤떨어지는 것을 볼 수 있다. 직업교육에서의 비이민자와 이민자 간의 차이는 직업별 범주가 밑으로 내려갈수록 더욱 커지는 것을 알 수 있다. 특히 비숙련의 부분, 즉 2차부문의 경우, 비이민자는 직업교육을 지속하는 경우가 일반사원, 노동자에서 각각 32퍼센트, 18퍼센트인 반면, 이민자는 15퍼센트, 9퍼센트로 현격한 차이를 보이고 있을 뿐만 아니라 절대적인 수치로도 심각하게 낮은 것을 볼

---

79) Mustapha Bourmmani, *Les discriminations à l'emploi*, Paris: L'Harmattan, 2001, p.48.

<도표 9: 직업 범주별 직업교육의 지속>

(단위: 퍼센트)

| 직업 범주 | 교육지속 비율 | 비이민자 | 이민자 |
|---|---|---|---|
| 간 부 | 56 | 56 | 44 |
| 중간간부 | 54 | 54 | 40 |
| 일반사원 | 36 | 37 | 20 |
| 그중 숙련 | 40 | 44 | 23 |
| 비숙련 | 30 | **32** | **15** |
| 노동자 | 27 | 28 | 13 |
| 그중 숙련 | 31 | 34 | 15 |
| 비숙련 | 16 | **18** | **9** |
| 전 체 | 41 | 43 | 23 |

[출처] INSEE, *Les immigrés en France 2005*, Paris: INSEE, 2005, p.125. 18~65세 봉급생활자를 대상
으로 2003년에 실시된 조사. 여기에서는 일부를 인용했으며, 위 숫자는 분야별 전체노동자 중 교육
을 지속하는 노동자들의 비율을 나타낸다.

수 있다. 결론적으로 이러한 직업교육의 차이는 이민자로 하여금 새로
운 기술을 충분히 습득하지 못하게 함으로써 2차부문의 노동시장에 영
원히 머물게 할 수 있다.

한편 이민자 부모일수록 학력자본에 집중한다는 점은 사회적 자
본이 빈약한 이민자의 자식들이 만약 학력자본마저 없다면 노동시장
에서 더욱 불안하고 주변화되기 쉽다는 것을 의미한다. 하지만 학력자
본을 축적하는 일 역시 경제적 자본, 문화적 자본 등 다른 자본들의 여
부와 밀접하게 관련된다. 이 같은 배경에서 도시 외곽 빈민 지역에 대
한 특수한 교육지원정책이 제기되기도 했다.

### 2) 인종차별, 외국인과 이민 2세들에게 가해지는 또 하나의 제한들

앞에서 본 것처럼 유럽 내에서 프랑스에 유난히 외국인 혹은 이민자가
많은 것도 아닌데, 왜 특별히 프랑스에서 인종차별 문제가 많이 제기

〈도표 10: 유럽 국가별 거주외국인의 출신지〉

(단위: 퍼센트)

|  | 프랑스 | 독일 | 벨기에 | 스페인 | 이탈리아 | 영국 |
|---|---|---|---|---|---|---|
| 유럽연합 | 36.5 | 26.1 | 61.0 | 56.4 | 19.1 | 32.2 |
| 유럽연합외 유럽 | 4.2 | 23.9 | 2.5 | 7.0 | 14.5 | 4.9 |
| 아프리카 | 45.4 | 3.6 | 20.2 | 8.2 | 30.5 | 6.1 |
| 아메리카 | 2.0 | 2.6 | 2.1 | 20.4 | 16.4 | 9.1 |
| 아시아 | 11.8 | 40.0 | 11.8 | 7.5 | 18.6 | 19.8 |
| 오세아니아 | 0.1 | 0.1 | 0.1 | 0.2 | 0.7 | 2.2 |
| 난민 기타 | 0.0 | 3.6 | 2.4 | 0.2 | 0.1 | 25.6 |

[출처] INSEE, *Les étrangers en France 1994*, Paris: INSEE, 1994, p.19. 1990년에 실시된 조사.

되는 것일까? 다음 거주외국인의 출신국가별 비교(〈도표 10〉)는 해답의 실마리를 제공할 수 있다고 생각한다. 독일은 터키 출신이 전체 이민의 30퍼센트를 차지하는 것을 포함해 아시아인이 40퍼센트를 차지한다. 영국도 난민의 분포와 인도를 중심으로 아시아인이 많은 반면, 프랑스는 마그리브 지방 출신 38.7퍼센트를 포함해 아프리카 출신이 45.4퍼센트를 차지하는 차이를 보이고 있다. 이 차이가 인종차별에 얼마나 많은 영향을 미치는지는 과제로 남겨두더라도 최소한 벨기에와 스페인처럼 유럽연합 내부에서나 백인들의 이민이 많은 곳은 피부색 차이에 의한 인종주의의 확산과는 거리가 있다는 것은 분명하다. 즉 아프리카 출신 이민자들이 유난히 많은 프랑스에서 피부색 혹은 출신에 따른 차별 문제가 유럽에서 유난히 강조되는 것은 당연한 일이라고 할 수 있다.

인종차별에 대한 논의와 방지책이 정치적 차원에서 본격적으로 정책화된 것은 조스팽 정부 때라고 할 수 있다. 고등통합위원회는 1998년 10월 20일 조스팽 수상에게 제출한 보고서[80]를 통해 외국인, 이민

출신 혹은 해외영토(DOM-TOM)[81] 출신 프랑스인에 대한 인종차별
이 심해지고 있다고 보고한다. 이 보고서에는 학교, 미디어, 경찰-법
원, 주택제공, 고용 등 일상적으로 인종차별이 진행되고 있다고 문제
제기 하고 있다.

특히 고용과 관련해 이 보고서에서는 현재 합법적인 차별과 불법
적인 차별[82]이 공존하고 있다고 한다. 합법적인 차별로는 외국인이 대
학교수를 제외하고는 국가공무원, 지역공공단체, 국립병원에서 취업을
금지당하고 있으며, 철도청·전력공사 등 국영기업 혹은 무기 관련 무
역이나 공장에서도 외국인 고용이 제한되어 있고, 주권과 직접적으로
관련되어 있지 않은 직종에까지도 일반화되어 있음을 문제삼고 있다.
특히 공공부문 일자리가 전체 고용의 18퍼센트를 차지하고 있는 프랑
스에서 이러한 차별은 외국인과 내국인의 실업률 차이에 중요한 요인
으로 작용하고 있다. 다른 한편으로 불법적으로 진행되는 차별의 사례
로는, 첫째 고용광고를 낼 때 은어를 사용해 내국인만을 모집한다는 광

---

80) Haut Conseil à l'Intégration, *Lutte contre les discriminations: faire respecter le
principe d'égalité*, Paris: La documentation Française, 1998.

81) Les départements d'outre-mer, les territoires d'outre-mer. 대서양, 태평양과 인도
양 일대의 프랑스 본토 외 지방과 영토를 의미하며, 이곳 주민은 주로 흑인 혹은 유색인
들로, 이들 중 1975년부터 1982년까지 10만 명, 1982년부터 1990년까지는 7만 명 정
도가 본토에 들어오는 등 노동시장에 좋지 않은 영향을 미친다. 이들 중 59퍼센트는 일
드프랑스 지역에 거주하며 직업분포에서 이들의 고용이 3차산업에 집중된다는 면에서
이민자들과 유사하지만, 특히 공공부문에 많이 분포한다는 점이 이민자들과의 차이점
이다. Gérard Belorgey et Geneviève Bertrand, *Les DOM-TOM*, Paris: Décou-
verte, 1994, p.28.

82) 현행 인종차별금지에 관한 법안은 각각 형법 225-1조와 2조, 그리고 노동법 L122-45
조, L133-5-10이며, 핵심내용은 고용주가 고용, 계약, 해고함에 있어 외모, 정치적 신
념, 종교, 국적, 인종을 이유로 차별하는 것을 금지하고, 외국인과 내국인의 동등한 처
우는 의무화하고 있다. 이를 위반할 때는 3년의 징역이나 혹은 4만 5천 유로(약 5천 4백
만 원)의 벌금형에 처할 수 있다.

고[83], 둘째 고객과의 관계를 문제삼아 유색인 고용을 금기시하는 고용주, 셋째 고용주들의 유색인들에 대한 잦은 고용거부로 인해 직업소개소에서도 백인 프랑스인을 우선적으로 소개하는 사례를 들고 있다.

결론적으로 이 보고서에서는 고용에서 차별을 줄이기 위해 일반화된 공공부문의 외국인 고용금지 조항에 대해 더욱 세밀한 토론을 수행하고 노동감독관에 대한 특별한 교육과 인종차별에 대한 감독을 위한 특수화를 제안하고 있다. 한편 인종차별은 고발이 전제되어야만 처벌할 수 있는 것이므로 'SOS 라시즘' 같은 반인종주의 단체에서는 자신들이 직접 인종차별의 현장을 적발해 고발하는 일을 하나의 업무로 두고 있다. 그리하여 반인종주의 단체에서는 인종차별 전문경찰의 도입을 주장하지만 아직 실행되지 않고 있다.

특히 인종차별 문제는 본래 경제 외적인 요소이지만 고급식당, 미용실, 화장품 가게처럼 인종 차이가 고객과의 관계에 관련된다고 여겨질 때는 노동시장에 긴밀한 변수로 작용하기도 한다. 따라서 사회적 인종차별의 증가는 고용 혹은 노동시장에서의 인종차별과 직접적인 관련을 맺는다. 인종차별 문제는 1차부문 직종으로 갈수록 더 심해지는 양상을 가져오고 외국인 혹은 유색인이 2차부문 직종에 머물러 있을 것을 강요하는 등 또 다른 노동시장 개선의 걸림돌임이 분명하다.

프랑스에서 인종의 문제는 국가정책의 운영에서 특별한 변수로 작용하지 않는다. 인종을 변수로 하는 조사발표 자체가 금지되어 있고, 외국인도 안정적인 거주자라면 본국인과 정치적 주권을 제외한 거주

---

83) 가령 'BBR'(Bleu, Blanc, Rouge)은 프랑스 국기색을 나타내며, '01'은 과거 원적을 기준으로 주민번호를 구분하던 시기 프랑스인을 뜻하는 앞자리 번호로, 프랑스인 혹은 토박이만 고용한다는 것을 은유한다. Haut Conseil à l'Intégration, op. cit., p.100.

자로서 동등한 권리와 혜택을 받는 것이 프랑스 공화국의 평등주의라고 할 수 있다. 하지만 이러한 평등주의가 과도하게 보호되는 주권 혹은 은밀한 인종차별에 의해 위협받는 상황이다.

## 6. 결론

앞의 내용을 통해 우리는 다음과 같은 결론을 얻을 수 있다. 첫째, 이민자 유입이 현재 미디어를 통해 자주 보여지듯이, 낡은 보트를 타고 기아에서 탈출하려는 경제적 망명자와 이를 수혜적 차원으로 수용하는 문화적 선진국의 자선행위가 아니라, 대부분 자국의 경제발전을 위해 선별적으로 진행됐다는 점이다. 즉 '영광의 30년'으로 일컬어지는 프랑스의 경제 상승기에 따른 충분한 노동력의 필요와 68운동의 결과로 더욱 높아진 노동조건으로 기업가들이 기존 노동시장의 외부에서 새로운 노동력을 충원하는 과정에서 많은 외국인들이 유입됐다.

둘째, 열악한 노동환경과 힘든 작업내용을 감내할 수 있는 미숙련 노동자들의 해외유입은 노동의 숙련화를 통해 일정 정도 자본화되는 노동력 부문과 대당해 프랑스 노동시장의 파편화된 이원구조를 더욱 뚜렷하게 했다. 이러한 노동시장의 이원구조 속에서 외국인 노동자는 1974년 경제 위기에 의한 일자리 감소와 새로운 기술변화를 통해 노동시장에서 배제되는 기술적 실업이라는 이중적인 고통을 가진다.

셋째, 이후 미테랑 정부의 외국인 거주 안정화정책으로 불안했던 외국인 노동자의 위치는 비록 안정화되지만, 그들은 지속되는 경제적 어려움으로 인해 더욱 유연화되고 불안해진 서비스 업종으로 혹은 영세소상인으로 이동하고, 이민여성 노동자는 프랑스 여성의 가사노동을 대체하는 2차부문의 노동시장으로 편입하게 된다. 한편 노동시장의 불안정화 과정에서 2차부문이 1차부문의 일반 노동자에게까지 확장됨에 따라 비숙련 노동, 영세소매업에서 내국인과 외국인 간의 경제적 경쟁을 불러오고, 이러한 경쟁은 극우 정치세력의 선동과 맞물려 왜곡되어 정치적으로 극우 정치세력의 지지율 상승과 사회적으로는 인종주의의 확산이라는 결과를 가져왔다.

넷째, 이민 1세들에게 적용됐던 노동시장의 이원구조는 사회적 자본이 빈약한 이민자 2세에게도 그대로 세습되는 경향을 띤다. 또한 프랑스 정부의 다양한 사회적 지원정책에도 불구하고 사회적 지원의 불안정성과 노동시장에서 지속되는 차별은 많은 도시 외곽 빈민 지역 청년들이 정치적 혹은 경제적 변화에 따라 어느 계층보다도 쉽게 실업 혹은 빈곤의 나락으로 빠지거나 사회적 신분상승의 기회를 박탈당하는 결과를 초래했다.

결국 주변화된 빈민들의 삶의 개선을 위해 노동시장을 더욱 유연화해 고용창출을 활발하게 하는 것이 필요하다는 신자유주의 경제학자들의 견해와는 달리 이원주의 이론에 의하면 유연화를 통한 경제발전이 있더라도 노동시장의 이원구조에 대한 개선이 없다면 노동시장의 유연화에 따라 2차부문이 확대되어 빈곤층은 늘어나고, 그들의 빈곤은 계속 유지될 뿐만 아니라 더욱 불안해진다는 것을 알 수 있다. 이러한 경제적 영역에서의 구조적 주변화는 정치적 영역에서 인종차별을 노골화하는 극우 정치세력의 상승이라는 박탈감과 맞물려, 이민 관련 유색인 청년들을 극단으로 모는 데 일조했다고 할 수 있다. 이렇게 프랑스 노동시장의 이원주의적 특성은 이번 프랑스 도시소요와 정치경제적 연관성을 가질 수 있다. 이에 2005년 가을 소요를 바라보면서,

도시빈민들에 대한 더욱 안정적인 사회경제적 지원과 함께 노동시장의 이원구조에서 지속되는 격차와 빈곤한 노동자 문제를 해소해야 하는 과제가 도출되며, 이와 함께 노동시장에서의 인종차별 문제의 극복이 요구된다고 하겠다.

또한 이 글에서 살펴본 프랑스의 모습은 아프리카 이민이 날로 증가하고 있는 남유럽뿐만 아니라, 사회적 불평등이 노동－자본의 균열선과 유사했던 예전과는 달리 오늘날 노동 내부의 균열이 심각하게 발생하고 있는 한국 상황에도 많은 시사점을 제공할 수 있을 것이다.

## .7장 . 노동총연맹(CGT)의 이주노동자 정책
— 모순과 한계, 1921~81년

신동규(파리 1대학, 역사학)

## 1. 2005년 방리유 사건을 통해 본 CGT와 노동운동의 위기

2005년 방리유 사건에는 외국인 이주노동자들의 2, 3세들이 깊이 관련되어 있다. 그러나 이 문제의 원인은 단순히 '이민 문제'로 국한되지 않는다. 이민자와 그들의 후손이 사회적·경제적 최하층을 구성하고 있다는 사실은 이 사건이 계급 및 자본주의 사회의 모순에 이르기까지 다양한 문제와 밀접한 관계를 맺고 있음을 보여줬을 뿐 아니라, 국가의 지배원리에서 공화국의 작동원리와 그 주체들의 정체성 문제에 이르기까지 현대사회의 지배질서에 대해 총체적인 문제제기를 하게 했다. 또한 자본주의 체제에서 사회적·경제적 차별에 노출된 이주노동자들을(특히 노동총연맹[Confédération Générale du Travail, CGT]의 주장에 의하면) 가장 조직적으로 보호해야 할 의무를 가지고 있는 노동조합 운동이 2005년 프랑스의 수도를 둘러싼 저소득층 밀집 주거 지역에서 일어난 일련의 도시폭력 사건에 직면해 보여준 한계는 이 사건을 통해 부각된 사회적 위기의 심각성을 대변한다. "방리유의 위기, 청소년의 위기, 이민자의 위기로 제한된 것이 아니라 절대다수의 민중계층에 관련된 사회적 위기다." 이것은 10월 27일 이래로 프랑스에서 벌어졌던 소요사건에 대한 CGT의 평가다.[1] 이 사회적 위기란 1970년대 이후 지속된 높은 실업률, 특정 지역의 불안정한 주거 조건, 그리고 인종주의와 결합된 외국인에 대한 사회적 차별 등을 지적하는 것으로서, CGT는 방리유 사건의 원인을 분석하면서 이미 프랑스 사회에 오래전부터 깊숙하게 자리잡은 문제들이 이 사건의 원인이라고 주장했다. 따라서 CGT는 오랜 기간 동안 전통적 핵심 요구사항이었던 고용안정, 구매력 강화, 인간의 존엄성 실현 등을 자연스럽게 소요사태의 해결책으로 주장했으며, 노동에 연관된 전망의 부재를 이 사건의 근본적인 원인으로 지적했다.

그러나 이러한 주장들은 1935년 혹은 1968년과 같은 대중적이고 광범위한 총파업과 결합하지 못한 채 단지 구호로만 머물렀다. 이미 1970년대 중반 이후 노동운동의 투쟁방식은 총파업을 지양하고 협상에서 기업 및 정부를 압박하기 위한 도구로서 일일파업을 선호하고 있었으며 자연스럽게 협상은 파업보다 더욱 효과적인 수단으로 인식되어가고 있는 추세였다. 따라서 소요 기간 중 마르세유에서 있었던 CGT 철도노조나 CGT 마르세유 공공은송의 파업은 프랑스민주노동총연맹(Confédération Française Démocratique du Travail, FDT), 노동총연맹-노동자의 힘(Confédération Générale du Travail-Force Ouvrière) 등 다른 노동연맹의 지역본부들의 연대투쟁에도 불구하고 지역적 한

---

1) CGT는 11월 8일 , 11월 15일 성명 등을 통해 일관되게 이렇게 평가했다.

계를 넘지 못했다.[2] 더구나 그 규모와 사회적 영향력 측면에서 CGT를 이어 두번째를 차지하는 CFDT의 총비서 프랑수아 슈레크는 46일 간 지속된 마르세유에서의 파업에 대해 비정상적인 파업이라고 논평했으며, 파업보다는 협상이 더욱 효과적이라고 강조했다.[3] 그러나 이러한 CFDT 총비서의 타협적이고 기회주의적인 태도의 한계는 분명했다. 이는 단지 노동운동을 분열시켰을 뿐, 프랑스가 직면한 사회적 위기에 대해 어떠한 협상도 이끌어내지 못했다. 다양한 사상과 그에 기반한 정세 판단과 실천양식으로 분화된 노동운동의 분열로 이미 효과적인 추진동력을 상실한 프랑스 노동운동의 한계 속에서 방리유 청소년들의 소요가 기존의 사회적 문제에서 기인한다는 CGT의 주장은 노동운동 내부의 다양한 견해 중 하나에 불과했다. 더욱이 CGT를 비롯한 노동운동 진영은 방리유에 고립되어 소외된 청소년들과 실질적인 연대를 이뤄내지 못했을 뿐만 아니라, 이 소요의 원인으로 지적된 고질적인 사회적 문제들을 각 사업장의 현안들과 연결시켜 연대의 물결을 이뤄내지 못했다. 즉 방리유 사건으로부터 드러난 자본주의의 위기와 사업장에서 일상적으로 벌어지고 있는 자본주의의 모순을 결합시키지 못했던 것이다.

　　이러한 원인으로는 트로츠키주의자인 아를렛 라기예가 지적하듯 이번 소요에서 노동자들 또한 청소년들에 의한 공격대상이었으며, 공권력에 대항하는 청년들이 어떠한 '정치적 의식'도 가지고 있지 않았

---

2) 프랑스는 기업 내에 복수노조가 허용되어 있다. 지역 및 각 사업장의 특수한 상황에 따라서 각 기업의 노조는 소속 총연맹의 중앙본부와 견해 차이를 보이며 기업 또는 지역본부 및 산별연맹의 다른 노조들과 연대를 하기도 한다.

3) *Le Journal du Dimanche*, novembre 27, 2005.

기 때문이기도 하지만, 근본적으로 경제위기 이후 현저하게 나타난 노동운동의 주체동력 상실과 집권 후 노동계급을 배신한 사회당의 우경화에서 기인한 패배감으로 인해 점차 양적, 질적 투쟁동력을 모두 상실했기 때문이다. 또한 제2차 세계대전 이후 강화되고 있는 노동조합의 제도화는 국가의 사회적 파트너로서의 노동운동의 사회적 지위를 강화했지만, 결국 어떠한 정책결정에도 참여하지 못한다는 한계를 이번 소요를 통해 다시 한 번 드러냈다.

방리유의 소요사건에 직면해 좌파의 대안 부재는 여실히 드러났으며, 국가비상사태 선포와 함께 시작된 정치적 논의는 결국 우파의 치안유지 논리의 승리로 끝나고 말았다. 또한 직접적인 정치적 이해관계의 중심에서 벗어나 있던 언론, 노동조합, 그리고 시민사회단체 등의 주장에도 불구하고, 사건의 원인을 근본적으로 해결하기 위한 논의는 정치적 쟁점의 중심에서 소외되고 말았다. 따라서 소요사건의 원인에 대한 해결책으로 제시된 '기회균등에 관한 법'도 우파 정부가 소요사태 이전부터 추진하던 정책들의 범위를 크게 넘지 않았으며, CGT를 중심으로 한 노동조합의 '사회적 위기'에 대한 주장들은 정치적 구심점 없이 '구호화된 비판'으로 낙고 말았다. 즉 이것은 CGT를 비롯한 노동운동 진영에게 사회적 위기를 변혁의 주춧돌로 견인할 능력이 없었음을 뜻하는 것이었다.

또한 이것은 무엇보다도 이주노동자 2세 혹은 3세들이 처한 사회적 차별이 해소되지 않고 있으며, 특히 역사적으로 형성된 이러한 차별들을 해소하기 위한 노동조합의 최소한의 노력들마저도 자본주의 체제의 정치적·경제적 원리로 말미암아 모순과 한계를 내포함으로써 도시 외곽 지역에 사회적, 경제적, 문화적으로 격리된 특수한 이방인 집단들이 그 고립으로부터 탈출하는 데 어려움을 겪고 있는 상황이 지속적으로 유지되고 있음을 의미하는 것이었다.

따라서 이 글이 담고 있는 전체적인 내용은 2005년 방리유 사건 자체에 대한 CGT의 인식보다는 이주노동자 문제에 대한 CGT의 이중적 태도와 그 한계의 근원을 이해하는 데 초점을 맞췄으며, 이런 이유로 그 모순이 가장 명확히 드러난다고 판단되는 1921년부터 1981년까지를 중점적으로 다뤘다. 특히 이 글에서는 이러한 한계 혹은 부재의 원인을 이해하기 위해, 첫째로 비숙련 이주노동자의 유입으로 특징지워지는 19세기 후반, 20세기 초반 프랑스의 경제, 사회구조로부터 기인한 이주노동자 문제에 대한 CGT의 인식과 대응을 살펴본 후, 제2차 세계대전 이후 노동운동과 이주노동자의 관계를 분석함으로써 '한계' 혹은 '부재'로 표출되는 이주노동자 관련 정책의 사회적 배경과 CGT의 활동내용을 살펴보도록 하겠다.

이 글에서는 20세기 프랑스 노동계급의 '상징'이며, 외국인 노동자들이 집중적으로 투입된 금속산업 분야를 통한 CGT의 이주노동자 정책에 대한 분석을 1980년대 초반으로 한정했다.[4] 이러한 제한에도 불구하고 1980년대 초 CGT 금속연맹의 인식을 1920년대 이후 약 60년 간 나타난 CGT의 이주노동자 문제에 대한 기본 인식과 정책의 흐름을 이해하고 비교하기 위한 중요한 기준으로 이용할 것이다. 따라서 CGT 금속연맹의 사례분석을 통해 1980년대 초 CGT의 이주노동자 문제에 대한 인식이 20세기 전반에 걸쳐 나타난 CGT 이주노동자 정

---

4) 프랑스 노동운동에서 금속산업 종사 노동자들이 차지하는 비중에 대해서는 다음을 참조. Alain Dewerpe, "Les 'Metallo'", *Puissance et faiblisses de la France industrielle*, Paris: Seuil, 1997, p.517.

책들과 어떤 관계를 가지고 있는지 살펴볼 것이다. 비록 CGT를 중심으로 한 분석이 이주노동자 문제에 대한 프랑스 노동운동의 전체적 맥락을 이해하는 데는 다소 한계를 가짐에도 불구하고, 가장 오래된 역사를 지닌 프랑스 최대 노동조합연맹으로서 CGT가 가지는 상징적 의미는 이주노동자와 프랑스 노동운동의 관계를 이해하는 단초를 제공해줄 것이다.

## 2. CGT와 외국인 노동자: 이주노동자 정책의 모순과 그 기원

### 1) 이주노동자의 유입과 초기 노동조합운동

지중해와 북유럽, 영국과 광활한 유럽 대륙의 중간에 위치한 프랑스의 지리적 조건은 자연환경 및 기후 조건과 더불어 다양한 경로로 인구유입을 촉진시켰으며, 선사시대 이래로 이러한 인구이동은 다양한 인종의 혼혈을 바탕으로 하는 '프랑스인' 형성에 기여했다. 그러나 19세기에 근대적 민족국가가 성립되고 각국의 국가 정체성이 확립된 이후 프랑스로 유입된 이주민의 실제적인 '프랑스인' 화는 사회적·정치적·문화적으로 용인되지 않았으며, 이들은 20세기를 거쳐 오늘날까지 '비프랑스인'으로서 프랑스 사회의 구성원 역할을 하게 된다. 특히 19세기 후반기에 나타난 프랑스 인구증가의 정체현상과 산업혁명 과정에서 보여진 프랑스의 특수한 사회경제적 특성으로 인해 외국인 노동자들이 대량으로 유입되면서 이후 이 문제는 사회적 분쟁 또는 인종 간의 갈등으로 발전하게 된다.

18세기 후반, 프랑스 혁명을 전후한 시기의 프랑스는 '유럽의 중국'이라고 할 수 있을 만큼 수적으로 이탈리아, 독일, 스페인, 영국 등을 제치고 풍부한 인적 자원을 형성했다.[5] 그러나 이러한 프랑스의 인구는 1914년에 이르러서는 독일의 2/3 수준에 머물며 유럽에서 다섯번째에 머물고 만다. 출생률 감소로 비롯된 이러한 인구증가의 정체현상으로 1930년에는 프랑스의 외국인 증가율이 미국을 앞지르며 세계 최대에 이르게 되며, 경제와 생산활동을 유지하기 위한 프랑스의 적정 수준 인구 규모는 이민에 의해 유지된다.[6] 이러한 사회적 배경은 산업혁명 시기 프랑스의 산업구조가 야기한 산업노동자 부족현상과 궤를 같이하며 외국인의 증가, 즉 이주노동자의 대량 유입을 촉진시켰다. 즉, 영국의 인클로저 같은 농업인구의 대규모 이탈현상이 없었던 프랑스에서는 19세기에 걸쳐 농업노동 소득과 공장노동 소득이 서로 보완적인 관계로 가계수입의 균형을 이루는 경제구조가 자리잡고 있었다. 따라서 전체 인구의 절대다수를 차지하고 있는 농업 인구의 이농현상은 제한적으로 이뤄졌으며, 부족한 산업노동자의 수요는 자연스럽게 이주노동자들로 충족됐던 것이다.

이러한 이주노동자의 유입은 반식민주의·반인종주의 원칙과 결합된 초기 노동조합 운동과 밀접한 관계를 맺고 있었다. 1893년 무정부주의의 영향 아래 결성된 '프랑스식민지노동조합연맹'(Fédération des Bourses du travail de France et des colonies)의 명칭에서 보여지듯 프랑스의 노동운동은 CGT의 성립 이전부터[7] 노동자 국제주의 원칙

---

5) Jean-Paul Bertaud, *Intitiation à la Révolution française*, Paris: Perrin, 1989, p.7.

6) Gérard Noiriel, Population, *immigration et identité nationale en France XIXᵉ-XXᵉ siècle*, Paris: Hachette, 1992, pp.51~53.

7) 노동조합(Bourse du travail)는 1887년 파리에서 결성됐으며, 1888년에는 님과 마르세유, 1889년 생테티엔, 1890년 툴루즈 등 프랑스의 대도시를 중심으로 조직됐다. 1893년, 알제리의 알제에서도 조직됨으로써 프랑스의 식민지 지역까지 확대됐다. 페르낭 펠루티에의 지도 아래 발전한 이 조직은 1886년에 이미 게드주의의 영향 아래 결성된 '전

에 입각한 반제국주의적 노동자 연대를 원칙으로 삼았고 이 원칙은 CGT로 계승됐다.[8] 19세기 후반에서 20세기 초반까지 혁명적 무정부주의를 사상적 기반으로 발전한 CGT가 보여준 반식민주의, 반인종주의적 경향은 적어도 원칙으로서 현재까지 계속된다.

### 2) 이주노동자 정책의 모순의 기원: 혁명노선과 수정주의의 대립

19세기 이래 지속된 이주노동자 유입현상은 20세기 초의 대규모 생산체제를 갖춘 자동차·철강산업 등 중공업의 발달과 제1차 세계대전 기간 동안 프랑스에 정착한 테일러주의의 발전과 함께 새로운 양상을 띠게 된다. 무엇보다도 노동시간과 노동공간의 합리화로 특징지워지는 미국식 생산방식이 시트로엥의 근대적 공장시설을 선두로 프랑스에 도입되어 발전하기 시작했고, 세분화된 분업이 프랑스 산업의 전 분야로 확대됨으로써 단순 노동의 수요가 증가했다.

테일러주의에 의한 비숙련 노동자들에 대한 수요는 생산현장에서 첫째로 여성 노동자들의 역할을 증가시켰으며[9], 이후 비숙련 저임금 이주노동자의 유입을 촉발시키는 주요한 요인으로 작용했다. 또한 20세기 초반 중공업을 중심으로 한 대규모 공장의 발전은 (19세기 내내

---

국노동조합연맹'(Fédération Nationale des syndicats)과 통합해 1895년 CGT를 탄생시켰다. Michel Dreyfus, *Histoire de la CGT*, Bruxelles: Editions complexes, 1995, pp.15~43.

8) 1913년 CGT의 노동조합이 알제리를 방문했을때 레이몽 페리카는 "모든 인종을 막론한 노동자의 화해"를 촉구했다. *La Voix du people*, 6 et 13 juillet 1913; René Mouriaux et Catherine Wihtol de Wenden, "Syndicalisme français et islam", *Revue française de science politique*, vol.37, n°6, 1987, p.795. 재인용.

9) 제1차 세계대전 기간 중 프랑스에서 테일러주의의 발전과 그 영향에 대해서는 다음 책을 참조하라. Laura Lee Downs, *L'inégalité à la chaîne*, (trad.) Eli Commins, Paris: Albin Michel, 2002, pp.32~40.

지속된 제한적 이농으로 인한 취약한 노동력 수급구조를 극복하기 위한 대안으로서) 공장 주변의 집단 거주지 건설을 수반했다.[10] 이로 인해 19세기 동안 농촌 지역에 머물며 장거리 출퇴근으로 인근 도시의 공장에 노동력을 제공하면서 부족한 수입을 채우던 반농업 노동자들은[11] 제1차 세계대전 이후에는 대량생산을 위해 안정적으로 노동력을 신속하게 투입할 수 있도록 고안된 도시 주변의 노동자 거주지로 대량 유입됐으며, 공장 노동자로서 프랑스에 입국한 이주노동자들도 점차 이곳에 정착하기 시작했다. 이러한 사회경제적 배경 아래 1920년대와 1930년대에 부족한 비숙련 노동력을 충당하기 위해 꾸준히 조직적인 외국인 노동자 고용이 이뤄졌으며[12], 이들의 존재는 자연스럽게 노동운동의 새로운 쟁점으로 자리매김하게 된다.

적어도 1871년 파리 코뮌부터 이어져 내려오는 노동자 국제주의와 무정부주의적 조합주의(Anarcho-syndicalism)의 전통 아래 태동 단계의 초기 CGT는 프랑스의 식민지 노동자를 비롯한 모든 외국인 노동자와의 연대를 원칙으로 삼고 있었다. 그러나 이 원칙의 모순은 1914년 제1차 세계대전의 발발로 그 한계를 보여준 제2인터내셔널 운

---

10) 예를 들자면 리옹 지역에서 대형 자동차를 전문적으로 생산하던 베를리에는 1917년 공장을 지속적으로 가동하는 데 필요한 노동자를 일정 지역에 머물게 하기 위해 노동자 거주지를 건설했으며 1925년에는 여기에 250세대가 살기에 이르렀다. Monique Chapelle, *Berliet*, Brest: Edition le Télégramme, 2005, p.23.

11) 19세기 섬유산업 분야의 노동자들의 상황에 대해서는 다음 책을 참고할 수 있다. 특히 뮐루즈 지역의 노동자들 상황이 자세히 기록됐다. Louis-René Villermé, *Tableau de l'état physique et moral des ouvriers employés dans les manufactures de coton, de laine et de soie*, Paris: Renouard, 1840, p.23.

12) Maurice Garden et Hervé Le Bras, "La population française entre les deux guerres", (dir.) Jacques Dupâquier, *Histoire de la population française*, t.4: De 1914 á nos jours, Paris: PUF, 1995, p.135.

동의 몰락과 노동운동 내부의 민족주의 강화와 함께 나타나는 수정주의 노선의 영향으로 폭발하게 된다. 1917년 러시아 혁명과 1919년 레닌에 의해 건설되는 제3인터내셔널의 지지 문제 등으로 CGT는 레옹 주오를 중심으로 한 수정주의 다수파와 피에르 모나트를 중심으로 하는 혁명노선의 소수파로 대립·분열하게 되며, 급기야 1921년 혁명노선을 지지하는 노동조합들은 통합노동총연맹(CGT-Unitaire, CGTU)을 창설했다. 이로써 CGT와 CGTU는 1936년 두 조직이 다시 CGT로 통합될 때까지 독자적인 노선을 걷게 된다. 특히 두 조직이 각각 보여주는 노동자 국제주의와 민족주의에 대한 거리는 노동운동 내부에 나타나는 외국인 노동자에 대한 두 노선의 인식의 차이를 확연하게 보여준다. 이미 1917년 4월 21일 법령에 의한 '이주노동자 증명서' 발급으로 프랑스 노동자와 외국인 노동자의 구분이 법적으로 명확해진 상황에서 노동자 국제주의에 대한 서로 다른 인식을 가지고 있는 두 연맹의 이주노동자 관련 정책은 그 차이를 명확하게 드러낸다.

우선 러시아 혁명과 볼셰비즘의 영향 아래 새롭게 탄생한 CGTU는 제3인터내셔널을 지지하며 제1차 세계대전 이전의 노동자 국제주의의 전통을 유지한다. 따라서 CGTU는 프랑스 노동자뿐만 아니라 프랑스의 식민지인 북아프리카 및 인도차이나 출신의 이주노동자들 사이에도 뿌리를 내렸으며, 이탈리아, 스페인, 그리고 폴란드 출신의 이주노동자들과 연대활동을 강화했다. 이러한 배경으로 1924년 CGTU는 파리 지역 북아프리카 노동자대회를 개최했고, 1926년에는 프랑스 노동자의 외국인 노동자의 평등을 주장하며 폴란드 광부 추방에 반대하는 등 이주노동자 문제에 깊숙이 개입했다. 특히 CGT의 수정주의를 비판하며 국경 문제에 대한 완전한 자유를 위해 이주노동자 고용에 관한 모든 억압과 제한에 반대했다. 따라서 CGTU의 주요 요구사항은 프랑스 노동자와 이주노동자의 동등한 권리 인정과 동일 임금 등 외국인에 대한 차별을 철폐하는 것이었으며, 전술적으로 "프랑스 노동자와 이주노동자의 단일전선"[13]을 추구했다.

반면 CGT는 수정주의의 영향 아래 제1차 세계대전 이래로 정부의 노동, 경제 관련 정책에 깊숙이 개입했다. 독일의 침공에 대한 애국주의와 민족주의는 노동자의 계급적 역할보다 '국민' 혹은 '시민'으로서의 역할을 강조하게 되는 사상적 배경과 사회적 분위기를 만들어냈으며, 이러한 분위기에 편승한 CGT의 수정주의 노선은 비상 시기 국가정책에 협조하며 정부의 '사회적 파트너'로서의 위치를 확고하게 다져나갔다. 특히 1921년 혁명적 노선의 조합원이 연맹을 이탈해 새로운 노조연합체인 CGTU를 건설하면서 CGT의 수정주의는 더욱 발전했으며 민족주의 경향을 뚜렷하게 나타냈다. 이러한 경향은 이주노동자 문제와 관련되어 프랑스 노동자 보호주의로 나타났으며, 이를 위해 CGT는 국가의 이주노동자의 수요 결정에 관여하게 된다. 따라서 1925년 CGT는 노동자 국가자문위원회(Conseil National de la main-d'œuvre)에 참여했고, 1926년부터 CGT 산하의 건설노조는 이주노동자의 유입을 중지할 것을 공식적으로 요구하기도 했다. 또한 1929년경에 시작된 경제위기에 대처하기 위해 CGT는 프랑스 노동자 보호를 목적으로 1931년에 제정된 법을 지지했으며, 공공사업 부분에 10퍼센트 외국인 노동자의 비율을 고정하는 것에 찬성했다.

---

13) René Callissot, Nadir Boumaza, et Chislaine Clément, *Ces migrants qui font le prolétariat*, Paris: Meridiens Klincksieck, 1994, p.43.

　　이렇게 CGT와 CGTU 간에 나타나는 이주노동자 관련 문제의 인식 차이는 각 연맹의 실업자 정책으로 확대된다. 1920년대 후반 경제위기 속에서 저임금의 비숙련 외국인 노동자의 지속적 유입과 프랑스인 실업자의 증가라는 역설적 상황은 외국인과 프랑스인 간에 경쟁 관계를 형성하게 했고, 이러한 자본주의 노동수요, 공급정책의 모순은 노동운동을 분열시켰다. 즉 CGT가 외국인 노동자를 제한하면서 주로 프랑스인 실업자를 위한 정책을 펼치는 데 반해 CGTU는 프랑스공산당과 함께 외국인 노동자를 포함한 모든 실업자를 위한 사회적 구호 활동을 강조한다. 이러한 입장의 차이는 1933년 CGT가 경제위기의 해결책으로써 외국인 노동자의 유입 억제를 기본으로 하는 프랑스 노동자 보호정책을 포기함으로써 다소 완화되며, 이러한 CGT의 변화는 갈라진 두 연맹의 통합활동에 긍정적 영향을 미치기도 했다.[14]

## 3. 제2차 세계대전 이후 외국인 비숙련 노동자와 노동조합의 활동

20세기 초 외국인 혐오주의가 지속적으로 확대재생산됐음에도 불구하고 1930년대 중반 이후 이주노동자 문제는 파시즘의 대두와 전쟁의 위기로 사회적 의제의 중심에 서지 못했다. 그러나 제2차 세계대전 이후 이주노동자가 경제복구 과정에서 다시 유입되기 시작하면서 점차 중요한 사회적 문제로 대두하기 시작했다. 1945년부터 이민국이 설치되어 노동부와의 협조 아래 이주노동자의 수요와 입국을 관리했으며, 이후 '영광의 30년'으로 불리는 프랑스의 경제 성장은 1970년대 중반까

---

14) Callissot, Boumaza, et Clément, ibid., pp.44~45.

<도표 1: 1963년 주요 이주노동자 현황>

(단위: 명)

| 국적 | | 주요 산업 또는 기업 | | 지 역 | |
|---|---|---|---|---|---|
| 이탈리아 | 656,600 | 건설 | 365,000(32.3%) | 센 | 336,000 |
| 알제리 | +500,000 | 철강 금속 | 269,000(23.9%) | 모젤 | 109,000 |
| 스페인 | 493,800 | 르노 | 18,000(1/3) | 센에모젤 | 101,000 |
| 폴란드 | 176,600 | 시트로앵 | 17,000(44.7%) | 뫼르트에모젤 | 49,000 |
| 포르투갈 | 72,700 | 바상드롱위제철 | 15,000(이탈리아인) | 론 | 48,000 |
| 모로코 | 29,300 | | | 이제르 | 48,000 |
| 튀니지 | 24,900 | | | | |

[출처] CGT, *La vie ouvriere*, n°1031, 3-6-64, p.11.

지 비숙련 노동자의 수요를 증대시켰다. 이 시기에도 비숙련 노동자들은 주로 여성노동자들과 외국인 노동자들로 충당됐다. 25~54세 여성의 생산활동 참여는 1968년에서 1977년 사이에 계속해서 증가해 58.7퍼센트(1977)에 이르렀고, 그중에서 여성 이주노동자의 비율은 1971에 21.1퍼센트, 1975년에는 29.1퍼센트로 증가했다.[15] 경제가 지속적으로 성장하던 1970년대 중반까지 이민국과 내무부가 공식적으로 집계한 외국인 노동자의 수는 대략 340만 명에 이르렀다. 1962년에는 외국인 노동자의 비중이 도시 노동자의 5.7퍼센트 에, 1975년에는 전체 노동자의 약 7.5퍼센트에 이르렀으며[16], 이들은 주로 포르투갈, 스페인, 이탈리아, 북아프리카 출신으로 계획된 대형 공사 및 도로건설과 같은 공공사업과 화학, 제철, 금속, 기계설비, 그리고 자동차산업 등

---

15) *Données Chiffrées sur les femmes travailleuses*, brochure de la CGT, 1977, p.12.
16) Philippe Bourcier de Carbon, "La présence étrangère depuis la guerre", (dir.) Jacques Dupâquier, *Histoire de la population française*, t.4: De 1914 á nos jours, Paris: PUF, 1995, pp.474~476.

에서 비숙련 노동자로 고용됐다.[17] CGT총비서인 조르주 세귀가 강조하듯이 1970년대 중반의 외국인 노동자들은 프랑스에서 "2대중 1대의 자동차를 생산하고, 2채중 1채의 아파트와 도로의 90퍼센트를 건설"[18] 하고 있었다.

### 1) 제2차 세계대전 이후 CGT의 이중적 태도

제2차 세계대전 이전 민족주의와 노동자 국제주의를 사상적 배경으로 이주노동자 문제에 대해 CGT와 CGTU가 보여주였던 대립은 제2차 세대대전 이후 통합된 조직에서 서로 다른 두 개의 인식에 기반한 이중적인 이주노동자 정책으로 나타나게 된다. 즉 CGT는 종전 이후 경제 건설을 위해 이민국의 이주노동자 수요, 입국관리정책에 개입하는 한편,[19] 프랑스 내의 이탈리아 노동자들을 보호했던 것처럼 프랑스에 정착한 이주노동자를 보호하기 위한 활동을 꾸준히 펼친다.[20]

---

17) 1962~72년 94,284명의 이탈리아 출신 이주자와 82,766명의 스페인 출신 이주자들이 프랑스 국적을 취득함으로써 이들이 차지하는 비율이 줄어들었으나, 이 시기 알제리 정부가 자국민의 출국을 통제하기 전까지 알제리인의 프랑스 유입은 계속 증가하고 있었다. Andre Vieuguet, *Français et immigrés*, Paris: Edition sociales, 1975, p.17.

18) *Lettres ouvert à Georges Séguy*, brochure, supplément au people, n°860 du 15-2-1975, 1975, p.53.

19) 제2차 세계대전 중 노동조합 및 프랑스공산당의 항독 활동에 대한 평가는 전후 프랑스 정치의 중요한 변수로 작용했다. 특히 노동 분야에서는 프랑스공산당원이자 CGT 금속연맹 위원장 출신인 앙브로스 크루아자가 노동부 장관으로 임명됐으며, 전후 새롭게 제정된 헌법과 노동법에 의해 노동운동의 활동 및 사회적 역할이 제도화됐다. 따라서 노동조합 및 노조 대표자들은 사회보장제도를 비롯한 몇몇 사회사업의 경영에 참여하게 되며 이러한 경향은 지속적으로 발전한다. SHIN Dongkyu, *Institutionnalisation et bureaucratisation du syndicalisme français*, mémoire de DEA, EHESS, 2003.

20) CGT는 1945년 설치된 이탈리아 노동총연맹 산하 프랑스 지부 이탈리아 노동자 단체를 지원했고, 이탈리아 노동총연맹과 1958년 협정을 체결하고 1964년, 1968년, 1976년, 1981년에 걸쳐 계속 갱신하는 등 이주노동자와의 연대활동을 벌였다. Michel Dreyfus, *Intégration italienne en France*, Bruxelles: Editions complexes, 1995, p.49.

즉, 이러한 이중적 태도는 첫번째로 새롭게 유입되는 외국인 노동자의 총 인원을 관리하기 위해 정부정책에 깊숙이 관여하는 것과 두번째로 산업혁명기 이래로 프랑스가 직면한 생산구조의 문제와 테일러주의의 도입 결과로 장기간에 걸쳐 이미 프랑스에 정착한 비숙련 이주노동자들과의 연대활동을 강화하는 것으로 양분되어 나타났다. 즉, 1948년 제27차 대의원대회부터 1951년, 1953년, 1957년, 1959년, 1961년 등 전후 복구가 끝나기 시작하는 1950년대의 거의 모든 대의원대회에서 CGT는 이주노동자의 새로운 유입에 반대하는 한편, 기존의 외국인 노동자에 대해서는 종전 이후 현재까지 지속적으로 노동조합 산하에 각종 이주노동자 모임을 결성하는 등 외국인 노동자와 프랑스 노동자의 동등한 권리를 위한 활동을 꾸준히 전개했다.

특히 수십 년간 양적으로 증가한 비숙련 이주노동자가 처한 특수한 사회적 조건은 프랑스 노동운동과 깊은 관련을 맺고 있었다. 이들의 대부분은 비정규직 혹은 OS[21]라고 불리는 비숙련 노동자로 분류되어 가장 열악한 노동조건에서 저임금으로 고용됐다. 그러므로 OS의 파업에는 이주노동자들이 적극적으로 참여했으며[22], 생산체제에 대한 이들의 저항은 때때로 가장 전투적인 노동운동의 형태로 분출됐다. 전후의 복구과정에서 르노의 노동자들로부터 시작된 1947년 파업의 물결[23], 1968년 5월 프랑스 총파업[24] 등 비숙련 노동자들은 최악의 노동

---

21) ouvrier spécialisé. 세부적인 비숙련 작업을 하는 노동자를 지칭하는 용어로서 생산과정에서 가장 단순한 노동을 담당한다.
22) Roger Martelli, "Des illusion aux déceptions 1981-1993", (dir.) Claude Willard, *La France ouvrière*, t.3: De 1968 à nos jours, Paris: L'Atelier, 1995, p.145.
23) Pierre Bois, *La grève Renault d'avil-mai 1947*, brochure, Paris: Lutte Ouvrière, pp.9~12.

조건을 개선하고 물가상승에 비례한 현실적인 임금을 위해 가장 적극적으로 저항했으며, 이주노동자들은 이 저항에서 중요한 역할을 담당했다. 그들의 역할은 1947년 총파업 이후 CGT가 외국인 노동자들의 역할에 의미를 부여하는 것에서브터 1968년 총파업 당시 이중적 태도를 보이며 노동조합에 의해 보장된 공장 점거나 회사측에 의해 상대적으로 용인된 공장 점거에 선별적으로 참여하는 수준까지 사회경제적 배경에 따라 다양한 것이었다.[25] 그러나 전반적으로 이러한 이주노동자들의 역할에 대해 CGT는 이들의 투쟁이 '중요' 하고 '두드러진' 성과를 이뤄냈음을 강조했다.[26]

1970년대에 들어서면서 1971년 4월과 5월의 르노의 OS 파업과 같은 해 금속산업 부분의 OS 파업을 선두로 1973과 1978년 르노, 1973년 소마페르, 1973~75년 쇼송-브리소노, 1973년 사실러와 카블 드 리옹, 1977년 로스 프레, 1974년 포스 쉬르 메르 등 비숙련 이주노동자들 중심의 파업과 1975년 몽펠리에의 농업 계절노동자들의 단식투쟁, 파리와 리옹 시청 소속의 도로 청소노동자의 파업, 1977년과 1980년 6개 파견근로 용역회사 소속의 파리 지하철의 청소노동자의 파업, 그밖에 모로코 광부 및 고속전철 철도가설 노동자의 파업 등 비정규직 외국인 노동자들의 파업은 프랑스 노등운동의 주된 원동력이 됐다. 특히 이주노동자들이 지배적인 OS 파업이 전체 노동운동에 미친 영향은 막중

---

24) Nicola Hatzfeld, "Les ouvriers de l'automobile: Des vitrines sociales à la condition des OS, le changement des regards", (dir.) Geneviève Dreyfus-Armand, *Les années 68: Le temps de la contestation*, Bruxelles: Editons complexes, 2000, pp.345~362.
25) Hatzfeld, ibid., p.355.
26) CGT, *Le Guide du militant de la métallurgie*, n° 164, novembre, 1981, p.11.

했다. 따라서 경제활동 비중에 비해 열악한 노동조건과 저임금으로 고용된 이주노동자들은 노동운동과 밀접한 연관을 맺었다. 그래서 CGT는 이미 1947년 11~12월 파업에서 주요 역할을 담당한 이주노동자들의 활동을 강조하기 위해 1948년 27차 CGT 총회에서 '언어 동아리'와 '이민분과' 활동을 공식적으로 권고했다. 1959년 32차 CGT 총회에서는 이주노동자가 밀집한 지역본부와 노동조합에 '이민위원회'의 설치 권고를 의결했으며, 알제리 전쟁 이후 북아프리카 출신 노동자 관련 문제로 이주노동자 문제가 다시 쟁점이 되면서 이주노동자 지부를 다시 활성화시키고, 연맹 차원의 위원회를 정기적으로 개최하는 한편, 6개 국어로 된 이주노동자 관련 월간지를 출간하는 등 이주노동자들의 상황을 이해하고 '노동자'로서의 실제적인 지위를 인정하기 위한 CGT의 이주노동자 관련 활동은 지속적으로 계속됐다.[27]

특히 1976년 4월 29일, 30일 이틀 간 열린 제4차 이민 문제에 관한 CGT 전국토론회에서는 주로 이주노동자들의 노동조합 활동에 대한 문제를 토론했다. 즉 파업의 권리, 노동조합을 운영하고 지도할 수 있는 권리, 대의원의 직을 수행할 수 있는 권리, 노동조합이 관여하는 사회보장제도 및 노동쟁의 조정위원에 관련된 제반활동에 대한 노동자 대표로서의 피선거권이 이주노동자에게도 인정되어야만 한다는 결론을 이끌어냈다. 또한 거주, 결사의 자유의 확대, 이주노동자에 대한 본국 독재 정권의 정치적 압력 금지, 프랑스에서 이주노동자의 자유를 억압하는 제도적 장치 철폐를 주장하는 한편, 1972년에 제정된 인종

---

27) Dominique Andolfatto et Dominique Labbé, *La CGT: Organisation et audience depuis 1945*, Paris: Décourverte, 1997, pp.132~133.

주의에 관한 법이 실제적으로 적용되어야 한다고 강조했으며, 회사 내에서 이주노동자의 모국어로 된 노조 선전물의 자유로운 배포가 보장될 수 있도록 표현의 자유를 주장했다.[28] 이러한 이주노동자 정책은 실제 이주노동자 대의원의 CGT 대의원대회 참가 인원의 증가와 궤를 같이한다. 1965년 2.5퍼센트에 해당하는 22명의 외국인 노동자가 대의원대회에 참석한 이래로 1970년대 초반까지 2퍼센트 미만을 기록하던 참가비율은 1975년 41명 5.2퍼센트로 증가한 후 꾸준히 상승해 1982년에는 68명 8.1퍼센트에 이르게 된다.[29]

제조업을 중심으로 한 산업 분야의 외국인 노동자의 증가에 따라 그들을 보호하기 위한 CGT의 정책은 1976년의 프로그램에도 반영됐다. "이주노동자와 프랑스 노동자 간의 동등한 권리. 이주노동자들의 존엄성, 개별적이고 집단적 자유, 사상에 관한 권리, 정치활동 참여, 결사의 권리, 표현의 권리, 거주의 자유를 인정하고 보장한다"[30]고 밝히고 있듯이 외국인 노동자에 대한 CGT의 기본원칙은 프랑스 노동자와 동등한 권리 획득이었다.

이러한 CGT의 이주노동자에 관한 활동은 지역에 따라 각종 시민, 인권단체들과의 긴밀한 협조를 통해 이뤄졌으며 특히 CFDT와의 연대가 두드러졌다. CFDT 또한 외국어로 된 소식지를 발간하는 등 이주노동자 문제에 관련된 노동조합 활동을 펼쳤다.[31] CFDT는 1966년에 이

---

28) Maurice Cohen, *Le bilan social de l'année 1976*, Paris : CGT, Centre Confédéral d'études économique et sociale, 1978, pp.178~179.

29) René Mouriaux et Française Subileau, *Approche quantitative du syndicalisme français 1945-1985*, Paris : CEVIPOF, 1987, p.47.

30) *Des libertés pour les travailleurs: Programme de la CGT*, brochure, 1976, p.47.

31) Bulletin syndical en italien, série 69J13, Archives départementales du Rhône.

르러 처음으로 이주노동자에 대한 전국토론회를 개최했다.[32] 그러나 CFDT 산하의 노동조합들은 이미 지역별로 광범위한 이주노동자 관련 활동을 펴고 있었다. 예를 들어 1965년 론알프스 지역에는 CFDT 산하의 '이주노동자 위원회' 가 설치됐는데[33] 이 위원회는 1973~74년 매월 조합원 대상으로 이주노동자 문제에 대한 교육, 토론사업을 진행했다.[34] 전반적으로 이 시기 CFDT의 이주노동자 정책은 이주노동자에 대한 직업교육, 프랑스어 교육, 각종 차별 철폐, 노동조합 활동 보장 등 CGT의 정책과 유사성을 보였다. 그러나 CFDT는 1973년 36차 대의원대회에서 '다국적 노동계급' 에 기반한 이주노동자에 대한 기본원칙을 수립하면서 이주노동자 문제가 가지는 복잡성에 대한 접근 방식에 수정을 가했다. 이 수정의 기본방향은 이주노동자 문제에 대한 종래의 산발적인 대응의 한계를 극복하기 위해 '다국적성' 과 '다문화' 를 고려하는 것이었다.[35] 또한 기존 원칙 자체에 대한 수정이라기보다는 1970년대 초 노동운동이 직면한 위기 상황에서 이질성을 극복하고 이주노동자들과 공존하기 위한 전술적 변화였으며, 이는 1980년대 초 CGT의 이주노동자 정책에도 강조되어 있는 것이다.[36]

## 2) CGT의 구호적 원칙과 이주노동자 정책의 한계

이렇게 프랑스의 산업구조와 생산 관계의 변화에 따른 이주노동자의

---

32) Rapport central, série 68J61, Archives départementales du Rhône.
33) Lettre aux syndicats, série 68J61, Archives départementales du Rhône.
34) Programme de la Commission des travailleurs immigrés, série 69J18, Archives départementales du Rhône.
35) René Mouriaux, Catherine Withol de Wenden, "Syndicalisme fraçais et islam", op. cit., pp.812~813.
36) 이주노동자에 대한 CGT의 문화 정책은 특히 다음 절에서 기업위원회의 활동을 참조.

유입은 노동운동의 태동, 그리고 발전과 맥을 같이한다. 따라서 이주 노동자는 프랑스 노동계급 내 중요한 범주로 구분됐고, 이들에 관련된 노동조합의 활동은 중요한 한 부분을 차지했다. 즉 제2차 세계대전 이후 1) 여성, 2) 청년, 3) 엔지니어 및 간부, 4) 정년퇴직 노동자, 5) 이주노동자라는 다섯 개 범주로 펼쳐진 노동운동의 부분별 활동 중 이주 노동자 관련 활동은 가장 오래되고 체계적인 이론과 사상적 뿌리를 가지고 있으며, 다른 부분별 활동들과 마찬가지로 CGT를 비롯해 CFDT 등 주요 노총이 관심을 가지고 주목한 사업이었다.

이미 정착한 외국인 노동자와의 '연대'와 이민노동자의 유입에 대한 '개입' 혹은 '통제'로 요약되는(이것은 때때로 프랑스 노동자 보호주의로 귀결되기도 한다) CGT의 이중적 태도에도 불구하고, 반식민주의와 반인종주의의 오래된 전통은 원칙과 구호로써 간간히 표출됐다. 1960년대에 3만에서 4만 명으로 추정되는 흑인 계열의 아프리카 노동자들의 빈곤과 노동조건을 인식하는 데서 확인할 수 있듯이, 1966년 CGT는 '영원한 겨울'이라고 묘사한 아프리카 노동자들의 상황을 해결하기 위해 프랑스 노동자들과 노동조합의 역할을 다음과 같이 강조한다. "프랑스 노동자들에게 있어서도 고용, 임금, 주거, 건강 문제가 때로는 심각하게 발생한다. 그렇기 때문에 프랑스 노동자이건 외국인 노동자이건 우리는 서로 공동이익으로 묶여 있고, 공동으로 투쟁을 하는 것이다. 그러나 아프리카 노동자들은 존엄성까지 짓밟히고 있다. 용인할 수 있는 범위에서, 아니 그 이상으로, 이 불합리한 상황을 끝내는 것은 우리 노동조합의 몫일 수밖어 없다".[37]

---

37) *La vie ouvrière*, 58ᵉ année, n°1213, 29-11-1967, p.16.

이보다 앞서 1965년에 열린 제2차 알제리 노동자총연합의 회의에서 베누아 프라숑은 프랑스의 알제리 노동자가 프랑스 노동자와 함께 연대투쟁하고 있음을 상기시키며 알제리에서의 노동자 투쟁에 프랑스 노동자가 연대할 것임을 약속했고[38], 1964년 CGT는 이민자의 수를 대략 27개국 260만 명에 이르는 것으로 판단해 이들이 밀집해 거주하고 있는 판자촌의 생활·교육 문제 등을 집중적으로 거론하며, 이 260만 명 중 프랑스 노동자가 빚을 지고 있는 과거 식민지 출신의 노동자가 있음을 분명히 했다.[39] 이보다는 민족주의적인 성향이 강하지만 1975년 조르주 세귀의 이주노동자에 관한 태도 또한 연대를 바탕으로 한 이주노동자 보호를 원칙으로 하고 있다. "CGT는 프랑스 노동자와 이주노동자들의 동등한 권리, 월급과 생활을 항상 주장해왔다. 프랑스의 경제발전에 기여하기 때문에 이주노동자들도 다른 노동자들처럼 보호되어야 한다".[40]

그러나 이러한 연대 구호에도 불구하고 불법 체류 노동자의 존재는 현실적으로 노동운동과 이주노동자의 결합을 어렵게 하는 요인이었다. 단지 1980년 CFDT 파리 지역본부를 중심으로 한 불법체류 노동자 조직 활동만이 가시적 성과를 보이며, 5천여 명의 불법체류 노동자들의 합법적 지위 획득을 이끌어냈을 뿐[41], 이 문제는 노동운동과 외국인 노동자의 연대의 최대 장애요인으로 작용였다. 특히 CGT가 보여준 '통제'와 '연대'라는 이중성은 불법체류 노동자의 합법적 지

---

38) *La vie ouvrière*, 56ᵉ année, n°1075, 7-4-1965, p.17.
39) *La vie ouvrière*, 55ᵉ année, n°1031, 3-6-1964, p.10.
40) *Lettres ouvert à Georges Séguy*, brochure, supplément au peuple n°860 du 15-2-1975, 1975, p.53.
41) Callissot, Boumaza, et Clément, op. cit., p.141.

위 획득과 외국인 노동수요 통제의 필요성의 모순으로 표출되어 이주
노동자 문제에 구체적 해결책을 마련하는 데 한계를 드러냈다.

이러한 한계는 특히 제2차 세계대전 이후 '사회적 합의 기구'로
서의 노동운동의 제도화로 요약되는 노동운동의 역할 변화와 결합되
어, 선언과 구호, 그리고 실천 사이의 괴리를 더욱 분명하게 했다. 즉
과거 CGTU가 계승한 노동자 국제주의에 기반한 외국인 노동자에 관
한 인식은 '연대의 구호'로, CGT의 수정주의가 추구한 제도화된 노
동조합의 사회적 역할강화와 국가와의 합의에 기초한 (불법체류 이주
노동자와의 연대와 모순되는) 정부정책 개입 전략은 이주노동자의 수요
'통제' 정책으로 나타남으로써 그 한계를 드러낸 것이다.


## 4. 1980년대 초 CGT의 이주노동자 문제 인식

1980년 12월 24일, 파리 남쪽 외곽의 비트리 시에 위치한 이주노동자
집단 주거지가 불도저에 의해 파괴된다. 소위 '비트리의 300인 말리
인 사건'이라고 알려진 이 사건은 당시 시장이 프랑스공산당원이었을
뿐 아니라, 이 파괴 결정이 프랑스공산당 총비서인 조르주 마르세와
공산당 중앙위원회의 결의문에 의해 비호를 받음으로써 정치적 문제
로 비화된다. 그리고 이 사건은 프랑스에서 1980년대 초 이민 및 이주
노동자 문제에 관한 정치토론의 장을 엶과 동시에 이민 문제의 위기를
알리는 중요한 계기가 됐다. 이듬해 7월 리옹 외곽, 다수의 이주노동
자들이 정착한 베니시유의 멩게트 노동자 거주 지역의 청년들은 250
여 대의 자동차를 불태우며 경찰과 대치했고, 이 사건은 1983년 평등
과 반인종주의를 위한 걷기 대회를 조직하는 계기가 됐다. 이렇게

1980년대 초 좌파정당 내의 이주노동자에 대한 인식과 노동자 거주지에서 폭발한 청년들의 폭력행위들은 이주노동자가 최하층을 구성하는 다인종 국가의 사회적 문제를 간접적으로 표출시켰다. 이러한 문제는 이미 1972년 무렵 시작된 인플레이션이 오일쇼크와 중첩되면서 시작된 경제위기가 장기적으로 지속되는 과정에서 심화되고 있었다. 특히 프랑스는 통화정책을 통해 투자감소를 유도했으며, 그 결과 일자리 창출이 둔화되고 1975년에는 결국 실업자가 백만 명을 돌파했다.

### 1) CGT 금속연맹의 인종주의 문제 인식과 이주노동자 정책

1980년대 초 프랑스가 직면한 사회경제적 위기는 인종주의와 결합해 프랑스 노동자와 외국인 노동자 사이의 갈등을 촉진시켰다. 1970년대 중반 이후부터 CGT는 이미 이러한 갈등이 위험한 수준임을 지속적으로 지적했다. 즉 CGT는 "노골적이거나 위장된 인종주의, 그리고 외국인에게 적대적인 캠페인이 이주노동자들을 상대로 발전하고 있는 위험성을 부정해서는 안 된다"[42]는 사실을 상기시키고 있었다. 예를 들자면 CGT의 기관지 『노동자의 삶』은 포르투갈 노동자와의 인터뷰를 통해 이 갈등의 심각성을 다음과 같이 경고했다. "나는 프랑스와 포르투갈 친구들이 있습니다. 우리는 함께 일을 합니다. 이해 하시겠어요……? 그런데 몇 달 전부터 여기〔프랑스〕에서 살기가 더욱 힘들어졌습니다. 나는 이제 더 이상 예전처럼 카페에 들어갈 용기가 나질 않습니다. 밤이면 나가기가 주저됩니다. 실업자인 젊은 프랑스인들과의 긴장이 점점 커지고 있습니다. 그렇지만 그것은〔실업 문제〕 우리의 잘

___

42) *La vie ouvrière*, n° 1727 du 5-10-77 Métaux, p.3.

못이 아닙니다".[43] 이렇게 실업률 상승은 인종 간 갈등의 분출구 역할을 했다. 그러나 CGT에게 이미 프랑스 사회에 만연한 인종주의 문제는 단지 노동운동 차원에서 해결할 수 있는 문제가 아니었다. 조르주 세귀의 주장은 이러한 CGT의 인식을 잘 대변해준다. "CGT가 인종주의에 대항해 투쟁하지 않는다고 비판할 수는 없습니다. …… 프랑스에서 반인종주의를 선언하는 모든 사람들이 인종주의에 반대해야 할 모든 것들을 하고 있는지 되짚어보아야만 합니다. 특히 최근 알제리인들을 겨냥한 살인범죄에 대해 아무것도 하지 않고, 인종주의자들의 술책에 대해 조치를 취하지 않는 정부를 생각해봅시다. 우리가 CFDT와 함께 대응한다고 하더라도 단지 노동운동 조직에게만 이 문제를 맡겨서는 안 됩니다. 반드시 정부가 필요한 조치를 취하도록 강제할 수 있는 광범위한 민중운동 조직해야만 합니다".[44] 하지만 CGT가 주장한 '광범위한 민중운동' 보다는 극우국민전선(Front National, FN)의 인종주의적 선동이 적어도 1980년대 초반을 지나면서 정치적으로는 더욱 강력한 힘을 발휘하게 된다. 즉 높은 실업률과 반외국인, 반인종적 정서에 의존한 FN을 중심으로 표출되는 인종주의는 프랑스의 사회적 문제로 급속하게 대두하기 시작한다.[45]

---

43) *La vie ouvrière*, n°1727 du 5-10-77 Métaux, p.2, dans *La vie ouvrière*, numéro spéciale, édition métaux, 67ᵉ année, n°1727, octobre 3 au 9, 1977.

44) *Lettres ouvert á Georges Séguy*, brochure, supplément au peuple n°860 du 15-2-1975, 1975, p.54.

45) FN은 1984년 유럽의회 선거에서 10.9퍼센트의 지지를 획득한 데 이어 1986년 지방 선거와 총선에서는 각각 9.8퍼센트, 9.9퍼센트를, 1988년 대통령 선거에서는 14.6퍼센트를 기록하면서 약진했으며, 1999년 유럽의회 선거에서 5.7퍼센트의 저조한 기록을 제외하고는 2002년 대선의 16.9퍼센트와 2004년 지방 선거의 14.9퍼센트를 획득하는 등 지속적으로 발전했다.

따라서 1981년 리옹의 멩게트 사건 이후 CGT에게 인종주의에 대한 투쟁은 이주노동자 문제를 해결하기 위한 기본원칙이었다. CGT 금속연맹은 '부르주아 민족주의'는 자본가 계급의 이익을 위해 노동자를 민족별, 국가별로 나누면서 그들을 더욱 착취하고 있다고 주장하면서 인종주의에 대한 명확한 태도를 취했으며, 반인종주의 투쟁을 노조운동에 있어서 계급투쟁과 노동계급의 단일화 투쟁을 위한 필수불가결한 요소로 정의했다. 따라서 이주노동자의 이익을 보호하기 위한 공동 투쟁은 자연히 CGT의 일상적인 투쟁으로 인식됐다.[46]

특히 CGT는 외국 국적을 가지고 있는 외국인 노동자는 물론, 법적으로는 프랑스 국적을 가지고 있지만 다른 문화와 피부색으로 인해 인종주의에 노출되어 있는 외국계 프랑스인 노동자의 문제까지 그들의 이주노동자 정책에 포함시켜 광범위하게 다뤘다. 이런 배경에서 CGT 금속연맹은 반인종주의 활동의 강화를 위해 각각의 국적에 따른 문화, 관습, 종교적 전통을 존중하기 위한 실천의 중요성을 강조했으며, 이주노동자의 직업교육 및 자녀교육에 관한 권리와 프랑스어 습득을 노동 및 사회 생활을 위한 기본조건으로 파악했다.

이러한 활동들은 적어도 제2차 세계대전 이후 노동운동 내부에서 계속 제기됐던 문제였다. 이미 1970년대 초 1백만 명 이상의 문맹 외국인 노동자 중 단지 4만여 명의 노동자만이 사회기금의 지원을 받는 인권단체가 개설한 프랑스어 수업을 받았을 뿐이며, 1968년의 조사결과 1~4세의 알제리 아동의 12.7퍼센트, 5~9세의 경우 87.5퍼센트, 10~14세의 경우 75.5퍼센트, 14~18세의 경우에는 단지 34.7퍼센

---

46) *Le Guide du militant de la metallurgie*, op. cit., p.6.

트만이 학교 교육을 받고 있었다.[47] 그러나 이주노동자의 사회통합을 위한 기본조건들은 수십 년간 해결되지 않은 채 지속되고 있었다. 고용주가 외국인 노동자의 문맹 상태를 이용하거나 직업교육의 기회를 박탈함으로써 이들에 대한 차별을 노골화하고, 이들의 자녀 중 상당수가 정규교육에서 배제되고 있는 상황이 계속되고 있었던 것이다.

따라서 CGT는 첫째로 문맹률을 낮추기 위해 교육기관 및 사회 단체와의 긴밀한 협조 아래 노동운동의 역할을 강조하면서도, 근본적으로 자본가, 정부, 각 이주노동자들의 출신국가들이 책임져야 할 문제임을 지적했다.

둘째로 프랑스에서 외국인 노동자의 문화들이 각종 매체를 통해 왜곡되고 희극화되는 경향을 비판하면서 서로 다른 문화를 이해하기 위한 실질적인 문화교류의 필요성을 지적했다.

특히 CGT는 기업위원회(Comité d'entreprise)의 문화부문 활동을 강화 시킴으로써 외국인 노동자와의 문화교류의 발전을 도모했다. 이러한 문화교류 활동은 1960년대 이후 CGT가 기업위원회의 활동을 통해 줄곧 힘써온 노동자 문화생활 향상 정책과 맥을 같이한다.[48] CGT에 의하면 1980년대 초 문화 영역에 한해서는 아직 프랑스 노동자들의 상황이 외국인 노동자들에 비해 월등하게 우월한 것이 아니었다.[49] 즉

---

47) Vieuguet, *Français et immigrés*, pp.22, 33.

48) 기업위원회는 제2차 세계대전 이후 성립된 노사기구로서 노동운동이 제도화와 관료화에 결정적인 역할을 했다. 각 노동조합은 이 위원회에 참여해 회사측에 경영 관련 자료를 요구할 권리를 가졌으며, 회사측에는 이 요구에 응할 의무가 부여됐다. 또한 이 위원회는 회사 내의 노동자들을 위한 문화활동(사내 도서관 관리, 스포츠 활동, 휴가여행 예약, 노동자 자녀 여름방학 캠프 조직 등)을 관리했다. 특히 이 위원회의 성립 당시 노동자의 경영 참여권이 정보청구권으로 축소되자 CGT는 위원회의 경제 관련 활동 강화를 시도하기도 했으나 1960~70년대에 걸쳐 문화 활동이 크게 강화된다. SHIN Dongkyu, *Institutionnalisation et bureaucratisation du syndicalisme français*.

프랑스 노동자들에게 문화 영역은 아직 더욱 발전시켜야 할 영역이었다. 따라서 이것은 '공동의 이익'을 위한 활동임과 동시에 서로의 문화에 대한 최상의 이해를 제공하는 계기가 될 수 있었다. 또한 CGT는 이것을 '인종주의와의 전쟁'이라고 정의했다.[50]

## 2) CGT 금속연맹의 현실 인식과 새로운 이주노동자 유입 유보 정책

1980년대 초 CGT 금속연맹에 의하면 자동차산업 종사자의 18.6퍼센트, 제철산업 종사자의 3명 중 1명이 외국인 노동자였다. 르노의 경우 외국인 노동자 비율은 전체 고용자의 약 18퍼센트를 차지하고 있었으며, 관리직·사무직을 제외한 공장 노동자만을 기준으로 하면 그 비율이 26퍼센트에 달했다.

특히 OS의 경우에는 더욱 높은 비율을 나타냈다. 가령 노동자들 중 OS만을 기준으로 할 때 외국인 노동자는 시트로앵에서 38퍼센트, 탈보에서 50퍼센트, 파리-론에서 32.4퍼센트, 솔로-펜치에서 50퍼센트를 차지하고 있었다. CGT 통계에 의하면 주조, 금속 분야에 75,440명, 기계설비산업에 51,700명, 전기설비 관련업종에 44,300명의 이주노동자가 고용되어 있었으며, 육상운송을 포함한 자동차산업 분야에는 그 수가 88,720명에 이르렀으며 차량정비에 종사하는 외국인 노동자 수는 21,560명에 달했다. 또한 44,120명의 외국인 노동자들이 광산에 고용됐으며 선박, 항공, 군수산업에는 8,400명의 이주노동자가 일을 하고 있었다. 즉 금속연맹에 가입된 사업장 및 관련 산업 분야에

---

49) *Le guide du militantisme de la metallurgie*, op. cit., p.8.
50) *Le guide du militantisme de la metallurgie*, p.8.

총 334,240명의 이주노동자가 분포해 있었으며 이중 약 10퍼센트는 외국인 여성노동자들이 차지하고 있었다.

지리적으로는 일드프랑스 지방(파리를 중심으로 한 수도권), 론-알프스 지방(프랑스 남동부 지방), 노드 지방(프랑스 북부 지방), 로렌 지방(프랑스 동부 지방) 등에 넓게 퍼져 있었다. 예를 들자면 파리 외곽의 센생드니 지역의 61개 기업체의 20,450명의 노동자 중 외국인 노동자의 수는 2,600명에 달했으며, 이중 600명이 노동조합에 가입했다.[51]

CGT의 분석에 의하면 이러한 현상은 전쟁과 식민지 경영의 산물이었으며 자본주의의 발달은 이러한 경향을 더욱 촉진시키고 있었다.[52] 즉 이주노동자의 증가는 제2차 세계대전 이후 부족한 노동력을 충당하기 위한 과정에서 이뤄졌으며 이 증가는 외국인 노동자가 노동시장의 수요와 공급을 조정하는 요소로 이용되면서 계속 발전하고 있었다. 따라서 식민지 출신의 노동자 및 주변국의 저소득층의 유입이 계속됐으며, 이들은 상대적으로 저임금에 열악한 노동조건을 받아들였다. 경제 위기 속에 실업률이 지속적으로 증가하는 상황에서 외국인 노동자들의 유입은 그들이 프랑스 노동자들이 받아들일 수 없는 조건을 수용함로써 프랑스 노동시장의 균형을 파괴하는 것을 의미하는 것이었다. CGT에 의하면 이것은 프랑스 노동자들과 이주노동자들과의 경쟁 관계를 형성하는 원인이었다. 이러한 인식을 바탕으로 CGT는 제5차 이주노동자에 관한 전국토론회에서 프랑스 노동자와 외국인 노동자를 동시에 보호한다는 명목으로, 이주노동자의 유입을 보류하는 것을 기본으로

---

51) *Le guide du militantisme de la metallurgie*, p.12.
52) *Le guide du militantisme de la metallurgie*, p.4.

하는 이주노동자 정책을 수립했다. 이와 같은 정책 방향은 바로 금속연맹에 의해, 첫째로 부르주아 및 자본가들이 치명적인 상황에 직면하도록 하는 데 필요한 결정이었으며, 이것은 또한 프랑스 노동자와 외국인 노동자들의 공동의 이익을 위한 것이라고 강조됐다.

그러나 이러한 CGT의 정책 방향은 이주노동자와의 연대에 대한 모호성을 내포한 것이었다. 따라서 CGT 금속연맹은 "이러한 조치가 외국인 혐오주의와 인종주의를 강화시키는 데 이용될 수 있다는 사실을 간과해서는 안 된다"[53]는 사실을 상기시켰다. 즉 새로운 이주노동자의 유입을 차단하려는 CGT의 정책 방향은 FN의 인종주의적 선동과 많은 유사성을 가지고 있었던 것이다. 또한 이러한 기조를 통해 CGT가 지지한 이주노동자 유입보류 조치는 이미 사회당 집권 이전의 기존 정부에 의해 시행되고 있었다. 특히 미테랑 집권 직전, 지스카르 데스탱 정부에서 제정된 보네의 법(1980년 1월 10일)에 의해 이미 이민자의 입국 규정과 불법체류자의 추방 규정이 강화되어 있었다. CGT에 의하면 보네의 법의 시행되기 이전인 1977년에 이미 5,380명이 추방됐고, 1978년에 4,654명, 1979년에 4,790명 그리고 이 법이 시행되는 1980년에는 8,000여 명이 추방됐다.[54] 또한 1977년 9월 27일의 정부 결정으로 이주자 가족의 입국을 잠정적으로 중단하고[55], 1975년 11월 21일 법령으로 10년 이상 노동허가를 금지하는 등[56] 1970년대 내

---

53) *Le guide du militantisme de la metallurgie*, p.6.
54) 이들은 주로 26세 미만의 북아프리카 출신 남성이었다. *Le guide du militantisme de la metallurgie*, p.7.
55) Maurice Cohen, *Le bilan social de l'année 1977*, Paris: CGT, Centre Confédéral d'études économique et sociale, 1979, p.8.
56) Cohen, ibid., p.28.

내 지속적으로 국경이 차단되고 있었다.[57] 게다가 CGT가 지지한 사회당 정부의 이민자 정책은 CGT가 주장하듯 기존의 자본주의적 정책들과의 단절을 바탕으로 성립한 것이 아니었다. 1981년 10월 29일 보네의 법이 철폐되면서 행정상으로 불법이민자를 추방하는것이 금지됐지만, 사회당 정부 아래에서도 이주노동자의 입국 통제는 지속적으로 강화됐다. 특히 사회당 정부는 노동법을 강화함으로써 비합법 이주노동자의 취업을 더욱 어렵게 만들고, 합법적 이주노동자에 한해서만 권리를 인정해줌으로써 이주노동자에 대한 통제를 강화하고 있었다. CGT는 반인권적인 추방에 적극적인 반대를 하면서 사회당의 이주노동자 정책에 찬성했지만 이것은 단지 합법적인 이주노동자들의 노동법 상의 권리만을 인정해줄 뿐 전체 이주노동자의 권리를 향상시키기에는 부족한 것이었다.

### 3) 사회당의 집권과 이주노동자 문제에 대한 CGT의 역할: 이주노동자 위원회의 건설과 한계

1972년 사회당과 공산당 그리고 좌파 급진주의 운동이 합의한 공동강령에도 불구하고 1974년 대통령 선거는 프랑수아 미테랑을 중심으로 한 좌파 단일후보의 패배로 끝나고 말았다. 결국 1977년 공동강령은 파기됐고, 1981년 대통령 선거는 사회당과 공산당이 분열된 상태로 치러지게 됐다. 1981년 대통령 선거에서는 좌파 연대 전선의 붕괴 못지않게 인종주의 및 외국인 문제가 초반 변수로 작용했다. 즉 프랑스

---

57) 이민 문제와 관련한 국경 차단현상에 더해서는 다음을 참조. C. Tatinos, "Les enjeux de l'immigration", (dir.) Yves Lequin, *Histoire des étrangers et de l'immigration en France*, Paris: Larousse, 1992, pp.424~426.

공산당이 대통령 선거 직전인 1980년 12월의 '비트리 사건'으로 주목을 받고 있었던 것이다.[58] 이 사건은 당시 대통령이었던 지스카르 데스탱 계열의 생모르 시 시장이 말리인 노동자들을 추방시키고, 이들을 인접한 비트리 시에 강제수용하면서 발생했다. 당시 공산당 소속이었던 비트리 시의 시장은 생모르 시의 이러한 조치가 파리 외곽의 서민 지역의 게토화를 의미한다며 강하게 반발했고, 우파의 외국인 주거정책을 강력하게 비판하면서 상징적으로 비트리 시에 정착한 3백여 명의 말리인 주거지를 불도저로 밀어버렸던 것이다. 프랑스공산당의 이러한 태도는 원칙적으로 1969년이나 1972년에 파리 인근의 공산당 소속 시장들이 외국인 노동자들의 주거 환경을 개선하기 위해 결의했던 선언서들의 기치와 일맥상통하는 것이었으나, 불도저를 이용한 갑작스럽고 폭력적인 파괴행위는 공산당의 의도와는 상관없이 즉각적으로 '인종주의'적 행위로 매도됐다. 그리고 몇 주 후 발생한 모로코인 가족의 마약 밀매 사건을 비난하며 프랑스공산당이 취했던 태도 또한 인종주의에 관련한 공산당에 대한 비판 여론을 증폭시켰을 뿐이었다.

이러한 상황에서 선전을 기대했던 공산당 대통령 후보 조르주 마르셰는 1981년 4월 26일에 있었던 제1차 투표에서 445만 표를 획득하면서 15.3퍼센트의 지지를 얻는 데 만족해야만 했으며, 결국 지스카르 데스탱과 프랑수아 미테랑 두 후보가 대통령 선거 결선투표에 진출했다. 따라서 4월 29일, CGT는 5월 10일에 예정된 결선투표에서 프랑수아 미테랑 사회당 대통령 후보의 지지를 만장일치로 채택했다.

---

58) 1981년 대통령 선거와 비트리 사건에 대해서는 다음의 글을 참조. Roger Matilli, "Du Capitole à Roche Tarpeienne", (dir.) Claude Willard, *La France ouvriére*, t.3: De 1968 à nos jours, Paris: L'Atelier, 1995, p.135.

　　사회당과의 밀접한 관계와 좌파 정부에 대한 희망은 CGT로 하여금 사회당의 집권 이후 정부 정책에 대해 긍정적인 태도를 취하게 했다. CGT는 최저임금의 10퍼센트 인상 등 몇몇 조치들에 대해 충분하지 못하다고 판단했을 뿐, 그밖의 주요 산업과 금융 및 은행의 국유화 조치, 그리고 사회보장 수당의 증액 등 정부의 여러 조치를 지지하고 있었다.[59] 이민자 및 이주노동자 정책과 관련한 CGT의 평가 또한 사회당 정부가 추진한 일련의 사회 정책들을 긍정적으로 지지하고 있었던 CGT의 태도에서 크게 벗어나지 않았다. 특히 법적 평등, 추방, 이민 2세대, 가족결합, 이주정책 기구의 민주화, 인종주의 문제 등과 관련된 미테랑 정부의 조치는 '근본적으로 CGT의 노선에 일치' 하는 것이라고 평가됐다. 이것은 CGT 금속연맹에 의하면 6월 5일 이래로 다섯 차례에 걸친 장관 및 정무차관 등과의 접견을 통해 이뤄진 CGT의 '긴밀한 협조' 와 '정부의 고려' 의 결실이었다.[60]

　　CGT는 사회당이 제시한 향상된 조치들이 기존의 인종주의적 대(對) 외국인 노동자 정책을 변화시킬 수 있는 절호의 기회를 제공할 것이라고 평가했다. 따라서 CGT 산하의 모든 조직들이 '자본가의 저항' 에 대처하는 한편, '폭력적·인종주의적 캠페인의 발전을 도모하는 모든 시도들이 실패' 할 수 있도록 총력을 기울일 것을 호소했다.[61] 또한 CGT는 산발적으로 진행된 기존의 이주노동자 관련 활동들의 효율성 및 적절성에 대해 근본적인 의문을 제기하는 한편, 이주노동자들의 특

---

59) 1981년 사회당의 집권과 CGT의 관계에 대해서는 다음을 참조하라. Dreyfus, *Histoire de la CGT*, pp.292~293.
60) *Le guide du militantisme de la metallurgie*, p.9. 따옴표 강조는 인용자.
61) *Le guide du militantisme de la metallurgie*, p.10.

수한 조건들을 고려하고 그들이 직면한 문제를 CGT의 정책에 조화롭게 반영하기 위해 무엇보다도 이주노동자 문제를 전담할 기구를 건설할 것을 강조했다. 이로써 CGT는 이주노동자들에게 유익한 수단을 제공해주는 한편, CGT를 이주노동자들과 함께 대중적으로 강화하기 위한 방편으로 이주노동자위원회를 조직했다. 그러나 CGT는 이 위원회의 활동이 이주노동자들이 직면한 모든 문제를 근본적으로 해결해주지는 못할 것이라고 환기시키며 그 한계를 지적했으며, 이 조치에 대해 단지 '민주 조합운동의 첫번째 발걸음'이라는 추상적인 의미 부여를 하는 데 그치고 말았다. 또한 CGT가 강조하듯, 이 위원회가 외국인 노동자에 대한 차별과 인종주의적 편견을 정당화하는 자본주의 체제의 이념공세에 대응하기 위해 구성됐음에도 불구하고 우선적으로 CGT는 이 자본주의적 이념공세로 이미 형성된 여론에 직면해 '이주노동자의 유입 보류'를 골자로 한 제5차 이주노동자에 관한 전국토론회의 결정을 정당화했다. 즉 CGT는 프랑스 노동자들 간에 '이주노동자 감소가 실업률을 완화시킬 것'이라는 기대가 만연해 있는 상황과, 반대로 이주노동자들 사이에서 '새롭게 창출된 일자리에 대해 프랑스 노동자들에게 우선권이 있다'고 당연하게 여기는 일반적 현상을 예로 들며, "이런 상황이 우리에게〔CGT 및 조합원〕 구체적으로 '이민 보류'를 고려케 한다"고 주장했다.[62] CGT의 '이민 보류'는 일반 여론에 부응하는 현실적 선택이었다. 단지 CGT는 자본주의적 이념공세가 여론 및 노동계급에 미치는 영향을 지적하면서 CGT의 기관지인 『노동자의 삶』과 이주노동자를 위한 월간지 『라트리뷴』의 역할의 중요성을 강조했다.

---

62) Ibid., p.13.

이렇듯 1980년대 초 CGT는 사회당의 집권을 통해 취해진 몇몇 조치들에 영향을 받아 그동안 미해결 과제로 남아 있던 이주노동자 문제에 대한 적극적 해결 의지를 보이는 한편, 이주노동자와의 연대를 노동조합의 조직적 강화의 수단으로 활용했다. 즉 CGT는 이주노동자 위원회를 통해 이주노동자들을 실제 노동조합 활동의 주체로 세우기 위한 활동을 펼쳤으며, 이주노동자 문제와 프랑스의 노동 문제를 융화시켜 하나의 문제로 상정하는 등 기존의 한계를 극복하고 구체적인 '연대'를 위해 노력했다. 그러나 이 연대는 사회당 집권의 영향을 크게 벗어나지 못했으며, 특히 사회당의 이민정책의 범위 안에 제한됐다. 즉 CGT는 이주노동자에 대한 사회당의 몇몇 정책에 고무되어 '연대'를 강화할 시기라고 파악했으나, '통제'와 '연대'라는 이중적 원칙은 근본적인 문제제기 없이 더욱 강화되면서 자기모순을 극복하는 데는 한계를 보였던 것이다. 더욱이 각종 경제, 사회정책의 우경화로 사회당의 집권에 대한 환상은 곧 무너지고 만다.


## 5. 맺음말: '연대'와 '통제'의 모순

CGT의 이주노동자 정책의 가장 큰 특징은 '연대'와 '통제'로 요약되는 모순이다. 이 모순은 자본주의 체제에 형성된 노동시장의 노동력 수급 구조에 대해 노동조합이 가지는 근본적 한계에서 기인하며, 특히 민족주의의 결합은 이 모순을 더 강화시켰다. CGT는 이 모순 탓에 합법적 영역에서의 이주노동자 관련 활동에 집중할 수밖에 없었으며, 이것은 극히 제한된 이주노동자 정책으로 나타날 수밖에 없었다. 또한 노동자 국제주의와 반인종주의를 내포한 여러 구호들과 결합된 이주노동자들과의 연대활동이 (CGT가 반복해 강조하듯) 물리적 한계 탓에 효과적으로 진행되지 못한 반면에 외국인 노동자의 수요를 통제하기 위한 CGT의 시도들은 결과적으로 프랑스 노동자 보호주의로 나타났으며, 나아가 자본주의 이주노동자 정책과 일맥상통하는 한편 인종주의적 선동에 이용될 수 있는 모호한 정책이었다. 특히 CGT의 조직적 분리를 통해 드러난 노동운동의 명확한 사상적 대립은 통합 이후 현재까지도 나타나는 애매한 원칙들의 한계를 이해하는 기준이 됐다. 즉, CGTU를 지지하는 조합원이 이탈하면서 우경화된 1920년대의 CGT가 보여준 '통제'의 원칙이 민족주의에 기반한 '반외국인주의'적 성향을 내포하고 있었다면, 1980년대 CGT가 주장하는 이주노동자 유입에 대한 '통제' 정책의 배경은 외국인 노동자와 프랑스 노동자의 '공동의 이익'을 위한 것이라는 전제에 의한 것이었다. '통제'에 대한 정당화의 기제만이 변화했을 뿐 그 내용은 그대로 유지됐던 것이다.

또한 CGT는 사회당과 기존 우파 정권의 이주노동자 정책을 평가하는 데 이중 잣대를 적용했다. 가령 CGT를 비롯한 사회당·우파 정권 모두 경제위기 때 국경을 통제하는 정책을 취했기 때문에, CGT는 국경을 통제하는 방식에 국한되어 사회당과 기존 우파 정권의 단절을 강조했을 뿐 '국경통제' 자체에 대한 연속성은 언급하지 않았던 것이다. 결국 CGT에게 미테랑과 기존 우파 정권의 이민자 정책은 완전히 '단절'된 새로운 것이었다. 그러나 또 다른 층위의 연속성, 즉 '통제'는 여전히 존재하고 있었다. 따라서 CGT의 정책은 사회당 정부를 비롯한 우파 정부들의 국경봉쇄 정책과 일치하는 것이었으며, 이것은 논리적으로 비합법 이주노동자들 유입에도 반대하는 것으로서, CGT는 스스로 합법화된 영역에 제한된 소극적 이주노동자 정책에 매몰될 수밖에 없는 한계를 안고 있었던 것이다. 따라서 1981년 7월 베니시유 지역에서 250여 대의 자동차가 불에 탔듯이, 2005년 가을 ~ 겨울 프랑스 이민정책의 결과와 인종주의적 차별이 혼합되어 폭발된 파리 외곽 지역의 저소득층 거주 지역에서 발생한 일련의 사태들은 CGT가 표방한 반인종주의 원칙의 사회적 영향력에 대한 근본적인 문제제기를 하게 했다. 즉 리옹과 파리, 1980년대와 2000년대에 반복적으로 나타나는 노동자 거주 지역의 저소득층 관련 문제는 이주노동자 2세, 3세들의 사회적 차별이 해소되지 않고 있음을 보여주는 것이었다.

이러한 사회적 위기상황에서 CGT를 중심으로 한 프랑스 노동운동은 반식민주의와 반인종주의라는 오랜 원칙에도 불구하고, 그 원칙 적용의 부재 혹은 한계를 명확히 드러내며 이주노동자 문제에 대한 사회적 책임을 다하지 못했던 것이다. 파리 코뮌(1871년)을 제외하고는 노동자 권력이 존재한 적 없다는 사실을 감안해도[63], 오랫동안 국가권력의 상대자로 사회적 분쟁을 조정하는 데 힘써 온 CGT를 비롯한 노동운동 진영이 보여준 한계는 2005년 프랑스에서 발생한 사회적 위기의 심각성을 그대로 대변하는 것이었다. 즉, 앞서 살펴보았듯이 CGT가 제기한 외국인 노동수요 통제의 필요성이 불법체류 노동자의 합법적 지위 획득과 상충됐을 뿐만 아니라, '노동계급'으로서 외국인 노동

---

63) 파리 코뮌의 권력 성격은 여전히 논란 중이다. 또한 1936년 레옹 블룸을 중심으로 한 인민전선 시기와 1981년부터 1995년까지 프랑수아 미테랑 체제와 사회당 집권 시기에 대한 명확한 평가가 필요하다. 첫째로, 인민전선의 정치 형태와 1936년 총파업의 성과들은 분리시켜서 이해할 필요가 있다. 이 시기 몇몇 조치들이 프랑스 노동자의 생활 수준을 향상시킨 것은 사실이지만 인민전선에 참여한 좌파 정당은 자본가와 노동자의 중재 역할을 했다. 또한 미테랑 체제는 드골, 퐁피두, 지스카르 데스탱 등 우파 정권과의 단절을 이뤄내지 못했다. 집권 초기의 대 노동자 정책은 '선거용'에 지나지 않았으며, 그 이후 사회당의 정책들은 오히려 자본가에게 유리한 상황을 제공하기도 했다.

자와 연대하는 데 있어서도 논리적 모순을 가지게 됐던 것이다. 이민위원회, 토론회, 언어동아리, 외국어 월간지 발행, 문화 교류활동 등 이주노동자에 대한 CGT의 다양한 활동에도 불구하고, 이러한 '통제'와 '연대'의 원칙이 보여준 모순과 한계는 (1981년 여름 리옹과 2005년 겨울 파리의 사건에서 드러나듯) 이주노동자들의 2세 혹은 3세들이 깊이 관련된 위기를 사회 자체적으로 해결할 수 있는 자정 능력이 상실됐음을 의미하는 것이었으며, 그 자체로 이민자와 관련된 사회위기의 심각성을 대변하는 것이라고 할 수 있다.

## .8장. 이민자 관점에서 본 통합을 위한
정부 노력의 현실과 한계


이권능(그르노블 정치대학, 정치학)


## 1. 들어가는 글

이민이란 삶을 향상시키기 위한 하나의 대안이며, 프랑스는 그것을 충족시켜줄 모델로 인식되어왔다. 하지만 2005년 가을의 방리유 사태는 프랑스의 이러한 긍정적 이미지에 의문을 제기하기에 충분했다. 당시 언론에 보도된 '자신들은 사회의 무관심과 배제 속에 살고 있다' 는 방리유 젊은이의 인터뷰 내용은 "프랑스가 이민자통합정책을 통해 이민자 그룹[1]과 함께 하려 함에도 불구하고, 왜 이들은 소외와 배제를 느끼고 있는가"라는 질문을 제기했다. 많은 전문가들이 이민자통합정책의 실패를 거론하고 있을 뿐 아니라 이민자 그룹 또한 이 정책이 실패

---

1) 이민 1세와 그 후세를 지칭하는 용어는 매우 다양하고, 지시하는 바가 각기 다르기 때문에 여기서는 이민자 그룹이라는 신조어를 만들어 사용하고 있다. 이민자는 개념상으로 이민 1세에 한정되고 이민 2, 3세는 포함하지 않는다. 우리가 사용하는 이민자 그룹은 이들을 모두 아우르고 있다. 이 글 뒤의 '부록' 을 참고하라.

했다고 말한다. 따라서 위 질문을 '왜 이민자 그룹은 시행중인 통합정책에 대해 부정적 견해를 가지는가' 로 바꾸어 제기할 수 있다. 이민자 그룹은 다양한 이유로 통합정책을 비판한다. 이들은 통합정책이 자신들의 현실적 요구를 담아내지 못한다고 비판하며, 통합정책이 갖는 정책집행의 비효율성을 비판하기도 한다. 그러나 이들의 비판을 근본적으로 이해하기 위해서는 **"프랑스 정부가 실현하고자 하는 '통합'은 어떤 것인가"**, **"정부는 이 '통합'을 위해 어떤 역할을 하고자 하는가"**라는 보다 궁극적인 질문을 던져야 한다.

이민자통합이 정책의 구체적인 의제가 되고, 이것을 이민의 문제와 분리해 보려는 시각이 생겨난 것은 최근의 일이다. 따라서 정책 분야에서는 통합정책을 평가하는 구체적인 틀이 제시되어 있지 않고, 학문의 장에서도 이민자통합에 대한 이론적 작업이 제대로 이뤄지지 않고 있다. 이러한 여건 속에서 우리는 '통합'이 무엇인지를 정부의 논의들을 가지고 재구성하고, 이를 통해 이민자통합정책을 분석할 수 있는 세부적인 준거들을 만들 것이다. 그리고 우리는 이 준거들을 프랑스 정부의 입장이 아닌 이민자 그룹의 입장에서 구성하기 위해, 다음의 두 가지 기준에 초점을 맞추고자 한다. 첫째, 정부는 통합의 주체인 프랑스 사회에게 통합을 위한 어떤 형태의 변화를 얼마나 요구하는가? 둘째, 정부가 이민자 그룹에게 통합을 위한 자신의 노력에 동참할 기회를 얼마나 부여하고 있는가?

이 두 기준을 다루기 위해 통합정책이 상정하는 변화와 정책집행에서의 역할을 세부적으로 분류한 후, 이러한 준거들을 통해 일부의 이민자통합정책(신규 이민자 수용정책과 이민 1세의 정착을 위한 정책, 이민 2세를 위한 교육정책과 고용정책, 인종차별퇴치정책)을 구체적으로 분석하고,[2] 해당 통합정책들이 갖는 한계들을 밝힘으로써, 우리가 이 글에서 궁극적으로 밝히고자 하는 이민자통합에 대한 프랑스 정부의 입장과 현재의 통합정책이 갖는 기조에 대한 단상들을 찾아낼 것이다. 요컨대 우리는 위의 근본적인 질문에 이민자 그룹의 관점으로 답함으로써, 이민자통합정책의 근본적인 한계들을 밝히고자 한다.

## 2. '서로 섞임'의 틀 짜기: 이민자통합을 어떻게 볼 것인가

공공정책(politiques publiques)이란, 프랑스에서 가장 일반적으로 받아들여지는 개념정의에 따르면, '사회의 한 부문이나 지리적 공간에서 이뤄지는 정부의 행위 프로그램'이다.[3] 정부의 행위들은 정당하다고 여겨지는 공적 권력의 행사에 기초한다. 따라서 우리가 분석할 프랑스의 이민자통합정책이란 '프랑스 정부가 프랑스 사회와 이민자 그룹의 결합을 이끌어내기 위해 자신의 공적 권력을 행사하는 행위 프로그램의 총체'라고 할 수 있다.[4] 프랑스 사회와 이민자 그룹의 결합은 다양한 형태로 나타난다. 그럼에도 불구하고 이민자 '통합'이라 지칭하는 것은 '통합'이 결합의 다른 형태들과 구별되는 특징을 갖기 때문이다. 따라서 이 절에서는 이민자통합정책이 기반하는 '통합'을 개념상으로

---

2) 이 글은 이민자들이 혜택을 누릴 수 있는 다양한 사회정책들(사회보장정책, 사회보조정책, 주거정책, 의료정책 등), 특히 최근에 정책의 한 분야로 자리잡고 있는 '도시정책'(politiques de la ville)을 다루지 못하는 한계를 갖고 있다.

3) Yves Mény et Jean Thœnig, *Politiques publiques*, Paris: PUF, 1989, p.130.

4) 이민자통합정책은 수용할 신규 이민자를 선택하는 정책, 신규 이민자를 수용하고 그 규모를 조절하는 정책과 더불어 '이민자들을 대상으로 하는 정책'이란 넓은 의미의 이민정책을 구성한다. 이민자통합정책은 다른 두 정책과 완전히 구분되는 것이 아니라, 이미 프랑스에 자리잡은 이민자의 보다 용이한 통합을 위해 다른 두 정책의 내용이 결정되기도 하며, 이에 한해 여기서는 그 내용을 이민자통합정책의 영역에 포함시키고 있다.

분석하고, 결합의 다른 유형들과 비교하며, 이에 의거해 이 정책을 이민자 그룹의 입장에서 보기 위한 분석도구를 제시해보고자 한다.

### 1) 통합을 규정하는 요소들

프랑스 정부가 프랑스 사회와 이민자 그룹의 결합을 위한 정책을 구체적으로 논의하기 시작한 것은 1974년으로, 경제이민의 제한과 더불어 기존 이민자 그룹의 통합을 이민정책의 기조로 삼으면서다. 하지만 통합이 구체적으로 정의된 것은 1980년대 말에 이르러서다.[5] 통합은 '부분들이 모여 상호작용을 통해 전체로서의 하나를 만들어가는 역동적 과정'이라는 사전적인 의미를 가진다. 이민 영역에서는 고등통합위원회(Haut Conseil á l'Intégration, HCI)가 1991년의 보고서에서 제시한 아래의 정의가 일반적으로 받아들여지고 있다.

> 이것〔통합〕은 서로 다른 다양한 요소들이 전체 사회에 적극 참여하는 과정이다. 이 과정에서 〔상이한 구성원들이 갖는〕 문화적·사회적·정신적으로 고유한 것(spécificités)은 유지되고 이 다양성으로 전체는 더욱 풍요로워진다. 통합정책이 강조하는 바는 서로의 차이를 부정하지 않고, 이 차이를 부각시키거나 고양함 없이 받아들임으로써 서로 다른 구성원들을 닮아가게 하며 하나로 뭉치게 하는 것이다. 이는 권리와 의무의 동등함 속에서 사회에 실재하는 종족적·문화적 상이

---

5) 1980년대 말 이전의 정부는 통합이라는 용어를 구체적인 규정 없이 사용했을 뿐만 아니라 동화, 통합, 편입이란 용어들이 하나가 다른 하나를 정의하는 데 사용되는 등 용어 구별이 모호했으며, 경우에 따라서는 동의어로 취급됐다. Mohand khellil, *L'intégration des maghrébins en France*, Paris: PUF, 1991, pp.39~60.

함을 갖는 구성원들이 일체감을 갖게 하기 위한 것이며, 그들이 출신을 불문하고 이 사회에서 살아갈 수 있는 가능성을 주기 위한 것이다. 이를 위해 각 구성원은 이 사회의 규범과 규칙을 받아들여야 하고, 이 사회를 구성하는 부분이 됐다는 것을 받아들여야 한다.[6]

위 정의를 분석해보면 통합의 구성요소로서 고유한 것의 유지, 상호작용의 역동성(고유함의 상호인정과 고유함의 상호침투), 일체성의 강조, 사회참여 보장, 새로운 것의 창출 등을 도출할 수 있다.

① 고유한 것의 유지

서로 다른 구성원의 문화적·사회적·정신적으로 고유한 것은 유지된다. 고유한 것이란 '서로 비교했을 때 차이 나는 것, 서로 다른 것'을 말한다. 고유한 것이 유지되는 것은 언뜻 당연해보인다. 왜냐하면 상대가 아무리 교화시키고 강제해도 자신의 몸에 녹아든 모든 것을 버리거나 잊는다는 것은 힘들기 때문이다. 예를 들면 프랑스인들이 역사적으로 만들어온 법과 규범, 그리고 다양한 제도들은 통합 후에도 삶의 기준으로 여전히 남아 있고, 이민자 그룹으로서의 아랍인들이 자신들의 전통음식을 향유하는 것은 별다른 문제가 되지 않는다.

② 고유함의 상호인정과 상호침투

고유한 것은 다양한 조건들로 인해 유지된다. 이것은 서로의 무관심에

---

6) HCI, *Pour un modèle français d'intégration*, Paris: La Documentation française, 1991; Philippe Bernard, *Immigration: Le défi mondial*, Paris: Gallimard, 2002, pp.192~193. 재인용.

의해 유지될 수도 있고, 힘을 통해 유지될 수도 있다. 위의 HCI의 정의에 의하면, 통합 당사자들은 서로의 차이를 부정하지 않고 이를 받아들여야 한다. 이는 통합이 말하는 고유한 것의 유지는 서로의 고유함에 대한 인정을 기반으로 함을 의미한다.[7]

그러나 HCI의 정의는 더 나아가 통합을 '서로 닮아가는' 것으로 보고 있다. 이에 따르면 고유함의 상호인정은 단순히 서로의 차이를 부정하지 않는 것만이 아니라 서로 닮아가는 수준, 즉 사고·판단·행동 기준이 비슷해지거나 같아짐을 상정하는 것이다. 이는 상대방의 고유한 것이 자신의 기준에 들어와 자리잡음으로써 가능하다. 이를 '고유함의 침투'라고 부르자. 고유함의 침투는 통합 당사자들이 침투 이전에는 차이나던 것을 침투 이후에는 공유함으로써 서로의 차이를 없애는 것이며 이를 통해 동일한 기준으로 사고하고 판단하며 행동할 수 있게 하는 것이다. 프랑스인은 아랍 음식을 별다른 거리낌 없이 주식

---

7) 1977년 이민노동자 장관이 발간한 소책자에 따르면, "1974년 10월 9일에 채택된 거시적 이민정책을 실행하기 위한 수단들 중 하나는 프랑스 사회에 통합되길 원하는 이민노동자들이 귀화를 통해 이를 가능하게 하는 것이며, 그들이 본국으로 돌아간다는 관점에서 그들이 갖는 본국과의 사회문화적 연계를 보장하는 것이다"(『새로운 이민정책』, 123~124쪽). 이는 이민자들의 고유한 것은 프랑스의 그것과 구분되는 것이며, 그들이 고국으로 귀향하는 경우에 한해 인정됨을 의미한다. 따라서 1970년대의 정부는 통합을 위해 이민자 그룹의 고유함을 인정해야 된다는 의식을 갖고 있지 않았다. 하지만 1980년대 들어서면서 사회당 정권은 다양한 제도들을 통해 이민자 그룹의 고유함을 정부 차원에서 공식적으로 인정하기 시작했다. 예를 들면 1981년에는 최초로 외국인이 단체를 설립하는 것을 허가해줬고, 1985년에는 "차이를 인정하고 함께 살자"(Vivons ensemble avec nos différences)는 캠페인을 벌였다. 고유함의 인정에 대한 주장은 1989년 설치된 HCI의 작업들로 구체화됐다. HCI의 다음 보고서들은 당시 이민자의 문화에 대한 긍정적인 인정의 필요성을 보여주고 있다. *Liens culturels et integration*, Paris: La Documentation française, 1995; *L'Islam dans la République: Affaiblissement du lien social, enfermement dans les particularismes et intégration dans la cité*, Paris: La Documentation française, 1997; *Le contrat et l'intégration*, Paris: La Documentation française, 2004.

의 하나로 먹고, 이민자 그룹으로서의 아랍인은 프랑스 사회의 규범을 따르고 프랑스어를 일상어로 사용한다. 요컨대 고유함의 상호인정은 고유함의 침투가 서로에게서 일어나는 경우를 포함하는 것이다.

③ 일체성의 강조

통합이 상정하는 일체성의 강조는 전체가 갖는 엥테그리테(intégrité), 즉 '문제가 전혀 없는 완벽함'에 기초한다. 달리 말하면, 전체는 완벽한 것이므로 인간에게 삶의 가장 적절한 조건이 되며, 따라서 이를 이뤄야 한다는 것이다. 이런 맥락에서 상호인정과 상호침투를 통한 고유한 것의 유지는 궁극적으로 구성원들을 하나로 뭉치게 하고, 서로 간의 일체감을 갖게 만들어 전체를 형성하기 위한 것이다. 또한 고유한 것의 유지는 전체를 훼손하지 않는 것에 한해 허락된다. 일단 전체가 형성되면, 부분으로서의 구성원들은 자신이 전체의 일부가 됐음을 인정하고, 이 전체를 존중해야 하며, 전체가 갖는 규범과 규칙을 받아들이고 이를 준수해야 한다. 부분들의 다양한 주장들은 전체가 갖는 일반이익과 근본적 가치들에 반하지 않아야 하고, 서로 상충하는 경우에는 부분들의 주장들은 전체의 유지를 위해 철회된다.[8]

④ 사회참여와 새로운 것의 창출

통합은 프랑스 사회의 구성원과 이민자 그룹의 사회참여를 유도할 수

---

8) 예컨대 도미니크 슈나페는 20세기 이후의 다양한 권리의 보장은 개인, 집단, 영역별로 이뤄지는 특징을 보이고 있으며 이러한 부분화 혹은 파편화가 전체 사회의 통합과 통합을 담당하는 국가기관(학교, 군대)의 기능 저하를 가져왔다고 본다. Dominique Schnapper, *Qu'est-ce que la citoyenneté ?*, Paris: Gallimard, pp.199~212.

있어야 한다. 특히 이민자 그룹의 사회참여가 프랑스 사회의 구성원들의 그것보다 더 중요한데, 그것은 전자가 후자보다 사회참여에 있어서 많은 제약들을 갖기 때문이다. 이민자 그룹의 참여는 투표, 선거출마, 정치적 담론에 대한 참여 등의 정치적 참여와 고용, 회사 설립, 자국과의 교역 증대 등을 통한 경제적 참여, 그리고 시민단체의 구성원이 되거나 이를 직접 만드는 것 등을 통해 이뤄진다. 통합이 추구하는 사회의 풍요로움은 단순히 다양성이 존재한다는 것만으로 이뤄지는 것은 아니다. 위의 사회참여를 통해 다양한 영역에서 새로운 것들이 만들어져야 사회는 더욱 풍요로워진다. 문화의 측면을 예로 들자면, 프랑스 사회는 자신들의 문화를 이민자 그룹의 그것에 접목시킴으로써 새로운 문화를 만들어낼 수 있다.[9]

### 2) 동화와 편입 사이의 통합

통합은 결합의 다른 형태들인 동화·편입과 비교함으로써 보다 명확히 이해될 수 있다. 동화(assimilation)는 저울이 균형 잡혔을 때와 같이 "서로 다른 것을 동등하게 만드는 행위"와 "서로 다른 것을 닮은 것으로 여기는 정신작용"을 의미하는 assimilatio란 라틴어를 어원으로 한다. 그렇지만 동화는 19세기 이후부터 "한 생명체가 완전한 대체를 통해 다른 생명체로 바뀌는 과정"이라는 생리학적인 의미를 더불어 갖게 됐는데, 이것이 식민주의와 연결되어 동화라는 것은 식민국이 식민지

---

9) HCI는 이민자 그룹의 다양한 문화들이 프랑스의 역사를 이루는 데 있어서 공화주의적 정체성을 훼손함 없이 많은 공헌을 했음을 인정한다. HCI, *Le bilan de la politique de l'intégration 2002-2005*, novembre, 2005, Paris: La Documentation française, pp.23~24.

의 구성원들에게 식민국의 정치적·문화적·사회적 체계들을 일종의 개종을 통해서 이식시키는 것을 일컫게 됐다. 오늘날에는 식민지 시대에 등장한 이 동화의 내용이 그대로 이민의 영역으로 수용되어, 동화라는 것은 "이민 수용국이 이민자 그룹의 고유한 사유체계, 인식체계 그리고 행위양식 등을 자신의 그것으로 대체시킴으로써, 그들을 자신에게 결합시키는 것"을 의미하게 됐다.[10]

편입(insertion)은 '하나의 사물을 다른 사물 안으로 들어가게 하는 것'이라는 사전적 의미를 가진다. 이때의 '들어간다'는 것은 서로 다른 것들이, 하나가 다른 하나를 흡수하려는 시도 없이 공생한다는 특수한 의미를 가진다.[11] 이를 바탕으로 이민 영역에서의 편입이란 '이민자 그룹이 본래의 정체성, 문화적 특수성, 삶의 방식 등을 그대로 보존하고, 이민 수용국이 이민자 그룹이 갖는 경제적·사회적·문화적 위치를 있는 그대로 인정해주는 것'을 의미한다.[12]

다음의 〈도표 1〉은 통합의 구성요소들을 기준으로 통합, 동화, 편입을 비교해 서로의 차이를 보다 확연하게 보여준다. 우선 동화는 이민자 그룹의 고유한 것이 유지되지 않는다. 왜냐하면 동화한다는 것은 이민자 그룹의 고유한 것이 이민 수용국의 그것에 의해 대체된다는 것을 의미하기 때문이다.[13] 따라서 결합과정은 이민 수용국의 이민자 그룹에 대한 일방적인 침투로 규정되며, 이민자 그룹은 이민 수용국의

---

10) Jacqueline Costa-Lascoux, "Notes et études documentaires", *De l'immigré au citoyen*, Paris: La Documentation française, 1989, p.9.
11) 편입의 어원인 inserere는 '두 개의 서로 다른 부분이 (강요되고 보완적인 관계 아래서) 하나가 다른 하나를 흡수하려는 시도를 하지 않고 공생의 상태로 함께 존재하는 사회적 관계'를 의미한다. Khellil, op. cit., p.54.
12) Costa-Lascoux, op. cit., p.10.
13) HCI, *Le contrat et l'intégration*, pp.110~111.

〈도표 1: 통합, 동화, 편입의 비교〉

| | 통합 | 동화 | 편입 |
|---|---|---|---|
| 이민자 그룹의 고유한 것의 유지 | O | X | O |
| 고유함에 대한 상호인정 | O | X | O |
| 고유함의 상호침투 | O | X | X |
| 일체성의 강조 | O | O | X |
| 이민자 그룹의 참여 | O | O | O |
| 새로운 것의 창출 | O | X | X |

어떠한 변화도 유도해내지 못한다. 동화는 이민자 그룹이 자신들의 문화나 자신들의 종족적 특징에 기반한 이익을 추구하는 것(사회참여)을 허용하지 않는다. 왜냐하면 동화는 이미 존재했던 전체에 이민자 그룹이 들어가는 것이고 이 전체를 분열시킬 어떠한 행위도 허락되지 않기 때문이다. 열등한 부류로서의 이민자 그룹은 우등한 이민 수용국에 의해 완전히 매몰되기 때문에, 이민자 그룹이 갖는 상이성이 새로운 것을 창출할 수 있는 기회를 갖지 못하고, 결합 후의 이민 수용국은 기존의 사회적·문화적 능력을 그대로 유지할 뿐이다.

편입의 경우를 보면, 이민자 그룹의 고유한 것은 온전히 유지된다. 그러나 이 유지의 양상이 통합의 그것과 다르게 나타난다. 편입의 경우, 결합 당사자 모두가 서로의 고유함을 인정한다. 하지만 서로가 서로에게 변화를 야기하는 역할을 행하지 않는다. 두 개의 서로 다른 고유함은 상호 간의 침투 없이 그냥 동일 공간에 나열되어 공존할 뿐이다.[14] 따라서 고유함의 상호침투는 나타나지 않는다. 하지만 서로 간

---

14) Michel Hannoun, *L'Hommes est l'espéreance de l'homme: Rapport sur le racisme et les discriminations en France*, Paris: La Documentation française, 1987, p.119.

의 교류가 별달리 존재하지 않는다는 것이 상호 간의 조율을 필요로 하지 않음을 의미하지는 않는다. 오히려 이 조율이 필요한 때에 이를 행할 행위자가 부재한다는 것이 문제이며, 혹 이 행위의 담지자가 있다고 하더라도, 그가 가질 수 있는 정당성은 한계가 있기 때문에 조율의 성공은 담보되기 어렵다.[15] 결합 후의 전체는 느슨한 형태를 갖기 때문에 서로 다른 결합 당사자가 전체를 대상으로 해 사회참여를 하는 경우는 드물다. 이들의 사회참여는, 통합이 상정한 것과는 달리, 주로 자신이 속한 작은 공동체를 대상으로 한다. 상호침투가 부재하고, 사회참여가 자신이 속한 공동체에 한정됨으로써 새로운 것의 창출 또한 기대하기 어렵다.

### 3) 이민자통합정책을 보기 위한 준거들

이민자 그룹의 입장에서 보면, 일상을 둘러싼 다양한 제도와 법규들, 프랑스어 미숙으로 당하는 불이익들, 교육을 통해 배우는, 자신들이 알고 있는 것과는 다른 역사와 가치들, 이 모든 것이 프랑스인처럼 살아야 한다는 무언의 요구들이다. 따라서 이들은 통합정책이 프랑스인들에게도 자신들을 이해하고 받아들이라고 조금이나마 강제하길, 그리고 그럴 수 있는 여건을 제공하길 기대한다. 또한 이들은 프랑스 사

---

15) 프랑스 공화주의 모델의 입장에서 보면, 편입은 서로 다름을 강조함으로써 사회의 일체감을 해치고, 사회 내 집단 간 갈등을 유발하기 때문에 비판의 대상이 된다. 따라서 편입이란 용어는 1990년대 이후로는 이민 영역에서 사용되지 않는다. Marie-Thérèse Join-Lambert(dir.), *Politiques Sociales*, Paris: Presses de Sciences-po et Dalloz, 1997. pp.650~651. 편입은 '차이의 권리'(droit à la différence)로 상징화되어 표현되는데 이 권리에 대한 부정적 견해에 대해서는 다음을 참조하라. Martine Charlot, *Des jeunes Algériens en France: Leurs voix et les nôtre*, Paris: Centre Information et Etudes sur les Migrations méditerranéennes, 1981, pp.159~178; Dominique Schnapper, op. cit., pp.231~246.

회에 녹아드는 데서 부딪히는 문제를 바로 자신들이 제일 잘 알기 때문에 스스로가 통합정책 집행과정에 적극적으로 참여할 기회를 갖고자할 것이다. 따라서 우리는 다음의 두 관점을 통해 통합정책의 현실을추적하고자 한다.

1) 통합정책은 프랑스 사회에게 통합을 위한 어떤 변화를 어느 정도나요구하는가?
2) 통합정책은 집행과정에서 이민자 그룹에게 능동적 역할을 얼마나부여하는가?

① 변화유형과 변화대상

모든 정책은 다양한 수준의 목표들[16]과 그 실현 수단을 갖고 있다. 앞서 본 HCI의 통합에 대한 정의에 의하면 통합정책이 추구하는 바는 서로 간에 일체감을 갖고 공존하게 하는 것이다. 이것은 가장 높은 수준의 목표다. 우리는 좀더 낮은 수준의 목표, 즉 통합정책이 위 목표를이루기 위해 설정하는 통합 당사자의 물질적·제도적·정신적 요소의변화를 연구대상으로 하고 있다. 특히 우리가 주목하는 바는 통합정책이 고유함의 상호침투에까지 이르는 변화를 상정하는가에 있다. 즉통합 당사자 간에 일체감을 만들고, 이들의 공존을 위해 통합정책은고유함의 상호침투에 어떤 위상(직접적으로 이를 목표로 선정하든지, 아

---

16) 노화준은 정책목표를 궁극적인 목표(궁극적으로 실현하고자 하는 사회나 상태), 관심의
   대상이 되는 목표(실제로 관심을 가지고 실현하고자 하는 사회나 상태), 중간목표(위의 사
   회나 상태를 실현하기 위해서 거쳐야 하는 중간단계의 상태나 사회) 등으로 나누고 있다.
   노화준, 『정책학원론』, 박영사, 1998, 8쪽.

니면 이를 이루기 위한 여건의 형성을 목표로 하든지)을 부여하는가에 주목하고 있다. 우리가 이것에 주목하는 것은 다음의 두 가지 이유에서다. 첫째, 앞의 HCI의 정의에서 나타나듯이 통합정책은 '서로 닮아가고 하나로 뭉치는 것'을 강조하고 있으며, 이는 궁극적으로 보다 근본적인 변화인 고유함의 상호침투가 있어야 가능한 것이기 때문이다. 서로 동일한 것을 공유하면서 차이를 없애야 닮아갈 수 있는 것이며, 이것이 하나로 뭉치게 되는 기반이 된다. 둘째, 통합은 위의 비교에서 보여지듯이 동화나 편입과 다르다. 특히 이를 판별할 수 있는 가장 명확한 기준이 고유함의 상호침투의 유무다. 왜냐하면 동화는 고유함의 침투가 이민 수용국에 의해 일방적으로 일어나므로 상호성이 없고, 편입에서는 고유함의 침투가 일어나지 않기 때문이다. 따라서 고유함의 상호침투는 다른 두 결합의 형태인 동화와 편입과 비교해 현재 시행 중인 통합정책의 성격을 가늠하는 기준이 될 수 있다.

우리는 이 고유함의 침투를 담고 있는 변화를 '실질적 변화'라고 부르고자 한다. 달리 말하면, 실질적 변화란 한 통합 당사자가 상대의 사회적 표상과 문화[17]의 일부를 자신의 그것으로 받아들이는 것을 의미한다. 여기서 사회적 표상과 문화에 한정하는 것은 이것들이 사회의 모든 구성원에 의해 만들어지고 공유되기 때문이다. 전문적인 지식, 특정 부류의 취향 등은 이를 공유하는 구성원이 소수이므로, 실질적

---

17) 사회적 표상이란 드니스 조블레에 의하면, "실천적인 목표를 갖고 사회 전체에 대한 공동의 현실을 구성하고자 하는, 사회적으로 형성되고 공유되는, 앎의 한 형태"를 의미한다. Denise Jobelet(dir.), *Les représentations sociales*, Paris: PUF, 1989, p.36. 사회 구성원 전체에 의해 형성되고 공유되면서 사회 전체를 엮어내고 유지하는 것들로는 가치, 행위의 원칙, 행위 규준으로서의 실천적 규칙 등을 들 수 있다. 여기서의 문화의 외연은 HCI의 작업에 준거하고 있다. 이 위원회에 따르면 문화는 언어, 풍습, 관습, 전통 그리고 종교를 포괄한다. HCI, *Lien culturel et intégration*, pp.16~17.

변화의 대상이 되지 않는다. 그리고 통합정책이 상정한 이 외의 모든 변화를 '조건형성적 변화'라고 부르고자 한다. 이 변화는 고유함의 침투를 위한 정신적·물리적 여건들을 만들고자 하는 목표에 대응한다. 이 변화는 통합 당사자의 사회적·경제적·물리적 조건의 향상이나 사회적 불평등의 해소, 상대에 대한 가치판단과 인식의 변화 유도 등의 형태로 나타난다. 상대에 대한 가치판단과 인식의 변화는 통합 당사자 간에 공유되는 것이 아니라 각자가 갖는 것이며, 이것 자체가 서로 다름을 없애는 것도 아니다. 따라서 이것은 직접적으로 고유함의 침투를 의미하지 않는다. 하지만 이를 가능하게 하는 조건이 된다.

정책의 목표라는 위상을 갖는 위 두 변화는 현실에서 구체적인 수단에 의해 구현된다. 이 수단들은 정책목표의 실현에 대응하는 제도, 이를 운영하는 기구, 그리고 이들에게 주어진 기능과 역할 등을 신설하거나 수정(변경, 병합, 분리) 혹은 삭제하는 것 등으로 나타난다. 이러한 수단들은 그 자체로는 정책의 목표가 아니다.


② 정책집행과정의 역할과 역할의 수행자

도널드 반 미터와 칼 반 혼은 "[정책]집행이란 정책결정에 의해 미리 설정한 목표[것]를 달성하기 위해 정부 부문 및 민간 부문의 개인이나 집단이 수행하는 활동"이라고 정의한다.[18] 이 활동은 다양한 역할들과 이 역할의 담당자들에 의해 이뤄진다. 우리는 이 역할들을 정책수행, 정책대상(참여적 정책대상과 수동적 정책대상), 정책수혜로 나누고, 각

---

18) Donald van Meter and Carl van Horn, "The Policy Implementation Process: A Conceptual Framework", *Administration and Society*, vol.6, 1975, pp.445~488; 노화준, 앞의 책, 406쪽. 재인용.

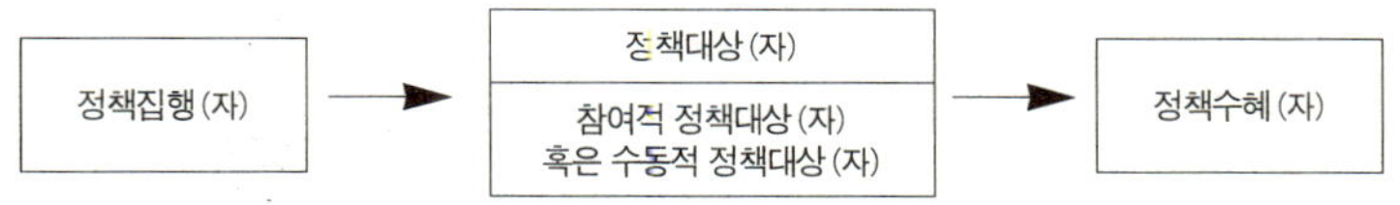


각의 역할 담당자를 정책수행자, 정책대상자(참여적 정책대상자, 수동적 정책대상자), 정책수혜자로 부르고자 한다. 단순히 말하자면 정책집행이란 정책수행자가 정책에 담긴 조치들을 정책대상자(참여적 정책대상자나 수동적 정책대상자)에게 실현함으로써 정책수혜자에게 혜택이 가도록 하는 것이다.

정부는 모든 정책을 결정하지만, 그 모두를 직접 수행하지는 않는다. 정부는 하부 행정기관인 공적 행위자나 다양한 사적 행위자에게 정책의 수행을 위임한다. 정부의 공적 권력을 위임받아 정책을 사회적 공간에 실현하는 역할을 우리는 정책수행이라 부르고자 한다. 정책수행자는 정책수행을 위해 정부가 인정한 직위를 가지며, 실제 정책집행 과정을 주도한다는 면에서 가장 능동적인 위치를 점유한다.

정책은 한편으로는 이로움이나 필요의 충족을 누릴 수 있는, 따라서 자발적인 참여가 기대되는 대상을 상정한다. 우리는 자기의 이익이나 필요 때문에 정책대상이 됨을 능동적으로 받아들이고, 순응적으로 정책집행과정에 참여하는 행위자를 일상에서 어렵지 않게 본다. 우리는 이처럼 자발적 참여가 상정된 대상을 참여적 정책대상이라고 부르고자 한다. 다른 한편으로, 정책은 다양한 유형의 손실과 피해를 감수하거나 제재와 강제를 받아들여야 하는 대상을 상정하기도 한다. 이 경우는 전자와 달리 정책대상자는 정책이 시행되더라도 별달리 반기지 않으며, '시키니까 한다'는 위치를 차지한다. 우리는 이 대상을 수동적 정책대상이라고 부르고자 한다. 결국 정책수행, 참여적 정책대상, 수동적 정책대상은 각각 능동성의 정도가 다르며, 그 정도는 순서대로 낮아진다. 따라서 우리는 이민자 그룹이 어떤 역할을 수행하도록 상정되어 있는지를 봄으로써, 통합정책이 정책집행과정에서 이들에게 부여한 능동성의 정도를 알 수 있다.

마지막으로 우리는 정책대상과 정책집행에 의해 실제로 혜택을 보는 정책수혜의 역할을 구분한다. 왜냐하면 능동적 정책대상은 정책이 주는 이로움을 직접 얻는 자리이지만, 수동적 정책대상은 정부의 처벌이나 제재를 받아들여야 하고, 이로 인해 실질적으로 혜택을 보는 자리는 다른 행위자가 차지하기 때문이다.[19] 특히 우리에게는 후자의 경우가 중요하다. 예컨대 프랑스 사회가 수동적 정책대상자가 되고 이민자 그룹이 정책수혜자가 된다는 것은 정부가 이민자 그룹을 위해 프랑스 사회에게 양보를 요구하거나 제재를 부과하는 것이다. 따라서 이러한 경우들을 통해 우리는 통합정책이 프랑스 사회에게 통합을 위해 가하는 노력의 정도를 알 수 있다.

## 3. 새로운 땅에 뿌리내리기: 이민자통합정책의 현실과 한계

통합정책은 이민자통합이 이뤄지는 사회적 환경 속에서 분석되어야

---

19) 예를 들면 농민을 위한 보조금제도의 경우는 농민이 보조금 지급의 대상(능동적 정책대상)이 됨과 동시에, 보조금이라는 실질적인 혜택(정책수혜)을 받는다. 하지만 범죄와의 전쟁이라는 제도의 경우는 조직폭력배와 같은 범죄인이 검찰이나 경찰의 수사와 감시의 대상(수동적 정책대상)이 되지만, 이로 인해 일반 주민이 안전이라는 혜택(정책수혜)을 받는다.

한다. 따라서 우리는 사회에서 나타나는 고유함의 유지와 침투에 대한 고려를 바탕으로, 앞서 제시한 준거들을 가지고 신규 이민자수용정책과 이민 1세의 정착을 위한 정책, 이민 2세를 위한 교육정책과 고용정책, 인종차별 퇴치정책을 분석할 것이다. 이 과정에서 우리는 프랑스의 통합정책은 어떤 특징과 한계를 가지고 있으며, 정부는 이민자통합에 대해 어떤 입장을 견지하고 있고, 통합정책을 어떤 방향으로 이끌고자 하는지를 밝힐 것이다.

### 1) 사회에서의 비대칭성, 정책 내의 대칭성

#### ① 사회에서 나타나는 실질적 변화의 비대칭성

다양한 연구들은 HCI가 규정한 통합의 구성요소 중 고유한 것의 유지, 특히 고유함의 침투를 통한 고유한 것의 유지가 이민자 그룹과 프랑스 사회에서 동등하게 일어나지 않음을 보여준다. 동일 공간과 시간대의 이민 1~3세대가 갖는 언어사용 형태에 대한 비교조사에 따르면, 알제리 출신 이민자 그룹은 이민 2세 중 69퍼센트, 이민 3세 중 24퍼센트가 아랍어를 구사할 수 있는 반면, 이민 1세 중 26퍼센트, 이민 2세 중 90퍼센트가 프랑스어를 일상어로 사용했다.[20] 이는 세대가 지날수록 부모나 조부모가 유지하던 고유함은 덜 유지되는 반면, 프랑스의 고유함은 더 유지된다는 것을 보여준다. 즉 세대가 지날수록 프랑스 사회에 의한 고유함의 침투가 더 강도 있게 진행된다는 것이다.

프랑스 사회가 요구하는 실질적 변화의 효과는 최근의 연구결과에서도 분명히 드러난다. 대다수의 언론과 우파적 지식인들은 '이민 2

---

20) Bernard, *Immigration*, op. cit., p.19.

세는 프랑스인과는 인식구조와 문화가 다르기 때문에 통합될 수 없다고 끊임없이 주장해왔다. 하지만 실뱅 브루아르와 뱅상 티베르는 이 주장과는 상반되는 연구결과를 내놓았다. 그들에 의하면 마그리브, 아프리카, 터키 출신 이민 2세들은 또래의 프랑스인들과 거의 동일한 가치와 정체성을 갖고 있다는 것이다.[21] 이는 이민 2세의 경우 부모의 사회적 표상과 문화가 프랑스의 그것으로 대체됐거나, 서로 다른 사회적 표상과 문화가 그들의 정신 속에서 공존하고 있음을 보여준다.

사회에서 일어나는 고유함의 유지와 침투의 비대칭성은 HCI의 통합의 정의 안에서도 유추될 수 있다. 이 정의에 따르면, 일체성의 강조는 전체가 갖는 완벽함(intégrité)에 기초한다. 이 완벽함에 의하면, 통합 이전의 프랑스 사회는 완벽하다. 따라서 통합 이전의 프랑스 사회의 고유한 것들은 통합과정에서 존중되고 유지되어야 한다. 따라서 통합 후의 프랑스 사회(이민자 그룹을 포함하는 전체로서의)는 통합 이전의 프랑스 사회가 갖던 고유한 것들을 기반으로 형성된다. 또한 일체성의 강조에 따르면, 사회의 구성원들은 통합 후의 전체를 존중하고, 이 전체가 갖는 기본적인 가치와 제도를 받아들여야 한다. 따라서 통합 이전의 프랑스 사회의 법적, 정치적, 사회적, 문화적 제도들은 통합 이후에도 계속 존중되며 삶의 주요 잣대 역할을 하게 된다.[22] 요컨대

---

21) Sylvain Brouard et Vincent Tiberj, *Français comme les autres?: Enquête sur les citoyens d'origine maghrébine, africaine et turque*, Paris: Presse de Science-po, 2005, pp.135~138.

22) HCI에 의하면, 프랑스의 다양한 법들에 기반이 되는 인간평등, 남녀평등, 인권존중, 세속주의(laïcité) 등의 기본적인 가치들은 여전히 사회의 기준이 되어야 하고, 이 기준들에 반하지 않는 한, 이민자 그룹의 다양한 문화와 이에 근거한 행위들은 받아들여져야 하며, 프랑스 사회의 구성원 모두는 계약(contrat)이라는 암묵적인 동의를 통해 이를 인정해야 한다고 주장한다. HCI, *Le bilan de la politique de l'intégration 2002-2005*, pp.90~97.

HCI의 통합의 정의는 프랑스의 고유한 것이 이민자 그룹의 그것보다 상대적으로 많이 유지되고, 프랑스의 고유함이 이민자 그룹에게 상대적으로 많이 침투한다는 비대칭적인 구조를 전제하는 것이다.

② 통합정책에서 보이는 실질적 변화의 대칭성과 조건형성적 변화의 일방성

구체적 분석에 앞서 결론부터 말하자면, 우리가 분석한 세부 정책들은 실질적 변화를 담고 있는 경우도 적지는 않지만 주로 조건형성적 변화를 목적으로 삼고 있다. 통합정책이 실질적 변화를 요구한다는 것은 정책 내용이 고유함의 침투의 요구를 내포하고 있으며, 정책이 지시하는 행위들이 현실에서 일어나는 순간에 고유함의 침투도 동시에 일어난다는 것을 의미한다. 통합정책이 조건형성적 변화를 요구한다는 것은 정책이 규정하고 지시하는 행위들이 고유함의 침투가 가능할 수 있는 정신적·물질적 조건을 만든다는 것을 나타낸다. 실질적 변화를 보면 해당 세부 정책들은 이민자 그룹과 프랑스 사회 모두에게 이를 요구하고 있으며, 오히려 프랑스 사회에게 이를 더 요구하고 있다. 이민자 그룹의 입장에서 보면 자신이 갖는 모든 사회적 표상이나 문화가 프랑스의 그것들보다 열등한 것이 아니며, 분명 프랑스 사회가 받아들일 만한 것이 있고 프랑스 사회에 도움이 되는 것이 있다. 특히 이민 2세들은 그들 부모의 문화는 자신들의 개성과 인성을 형성하는 데 하나의 균형추가 될 수 있으며, 자신이나 프랑스의 문화적 부유함을 만들어낼 수 있고, 더 나아가 프랑스 국가정체성의 변화와 발전에 기여할 수 있는 것이라 주장하고 있다.[23]

---

23) Khellil, op. cit., pp.50~53.

따라서 우리가 분석한, 실질적 변화를 담고 있는 세부 정책들은 이러한 이민자 그룹의 요구에 부응하는 듯하다. 조건형성적인 변화를 담는 세부 정책의 경우를 보면, 노동허가증 발급 조절을 제외하고는 모두 프랑스 사회에게만 이 변화를 요구하는 일방성을 보여주며, 모두 이민자 그룹의 삶의 제도적·물리적 조건의 향상과 이들이 갖는 사회경제적 불평등의 해소를 지향하고 있다.

③ 비대칭성의 극복? 비대칭성의 유지와 보조?

이러한 분석의 결과는 앞서 살펴본 사회에서 일어나는 고유함의 유지와 침투의 비대칭성과 상반되는 것이다. 왜 이런 상반된 모습이 나타나는 것인가? 통합정책이 실질적 변화를 프랑스 사회와 이민자 그룹에게 대칭적으로 요구한다는 것은 일견 당연해 보인다. 왜냐하면 정책은 일반적으로 사회에서 일어나는 부적절한 상태를 수정하는 것이며, 통합정책 또한 프랑스 사회와 이민자 그룹 사이의 불평등한 관계를 없애고자 하는 것으로 볼 수 있기 때문이다.

그렇지만 우리는 이와 같은 해석은 표면적인 것일 뿐이라고 생각하며, 이를 넘어선 다른 해석도 가능하다고 본다. 달리 말하면, 정부는 통합정책을 통해 사회에서 일어나는 비대칭성을 메우고 극복하려는 것이 아니라, 오히려 이 비대칭성을 유지하고 보조하려는 것일 수도 있다는 것이다. 즉 정부는 통합정책에서 나타나는 실질적 변화의 대칭성과 조건형성적 변화의 일방성을 통해 프랑스 사회가 이민자 그룹에게 실질적 변화를 비대칭적으로 요구하는 것을 보다 원활히 작동시키려는 것이다. 우리는 다양한 근거들을 통해 이 두번째 해석의 타당함을 보일 것이다.

## 2) 통합정책이 상정하는 실질적 변화와 그 한계

통합정책이 프랑스 사회에게 실질적 변화를 요구한다는 것은 이들에게 이민자 그룹의 가치, 행동원칙·실천규칙 같은 사회적 표상이나 문화의 요소를 자신들의 그것들 안으로 받아들이라는 것이다. 세부 정책들을 분석한 바에 따르면, 프랑스 사회의 실질적 변화를 요구하는 정부의 노력은 많지 않으며, 특히 교육 분야와 인종차별 퇴치영역에서만 나타난다. 우선 교육 분야에서의 정부의 노력을 보자. 정부는 직업재교육을 통해 교사들에게 실질적 변화를 요구하고 있다. 이 과정을 통해 교사들은 다양한 국제학술대회나 발표회, 그리고 축제 등에 참여하고, 이민, 탈식민지화, '영광의 30년' 등을 설명하는 방법과 인권 관련 법규를 보다 효율적으로 가르칠 수 있는 방식을 배우며, 통합과 차별퇴치를 다루는 세미나에 참여할 기회를 가진다. 이와 더불어 교사는 식민지시대에 일어난 역사적 사실, 인종과 문화의 다양성, 인류의 지리적 이동의 역사, 전 세계에 나타나는 불평등한 부의 분배 등을 학생들에게 가르치고 있다. 이 수업은 프랑스인 학생들에게 이민자 그룹의 역사와 문화 등을 배우고 이해하며, 자연스럽게 자신들의 사회적 표상 속에 새기라는, 즉 실질적 변화를 하라는 정부의 요구다.

또한 정부는 2004년부터 준비해 2007년 국립이민역사관을 개관했고, 그 안에 이민역사문화박물관이 들어섰다. 이것은 프랑스 사회는 하나의 단일 인종이나 단일민족으로 구성된 것이 아니라 다양한 구성원에 의해 만들어졌다는 것[24], 그리고 이 다양한 구성원들이 프랑스를 만드는 데 공헌했다는 것을 공식적으로 인정한다는 것을 의미한다.

---

24) Bernard, op. cit., pp.260~265.

정부의 이 조치들은 프랑스인이 이곳을 찾아 이민의 역사와 이민자 그룹의 문화, 그리고 그들이 프랑스를 위해 했던 노력들을 인식함으로써, 스스로 실질적 변화를 이루라는 정부의 의도가 담긴 것이다.

하지만 교육 분야에서의 다른 정책들은 위에서 본 정부의 노력들의 진의를 의심하게 한다. 즉 위의 조치들이 사회에서 일어나는 고유함의 유지와 침투의 비대칭성을 상쇄하려는 것인지에 대한 의문을 제기한다. 우선, 지난 5세기 동안 펼쳐졌던 '위대한 프랑스'의 역사는 수업에서 많이 다뤄지는 반면, 이 팽창주의로 고통받은 피정복민의 역사는 최소화되어 있으며, 특히 프랑스가 20세기에 자행했던 식민지시대의 압제, 고문, 살인, 부녀자 겁탈 등은 정부 차원에서 공식적으로 인정되지 않고 있다. 현재의 마그리브와 아프리카 출신의 이민자 그룹은 과거에 프랑스의 식민지였던 국가 출신인 경우가 대다수이므로, 이들이 느끼는 역사의 왜곡은 보다 더 클 것이다.

또한 1999년 4월 프랑스 정부는 알제리 독립전쟁을 (그동안 '비상사태', '계엄사태' 등으로 표현하던 것을) '알제리 전쟁'으로 인정했다. 그러나 이것은 알제리 출신 이민자 그룹을 위한 것이 아니라, 알제리 독립전쟁에 참여했던 프랑스 군인의 지위 인정을 위한 것이었다. 특히 알제리의 경우 정부는 알제리로 송환된 전쟁 참가자(원래 알제리인이었으나 알제리 독립전쟁에서는 프랑스를 위해 전쟁에 참가한)에 대한 보조금을 지급하고 있으며, 이들을 기리기 위한 기념물들을 세워 보존하고 있다.[25] 또한 정부는 이런 맥락에서 2005년 알제리 전쟁 역사를 위한 재단을 설립하겠다고 발표했다. 이 재단의 후원을 받는 역사가

---

25) Claude Liauzu, "Une loi contre l'histoire", *Le Monde Diplomatique*, avril, 2005.

들·연구자들은 이 재단의 기조, 즉 알제리 전쟁에 대한 정당화에서 완전히 자유로울 수 없음은 자명하다. 더구나 2005년 2월 23일의 법[26]은 프랑스령 해외 영토에 주는 프랑스의 긍정적 역할에 대한 교육 프로그램을 강화하고 이에 대한 연구를 지원한다는 내용을 담고 있다.

문제는 프랑스 정부가 자신이 행한 부정적 행위들과 그 부정적 결과들을 밝히거나 인정하지 않을 뿐 아니라, 이를 밝히려는 시도에 대한 어떠한 지원도 하지 않는다는 데 있다. 즉 프랑스의 가치와 원칙만을 드높이고, 프랑스의 좋은 면만을 부각시키며, 프랑스의 입장에서 역사를 서술하겠다는 것이다. 이러한 정부의 정책과 행태들은 앞서 본 통합을 위한 정부 노력과는 상반된 것이며, 프랑스 사회가 이민자 그룹에게 요구하는 실질적 변화의 내용에 동조하는 것이다. 정부가 사회에서의 비대칭성을 상쇄하고자 한다면, 프랑스로 인해 고통받은 사람들에게 공식적으로 자신의 잘못을 인정하고 용서를 구함으로써, 프랑스 사회가 자신의 과거를 제대로 인지할 수 있게 하고, 이를 바탕으로 이민자 그룹을 이해하고 이들에게 다가서게 해야 한다. 그렇지만 정부는 별달리 이러한 노력을 하고 있지는 않은 것이다.

다음은 인종차별 퇴치영역[27]을 보자. 이 정책은 1990년대 후반에

---

26) '본국 송환 프랑스인의 국가적 인정과 국가 보조금을 위한 법' (Loi n° 2005-158 portant reconnaissance de la Nation et contribution nationale en faveur des Français rapatriés) 을 말한다.

27) 인종차별은 개인·집단을 실제나 가정된 그들의 출신, 특정 민족이나 국가 혹은 인종에 속하거나 외모·이름 등을 가졌다는 이유로 적대시하는 행위를 말한다. 이는 첫째 가해자가 자신의 행동을 통해 평등의 원칙을 거스르는 명백한 의도를 표출하는 직접적 인종차별, 둘째 개인의 행동이 아니라 중립적이라 여겨지는 규정이나 규칙이 실제로는 특정 인종이나 민족 출신에게 불리함을 야기하는 간접적 인종차별, 셋째 가해자가 피해자의 육체적·정신적 건강 상태를 해치는 정신적 괴롭힘 등으로 구분된다. "Regards sur l'actualit", *Immigration, intégration*, n°299, mars, 2004, pp.54~55.

들어 다양한 정책기구들을 신설과 기능강화, 인종차별 퇴치를 위한 법규들을 합리화, 인종차별 선고제도의 도입, 정부와의 협정을 통해 협정대상 기관이 인종차별 퇴치를 위한 구체적인 행위를 스스로 취하게 하는 제도 도입, 그리고 시민단체의 동원 등을 통해 구체화됐다.

① 정책기구의 강화

정부는 지방 수준에서 인종차별 퇴치업무를 총괄하는 도시민권실천위원회와 차별현상을 관찰·연구하고 전화 114제도를 운용하는 차별연구그룹을 1999년 신설했고, 2002년에는 인종차별 퇴치가 '국가적 대의'[28]의 주제로 선정됐다. 현재 인종차별 퇴치의 중추적 역할(전국적 수준에서 인종차별 업무를 총괄하는)을 수행하는 차별퇴치평등고용청(Haute Autorité de Lutte contre les Discriminations et pour l'Egalité, HALDE)도 2004년 12월에 설립됐다. 특히 HALDE는 대통령 산하에 설치됐는데, 기존의 차별 퇴치 관련 기구들이 주로 사회부 산하에 있었다는 점에서 이 분야와 이 기구의 높아진 위상을 짐작할 수 있다.

② 법적 제도의 합리화

2001년의 '차별 퇴치에 관한 법'은 재판과정에서 제기된 문제점을 상당 부분 개혁했다. 첫째, 법으로 금지하는 차별의 영역이 확대됐다.[29]

---

28) 특정 사안에 대한 사회구성원의 인식과 공감대를 높일 목적으로, 매년 수상이 이 사안을 다양한 매체를 통해 선전하는 제도를 말한다.
29) 내용을 보면 회사에서의 견습과 관련된 모든 종류의 인종차별이 법으로 금지됐고, 봉급자와 관련해 채용과정·처벌·해고를 포함한 직장생활 모든 영역에서의 인종차별을 금지시켰다. 그리고 인종차별 금지가 간접적 차별의 영역에까지 확대됐고, 차별의 영역이 성적 취향·나이·물리적 외모(키, 몸무게 등)·이름의 영역으로 확대됐다.

둘째, 노조와 관련 시민단체도 피해자를 대신해 법원에 고발할 수 있게 됐다. 셋째, 기존에는 인종차별 행위가 있었다는 것을 피해자가 증명해야 했으나, 이 법은 사실증명의 책임을 가해자에게 부과해 자신의 행위가 차별에 해당하지 않으며 객관적 요소에 기반한 것임을 증명하게 했다. 넷째, 인종차별에 대한 증인은 모든 처벌과 해고로부터 법적 보호를 받을 수 있게 됐다. 이 법에 이어 2002년의 '사회근대화법'은 주택접근에 있어서의 차별 문제가 민사영역에서 다뤄지게 함으로써, 법적 투쟁을 보다 용이하게 했고, 금지하는 인종차별 행위를 정신적 고통을 수반하는 행위에까지 확대시켰다.

③ 인종차별신고제도

정부는 2000년 5월 '전화 114제도'를 신설해 인종차별 피해자가 보다 간편하게 인종차별 신고를 할 수 있게 했다. 이 제도는 신설된 HALDE가 이 영역에서 강화된 권한을 행사해 보다 견실해졌다. HALDE는 간단한 편지나 전화를 통해 피해자들로부터 탄원을 접수받고, 가해자에게 모든 종류의 관련 서류와 답변을 요구할 수 있으며, 현장검증과 필요한 증인들을 찾아내 사실 관계를 입증할 수 있는 권한을 갖고 있다. 가해자가 HALDE의 요구에 제대로 응하지 않을 경우 HALDE는 판사를 통해 자신의 요구에 응할 것을 법적 테두리 안에서 강제할 수 있다. 또한 HALDE는 사항에 따라 직접 가해자를 고발하거나 이들에게 인종차별의 수정을 권고할 수 있다.

④ 인종차별 퇴치 협정제도

정부는 1998년 이후에 각종 공적·사적 기관들과 인종차별 퇴치 협정을 체결했다. 이 협정에 따르면, 한편으로는 정부가 협정 당사자에게 자신이 개발한 인종차별 퇴치의 구체적 방법들을 제시하고, '통합과 차별 퇴치 지원기금'(Fonds d'Action et de Soutien pour l'Intégration et la Lutte contre les Discriminations, FASILD)을 통해 재정의 일부를 지원하고, 다른 한편으로는 협정 당사자가 자체 내에 인종차별 퇴치를 전담하는 부서를 만들고, 스스로 인종차별 현황에 대해 조사하며, 인종차별 퇴치 전문가를 육성한다. 그리고 이를 바탕으로이들은 다양한 인종차별 퇴치의 실천적 방법들을 개발하고 시행한다.

⑤ 시민단체의 동원

정부는 다양한 시민단체를 인종차별 퇴치에 동원하고 있다. 예를 들면, 소외퇴치행동재은 정부와의 협약을 통해 다수의 기업에게 노동 시장에서의 인종차별 퇴치에 대해 경각심을 불러일으키는 모임을 개최하고 있다. 또한 정부는 SOS 라시즘, 인권연맹, '인종차별 퇴치와 인민연대를 위한 운동' 등이 인종차별 피해자의 법정소송을 대리하는 것을 허가하고 있다. 노동자들이 인종차별에 직면했을 때, 노조는 이들의 동의 아래 노사분쟁조정위원회에 인종차별 행위의 수정을 청원할 수 있으며, 노동자를 대신해 고용과 노동시장에서의 인종차별 행위에 대한 법적 고발을 할 수 있다.

하지만 이러한 노력은 최근의 일이며 정부의 자발적인 노력 부족이라는 한계를 갖고 있다. 인종차별 금지는 이미 1990년 이전에 법제화됐지만[30] 구체적으로 이를 실행하고 사회에 강제할 장치들은 1990년 이전에는 없었다. 더구나 현재 인종차별 퇴치의 중추적인 역할을 하는 HALDE는 2004년에야 만들어졌을 뿐만 아니라 인종차별퇴치의 제도적 장치들은 유럽연합에서 먼저 결정됐고, 이것이 프랑스에 유럽 연합 차원에서 부과된 후 약 2~3년이 지나 프랑스에서 공식적으로 자리잡았다.[31] 이것은 인종차별 퇴치정책이 프랑스 정부나 사회의 자각에 의한 것만은 아님을 보여준다. 이 두 가지의 한계는 인종차별 퇴치정책에 대한 정부 노력의 의미를 되짚어보게 한다. 만약 정부가 인종의 동등함이란 가치를 프랑스 사회에 주입하고자 했다면 보다 빠른 시기에, 보다 자발적으로 인종차별 퇴치에 대한 정책들을 시행했어야 했다. 이러한 문제제기는 정부가 인종차별 금지에 대한 지속적인 캠페인이나 대중매체를 통한 지속적인 선전에 별다른 노력을 하지 않는 데서도 알 수 있다. 이는 에이즈의 예방과 퇴치를 위한 광고가 지속적으로 대중매체에 등장하는 것과 비교해보면 쉽게 알 수 있다. 지속적인 캠페인과 선전은 인종차별 금지를 보다 정치화시키고, 보다 일상화시키는 데 더욱 효과적인 방법이다. 인종차별 문제가 에이즈보

---

30) 1965년 국제연합이 채택한 '모든 유형의 인종차별을 없애기 위한 국제협약'은 1972년의 '인종주의 퇴치에 관한 플레방 법'에 의해 프랑스에 적용됐다. 1978년에는 '정보와 자유에 관한 법'을 통해 인종, 출신, 정치적·철학적·종교적 견해, 그리고 노조 참여 여부와 같이 민감한 정보들은 공식적인 서류에는 표기할 수 없게 했다. 1982년 오루 법은 근로자의 출신·인종·국가·종족에 기반한 회사 내 처벌이나 해고를 금지시켰고, 1983년의 르포르 법은 공무원들 사이에 인종에 의한 구별 금지를 재차 규정했다. 마지막으로 1990년에는 인종주의적이고 반유대주의적이며 외국인을 혐오하는 모든 행위를 억제하기 위한 게소 법을 채택해 인종차별 범법행위에 대한 보충적 처벌을 강화했다.

31) 예를 들면 유럽연합은 이미 1997년을 '차별 퇴치의 해'로 선정해 회원국에게 차별 퇴치 정책에 대한 중요성을 선명하게 인지시켰다. 그리고 같은 해에 암스테르담 조약은 로마 조약에 새로운 제13조를 첨가시켰는데 이 조항은 유럽연합이사회가 모든 형태의 차별에 투쟁하기 위해 필요한 모든 방법을 강구할 수 있는 권한을 갖고 있다고 규정했다. 유럽연합은 위 조항을 근거로, 성에 의한 차별에 대한 투쟁을 내용으로 하는 1997년 12월 7일의 조치(directive 97/80/CE)를 시작으로 해 2000년에 차별퇴치와 관련된 일련의 조치(directive)를 완성해 회원국에 강제하기 시작했다. 특히 2000년 6월 29일의 조치(directive 2000/43/CE)는 인종이나 출신의 구별 없이 모든 사람들 사이에서 평등의 원칙이 적용되어야 한다는 내용을 담고 있으며, 이 내용들은 프랑스의 2001년 11월 16일의 차별퇴치에 관한 법의 주요 골자가 됐다.

다 덜 심각한 문제가 아님은 분명한데, 정부가 이러한 노력을 하지 않는다는 것은 '정부는 사회에서 일어나는 실질적 변화요구의 비대칭성을 통합정책을 통해 줄이고자 하는 의지를 별달리 갖고 있지 않다' 는 우리의 논지를 정당화시키는 하나의 근거가 될 수 있다.

이러한 여지는 통합정책이 이민자 그룹에게 실질적 변화, 즉 수용과 통합계약(Contrat d'Accueil et d'Intégration, CAI)의 프랑스어 능력 배양과 시민성 배양을 위한 교육과정의 이수[32], 그리고 세 가지의 프랑스어 능력 배양 지원[33]을 요구한다는 사실 자체에서도 나타난다. 왜냐하면 만약 정부가 사회에서의 비대칭성을 통합정책을 통해 줄이고자 한다면, 이민자 그룹이 이미 프랑스 사회로부터 실질적 변화의 압박을 충분히 받고 있음에도 불구하고, 정부가 공적 권력에 의거해 또 다른 실질적 변화의 요구를 첨가시키는 시도를 하지 않는 것이 보다 타당한 처사이기 때문이다. 위의 이민자 그룹에게 실질적 변화를 요구하는 세 가지 조치들은, 프랑스 사회가 이민 1세의 실질적 변화를 이끌어내는 역할을 완벽하게 수행하지 못하고 있으니, 정부가 직접 이민 1

---

32) 신규 이민자는 이민신고 시 프랑스 정부와 CAI를 체결해야 한다. 이 계약에 의하면, 신규 이민자는 프랑스어 능력 배양과정과 시민성을 위한 교육과정(formation civique)을 반드시 이수해야 한다. 우선, 정부는 계약 시 신규 이민자의 프랑스어 능력을 평가해, 각각에 상응하는 프랑스어 수업을 제공한다. 그리고 프랑스의 기본적인 법, 권리와 의무체계, 제도들, 공화주의 모델에 내재된 가치들에 대한 설명을 담고 있는 '프랑스에서 살기'(Vivre en France)라는 시청각 자료와 안내책자를 배부해 프랑스 사회에 대한 이들의 이해를 높이고 있다.

33) 정부는 이민 1세가 많이 거주하는 곳에 프랑스어교육센터를 세우고, 다양한 프랑스어 교육기관들을 이 아래로 집약시켜 이민자들이 보다 효과적으로 프랑스어를 배울 수 있게 하고 있다. 또한, 정부는 라디오를 통한 프랑스어 능력 배양 프로그램 확대를 꾀하고 있는데, 2004년 현재, 프랑스 라디오 1이 프랑스어와 아랍어, 프랑스어와 터키어로 진행되는 프로그램들을 진행하고 있다. 마지막으로, 정부는 이민노동자의 프랑스어 능력을 직무수행능력의 한 부분으로 인정하고, 2003년 이후부터 직업재교육의 내용에 언어교육을 포함시키고 이를 노동법에 명시했다.

세의 실질적 변화를 요구하고 강제하려는 것이다. 더구나 HCI는 CAI의 시민성 배양교육을 신규 이민자만이 아니라, 이미 프랑스에 정착한 이민 2세에게도 적용해야 한다는 주장마저 하고 있다.[34]

### 3) 통합정책이 상정한 조건형성적 변화와 그 한계

① 이민 1세를 위한 조건형성적 변화

다음으로 이민 1세를 위해 정부가 요구하는 조건형성적 변화를 보자. 신규 이민자를 위한 경우를 보면, 정착 초기에 마주치는 어려움의 해결을 위해 공적 기관들이 다양한 서비스를 CAI의 틀 안에서 제공하고 있다. 이와 더불어 정착한 지 일정 시간이 지난 이민 1세의 경우, 일상의 사소한 문제들은 중개자에게, 법적·행정적인 문제들은 공화국중재자 대리인에게 도움을 받을 수 있도록 하고 있다.

그리고 우리가 분석한 세부 정책들 중에서 가장 독특한 위치를 차지하는 노동허가증 조절제도가 있다. 이에 따르면 정부는 육체노동의 영역에 고용된 이민 1세의 고용안정성을 위해 노동시장에서의 육체노동에 대한 사회적 요구를 상시 분석해 계량화·자료화하고, 이를 통해 중기 차원에서 육체노동 시장 상황을 미리 예측해 육체노동 영역에서의 노동허가증 발급의 규모를 정하고 있다. 국립통계청의 자료에 의하면, 1992년과 2002년의 이민 1세 고용 현황을 비교했을 때, 육체노동 영역에서는 13.5퍼센트, 자영업 분야에서는 0.9퍼센트가 감소했지만, 다른 영역에서는 모두 소폭의 증가율을 보였다. 따라서 이민 1세의 실업은 주로 육체노동 영역에서 이뤄졌으며, 그들의 고용불안은 이 영역

---

34) HCI, *Le contrat et l'intégration*, p.95.

<도표 2: 육체노동 영역에서의 이민 1세와 프랑스인의 고용 비교>

(단위: 퍼센트)

| | | 직업 범주 | | | | | |
| --- | --- | --- | --- | --- | --- | --- | --- |
| | | 농부 | 자영업자 | 간부 | 중간간부 | 일반사원 | 노동자 |
| 이민 1세 | 2002 | 0.7 | 8.2 | 10.4 | 12.4 | 27.8 | 40.5 |
| | 1992~2002 간 변화율 | 0.0 | -0.9 | 2.4 | 3.5 | 8.5 | -13.5 |
| 프랑스인 | 2002 | 2.8 | 5.8 | 15.0 | 22.3 | 29.4 | 24.7 |
| | 1992~2002 간 변화율 | -2.1 | -2.1 | 2.5 | 1.3 | 2.2 | -1.8 |

〔출처〕 INSEE, *Les immigrés en France 2005*, Paris: INSEE, 2005, p.115. 재구성.

에서 제일 심각함을 알 수 있다. 그러므로 정부의 노동허가증 조절 조치가 이민 1세의 고용안정을 위한 것이라는 정부의 주장은 언뜻 타당해 보인다. 하지만 이 세부 정책은 이미 고용된 이민 1세만을 위한 것인가 하는 데 의문이 있다. 이 영역에서의 고용불안은 프랑스인에게도 정도의 차이는 있지만 마찬가지로 나타난다.

프랑스인의 경우 1992년과 2002년을 비교해보면, 농업과 자영업 분야에서 각각 2.1퍼센트의 고용감소가 나타나고, 육체노동 분야에서는 1.8퍼센트의 감소율을 보이지만, 다른 영역은 모두 증가했다. 즉 프랑스인에게도 육체노동 영역이 고용불안의 영역인 것이다. 특히 육체노동 분야에 취업된 프랑스인의 비율이 24.7퍼센트로 일반사원 영역 다음으로 높다. 따라서 프랑스인의 실업과 고용불안을 해소하고자 하는 정부에게 육체노동 영역은 무시할 수 없는 영역이다.

또한 이민 1세는 13.5퍼센트로 감소한 반면, 프랑스인은 1.8퍼센트로 감소했다는 것은 새로운 이민 1세의 육체노동시장 진입의 통제가 오히려 기존에 고용된 프랑스인의 고용 유지에 상대적으로 더 도움이 됐음을, 더욱이 고용된 사람을 위한 정책인 직업재교육을 보면, 육체

노동 영역에서는 별로 이뤄지지 않으며, 그 혜택도 주로 프랑스인에게 주어지고 있다.[35] 이는 영역에서의 고용 유지의 여건이 프랑스인에게 보다 유리하게 작용하고 있음을 의미한다. 즉 이 영역에서는 이민 1세의 노동시장으로의 진입은 어려워지고, 기존의 이민 1세 노동자들이 실업상태에 처할 가능성은 프랑스인 노동자보다 상대적으로 높은 환경이 되고 있는 것이다.

② 이민 2세를 위한 조건형성적 변화

세부 정책이 이민 2세에 적용되는 경우는 모든 프랑스의 거주민을 대상으로 하는 경우, 특정 지역을 대상으로 하는 경우, 그리고 이민 2세만을 대상으로 하는 경우 등이 있다.[36] 앞의 두 경우는 이민 2세를 정책대상의 일부로서 포함하는 것이며, 대다수의 이민 2세를 위한 통합정책은 이에 속한다.

그러나 세번째의 경우는 매우 드물다. 왜냐하면 특정 인종이나 종족만을 대상으로 하는 것은 "공화국은 부분으로 나뉠 수 없기 때문에 정부는 모든 국민을 동등하게 다뤄야 한다"는 것에 위배되기 때문이다.[37] 특히 프랑스는 영미권에서 시행중인 '긍정적 차별정책' (discrimination positive)이 성별과 인종에 의거한다고 부정적으로 평가하면서[38] 그 대신 지역에 기초한 긍정적 차별정책을 시행하고 있다.[39]

---

35) 국립통계청의 조사에 따르면, 육체노동 분야에서는 피고용인의 27퍼센트만이 직업재교육을 받으며, 이 영역의 이민 1세들 중 13퍼센트(프랑스인은 28퍼센트)만이 직업재교육의 혜택을 받았다. INSEE, *Les immigrés en France* 2005, pp.124~125.

36) 지역을 기준으로 정책은 각 정책 부문에서 독자적으로 시행되기도 하나, 주로 도시정책에 의해 총괄되고 있다. 특히 도시정책은 '민감한 도시 구역'(zone urban sensible)을 정해 이곳에서 집중적으로 정책을 펴고 있다.

37) HCI, *Le bilan de la politique de l'intégration 2002-2005*, pp.43~44.

우리가 앞으로 볼 이민 2세를 위한 교육과 고용 분야에서의 통합정책
도 지역에 기초한 경우가 대다수다.

### ③ 이민 2세를 위한 교육정책

모든 학생을 대상으로 하는 세부 정책은 이민 2세의 사회화에 관련된
모든 행위자를 조직적으로 동원·조율함으로써, 이민 2세가 교육을 중
도에 포기하지 않도록 하는 교육감독제도가 있다. 특정 지역을 위한
경우를 보면 고등교육기관, 연구기관, 기업, 문화와 체육기구 등이 도
시정책 대상지역(territoires de la politique de la ville)에 위치한 중·
고등학교와 교육증진 네트워크를 구축해, 학생들의 진학과 진로선택
에 공조를 하도록 하고 있으며, 2003년 이후 매년 국가장학생을 선발
함에 있어, 3만 명 중 1만 명을 도시정책 구역의 학생들로 뽑고 있고,
부모가 형편상 자녀들을 집에서 돌보기 어려운 가정을 위해 원래 수업
이 없는 수요일과 토요일, 그리고 방학 기간 중에 도시정책 구역의 학
교가 문을 여는 '열린 학교'를 시행하고 있다. 그리고, 전국 규모의 운
동연합에 가입한 클럽에서의 운동을 통해, '민감한 도시 구역들'의 이

---

38) 시라크 대통령은 2004년 12월 5일 튀니지를 방문해서 한 연설에서 긍정적 차별정책보
　　다는 전 국민을 대상으로 하는 정책을 통해 이민자 그룹이 갖는 문제를 해결해야 한다
　　고 했다. 이 연설은 국가의 지도자인 대통령에 의해, 그것도 공식적인 자리에서 이뤄졌
　　다는 점에서 통합정책의 기조를 상징적으로 보여주는 것이다.
39) 달리 말하면, 프랑스 정부는 이민자 그룹이나 소수민족만을 정책의 대상으로 삼는 것이
　　아니라, 주로 이민자 그룹의 비율이 상대적으로 높은 못 사는 지역이나 사회 문제가 많
　　은 지역을 정책의 대상으로 삼고, 이 지역의 모든 거주민에게 동일하게 혜택을 주는 정
　　책에 초점을 두고 있다. 이러한 지역에 기초한 긍정적 차별정책들은 공화주의 원칙의
　　고수와 이민자 그룹의 소외 문제 해결이라는 두 가지를 동시에 이룰 수 있는 대안으로
　　여겨지고 있다. Gwénaëlle Calves, *La discrimination positive*, Paris: PUF, 2004,
　　pp.113~116.

민 2세의 통합을 유도하고 있다.[40] 마지막으로 이민 2세만을 대상으로 하는 세부 정책을 살펴보면, 이민자 부모는 프랑스인 부모들에 비해 교육열은 높을지라도[41] 실제 자녀의 교육과정에 참여하는 정도는 낮은데, 이를 보완하기 위해 정부는 이민자 부모의 자녀의 교육에 대한 역할 증대를 위한 다양한 조치들을 취하고 있다.[42]

### ④ 이민 2세를 위한 고용정책

모든 젊은이를 대상으로 하는 경우로는 회사가 이민 2세를 고용할 때 공공기관이 보증을 서는 후견제도[43]와 공공기관이 젊은 고학력자를 개인적 차원에서 회사와 연결시켜주는 개인적 보조체제(système d'accompagnement individuel)[44]가 있다. 특정 지역을 대상으로 하

---

40) 이 클럽들에 대한 재정 지원을 위해, 정부는 체육부 산하 공공기관에 자원관리부(centre ressources)와 운동재단(Fondation du sport)을 신설했다.

41) 국립통계청에 따르면, 이민자 부모의 교육열이 프랑스인 부모의 그것보다 높은 것으로 나타난다. 자녀가 20세가 넘도록 공부하는 것에 대해 전자는 66퍼센트가 후자는 55퍼센트가 동조했다. 반면에 고학력이 취업에 도움이 되는가에 대해서는 전자는 32퍼센트가, 후자는 35퍼센트가 도움이 된다고 보았다. 이민자 부모는 자기의 자녀가 학력이 높더라도 다양한 상황(예를 들면 인종차별)으로 인해 취업이 어렵다는 것을 인지하고 있는 것이다. INSEE, op. cit., pp.100~101.

42) 우선 정부는 교육체계 관련 자료들을 이민자 부모의 모국어로 만들어 이민자 가족에게 배부하고 부모의 모국어로 된 카세트를 이용한 설명자료들을 제공하고 있다. 또한 '부모의 동행, 후원, 듣기 망의 국가조율위원회와 도조율위원회'를 두어 이민이 교육과 진학에 주는 어려움과 이민자 가정에서 부모의 역할이 제대로 수행되기 어려운 점들을 이민자 부모와 함께 고민하고 있다. 그리고 중개인(femmes-relais), 시민조직, 사회조력자에게 이민자 부모와 학교, 이민자 부모와 자녀 간의 다리 역할을 하게 하고 있다.

43) 이 제도는 1993년에 시범적으로 시행되어 효과가 있음이 증명됐고, 2003년 이후로 일반화됐으며, 현재는 혜택의 범위를 일반 이민 1세에게까지 확대하고 있다.

44) 이 제도는 고학력자의 실업 문제를 해결하고자 3년 동안(2004~06) 몇 개의 지역에서 시범적으로 시행됐고, 2006년부터 전국적으로 확대됐다. 정부는 단순히 수혜자를 개인적으로 연결시켜주는 것을 넘어, 이들을 고용했을 경우에 고용자에게 다양한 이점을 줌으로써 이 제도를 보다 현실성 있게 하고 있다.

는 경우는, 우선교육지구에 있는 중·고등학교에 공무원 임용시험 준비를 위한 부서를 따로 설치해 공무원 임용시험 준비를 고양시키고, 민감한 도시 구역들의 젊은이들이 교대계약(contrat d'alternance)과 기업청년계약(contrats jeunes en entreprise)과 같은 일반인들과는 다른 형태의 계약을 체결할 수 있게 하고 있으며, 민감한 도시 구역 안에 경제활동과 기업을 위한 지역기업 창출 지원지구를 만들고 여기서 활동하는 사람들에게 창업과 회사운영에 대한 경제적·법적·경영적 조언과 교육을 시행하고 있다. 이민 2세만을 대상으로 하는 정책으로는 이민 2세를 대상으로 창업에 관련된 발표회를 지역적으로 열고, 여러 기업들로 구성된 재정지원단체들로 하여금 민감한 도시 구역에 거주하는 이민 2세의 창업을 지원하게 하고 있으며, 농업, 그리고 이 직업에 필요한 정보와 전문지식을 이민 2세에게 제공해 이 분야로 진출하도록 유도하고 있다.

⑤ 조건형성적 변화의 한계

우리가 분석한 세부 정책들은 노동허가증 발급 조절을 제외하고는 모두 프랑스 사회에게만 조건형성적 변화를 요구하고 있다. 이를 좀더 부연설명하자면, 정부는 통합을 위해 다양한 기구들을 신설하거나 이들의 기능과 역할들을 강화하는 것은 프랑스 사회라는 사회적 공간에서 만들어지는 것이지, 이민자 그룹들이 형성하는 사회적 공간에서 이뤄지는 것이 아니다. 그리고 이 신설된 기구와 강화된 기능들은 프랑스 사회의 대리자들로 하여금 이것들을 통해 다른 통합 당사자인 이민자 그룹의 어려움과 불만의 해소, 이들이 갖는 불평등의 해소라는 목표를 달성하려는 것이다.

　이러한 조건형성적 변화가 제공하는 것들은 분명 이민자 그룹에게 이로운 것들이다. 그러나 이것들은 정책의 목표라는 차원에서는 좀 더 세심한 주의를 요하는 것들이다. 불만이나 어려움의 해소, 일탈의 방지, 기회불평등의 축소 등은 이민자통합의 영역만이 아니라, 다른 대다수의 영역에서도 정책들의 목표로서 여겨지는 것들이다. 통합정책 내에서 이것들을 목표로 삼는다는 것은 통합정책만이 갖는 통합의 추구라는 틀이 이것들을 규정한다는 것이며, 다른 정책의 영역에서는 나타나지 않는 독특한 구조, 즉 어느 한 통합 당사자를 다른 통합 당사자에게 다가서게 하는 틀이 이것들을 규정한다는 것을 의미한다.

　위와 같은 통합정책의 특성으로 인해 위의 세부 정책들이 갖는 보다 현실적인 목표들은 우리가 다루는 목표의 수준인 고유함의 침투와 고유함의 침투의 조건형성이라는 틀에서 '누구의 고유함이 침투될 수 있는 조건들의 형성인가'라는 기준을 가지고 재구성할 수 있다. 정부는 프랑스 사회와 이민자 그룹 사이의 고유함의 침투 수준에서의 통합을 추구한다. 이를 위해 정부는 프랑스 사회에게 이민자 그룹을 위한 위의 제도적, 물질적 조건들을 향상시키라고 요구하고 있다. 그러나 정부의 이 행위는 누구의 고유함이 누구에게 침투되기에 적합한 조건들을 형성하고자 하는 것인가. 이는 이민자 그룹의 고유함이 프랑스 사회로 침투할 여건이라기보다는 프랑스의 고유함이 이민자 그룹에게 침투할 여건을 마련해주는 것으로 보아야 타당하다. 달리 말하면, 프랑스 사회가 이민자 그룹에게 제도적·물질적 조건향상을 제공하고 있으니, 이민자 그룹들은 이 제공된 제도적, 물질적 안정을 기반으로, 프랑스 사회의 고유함의 침투를 받아들일 준비를 하라는 것이다. 그렇기 때문에 위의 세부 정책들은 이민자 그룹의 불만이나 어려움의 해소, 일탈의 방지, 기회불평등의 축소라는 목표와 더불어 '이민자 그룹의 보다 원활한 프랑스 사회에로의 진입', '이민자 그룹의 보다 쉬운 통합됨', '프랑스 사회에 보다 쉽게 가까워짐' 등의 목표들을 명시하고 있는 것이다. 결국 우리가 분석한 이민자 그룹을 위한 조건형성적 변화들은 이민자 그룹이 프랑스 사회의 사회적 표상과 문화들을 자신의 그것들로 받아들일 수 있는 여건을 제공하는 것이라고 볼 수 있는 것이다. 따라서 고유함의 침투와 이것의 조건형성이라는 수준에서는 이민자 그룹이 실질적인 혜택을 받는 것이 아니라, 프랑스 사회가 실질적인 혜택을 받는다.

이 관점에서 본다면, 통합정책은 두 가지의 특징을 가진다. 하나는 통합정책은 앞서 말했던 대칭성을 갖는 게 아니라, 오히려 궁극적으로는 비대칭적인 모습을 가진다. 즉 고유함의 침투요구나 이것이 일어날 수 있는 조건의 형성은 주로 이민자를 향해 있다는 것이다. 다른 하나는 통합정책이 제공하는 이러한 여건 속에서 프랑스 사회는 이민자 그룹에게 실질적 변화를 보다 원활하게 요구할 수 있게 되고, 이 요구의 결과 또한 보다 효과적이게 되는 것이다.

### 4) 이민자 그룹의 제한적 능동성: 받는 자로서의 이민자 그룹

통합정책의 집행과정을 주도하는 정책수행자는 정책집행과정에서 가장 능동적인 위치를 가진다. 이 자리를 이민자 그룹이 차지하는 경우는 SOS 라시즘, 인권연맹, 그리고 인종차별 퇴치와 인민연대를 위한 운동 등이 인종차별 피해자들을 도와 법적 소송을 진행하는 것이 유일하다. 이것은 이민자 그룹이 통합정책의 집행과정을 주도할 기회를 갖지 못한다는 것 이상의 의미를 가진다. 정책수행은 집행과정에서 이민자 그룹과 소통하고, 이민자 그룹의 현실을 목격할 수 있는 자리이며, 더불어 이를 정부에 보고하는 이민자 그룹과 정부 사이의 다리 역할을 한다. 만약 이 자리를 이민자 그룹이 보다 많이 맡는다면 정부는 그만큼 이민자 그룹 입장에서 통합에 필요한 것들이 무엇인지를 더 잘 알게 될 것은 자명하다. 또한 이민자 그룹이 통합정책에 대해 갖는 자각 정도와 이들이 정부의 노력에 대한 갖는 인지도가 향상될 가능성이 높아질 것이다. 그러나 이러한 가능성은 이민자 그룹의 정책수행으로의 접근이 배제됨으로써 상실되고 있는 것이다.

이민자 그룹은 참여적 정책대상의 역할을 수동적 정책대상의 역할보다 많이 수행한다. 이것은 그나마 이민자 그룹이 정책수행과정에서 일정 정도의 능동성을 가질 수 있음을 나타낸다. 또한 이것은 우리가 분석한 해당 세부 정책들이 이민자 그룹의 필요에 대한 부응 정도가 높다는 것을 의미한다. 그러나 이것은 영역별 혹은 전체로서의 통합정책이 제대로 이민자의 필요를 충족시키고 있다는 것을 보여주지는 않는다. 왜냐하면 정책에 의해 받아들여지지 않은 이민자 그룹의 요구가 더 많을 수 있기 때문이다.

통합정책 집행과정에서 이민자 그룹이 가질 수 있는 능동성은 몇 가지 심각한 수동성을 상정한 세부 정책에 의해 더욱 줄어들고 있다. 노동부의 노동허가증 조절조치는 육체노동시장에서 이미 고용된 이민노동자의 고용안정성을 높이기 위해 정부가 이민노동자의 육체노동시장 진입을 사전에 통제하는 것이다. 하지만 경제활동 이민 1 세 중 40.5퍼센트가 (육체)노동자이다.[45] 이는 육체노동 영역이 이민 1세가

---

45) INSEE, op. cit., p.115.

다른 영역에 비해 상대적으로 쉽게 고용될 수 있는 영역임을 의미한다. 따라서 이민 1세 입장에서 보면, 육체노동시장으로의 진입이 통제된다는 것은 일자리를 찾기가 어려운 상황에서[46] 고용될 수 있는 가능성이 제일 높은 영역으로 들어가지 못함을 의미하는 것이다.

또한 정부는 이민 2세를 농촌 지역으로 유도하려 한다. 1992～2002년 프랑스인 농업종사자가 2.1퍼센트 감소한 데서 보이듯 농업 분야는 프랑스에서 선호되는 직업 영역이 아니다. 또한 프랑스의 농업은 1960년대 이후로 대규모 기업농으로 전환[47]됐기 때문에 자기 자본이 없이 이 분야에 들어가서 충분한 수입을 얻기란 쉽지 않다. 그리고 이민자 그룹은 넉넉한 자기 자본을 갖춘 경우가 드물다. 결국 이곳으로 유도되는 이민 2세는 자기 자본이 없는 부류일 가능성이 높으며, 따라서 농업에서 차지할 이들의 사회적 위치가 그다지 높지 않을 것임을 짐작할 수 있다. 또한 프랑스인 농업 종사자가 줄었다는 것은 이에 대한 프랑스인의 낮은 선호도를 보여주기도 하지만, 이 영역의 일자리 자체가 줄어드는 경향이 있음을 뜻하기도 한다. 따라서 이민 2세가 자기 자본 없이 피고용인으로 농업에 종사한다는 것은 이들이 실업의 위험에 상대적으로 많이 노출됨을 의미한다. 결국 이러한 영역으로 이민 2세를 유도한다는 것은 이민 2세가 갖는 순간적인 수동성을 넘어, 그들의 인생 전체를 수동적으로 살아가게 할 여지가 있는 것이다.

마지막으로 이민자 그룹의 시민단체에 대한 정부의 인식과 활용 정도는 이민자 그룹의 요구와 이민자 그룹의 능동적 역할에 대한 무관

---

46) 2002년 기준으로 프랑스인은 7퍼센트의 실업률을 보이는 반면, 이민 1세의 16퍼센트가 실업에 처해 있다. INSEE, ibid., p.111.

47) Pierre Muller, *Les politiques publiques*, Paris: PUF, 2000, pp.53～54.

심을 보여주는 예가 된다. 이민자 그룹은 비록 프랑스 내의 작은 독자성을 갖는 공동체를 형성하지는 않지만, 다양한 시민단체들을 만들어 스스로를 위한 능동적인 역할을 해왔다.[48] 이민자 그룹의 시민단체는 1981년 정부가 이민자 그룹의 조직형성을 허가하면서부터 본격적으로 만들어졌으며,[49] 1980년대 전반기에는 이민자 그룹의 시민단체들이 매우 활발한 운동을 전개했으나,[50] 1990년대에 와서 그 활동력을 크게 상실했다. 이러한 쇠퇴 원인으로는 두 가지를 들 수 있다. 우선 1990년대 이후에 프랑스인들로 구성된 시민단체가 이민자통합의 영역으로 들어왔고, 이것은 결과적으로 국가에서 주는 보조금에 대한 이들과 이민자 그룹의 시민단체 간의 경쟁으로 이어졌다. 이 경쟁에서 정부는 이민자 그룹의 시민단체(비영리성이란 정당성을 갖는)보다는 프랑스인의 시민단체(조직 운영의 체계성과 전문성을 갖는)에게 더 많은 보조금을 지급함으로써, 이민자 그룹의 시민단체의 쇠퇴를 가져왔다. 다른 이유는 지방 정부가 이민자 그룹의 시민단체를 동반자로서의 위치가 아니라, 점차 정책집행의 도구, 즉 이미 자신들이 구미에 맞게

---

48) 여기서 유의해야 할 점은 우리가 다룬 세부 정책들은 중앙 정부의 차원의 것들이며, 주로 이민자 그룹의 시민단체는 중앙 정부와 직접적인 관계를 맺는 것이 아니라 지방 정부와 관계를 맺고 주체의 역할을 하고 있다는 것이다. 또한 여기서 다루지 않는 다양한 사회정책들은 이들을 주체 혹은 대상으로 한 정책들을 포함하고 있다.

49) 초기의 시민단체들은 주로 이민자 그룹과 본국과의 관계 유지와 신규 이민자의 정착을 돕고 그리고 자신들의 문화를 유지하는 것 등을 목적으로 했다. Marie Poinsot, "Le mouvement associatif, un instrument au service des politiques publiques d'intégration?", *Hommes & Migrations*, n° 1229: Vie associative. Action citoyenne, janvier-février, 2001, Paris: GIP Adri, pp.64~69.

50) Catherine Wihtol de Wenden, "Les associations de l'immigration maghrébine: Diversité de la mouvance et émergence de jeunes leaders", *Des jeunes et des associations*, (dir.) Bernard Roudet, Paris: L'Harmattan, 1996, pp.77~84. 이 외에 참고할 만한 책으로는 다음을 참조하라. Said Bouamama, *Dix ans de marche des Beurs: Chronique d'un mouvement avorté*, Paris: Desclée de Brouwer, 1994.

결정된 정책들의 단순한 실행자로 여긴다는 것이다.[51] 특히 두번째의 경우는 보다 심각한 문제를 제기한다. 즉 기존에는 스스로를 위해 활동할 수 있었던 이민자 그룹의 시민단체가 정부로 인해 독자성과 능동성을 상실하게 됐다는 것을 의미하며, 정부가 통합을 위한 이민자 그룹의 역할을 그리 대수롭게 여기지 않고 있다는 징표다.

### 5) 통합을 위한 정부 노력의 숨은 의미: 통합이 갖는 비대칭성의 유지와 보조

위의 세부 정책들에 대한 분석에 따르면, 정부는 이민자 그룹에게 실질적 변화를 별로 요구하지 않는다. 이러한 결과는 정부가 굳이 통합정책을 동원하면서까지 이민자 그룹에게 실질적 변화를 요구할 필요가 없기 때문에 나오는 것이다. 즉 프랑스 사회가 이민자 그룹에게 실질적 변화를 충분히 요구하고 있으며, 정부 또한 통합정책의 영역이 아닌 다른 정책의 영역에서 실질적 변화를 충분히 요구하고 있어서, 그리고 그것만으로도 통합 이전의 프랑스 사회의 고유한 것들을 통합 후에도 그대로 유지할 수 있기 때문에 통합정책이 이민자 그룹의 실질적 변화를 굳이 상정할 필요가 없는 것이다.

지금까지 우리가 분석한 세부 정책들은 프랑스 사회에게 실질적 변화를 더욱 더 많이 요구한다. 하지만 이것은 앞에서 살펴본 실질적 변화요구의 비대칭성을 메우기 위한 것이 아니다. 프랑스 사회가 이민자 그룹에게 부과하는 실질적 변화요구가 강해 이민자 그룹의 반항을

---

51) FAS(FASTIF(Fonds d'Action Social pour les Travailleurs immigrés et Leurs Familles)의 약칭)에 따르면, 지방 정부와 관계를 맺는 이민자 그룹의 시민단체 중 65퍼센트가 지방 정부가 결정한 사안들을 단순히 이행하는 역할을 하고, 18퍼센트만이 자신들이 세우는 계획을 지방 정부의 도움 아래 자신들이 직접 시행하고 있다. FAS, *Développement, évaluation, méthode, bilan des contrats de ville*, 1993-1998, p.16.

불러오며, 이 반항을 잠재우거나 축소하기 위해 정부는 프랑스 사회에게 실질적 변화를 더 요구하는 것이다. 이러한 정부의 노력은 이민자 그룹과 프랑스 사회 사이의 평등한 관계를 지향한다는 관점에서가 아니라 이민자 그룹의 반항과 불만의 해소라는 현실적인 관점에서 이뤄지는 것이다.

프랑스 사회에게만 일방적으로 요구되는 조건형성적 변화들은 이민자 그룹을 둘러싼 제도적, 물리적 조건의 향상을 추구함과 동시에 보다 높은 수준에서는 이들이 프랑스 사회로 보다 용이하게 다가설 조건들을 만드는 것이다. 따라서 이 조건형성적 변화들은 이민자 그룹에게 프랑스의 고유함들을 받아들이라는 프랑스 사회의 채찍을 보다 원활히 작동시키기 위해 정부가 이민자 그룹에게 주는 당근을 의미한다. 더구나 통합정책은 이민자 그룹의 능동성을 담아내고 있지 못하며, 오히려 기존에 능동적으로 활동해오던 이들의 시민단체를 자신의 의도가 담긴 정책을 실행하는 단순한 도구로 삼음으로써 기존의 능동성마저 훼손시키고 있다. 정부는 이민자 그룹을 프랑스 사회와 동등한 위치의 행위자로 인정하지 않고 있다는 증거이다.

따라서 우리는 이러한 근거들을 통해 다음의 결론을 내릴 수 있다. 정부는 이민자통합을 정부의 영역이 아닌 사회의 영역에서 이뤄지는 것으로, 그것도 비대칭적으로 이뤄지는 것으로 보고 있으며(더 나아가 당연하게 여기고), 자신은 이 비대칭성을 유지시키고, 이에 대한 보조의 역할을 해야 한다고 여기는 것이다. 그리고 현재의 통합정책은 통합 당사자 간의 평등을 지향하는 것이 아니라 이민자 그룹의 불만을 줄임으로써, 이민자 그룹이 프랑스 사회로 녹아드는 데서 비대칭적 관계를 유지시킬 여건을 만드는 정책인 것이다.

## 4. 맺는 글

이민 1세대는 이미 자신들에게 주어진 불평등을 감내할 의사가 있었고 현재에도 감내하고 있다. 하지만 현재 프랑스의 이민자통합은 이민 1세가 아니라 마그리브와 아프리카 출신의 이민 2세의 통합에 무게가 실려야 한다. 이들은 프랑스의 고유한 것으로 여겨지는 것들을 이미 체화했기 때문에 더 이상 '문화가 다르기에 근본적으로 통합될 수 없는'이란 수식어를 이들에게 사용할 수 없다. 오히려 '프랑스 사회가 통합될 수 없게 만드는'이라는 수식어를 사용해야 한다. 왜냐하면 이들은 자신에게 씌워진 인종차별의 굴레로 인해, 그리고 자신들의 가치와 문화를 근본적으로는 인정받지 못함으로 인해, 프랑스 사회에 녹아들지 못하는 것이기 때문이다.

이민자 그룹은 자신들이 마주치는 통합의 장애들을 정부를 통해 극복하고자 하나, 현실의 통합정책은 이에 제대로 호응하지 못하고 있다. 정부는 프랑스 사회의 실질적 변화를 요구하기는 하지만 그리 적극적이지 않다. 이민자 그룹의 삶의 조건들을 메워주려는 노력이 적다고는 할 수 없으나, 이들이 겪는 사회적·경제적 불평등을 메우기에는 부족하다. 더 나아가 이러한 노력들은 이민자 그룹의 입장에서 취해지는 것이라기보다는, 여전히 프랑스 사회의 입장에서 이들을 자신과 닮게 하려는 의도 아래 이뤄지는 것이다.

결국 이 정책들은 상호 간의 차이가 고유함의 침투에 의해 없어지고, 이 고유함의 침투가 서로에게 비슷한 비율로 주어지는 '진정한 통합'을 향해 가고 있지 않음은 분명하다. 더구나 이 정책들은 차이를 없애기 위한 조건들을 만드는 과정에 이민자 그룹의 참여는 별달리 고려되지 않고 있다. 요컨대 정부의 노력은 프랑스의 공화주의가 표방하는 중립성이나 공공선에 의한 것이 아니라, 기존의 프랑스 사회를 유지하기 위한 방편인 셈이다.

이민자 관점에서 보면, 정부는 이들과 프랑스 사회에게 실질적 변화를 동일하게 요구하기보다는 프랑스 사회에게 더 많은 실질적 변화를 요구하며, 프랑스 사회가 이들에게 용이하게 다가설 수 있는 여건들을 마련하고, 이들에게 통합과정에서의 능동적 역할 수행의 기회를 제공할 필요가 있다. 그리고 보다 근본적으로는 정부는 통합을 이민자 그룹과 프랑스 사회라는 '동등한 주체들'의 결합으로 인식할 필요가 있다. 통합정책을 규정하는 이러한 틀이 변해야 이민자 그룹이 통합정책에 대해 갖는 부정적 견해가 사라지고, 또한 이들이 사회에서 느끼고 겪는 소외와 배제를 그나마 줄일 수 있을 것이다.

그리고 통합정책의 보다 현실적인 수준에서 보면, 더욱 시급한 것은 정부에 의한 이민자 그룹의 조직화, 그리고 이에 대한 지원이다. 왜냐하면 이민자 그룹의 조직화는 정책형성과 결정과정에 이민자의 목소리를 전달할 수 있는 필요조건이며(개인이 정책과 협상하고 논의하는 것은 정책형성의 구조상 어려우므로), 정책집행과정에서 이민자 그룹이 정책수행자의 자리를 점유할 가능성을 주기(정책집행은 주로 기구나 기관 같은 조직에 의해 이뤄지므로) 때문이다. 또한 개인이 프랑스 사회에 이민자 그룹의 고유함을 알리고, 프랑스 사회와 함께할 수 있는 공간과 행사들을 만들기는 어려우며, 이것들은 조직에 의해서 행해질 때 더 효과적이기 때문이다.

## :: 부록: 이민자 그룹 내의 대상 간 관계

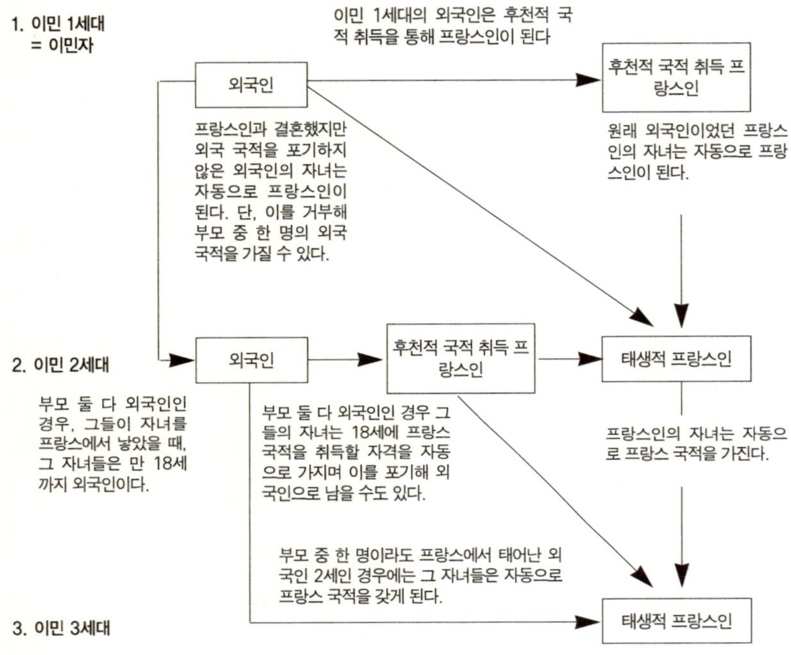


이민자통합정책이 대상으로 하는 사람들은 다양한 용어로 표현되어 왔는데,[*] 이 용어들은 서로 지시하는 대상이 다르고 하나의 용어는 다른 용어들이 지시하는 대상의 일부를 포함하지 못하기 때문에[**] 이 정책의 영역에 포함되는 이민자 범위를 포괄적으로 재규정할 필요가 있다. 따라서 우리는 이 범위에 들어가는 모든 행위자들을 '이민자 그룹'

---

[*] 처음엔 외국인·이민자·외국 출신 프랑스인·이민자 자녀 등으로, 근래에는 이민 출신 거주자·외국 출신 거주자·이민과 관련된 거주자 등 보다 포괄적인 용어들로 지칭되고 있다.

이라 부르고자 한다. 앞의 그림은 이 '이민자 그룹'에 속하는 행위자들을 두 가지의 기준에 의거해 분류하면서 전체적으로 보여주고 있다. 우선 이민 행위의 유무를 기준으로 해, 이민 1세대와 그의 후세들(이민 2, 3세대)로 구분할 수 있다.

이민 1세대란 타국에서 태어나 프랑스로 이민온 사람들로 이는 이민 1.5세대도 포함한다. 이민 1세대의 후세들은 자신이 이민온 것이 아니며 단지 그의 부모가 이민자인 경우를 말한다.[***] 다음으로 프랑스국적 소지 여부와 취득 방식을 기준으로 해, 외국 국적을 갖는 '외국인', 원래는 외국인이었지만 후천적으로 프랑스 국적을 취득한 '후천적 국적 취득 프랑스인', 그리고 태어나면서부터 프랑스 국적을 갖는 '태생적 프랑스인' 등으로 나눌 수 있다. 이민 1세대는 흔히 외국인이며, 다양한 경로로 프랑스 국적을 이민 뒤에 취득해 '후천적 국적 취득 프랑스인'이 될 수 있다. 이민 2세들은 부모 둘 다 외국인 신분이면 기본적으로는 성인(만 18세) 이전에는 외국인으로, 그 이후에는 해당 관청에 프랑스 국적을 갖겠다고 선언함으로써 프랑스인이 될 수 있다. 부모 중 한 명이라도 프랑스 국적을 갖고 있으면('후천적 국적 취득 프랑스인'인 경우 포함) 이들의 2세는 태어나면서 자동으로 프랑스인이 된다. 이민 3세의 경우 부모 중 한 명이라도 단순히 프랑스에서 태어나기만 해도, 태어나면서 자동으로 프랑스인이 된다(이중출생지주의).

---

** 이러한 상황은 프랑스 지식인과 정부 행위자들이 만들어낸 연구들과 보고서들 사이의 일관성 있는 용어의 사용을 어렵게 하고 있다. 게다가 언론이나 일상생활에서는 이 용어에 대한 명확한 외연의 이해 없이 쓰이는 경우가 많아 많은 오해를 낳고 있다.
*** '이민자'는 태어난 국가를 떠나 다른 국가로 삶의 터전을 옮긴 사람을 지칭하는 것이므로 이민 2,3세대는 개념상 이민자에 속하지 않는다. 하지만 이러한 개념 정의에도 불구하고, 현재 많은 일반인들은 이들을 이민자 부류로 바라보는 오류를 범하고 있다.

제3부

# 에필로그

# .9장. 방리유에서의 봉기들[*]

에티엔 발리바르

(파리 10대학, 캘리포니아 어바인 대학)

먼저 여러분들의 초청에 매우 감사드리며, 여러분의 초청을 받아들인 이유는 본인이 도시폭력 문제나 방리유 사회학의 '전문가'라서가 아니라, 프랑스 시민의 한 명으로서 우리의 현재와 정치적 미래에 즉각적인 영향을 끼치는 사건들에 대해 생각하는 바를 모든 방법을 동원해 분명히 밝힐 의무가 있다고 느꼈기 때문입니다. 또한 나는 이곳 시카고에서 지난 해(2005년 11월) 프랑스 '방리유'의 사건들에 대해 말해야 한다는 사실도 잊지 않고 있습니다. 즉 미국의 가장 큰 게토 가운데 하나(그 유명한 웨스트사이드)가 있는 곳이고, 미국과 전 세계의 여론을 주목시킨 (남아메리카에서 온) '히스패닉'계 이민자 출신 시민들과 노동자들의 일련의 시위들 중 첫 시위가 얼마 전(2006년 5월)에 진행됐던 곳이며, 사회 운동 및 분쟁의 전통을 가지고 있는 도시인 시카고에서 말입

---

[*] 이 글은 프랭크인문학연구소와 시카고 현대이론센터의 초청으로 2006년 5월 10일 시카고 대학에서 행한 강연을 프랑스어로 다시 확장시킨 것이다. "Uprising in the Banlieues", *Ruptures sociales, ruptures raciales, Lignes* n°21, novembre, 2006, pp.50~101. 〔이 글은 책에 참여한 대부분의 필자들이 공동으로 번역했고, 번역의 일관성을 위해 양창렬이 최종 교정을 보았다. 귀한 글을 보내준 발리바르에게 다시 한 번 감사한다— 옮긴이〕

니다. '두 나라에서 동시에 작업하는' 학자로서, 나는 우리가 살고 있는 세계를 이해하는 도구로서 비교와 대화가 갖는 중요성을 믿으며, 여러분들은 나에게 그러한 작업의 기회를 주었습니다. 이 작업이 현장조사를 대신할 수는 없습니다. 그러나 이것은 나로 하여금 내가 가지고 있는 정보들을 가지고 그에 못지않게 필수적인 '비판적 거리두기', 무엇보다 각자의 '나라에서' 우리가 다르게 사용하고 있는 단어들과 개념들에 대한 거리두기를 시도할 수 있게 해줍니다.

내가 여러분들에게 제시할 성찰들은 수정과 토론의 가능성에 늘 열려 있도록, **단어들**과 징후적 **표현들**에 관한 일련의 '파일' 묶음의 형태를 취할 것입니다. 그것은 다음의 일곱 가지로 **이름들, 폭력, 후기식민지, 종교, 인종과 계급, 시민성/공화국, 정치/반정치**입니다. 이것들은 하나에서 하나로 이어지는 진행의 형태를 취하겠지만, 엄밀히 말해서 하나의 일관된 논증을 구성하지는 않습니다. 나는 옹호해야 할 어떤 테제를 가지고 있지 않습니다. 지금 나는 여러 가설들과 그것들을 정식화할 가장 좋은 방법을 찾고 있는 것입니다.


## 1. 이름들

낭만주의 시기의 '도시 무대'(scène urbaine)에 대한 전문가이며, 현재 프랭크 연구소의 소장이기도 한 제임스 챈들러가 나에게 강연의 제목에 프랑스어와 영어가 같이 들어가는 것이 어떠냐고 제안했고, 내 나름대로 그 제안을 수용해서 "방리유에서의 봉기들"(Uprisings In the Banlieues)이라는 지금의 제목을 붙였습니다. 하지만 제목 속의 두 단어들을 일렬로 적어 놓고 볼 때, 그리고 맥락에 맞게 서로에게 알맞은 동의어를 찾으려 할 때 볼 수 있듯, 각각의 단어는 문제를 일으킵니다. 이것은 적대적이지는 않더라도 다양한 이데올로기적 전제들에서 생겨 나는, 상황에 대한 이질적인 인식들을 대치시키는 것입니다.

'uprising'에 해당하는 자연스런 프랑스어 번역어는 아마도 'soulèvement'일 것입니다. 내가 알기로, 프랑스에서는 누구도 2005 년 11월의 사건들에 대해 'soulèvement' 이라는 표현을 쓰고 있지 않 습니다. 적어도 공식적으로는 말입니다. '봉기'(insurrection)에 가까운 말로써, 이 용어는 여기서는 아마 말하고자 하는 의도에서 벗어났거나 혹은 너무 지나쳐 보이지만, 아주 강하게 혁명사적 전통의 의미〔가령 '인민이 그들의 억압자들에 맞서 일어서다(le peuple se soulève contre ses oppresseurs……')〕를 지니고 있습니다. 프랑스 언론에서는 '반란' (révolte/rebellion)이라는 표현과 '소요'(émeute/riot)라는 표현 사이 에서 왔다갔다 했습니다. 가끔 '게릴라' 라는 표현이 청년 '패거리' (bande/gangs)들과 '소요진압'(anti-émeute) 경찰 분견대 (공화국기동 경찰대) 사이의 충돌을 묘사하기 위해 사용됐습니다. 또는 외견상 보다 중립적으로〔그러나 외견상으로만 증립적일 뿐 '치안불안' 을 고발하는 맥 락에서〕'폭력(사태)'(violences)라는 표현이 있었습니다. 경찰에 맞서 고 그들에게 쫓기던, 차를 불태운 청년 시위대는 때로는 '반란자' 로, 때 로는 '파괴자' 로, 혹은 (**범죄**의 목록에 포함되는) '마약 딜러들' 로 평가 됐습니다. 그 사건들의 의도와 결과들에 대한 질문은 아직 불분명한 채 로 남아 있습니다. 하지만 사회적인 동시에 상징적인, 완전한 배제의 맥락에서 '정치' 와 '범죄' 가 서로 모순된다고 가정했을 때, 위 사건이 정치적 논리냐, 아니면 정반대로 범죄의 논리냐 하는 질문은 보다 더 불분명한 상태입니다. 이번 사건들을 유심히 지켜보는 이들 중 일부는 프랑스 도시 및 방리유의 소요 또는 반란들에서 현대사회에서 **위법행위**가 갖는 기능의 한 예시를 보려고 할 뿐만 아니라, 역사학자들이 '정치-이전'의 시대의 전형적 특징으로 여기는 '도적떼'(bandits)[1]라는 의고적(擬古的) 형상이 '정치-이후'의 시대(또한 민주주의-이후, 식민지-이후, 네이션-이후의 시대)에 다시 출현했다고 생각하고 싶어합니다. 다시 말해, 〔그들은 소요에서〕 근대국가의 형성과 국가의 정당한 폭력의 〔국가적(national)〕 독점에 앞서는 (어떤 의미에서는 그러한 형성과정을 설명하는) 반복되는 사회적 위기의 재출현을 보고 싶어합니다.

'방리유'라는 용어는 전혀 다른 문제를 제기합니다. 우리는 그것을 사전에 나와 있듯이 미국의 근교(suburb)〔이것은 라틴어 suburbia에서 왔으며, 오히려 불어의 '외곽'(faubourg)에 상응하며, 또한 넉넉한 환경이나 적어도 윤택한 환경을 연상시킵니다〕에 해당하는 것으로 생각해서는 안 됩니다. 그 용어는 사회학적인 대응어로, 오히려 정반대의 도시 논리의 이유로 '도심(inner cities, 대도시 중심부의 저소득층 거주지역)'이라는 표현에 가깝습니다. 유럽과 미국 사회에서, 배제의 조건 그리고 사회적, 인종적인 이중 규정의 움직임이 초래하는 '문제'에 대한 이미 오래된 논쟁 속에서 **방리유와 게토**는 거의 유비적인 것으로 간주됩니다. 후기식민지적 결정요인의 중요성과 유럽에서 이민자 출신의

---

1) 제때에 잘 출간된 작은 책에서 카셈은 아감벤(Giorgio Agamben, *Homo sacer I: Le pouvoir souverain et la vie nue*, Paris: Seuil, 1997)에게 영감을 받아 'ban'(이것은 멀리 인도-유럽에까지 거슬러올라갈 수 있는 중세의 옛 제도로서, 함께 두기와 법 바깥에 두기라는 두 대립물이 거기에서 합류한다)에서 공통적으로 파생된 단어들의 어원학을 체계적으로 보여준다. Mehdi Belhaj Kacem, *La psychose française. Les banlieues: Le ban de la République*, Paris: Gallimard, 2006. 가령 추방(ban-nissement), 추방된 자(ban-ni), 도적떼(ban-dit), 방리유(ban-lieue). '방리유'(banlieue)의 어원이 '방리유'(ban-lieue)에 있다는 것은 입증된 바 있다. 다음을 참조할 것. Jean-Marc Stébé, *La crise des banlieues*, Paris: PUF, 1999.

주민들을 '따로 떼어 놓는' 일종의 **아파르트헤이트**가 시민성의 구도 위에서 재생산되는 방식의 중요성 때문에, 저는 남아프리카에서 이 용어가 사용됐던 (그리고 잔존하는) 의미에서 타운십(township)이라는 표현을 기꺼이 제안합니다. 그러나 방리유라는 용어는 근본적으로 프랑스의 특정한 현실에 관련된 것입니다. 그리고 중요한 것은 통용되는 의미로서 '방리유'는 분할되고, 분쟁적인 현실만을 의미하는 것이 아니라 **양극단이 이웃하고 있는 상황**(voisinage des extrêmes)도 내포하고 있습니다. 이 점은 정치적으로 중요합니다. 왜냐하면 '방리유들'과 또 다른 '방리유들'이 있으며, 이것들은 많은 경우 서로 지리적으로 매우 가까우면서도, 사회적 균열과 지속적인 적대에 의해 분리되어 있기 때문입니다(영토 정비 정책들과 시·지역 간 권력 투쟁이 이러한 상황을 악화시키고 있습니다). 즉 한쪽에는 부유한, 더구나 지극히 부유한 방리유〔그것들 중 하나가 내무부 장관 니콜라 사르코지가 살고 있는 뇌이쉬르센이며, 사르코지는 이곳을 그의 '봉토'(fief)이자 '진열장'(vitrine)으로 만들었습니다〕가 있고, 다른 한쪽에는 빈곤, 공공 서비스의 후퇴, 소수 종족 집단들과 '백인 영세민들'의 유형지, 실업과 낙인찍기, '공동체들 간'(intercommunautaires)의 긴장상태들, 이 모든 것들을 상징하는 것으로서의 방리유가 있는 것입니다. 이번 소요는 다른 도시지역들로(특히 지방으로) 확대됐음에도 불구하고, 여러 가지 점에서 그 주요한 특징은 '방리유'가 포함하고 있는 두 세계 사이의 **방리유 한가운데에서** 이것들이 대결했다는 것입니다. 따라서 어떤 숨겨진 '경계들'이 방리유들을 서로 나눌 뿐 아니라, **방리유 자체가 하나의 경계, 경계─지대, 전선입니다.** 방리유는 대규모 주거단지의 한복판에 위치한 주변부(périphérie)를 형성합니다. 그것은 내가 다른 글에서 '중심을 향한 경계들의 이동'

이라고 불렀던 것을 물질화해내고 있습니다.[2]

　　프랑스식 '방리유'의 의미를 따지는 것은 폭로적인 성격이 있긴 하지만, 그것으로 완전히 만족스럽지는 않습니다. 방리유는 지역적인 것과 전지구적인 것을 급격하게 단락시키는 다른 두 차원, 현대 세계의 특징이기도 한 그 두 차원을 가립니다. 한편으로 우리는 다시 하부수준으로 내려가야 합니다. 구체적으로든(자동차들, 공공장소), 은유적으로든(분노를 불사르며) '불을 지르는' 것은 결코 모든 시가 아니라 '시테'(cité) 또는 '단지 혹은 구역'(quartier/complex, district)입니다. 가령 몽페르메유의 '보스케 시테', 망트라졸리의 '발-푸레 시테'와 같이 말입니다. 그 자체의 역사와 연대를 갖는 바로 이 시테가 폭력의 '주체'이자, 청년 소요자들(난동꾼들)의 진원지로 지목되고, 바로 이 시테가 정치인들과 경찰들과 고용주들에 의해 낙인찍히고, 사회정책의 '표적'과 '경찰투입'의 현장으로 선택된 것입니다. 그 정도와 역사를 최소한 분명히 하는 한에서 이러한 시테는 유용하게 '게토'에 비교될 수 있을 것입니다.[3] 그러나 다른 한편으로, 적어도 프랑스의 맥락에서 그것들은 정확히 말해 게토화된 '방리유들'(그리고 방리유 내부에 이질적인 주민들을 몰아넣고 격리하기 위해 건설된 시테들)이며, 이는 사스키아 사센이 다른 관점에서 글로벌 시티(grobal cities) 또는 세계-도시(villes-

---

2) 물론 이런 대립은 사회학적이고 정치적인 극성의 두 극단적 항들을 가리킨다. 특히 파리 주변 지역의 '방리유들'은 사회적 조건들과 삶의 조건들의 모든 폭을 제공한다. 우리는 여기에서 (극장이나 문화원을 통한) '공공 문화 서비스'(그것들은 [여전히] 자본 자체에 복무한다)가 지속되는 가운데에서도 위 조건들의 중요한 기능을 잊지 않도록 해야 한다. 그리고 우리는 '사건' 기간 동안 정부가 원했던 예외 상태에 반대하는 몇몇 정치적 저항들, 위기 해결과 중재 시도가 생드니나 오베르빌리에와 같이 아주 대조적인 주민들[ '시테들', 저가 공공임대주택(HLM), 안정적인 노동자 계급, 공무원들 ……)이 거주하는 '서민적인'(populaires) 방리유의 대표들에게서 나왔다는 사실을 우연으로 간주해서는 안 된다.

mondes)라고 불렀던 것에 상응하는 것입니다. 따라서 세계-방리유 (banlieues-mondes)에 대해 말해야 할 것인데[4], 그것의 인구 구성과 그 움직임들은 세계화의 '전지구적' 모순들과 그것들의 지역적 투사 (projection)를 반영하고 있습니다. 또한 그것은 2005년 사건들의, 우리의 국경들을 넘어서는, 얼핏 보기에는 어울려 보이지 않는 울림을 설명하는 것이기도 합니다. 그 사건들은 초국적으로 일반화되어가는 반란, 그리고 아마 투쟁의 형태를 예시하는 것으로 보입니다. 요컨대 하나의 '배제된 자들의 반란' (révolte des exclus)으로, 아니면 '거대한 이주' (grande immigration)[5]의 지평을 구성하는 '미세한 내전' (guerre civile moléculaire)으로 말입니다.


## 2. 폭력

하지만 우리는 2005년 11월에 일어났던 '폭력들' 에 대한 특징짓기로 다시 돌아가야 합니다. 오늘날 걸핏하면 사용되는(사람들은 우리가 폭력과 치안불안이 증가하는 시대에 살고 있다고 말합니다) 이 용어 자체가 심하게 선별적이고, 어떤 경우에도 절대 중립적이지 않은 방식으로 사용된다는 점에서 더욱 그래야 합니다. '폭력' 의 수준 및 형태들과 관련

---

3) 로익 바캉의 핵심적 저작을 참조할 것. Loïc Wacquant, *Parias urbains: Ghetto, Banlieues, Etat*, Paris: Découverte, 2006. 나는 그의 몇몇 판단들에 대해 논박하기는 하겠지만, '도시 주변부' (marginalité urbaine) 공간을 정의하고 비교하는 그의 '제도적' 기준을 차용할 것이다.
4) Saskia Sassen, *The Global City: New York, London, Tokyo*, Princeton N.J.: Princeton Unversity Press, 1991.
5) Hans-Magnus Enzensberger, *La Grande Migration/ Vues sur la guerre civile*, Paris: Gallimard, 1995.

해 일련의 문제들이 계속해서 제기되고 있으며, 이것들은 프랑스의 방리유를 '들고 일어나게' 한 것의 정치적 의미를 이해하기 위해 결정적입니다. 왜냐하면 그것이 하나의 정치적 **사건**이었다는 점에는 의심의 여지가 없지만, 그것이 하나의 (집단적인) 정치적 **행동**이었는지는 확실치 않기 때문입니다. 그 행위자들은 누구였는가? 그들은 누구를, 그리고 무엇을 겨누었는가? 어떠한 의도들, 그러나 또한 상황에 따라서 매우 달라질 수 있는 어떠한 효과들을 가졌는가? 어떠한 점에서 이 폭력이 프랑스 정치 체제의 기능에 대한 징후이며 반영이기도 한가?

우선 이 폭력이 자생적인 것인지, 반대로 누군가에 의해 유발된 것인지, 나아가 의도적으로 계획된 것이었는지 자문해보아야 합니다. 사람들이 이야기하듯, 분명 지역시설물들이 많이 불탔고…… 새로운 소요의 조건들(1982년 멩게트, 1990년 보앙블랭, 1991년 망트라졸리 등지에서 일어난 소요 모델에 기초한 새로운 화재〔소요〕의 조건들)은 오래전부터 존재해왔습니다. 정부는 그것을 완벽하게 알고 있었습니다. 그것을 너무나 잘 알고 있었기에, 따라서 당시 내무부 장관의 '도발'과 일상적인 경찰업무인 전형적인 '인간사냥'의 비극적인 결말에 의해 소요가 일어나는(교육받지 않고, 일하지 않는 젊은이들의 파괴행위라는 잘 알려진 '시나리오'를 다시 채택하고 확장하는) 방식을 지켜보면서, 우리는 실제로 정부가 정당성과 치안선동의 효과를 끌어내기 위해 '범죄적인' 폭력의 에피소드가 시작되도록 조장하지 않았는지 의심해보아야 합니다.[6] '정부'에 대해 이야기할 때, 정부는 소요의 순간에도 그것의 두 수장들(총리 빌팽과 내무부 장관 사르코지) 간의 치열한 경쟁에 의해 분열되어 있었다는 것을 잊지 맙시다. 그들 각자는 나름의 '전략'을 가지고 있었고 그것은 부분적으로 서로 대립했지만, 그 현실 적용에서는 오로지 일련의 도발들로 수렴됐습니다. '빌팽'의 전략은 내전상태의 패러디였으며, 그것의 가시적인 (그리고 우스꽝스러운) 정점은 알제리 전쟁 (1955) 당시의 입법조치에 기초한, 더구나 그 이후로 (1984년 누벨칼레도니의 신식민지적 대치국면에서) 오직 한 번밖에 사용된 적이 없었던 '비상사태'의 발동으로 나타났습니다.[7] 이것은 국가의 권위 또는 '정당한 폭력의 독점'의 재확립에 대한 시뮬라크르(환영)를 연출하기 위해 내부의 이방인-적의 형상에 연결된(이러한 형상은 특히 영토에서의 추방을 용이하게 합니다) 전형적으로 '부당한' 폭력을 유발하는 것입니

---

6) 간단한 연대기를 떠올려보자. 2005년 6월 20일 라쿠르뇌브의 '4천 명 시테'에서 오발된 총알 두 발을 맞고 한 어린 소년이 죽은 다음날, 사르코지 장관은 (삼엄한 경찰 경호를 받으며) 이 시테를 방문해 거리에서 건물 주민들을 향해 폭력과 범죄의 구역들을 "진공청소기로 청소하겠다"는 의지를 천명했다. 10월 25일 바로 그 장관은 방리유들의 재개발을 공표하기 위해 아르장퇴유를 방문했다가 젊은 지역 주민들에게 모욕을 당한 후, 그들을 '깡패'와 '쓰레기' (이것은 청년 방리유자르 무리들끼리 서로를 조롱하면서 간혹 사용하는 단어들이다)로 취급하며 다시 위협을 가했다. 10월 27일 그들을 도둑으로 오인한 경찰에 쫓기던 세 청소년들이 클리시수부아의 전기공사 변압기에 숨었고 경찰은 그들을 방치했다. 그들 중 부나 트라오레(15세)와 지에드 벤나(17세)가 감전사하고 세번째 소년은 중상을 입는다. 이 소식을 접한 1백여 명의 젊은이들이 자동차와 클리시의 상점에 불을 지르면서, 3주간 거의 프랑스 전역의 '방리유들'과 '시테들'로 점차 확대되는 (주로 밤에 이뤄지는) 소요의 사이클이 시작된다. 경찰과 정부는 그들이 범죄자들을 처리하고 있었다는 증거를 가지고 있으며, 경찰에 쫓기던 청소년들이 죽을지도 모르는 위험에 처해 있었다는 것을 전혀 몰랐다고 재차 확인한다. 그날 경찰 내부조사에 따라 사건 당시 정부가 공개한 정보들은 모두 날조됐다는 것이 밝혀졌다. 그러나 진실은 공식적으로 확인되지 않았고, 경찰력의 잘못된 강압수사도 일체 제제받지 않았다. Hugues Lagrange, "Autopsie d'une vague d'émeutes", *Emeutes urbaines et protestations: Une singularité française*, (dir.) Hu-gues Lagrange et Marco Oberti, Paris: Les Presses de sciences-po, 2006. 또한 다음도 참조하라. "Emeutes, et après?", *Mouvements*, n°44, mai-avril, 2006.

7) 2006년 11월 8일 사회당 의원들의 지지와 함께 총리의 제청으로 국회에서 통과되고, 시장들이 요청할 때 시와 구 단위로 비상사태를 공포할 수 있는 이 법은 11월 18일에 3개월 연장된다(이때에 사회당 의원들은 지지하지 않음). 이 법은 수많은 체포, 법원의 즉각소환과 유죄선고들을 가능케 했다(10월 28일과 11월 15일 사이 2,787명). 모든 정당에 속한 대다수의 시장들은 그것이 불필요하다고 선언했으며 시행을 거부했다. Evelyne Sire-Marini, "L'état d'urgence, rupture de l'Etat de droit ou continuité des procédures d'exception", *Mouvements*, n°44, mai-avril, 2006.

다. 이것은 분명 위험한 장난입니다. 즉, 그것은 한편으로 우스꽝스러움에 의해 위협을 받기도 하지만, 또한 그것을 선동한 자들의 손을 벗어나는 상황의 미끄러짐에 의해 위협을 받을 수도 있습니다.…… '불법이민' 과의 전쟁 현장으로부터 이어진 '사르코지' 의 전략은 무엇보다도 빌팽 총리의 '반시대적' 선언들을 통한 기억들 속에서 진행됐습니다. 즉 그것은 일반화되어가는 모욕들과 '백인 영세민들' 의 인종주의적 감정에 대한 반복적인 호소들이었습니다. 사르코지의 전략은 또한 폭력을 통제하는 공로를 자기의 것으로 만들기 위해 폭력을 더욱 증폭시키는 데 기여합니다. 그러나 그의 전략은 그 외에도 바로 '현실주의', 더 나아가 '책임' 을 강조합니다. 다문화적 현실을 어느 정도 인정하겠다고 주장하고, 이슬람계 명사들을 대화상대자와 중재자로 선택하며, 권위와 사회질서 수호라는 슬로건 아래 부모들이 그들의 자녀들에 반하는 역할을 하도록 종용하면서, 어설픈 마초의 자세를 취하고 있는 이 장관은 스스로를 종족의 다양성과 종교적 완고함의 문제에 대한 해결사인 양 스스로를 포장하고 있습니다.

그러나 우리가 일단 사건의 전개에서 결코 무시할 수 없는 역할을 한 도발적이고 계산적인 요소를 살펴보았다면, 이제 보다 지속적이고, 결정적인 현실로 다시 거슬러올라가야 합니다. 그것은 경찰과 '방리유 청년들' (이것은 흑인, 아랍 그리고 그 외의 사람들에 대한 인종적 낙인찍기를 늘 포함하는, 그것 자체가 하나의 정형화된 범주입니다) 사이에서 일어나는 만성적인 폭력과 관련되어 있습니다. 종종 '전쟁' 혹은 '도시 게릴라' 에 비교되는 이러한 폭력은 게토화된 시테의 주민들이 겪고 있는 **폭력의 조건**의 가장 가시적인 측면을 이루는 다양한 형태를 갖는 현상입니다. 이것은 도시환경과 공공 서비스의 가속화되는 파괴, 집단적이고 지속적인 실업상태, 종족적이고 지역적인 낙인찍기(‘세브랑’ 출신 또는 ‘93지역’ 출신이라는 것은 곧바로 자신이 고용, 사회적 인정, 사회적 지위상승의 통로에서 차단되어 있다는 것을 의미합니다), 스스로 행하고 동시에 겪어야 되는 범죄들(마약거래가 그 일부분을 차지합니다)과 같이 구조적인 원인들 속에 그것의 뿌리를 두고 있습니다. 명백한 조사들은 방리유에서 경찰들이 집요하게 괴롭히고, 자극하거나, 그들에게 저항하는 주민들에 맞선 경찰행동이 어떤 점에서 모방적 차원을 포함하고 있는지 보여줬습니다. 극단적인 경우에 경찰분대들은 [방리유 청년들과] 남성적인 노출증을 경쟁하는 와중에 서로 패싸움하는 ‘무리들’처럼 되어갑니다. 단지 다른 점은 그들은 무장했고, 국가로부터 ‘적대적인 지역’에 급파된 것이며, 그들 자신의 어울리지 않는 폭력들(모욕, 구타, 체포, 감금, 협박)은 합법이나 불법 ‘이민자들’을 위협하고 괴롭히는 더욱 일반적인 과정(‘표적검문’)에 속해 있다는 점입니다.[8] 여기서 사회적 골칫거리로 아주 자주 제시되는 무례(incivilité)는 대부분 국가와 그 대리자들 쪽에서 나오는 것입니다. ‘사회적 고통’[9]이 질서나 합법성이라는 가치들의 도구화와 연결되는 것, **사회적인 것**과 **경제적인 것**의 **치안적인 것**으로의 경향적 대체, ‘법치국가’ 개념의 부패, 이 모든 것들은 방리유의 상황에서 한 가지 다른 중요한 측면을 설명해줍니다. 즉 끊임없이 아이들을 고발하도록 부추겨짐에도 불구하고[10], 자신의 아이

---

8) Sophie Body-Gendrot et Catherine Wihtol de Wenden, *Police et discriminations raciales: Le tabou français*, Paris: L'Atelier, 2003; Fabien Jobard, “Sociologie politique de la ‘racaille’”, *Emeutes urbaines et protestations: Une singularité française*, (dir.) Hugues Lagrange et Marco Oberti, Paris: Les Presses de sciences-po, 2006.

9) Emmanuel Renault, *L'expérience de l'injustice*, Paris: Découverte, 2004.

들과 연대하는 가족의 저항, 사회단체들과 자치단체장들, 교사들 또는 그들 중 일부의 활동을 결코 놓쳐서는 안 될 것입니다. 방리유의 모든 삶이 폭력은 아니며, 더 정확하게는, 방리유는 경찰의 억압과는 달리 폭력에 맞서는 다른 형태의 투쟁들을 만들어내고 있는 것입니다.

마지막으로, 방리유의 폭력의 전개에서 놀라운 것은 모순되는 술어들 간의 정의하기 어려운 역설적인 결합입니다. 우리가 자주 말한 이 폭력은 부분적으로 **자기 파괴적**(autodestructrice)입니다. 우리는 다소 순진하게 묻곤 했습니다. 왜 '그들'은 그들의 이웃과 부모들의 자동차들, '그들' 혹은 그들의 형제, 자매의 학교들, '그들'의 체육시설들, '그들'의 교통수단들을 불태우는가? 그리고 나서 우리는 배제나 절망 같은 개념들을 허무주의와 자아 상실 같은 개념들과 뒤섞어버렸습니다. 바로 이 지점에서 우리는 용어들의 의미를 엄밀하게 논의해야 합니다. 파괴의 대상은 대부분 이 젊은 소요자들이 '비시민들'(non-citoyens)로서 모순적으로 **배제된**, 혹은 제한적이고 부당한 접근만이 허용되는, 하지만 **그들 자신이 [그것의] 부분**을 구성하며, 어떤 의미에서는 그들 자신과 정체성의 한 부분이기도 한 그들의 '것'(chose)입니다. 이것이 우리가 그들을 절대적으로 사회체제의 외부에 있다고도, 실질적으로 내부에 있다고도 말하지 못하고, 다만 주체성의 심층에서 반사되어야 하는 **내부적 배제**(exclusion intérieure)라는 역설적인 개념들로 특징지을 수밖에 없는 이유입니다. 우리는 여기서 법/권리가 자신의 효력을 스스로 정지시킨다고 전제되는 한계상황들에 대한 성찰에서 지오르지오

---

10) 종종 위협 하에서. 예컨대 '결함이 있는' 부모에 대한 가족수당의 중단조치가 주기적으로 내려진다.

아감벤이 제안한 **영구적인 예외상태**(état d'exception permanent)라는 관념을 다시 발견합니다.[11] 이 모델은 이 경우에는 한스-마그누스 엔 첸스베르거가 발전시킨 '허무주의적 폭력', 또는 나아가 우리가 우리 의 합리성 개념의 주춧돌 중 하나로 만드는 데 익숙해져 있는 수단-목 적의 도식을 넘어서는 우리 사회의 몇몇 극단적 폭력시위들과 관련해 베르트랑 오질비가 제안한 '대상 없는 폭력'보다 만족스럽습니다.[12] 그것은 무(無)의 추구나 '합리적'인 방식으로 재현 가능하고 표현 가능 한 모든 정치적 목적의 해체라기보다는, 그것을 피하거나 그 자체로 모 순적이고 양가적인 형상을 갖는 과녁이나 적들을 **탐색하는** 폭력일 것 입니다. 우리는 국가, 자치단체, 행정기관뿐만 아니라 여론과 소속관계 망(réseau d'appartenance)의 혼합체로서 '시민사회'까지 포함하는 제도들이 도시환경에 반해 이뤄진 폭력들에 반응하는 방식에서 그에 대한 확신을 발견할 수 있습니다. 이 폭력들은 그 자체로 반란, 증오 또 는 공포의 감정들을 불러일으키지만, 이러한 모든 정념의 양상들은 고 립될 수 있는 위험의 문제가 아닌, 그와 반대로 우리는 '우리 자신'이 라는 것의 생성 혹은 현시를 표현하는 감정에 의해 과잉결정된 것입니 다(그리고 이 이유 때문에 그만큼 더 염려스러운 것입니다). 저는 결론에 서 이 지점으로 다시 돌아올 것입니다.

이 양가적인 심층에 기반해, 이제 우리는 2005년 11월의 폭력들 에 대한 여타의 인상적인 특질들을 그려볼 수 있을 것입니다. 우선 상 대적으로 제한적이었던 폭력의 **범위**(limites)가 있습니다. 그 제한된 범

---

11) Giorgio Agamben, *Etat d'exception*, Paris: Seuil, 2003.
12) Bertrand Ogilvie, "Violence et représentation: La production de l'homme jet-able", *Lignes*, n° 26, octobre, 1995.

위가 내부적 '통제'의 대상이었다고까지 말할 것은 없고(이렇게 되면 오히려 분명히 부재했던 [소요의] 조직화와 사전 계획을 어느 정도 가정하게 됩니다[13]), 우리가 제시한 다른 '역사적인' 사건들(1981년 런던 브릭스턴의 소요와 특히 1965년과 1992년 로스앤젤레스 와츠와 사우스센트럴의 소요들)과의 비교를 통해 그것을 확인하는 수밖에 없습니다. 텔레비전 화면으로 보여진 양상과는 반대로, 이 **매우 스펙터클했던** 폭력은 파괴와 희생자에 있어서 비교적 제한적이었습니다. 3명의 사망자(이 가운데 두 젊은이는 소요에 불을 붙인, 경찰에 의한 간접적인 죽음입니다!), 그러나 사람에 대한 공격은 없거나 거의 없었고, 대부분 소비재와 상징적인 장소들을 대상으로 한 파괴였습니다(자동차와 버스는 제가 위에서 말한 일반화된 폭력의 틀을 구성하는 주기적인 습격의 대상임을 잊어선 안 됩니다). 그러나 스펙터클한 성격은 결코 부차적인 것이 아닙니다. 그것은 매스커뮤니케이션 수단이 사회운동의 **수동적 조직자**(organisateurs passifs) 역할을 획득하는 새로운 시대로의 진입을 의미합니다. 첫 사건들 바로 직후, 가능한 한 스펙터클한 '내전' 장면들의 형태로 프랑스, 나아가 국제적인 텔레비전 방송에 출현하기 위해 '시테들', 구역들, 지역들[14] 사이에 하나의 '국가적인 경쟁'이 확립됐습니다. 실재와 가상의 경계에 있는 이 과정에서 '누가 누구를 이용했는가'를 말하기는 어렵습니다.[15] 하지만 이러한 '가상의 폭력'은 그것이 답하고 있는

---

13) 그럼에도 불구하고 여러 묘사에서는 인상적인 방식으로, 방화의 일반화에서 '소요자들'의 목적이 항상 경찰력과 몸으로 맞서는 것이라기보다는 경찰들을 '뛰어다니게 만드는 (또한 웃음거리로 만드는) 것이었다는 사실을 강조하고 있다. Alain Bertho, "Nous n'avons vu que des ombres", *Mouvements*, n°44, mai-avril, 2006.
14) 서부 지방 도시들, 그리고 강한 사회적, 인종적 갈등이 있는 도시로 여겨지는 마르세유와 같은 주목할 만한 예외들과 함께.

실제적이고 만성적인 사회적 폭력을, 이처럼 그 강도에 있어서는 **눈에 보이고** 일상에서는 **보이지 않게** 만들면서 **스펙터클로 변형시킨다**는 것을 염두해야 합니다. 그것은 하나의 '원인'이나 '계획'이 아닌 것만큼이나, 주변 사회에 의해 지속적으로 잊혀지고 부정된(그것을 위해 실제 사회에서 현실에 대한 경험에 고유한 수단들을 이용하면서) **존재**임을 긍정하는 절망적인 의지입니다(인정된 존재는 재현될 수 있고 매개될 수 있는 존재뿐입니다). 그러나 이 수단들은 양날의 칼로서, 그것을 사용하는 자들에게 일정한 정체성을 부여하면서도, 그 사용자에 반하는 방식으로 되돌아옵니다. 이런 의미에서 장-폴 사르트르의 '실천적 타성태'(pratico-inerte)와 '도둑맞은 실천'(praxis volée)에 대한 참조는 기 드보르의 '스펙터클의 사회'나 장 보드리야르의 '하이퍼리얼리티'에 대한 참조만큼이나 유용합니다.


## 3. 후기식민지

나는 지금 일부러 '후기식민지에 속한'(postnolonial) 시기 혹은 문화라는 개념을 급진화시키는 용어〔후기식민지〕를 참조합니다. 이 용어는 아프리카의 철학자 아실 므벰베에 의해 대중화됐습니다.[16] 프랑스 무

---

15) CNN은 이라크와 여타 전쟁 지역 취재를 전문으로 하는 스타 저널리스트 중 하나인 크리스티안 아만포를 센생드니에 파견했다. 바그다드에서처럼 그녀는 자동차 화재들과 〔방리유 청년들과〕 경찰력의 대치 상황 속에 깊이 들어가 스스로를 화면에 등장시켰다.

16) 역설적이게도 므벰베는 그의 책을 프랑스어로 먼저 출간했음에도 불구하고, 프랑스에서 거의 잊혀지다시피 하다가 그 책이 영어로 번역되어 대서양 건너편의 대학들에서 토론의 대상이 되면서 프랑스에 조금씩 알려지게 됐다. Achille Mbembe, *De la post-colonie: Essai sur l'imagination politique dans l'Afrique contemporaine*, Paris: Karthala, 2000; *On the Postcolony*, Berkeley: University of California Press, 2001.

대에서 전개된 사건들을 '내부'에서 재인식/인정하는(필요에 따라서는 외부 관찰자들이 역사적으로 혹은 제도적으로 부정확하게 지적한 부분들을 수정하면서) 동시에 그에 비판적인 거리를 두고 외부의 시선에 주목해 관민족적(transnational) 관점을 세우는 일이 분명히 필요합니다. 이제 관건은 [방리유라는 특정 지역에 한정된] 국지적 결정인자들과 행위자들, 그리고 제가 위에서 암시한 바 있는 '전지구적' 의미들 사이의 전형적인 단락을 해석하기 위한 '코드'를 찾는 일입니다.

　　므벰베의 논의를 다루기 전에, 그와 거의 동시대의 다른 두 사람을 언급하는 것이 좋겠습니다. 이들 역시 므벰베처럼 시각을 탈중심화하고자 하며, 많은 점에서 므벰베의 시각을 보완하고 있다고 볼 수 있습니다. 먼저 이매뉴얼 월러스틴은 「프랑스 소요: 하위계급의 반란」이라는 글[17]에서 프랑스의 소요를 세계-경제의 '주변부(변두리)' —— 주변부에서 현재 자본주의의 정책들은 사회적 양극화 현상을 날로 심화시키고 있습니다 —— 에서 인종주의와 빈곤이 결합됨으로써 불가피하게 발생한 현상의 전형으로 간주합니다(방리유는 세계-경제의 바로 그 '중심'에서 '주변부'가 재생산된 것의 일종이라 하겠습니다). 반란이 도처에서 시시각각 일어나지 않게 만드는 요인은 바로 지배자들의 경계 및 그들이 청년들에 맞서 실행하는 예방적 차원의 억압입니다. 청년들은 절망의 극한에 다다랐을 때 '더 이상 잃을 것이 아무것도 없게 되면' 기존 질서에 가장 공개적으로 도전할 수 있으니까 말입니다. 프랑스만의 특정성이 있다면, 그것은 다음의 두 요인들이 역설적으로 결합되어 있

---

17) *Commentary*, n°174, december 1, 2005. [www.binghamton.edu/fbc/ 174en.htm].
　　확실히 월러스틴을 여기에서 굳이 따로 소개할 필요는 없을 것 같다. 다만 그의 작업이 이미 수십 년 전부터 프랑스와 미국에서 동시에 진행되고 있다는 점만 지적해두자.

다는 사실입니다. 하나는 프랑스가 수세기에 걸쳐 과거에는 유럽의 다른 국가들로부터, 오늘날에는 전세계, 특히 과거의 프랑스 식민지에서 이민자를 꾸준히 받아들임으로써 인구가 증가했던 **이민국가**라는 점입니다. 다른 하나는 프랑스 스스로 **보편적 가치의 국가임**을 자임(프랑스의 정치체제는 늘 '인권 혁명'으로부터 정당성을 확보하고자 합니다)하며, 거기에서는 차별이라는 것 자체가 아예 생각될 수조차 없는 것으로 여겨진다는 점입니다. 이러한 두 가지 특성은 현대 세계의 도전에 맞게 변화된 다문화주의의 한 형태를 발명할 수도 있었건만, 그것은 반대로 자신의 고유한 역사와 사회적 모순에 관한 한 놀라울 만큼 몰지각한 태도와 자코뱅주의와 정교분리주의의 건국신화를 재고하지 못하는 무능력을 낳았습니다(얼마 전 그 유명한 '이슬람식 헤드스카프' 사건이 그랬던 것처럼). 그렇지만 이 두 가지 특성이 대칭적인 것은 아닙니다. 왜냐하면, 월러스틴이 옳게 지적한 것처럼 방리유에서의 반란은 실질적으로는 종교적 정체성에 대한 요구와 정치-종교적 신념 사이의 갈등(이스라엘-팔레스타인 전쟁은 이러한 갈등이 낳은 결과라 할 수 있습니다)과 전혀 상관이 없는 일이었기 때문입니다. "프랑스의 반란은 자발적인 계급 봉기였다"는 월러스틴의 결론은 그가 강조점을 어디에 두고 있는지를 분명하게 보여줍니다.

라다 이베코비치는 방리유 소요에 관한 글들을 연이어 발표하면서 월러스틴과 반대되는 지점을 택합니다. 그녀는 2005년 11월의 봉기에서 '식민지의 부메랑'(boomerang colonial)이 회귀한 것을 목도했노라고 말합니다.[18] 그녀의 논평에는 프랑스의 보편주의에 대한 깊은 실망감이 아로새겨져 있습니다. 그녀가 보기에 프랑스의 보편주의는 사실상 베일로 간신히 가린 '국수주의'(provincialisme)와 다를 바 없습니다. 프랑스가 제국주의적 지배에 대한 향수와 계몽주의의 유산을 (일종의 선천적 권리처럼) 간직하고 있다는 착각에 빠진 채, 식민시대의 종언 후에 대두된 사회적이고 문화적인 문제들에 대한 자기 비판 및 분석에서 무능함을 보여주게 됐다는 것입니다. 독일은 적어도 원리상으로는 나치즘의 뿌리를 이해하기 위해서 자신의 민족주의와 반유대주의의 역사와 맞닥뜨린 경험을 가지고 있는 반면, 프랑스는 식민주의의 역사, 그 지적 원천 그리고 그 유산을 돌아보려는 노력을 기울인 적이 공식적으로는 단 한 번도 없습니다. 라다 이베코비치는 오늘날 세계적으로 논의되는, 특히 영어권의 두 극단인 인도와 미국(여기에서 '서발턴 연구'가 발전했지요)에서 논의되는 '후기식민지' 문제를 받아들이려 하지 않는 [프랑스의] 대학과 지식인 계급의 완강한 이데올로기적이고 제도적인 저항을 강조합니다. 그녀는 특히 이러한 현상의 원인으로서 태생적으로 보편적인 언어를 구사하고 있다는 우리[프랑스인]의 착각을 듭니다. 그러나 그녀가 보기에 이 언어에는 역사적 특수주의와 유럽 중심적 남성주의가 깊숙이 침투되어 있습니다.

하지만 인상적이게도 라다 이베코비치가 방리유 소요들을 해석하면서 몰두하는 주요 문제, 즉 (결코 '부차적'이지 않은) 내적인 정치적 모순은 그녀로 하여금 그녀의 일방적 설명과 잘 맞아떨어지지 않는 프

---

18) 특히 다음을 참조하라. Rada Ivecovic, "French Suburbia 2005: The Return of the Political Unrecognized", *Lettre International*, Berlin, n°71, Winter 2005-6. 유고슬라비아 출신의 인도 철학자이자 여성주의자이기도 한 그녀는 발칸 전쟁이 터진 다음부터 주로 프랑스에서 살면서 학생들을 가르치고 있다. 라다 이베코비치의 대표 저작으로는 다음이 있다. *Le sexe de la nation*, Paris: Leo Scheer, 2003. ['provincialisme'은 지방색이나 지방인 기질, 경우에 따라서는 지역우선주의 등을 뜻하나 본문의 맥락으로 미뤄볼 때 '자국의 민족적 전통만이 우수하다고 주장하는 배타적이고 보수적인 민족주의'라는 뜻의 우리말 '국수주의'와 통하는 면이 있어 '국수주의'라 옮겼다 — 옮긴이]

랑스적 특정성을 고려하지 않을 수 없게 합니다. 방리유 소요는 퇴락한 구식민지 본국에서 '원주민' 출신 문화가 낙인찍히는 것에 대한 반란, 그리고 무엇보다 남녀 관계에서 명확해지는 전통주의적 반동 사이에서 이 내적인 정치적 모순을 숨기고 있는 것입니다. 라다 이베코비치 자신이 경찰 제도에 정면으로 맞서는 젊은 소요자 집단이 폭력적인 '마초' 문화에 물들어 있으며, 그 문화적 표현 중 하나가 **랩**이라는 점을 강조합니다.[19] 그녀는 이어서 프랑스가 최근 들어 가장 중요한 여성주의 운동 중 하나의 본산이었으며, 이것은 바로 방리유를 그 근거지로 하고 있었음을 지적합니다. 여성들로부터 습속의 자유를 박탈하고 동시에 그로부터 자신들의 이익을 얻으려는 젊은 '수컷' 무리들에 의해 자행되는 억압과 성적 폭력에 반대하는 소녀들과 젊은 여성들의 저항운동〔'니퓌트니수미즈'(Ni Putes Ni Soumises)라는 단체를 중심으로 조직된〕이 그것입니다. 하지만 문제는 사회에 만연한 인종주의에 반대해 들고 일어난 장본인이 다름 아닌 바로 그 젊은 남성들이라는 점입니다. 따라서 그녀로서는 프랑스 방리유라는 무대가 시대에 '뒤떨어진 국수주의'에도 불구하고, '후기식민지' 문화 일반을 건드리는 가장 첨예한 모순, 즉 이민자들과 그 후손들이 제도적 인종주의에 저항해 자신들의 정체성을 긍정하는 것과 자신들이 저 하위 주체들, 그 누구보다도 특히 여성들에 대해 폭력을 자행하는 것, 이 둘 사이의 갈등을 반영하고 있

---

19) '랩' 문화는 억압 장치에 대한 반란 및 항거의 언어인 동시에 성차별주의적 '코드'(물론 이 코드를 반어적 용법으로 읽는 일도 가능하다)이기도 하다는 점에서 양가적이며, 그 양가성은 2005년 11월에 일어난 사건들에 대한 해석의 쟁점 중 하나였다. 이는 『뉴욕 타임스』의 지상에까지 반향을 일으켰고, 브룩스는 이 신문 2005년 11월 10일자에 "불어판 갱스타"라는 제목의 거친 사설을 싣기에 이르렀다. David Brooks, "Gangsta, in French", *New York Times*, november 10, 2005.

음을 전제할 수밖에 없습니다.[20] 이러한 갈등은 다른 나라에서처럼 프랑스에서도 서구 사회에 만연한 성적 불평등을 위선의 베일로 가린 채 '여성들의 보호자'임을 자처하고 '유색인'들과 '동양인'들의 성차별주의를 비난하는 지배 문화에 의해 도구화됐습니다. 그렇지만 아마도 다른 나라들보다는 (다름 아닌 일정한 보편주의 담론에 내재해 있는 전복적인 능력 때문에) 갈등을 '원주민'의 입장과 '여성 해방'이라는 대의 중에서 양자택일해야 하는 문제로 덜 몰고 갈 수 있었습니다.

　　　므벰베는 인터넷을 통해 퍼진 두 개의 에세이 「공화국과 그 짐승: 프랑스 방리유 소요에 관해」[21], 「다자의 형상들: 프랑스는 자신의 정체성을 재발명할 수 있을 것인가」[22]를 통해 방리유 폭력에 대한 논쟁을 한층 '달군' 바 있습니다. 므벰베가 말하는 야행성 '짐승'이란 **인종**입니다. 인종은 정치적 선전에 의해 전파되고 정기적으로 선동되는 제도적 인종주의의 대상일 뿐 아니라, 이주 경로의 양 끝(프랑스와 아프리카)을 동시에 포괄하는, 인간을 불평등한 '종'으로 (이해 관계 및 문화를 기초로 프랑스와 아프리카 구식민지 사이에 형성된, '공동체'를 가장한 독립과 재식민지화를 넘어서) **차별하고 분리하는 사회 기제가 재생산된** 것이기도 합니다. 므벰베는 월러스틴과 마찬가지로 세계화가 가진 사회적 불평등이라는 특성을 강조하고, 또 이베코비치처럼 프랑스 사회로 하여금 도시폭력의 폭발이라는 형태로 '면전까지 들이대는' 그것이 무엇인지 이해하지 못하게 만드는 식민사의 억압이 가진 힘을 강조합니

---

20) 특히 가야트리 스피박의 연구들을 보라.
21) 2005년 11월 7일 www.icicemac.com에 게재됐다(툴롱의 LDH 사이트에도 동일한 글이 실렸다).
22) 2005년 11월 24일 multitudes.samizdat.net에 게재됐다.

다. 여기에 므벰베는 또 다른 하나의 테제를 추가합니다. 국가 내부의 인종주의와 여전히 (부패한 부르주아지 및 군사 집단의 결탁으로 인해) 구제국에 의존하는 아프리카 국가에 대해 시행되는 신식민지 정책 사이에 영구적인 상관관계 및 교환이 존재하고 있다는 주장이 그것입니다. 그는 이러한 관계를 설득력 있게도 '치욕의 지리학'(géographie de l'infamie)이라고 부릅니다. 그리하여 우리는 과거 피식민지 주민들의 예속을 지배하던 '원주민 통치법'이 '예외법', '형벌국가'[23]의 발전 그리고 준군사적인 방법들(경찰과 행정부가 구식민지 주민의 자손들이 거주하는 방리유의 사회적 문제들에 대처하기 위해 적용한)의 형태로 부활하는 것을 목도하고 있습니다. 이것들은 '인종 간의 전쟁'을 재편성하고 그것을 남북 간 '문명'의 충돌이라는 세계적 맥락에 새겨 넣습니다. 그리고 이 모든 것의 근저에는, 행정적 관습 속에 결코 근절되지 않은 채 남아 있는 프랑스 고유의 식민 전통이 자리하고 있습니다.[24]

므벰베는 라다 이베코비치처럼 보편주의의 이데올로기적 기능에 대한 '후기식민지적' 비판에 대한 프랑스 지도층(대다수의 지식인들을 포함해서)의 몰지각하고 안하무인격인 태도를 자신의 고유한 시각으로 비판합니다. 그런데 그는 그로부터 보편주의 자체를 지양할 필요가 있다고 결론내리는 것이 아니라[25], 보편주의 안에서 펼쳐진 모순이 더 관건임을 보입니다('보편적 시민성과 근본적인 평등은 국가가 자행하는 인

---

23) 카탈루냐 출신 철학자 호세프 라모네다의 표현을 차용했다. 다음을 참조하라. Josep Ramoneda, "De l'état social à l'Etat pénal", *El pais*, noviembre 8, 2005. 동일한 표현을 위에서 인용한 바캉의 책에서도 발견할 수 있다.

24) 내 생각에 므벰베는 여기에서 최근 '불법체류자들의 아이들'을 학교에까지 가서 단속한 것에서 볼 수 있었던, 비시 정부에서 시작된 또 하나의 국가적 전통을 충분히 고려하지 않고 있다. 그러나 이 두 전통은 분명히 서로 완전히 분리되어 있지 않다.

종주의와는 양립할 수 없다'). 따라서 '인종 너머를 상상하기' 위해서는, 흑인성(négritude)에 대해 성찰한 사상가들〔레오폴드 상고르, 에메 세제르, 오늘날의 에두아르 글리상〕이 보편주의에 관해 비판적으로 재고하는 한편으로 그로부터 '세계시민주의로의 이행'(passage au cosmo-politisme) 가능성을 모색한 예에서 보듯이, 보편주의 자체의 민주주의적 요청을 다시 가리킴으로써 프랑스 공화주의 이데올로기를 꼼짝 못하게 해야 합니다. 이는 '원주민' 자신들이 도맡아야 할 책임이기도 합니다. (분노의 표현 외의) 정치적 목적이 결여된 폭력은 '유지될 수 없습니다.' 미국과 남아프리카의 예를 거울 삼아 프랑스 내에 새로운 비폭력 '시민 권리 운동'을 일으켜야 합니다. 동시에 '혼혈 출신'(métisse)이거나 '식민지 태생(créole)의 지성', 그리고 그것에서 자랄 수 있는 정치적 상식이 출현하도록 해야 합니다. "이것은 모든 인종이 혼재하는 프랑스 지식인 세대의 출현을 의미합니다. 이 세대는 방리유, 해외 프랑스령 국가들, 구식민지들, 프랑스어권 국가들 등 각 주변부의 시각에서 프랑스 문화를 재고할 것입니다."

앞의 세 가지 예에서 우리는 관례적인 프랑스 본토의 경계 내에 갇혀 있는 순수하게 '프랑스적인' 관점으로부터 형성되는 인식론적 장애물을 제거하지 않고서는 프랑스 방리유 반란의 연금술 속에서 계급, 인종, 젠더 등의 요인들이 혼합되는 것이 불가능함을 보았습니다. 또한 사회적이고 제도적인 종별성을 고려하지 않고서는 원인이나 대책 또는 결과들의 ('현시점'에서의) 독특성을 규정할 수 없습니다. '후기식민

---

25) 므벰베의 비판은 '공화국의 원주민들'(Indigènes de la République) 운동 대변인의 그것과 완전히 똑같지는 않지만 통하는 면이 있다. 공화국의 원주민 운동에 대해서는 아래에서 보다 자세히 다루기로 한다.

지'가 프랑스의 상황에 출몰하고 있고, 그것은 많은 점에서 프랑스로부터 억압된 것을 형성하기는 하지만, 그것이 역사적·언어적으로 다른 세계에서 정의됐던 형식들로 [남아 있는 한] 프랑스 상황에 유일한 열쇠를 제공할 수는 없습니다.

## 4. 종교

우리가 앞에서 검토한 텍스트들(물론 다른 것들을 추가할 수도 있었을 것입니다)은 계급이나 인종, 그리고 그 대척점으로서 젠더와 같은 결정 요인들을 가장 우선시하되, 종교라는 요인은 무시하거나 멀리하고 있습니다. 반대로 '문명의 충돌' 모델을 받아들인 분석들에서는 (그 모델을 비판적으로 받아들인 분석에서조차도) 종교가 전면에 나옵니다. 이를 두고 실수라고 볼 수 있을까요? 반란/소요 당사자들의 동기의 측면에서, 아니면 여론이나 정부 책임자들이 그에 대해 갖고 있는 표상의 측면에서 이 [종교적] 차원을 재도입하고자 한다면, 어떤 방식으로 하는 것이 적당할까요? 소요 초기에 긴장을 고조시킨 요인들 중에는 공권력이 한 이슬람 사원[26] 입구에 최루탄을 발사한 사실(어떤 사람들은 의도적이었다고 하고, 또 다른 사람들은 실수였다고도 합니다만)도 있었음을 잊지 맙시다. 또, 소요가 한창이던 당시 이슬람교 자문위원회의 대변인들이 진정을 요구하는 호소문을 수차례 발표했다는 점 역시 잊어서는 안 될 것입니다.[27] 대변인들의 이러한 행동은 한편으로 그들을 가급적

---

26) 무슬림들이 예배 및 기도를 위해 이용하는 장소를 말한다. 사실 프랑스 방리유에는 제대로 된 이슬람 사원은 없다. 이슬람 사원의 건축은 체계적이고 조직적인 반발 때문에 계속해서 난항을 겪고 있다.

엄격하게 통제하려는 프랑스 당국의 강요에 못 이기고 나온 것이지만, 다른 한편으로 그들이 대표하는 공동체에 대한 책임감에서 비롯된 것이기도 합니다. 이들은 자신들의 공동체가 이슬람 혐오증적인 인종주의와 '테러와의 전쟁'이 낳은 파급 효과 때문에 지속적으로 위협받고 있다고 느끼는 것입니다.

따라서 우리는 '종교적 사실'이 '실제적' 사회 과정의 한 **구성요소**임에도 불구하고, 전자를 후자의 단순한 **외양**으로 만드는 환원적 해석을 경계하는 동시에 현재의 갈등의 실제적 동학을 **가리고**, 그것들을 거짓 이데올로기 세계에 투사하는 '종교적(혹은 문화주의적·신학적) 독해' 시도들을 경계해야 합니다. 종교적 독해는 기독교 세계와 이슬람 세계 사이의 전지구적 대결의 전형을 재생산하는 경향이 있습니다. 공식적으로 '종교와 정치가 분리됐다'고는 하지만 프랑스의 지배 문화가 여전히 참조하고 있는 기독교(특히 가톨릭) 세계와 자동차를 불태운 젊은이들 중 일부가 출신 가족상 속해 있는(그렇지만 전부는 아닙니다) 이슬람 세계 사이의 대결 말입니다.[28] 종교적 독해는 중동 지역에서 사건이 일어날 때마다 프랑스 내 일부 방리유 및 도시에서 유대인 공동체와 무슬림 공동체 간에 긴장이 불거지곤 한다는 사실을 언급하며 이러한 대결을 유대교-이슬람교 간의 적대와 연결시켰습니다. 그리고 그것은 후기식민지 공간에서 종족 간의 관계를 조직하는 고유의 '공동체주의 모델'에 의문을 제기하며 프랑스의 소요 그리고 같은 시기 영국을 뒤

---

27) 이슬람교 자문위원회의 〔소요〕 자제 호소문은 2005년 11월 8일 국회에 전달됐으며, 이어 각 지역으로 발송됐다.

28) 이민자 출신 청년들 사이에서 '신공동체적 이슬람'의 발전 및 그 한계에 관해서는, 다소 오래된 책이기는 하지만 다음을 보라. Farhad Khosrokhavar, *L'islam des jeunes*, Flammarion, 1998.

흔든 사건들(파키스탄 출신의 영국인 청년들이 2005년 7월 런던에서 일어난 테러에 가담한 사실)에서 일어난 사건들을 어떻게 비교할 것인가 하는 문제를 제기했습니다. 종교 문제를 핵심 단서로 삼지 않는 저자들(므벰베 같은)조차도 **방리유의 인티파다**(intifada)라는 표현이나 반란 및 그 진압의 '팔레스타인화'와 같은 관념을 사용했습니다. 이렇듯 이슬람의 사회학적 현실과 이슬람의 세계적 역할에 대한 다분히 환상적인 표상들이 뒤섞여 있기에, 이 혼동을 해소할 필요가 있습니다.

2005년 11월 사건이 한창이던 당시 왜 각종 선전 및 기대와는 반대로, 프랑스 우파의 몇몇 이데올로그들과 대변인들을 제외한 거의 대부분의 사람들이 명백히 종교적 형태를 띤 담론들에 대해 무관심했는지 묻는다면, 우리는 이질적이지만 근본적으로 모순되지는 않는 상이한 유형의 이유들을 댈 수 있을 것입니다. 첫번째는 프랑스적 맥락에서 우리가 '이슬람 정치 세력'이라 부르던 것이 정기적으로 경고와 협박을 하기는 하지만 [사실상] 약하다는 것입니다.[29] 이러한 약세로 인해 특히 젊은 마그리브 출신 젊은이들(알제리나 모로코 출신 '이민자'인 부모 혹은 조부모를 둔) 사이에서 이슬람으로의 귀의는 본질적으로 차별받고 낙인찍힌 채 살아가는 집단의 정체성에 대한 요구로서 기능합니다(그 때문에 그들의 종교에 대한 존중의 결여가 계속해서 그들 자신에 대한 '존중의 결여'로 여겨지고, 이슬람 사원에 날아든 최루탄이 우발적 사건을 유발하는 역할을 하게 되는 것입니다). 이것은 정치적 기능을 하지 않

---

29) 잘 알려져 있다시피 온갖 종류의 '이슬람 정치 세력'이 존재하며, 이들은 온건, 극렬, 전통주의적, 근대적, 동화주의적, 분리주의적 등으로 분류될 수 있으나 그들 각각은 서로 대체 가능하지 않다. 내가 보이고자 하는 간단한 진단은 이 모든 **혼동된 경향들**을 대상으로 한다.

으며, 또 반드시 종교적 실천과 큰 관련을 갖는 것도 아닙니다(이는 무슬림 출신 젊은이들 중 대다수가 다른 젊은이들과 마찬가지로 종교를 거의 실천하지 않으며, 보다 일반적으로는 텔레비전 방송을 통해 전파되는 매스커뮤니케이션 '코드들'과 도시폭력 및 정치적 픽션의 각본들이 그들의 담론과 상상계에 종교보다 큰 영향을 미친다는 사실을 통해 증명된다고 볼 수 있습니다. 이는 다른 프랑스인들의 경우에도 마찬가지입니다).[30] 두번째 이유는 종교 및 종교 문화가 갖는 주요한 기능이 ('프랑스식 정교분리 원칙'의 법적 구도에 전적으로 잘 들어맞는 관점 그리고 그것과 동일한 문제에 봉착한 관점에서 보자면) **사적** 영역의 조직화에 있다는 점입니다. 그렇기 때문에 종교는 (예전에 가톨릭이 그러했듯이) 가족과 특히 남녀 간의 관계에 대한 통제에 집중하는 것입니다. 직장, 학교, 전통문화 등에서 나타나는 빈곤화, 차별, 정체성의 위기 등의 상황에서 종교로의 귀의는 의지할 대상으로서, 그리고 사회적 인정에 대한 대리물로서 기능합니다. 그것은 '히잡' 사건이나 전혀 다른 맥락에서 아주 중요한 소녀들에 대한 성폭력 문제가 보여주듯이, 반란이나 인정에 대한 요구 한가운데에 그것과 양립 불가능한 '가치들'이 첨예하게 갈등할 때 전면에 부각됩니다. 종교가 2005년 11월 부차적인 차원에 머물렀다면, 그것은 공동체 간, 특히 유대계와 아랍계의 충돌도 아니고(축하할 일입니다), 성차별주의적 전형에 대한 문제제기도 아닌(유감스러운 일입니다), 운동의 **정치화 및 그 방향성의 한계**에 대한 결정적 증거입니다.

이 관점을 통해 우리는 프랑스적 맥락에서 종교적 차별이 근본적

---

30) Olivier Roy, *L'échec de l'islam politique*, Paris: Seuil, 1992; Bernard Dréano, "Notes sur l'Islam politique en France", *Réseaux citoyens*, février 15, 2005, [www.reseauxcitoyens-st-etienne.org/article.php3?id_article=541]

으로 보다 일반적인 **인종**〔혹은 '신인종(néoracial)'〕차별의 한 요소임을 볼 수 있습니다. 그렇다고 해서 그 심각성이 감소되는 것은 아닙니다. '종교'가 근본적으로 지배 문화의 관점에서 비합법적인 소수자의 특성을 가리키고 그것을 **내부에서의 배제**(exclusion intérieure) 메커니즘에 종속시키도록 하는 인종적 정체성의 지표로 기능한다고 말한다고 해서, 그것이 각각의 갈등 행위자들이 스스로의(그리고 타자의) '정체성'을 규정하고 표현하는 방식에서 중요한 역할을 수행함을 부인하는 것은 아닙니다. 다만 갈등이, 그 기원이나 쟁점의 관점에서 볼 때, 그 자체로 '종교적'이지는 않았음을 주장하고자 하는 것입니다. 이는 또한 종교를 정치적으로 다루는 것, 특히 오늘날 실제 그러하듯 이슬람이 프랑스 내에서 제2종교이며 아마도 가장 활발한 종교임을 실질적으로 인정하는 것이 정교분리주의 국가 자체의 관점에서도, 어떤 점에서 근본적인 민주적·시민적 목적을 이루는지를 부각시키는 것입니다. 여기에서 관건은 제도적 인종주의의 한 중요한 측면에 맞서 싸우고, 또 사회적 갈등의 이데올로기화에 대비하는 것입니다. 후자의 경우, 현재 무시할 만한 정도이긴 하지만 완전히 상상 불가능한 것은 아닙니다. 인텔리겐차의 담론 중 일부가 자의적으로든 아니든 완전히 반대 방향으로 흘렀음을 인정할 수밖에 없습니다.


## 5. 인종과 계급

그리하여 우리는 〔소요의〕 근본적인 '복합요인'이 계급과 인종의 결정요인들을 겹쳐지게 하는 것이라는 생각으로 되돌아옵니다. 이때 각 용어들〔계급, 인종〕은 주체적으로나(자아와 타자의 식별 방식) 객체적으로

(사회적 관계와 역사적 상황의 결과) 가장 넓은 뜻에서 진화적인 의미로 사용된 것입니다. 이번 방리유 반란, 그것이 진압되고 나서 최상의 행정 관례에 따라 근거 없는 약속, 남발된 처방의 물결 속에 '파묻힌' 방식을 보고 있노라면, 우리는 프랑스 사회 한가운데에 은밀하게 억압되어 있는 인종갈등이 얼마나 뿌리 깊은지, 고용, 교육, 안전, 주택, '도시권'〔droit à la ville, 그 어느 때보다 시사적인 앙리 르페브르의 표현〕 앞에 계급 불평등이 얼마나 광범위하게 확대되어 있는지를 알 수 있습니다. 많은 논평자들과 특히 정부 대변인들은 위 두 결정요인들을 떼어 놓으려 했지만[31], 우리는 이 둘을 세밀히 함께 고려해야 합니다. 하지만 이에 대해 외국인, '이민자' 출신이라 낙인찍히고, 저산업화 지대 및 '고실업' 지역(프랑스 전체 평균 실업률은 10퍼센트인 반면, 반란이 일어난 방리유 지역에서는 20퍼센트, 그 지역의 청년실업은 40퍼센트에 육박함)에 산다는 사실이 만들어내는 두 차별 요인의 결합이 오히려 분명 끝없는 나선 형태의 낙인과 사회적 장애로 변형될 보다 강화된 배제를 낳을 것이라고 인정하면 그만일까요? 아마도 한발 더 나아가 계급과 인종의 이중배제에서 생겨나는 독특한 '자리'(place)의 특성을 규정해보록 노력해야 합니다. 그것은 본질적으로 부정적인 자리로서, 그 자리를 점하고 있는 사람들을 끊임없이 **자리 옮기는**(déplacées, out of place) 사람

---

31) 가령 자크 시라크는 (사회적 위기가 아닌) '정체성의 위기가 관건'이라고 말한 반면, 폴 티보(잡지 『에스프리』의 옛 편집자)는 (정체성의 위기가 아닌) '사회적 위기가 관건'이라고 말했다.…… 하지만 이 두 사람은 모두 차별과 그것이 야기한 폭동을 일반적인 (générique) 방법으로 언급할 수밖에 없었다. 여기에 2005년 11월 운동에 대한 두 가지 상반된 해석의 조짐이 있다. 그것은 〔방리유의 반란을〕 (그것을 조화시키거나 추가시키려는 시도에도 불구하고) 계급으로 환원하거나, 인종으로 환원하는 해석들과 유사한 경향이다. 이 둘 중 어떤 것도 그 모델이나 예시에 비해 이번 사건이 보여준 **과잉성** (excès)과 **비정상성**(anomalie)을 설명하지 못한다.

들 혹은 **내부로부터 배제된 자들**, 즉 일종의 '천민'(parias)으로 만드는 효과를 갖습니다. 단 여기에서 천민이라는 말은 본래적 의미(합법적인 카스트제도 바깥의 '카스트'라는 의미)가 아니라 근대 서구사회에서 (베버, 아렌트, 부르디외 같은 이론가들이 사용함에 따라) 획득되어진 의미를 말합니다. 다시 말해 원리상 혹은 사실상 '권리들에 대한 권리'(droit aux droits)(권리를 **갖거나** 또는 실행하거나 특히 **요구할** 수 있는 권리)가 주어지지 않은 집단을 일컫는 것입니다.[32]

인종과 계급이 결합된 결과는 (대통령이 소요 발생에서 '차별'의 역할을 인정한다고 하거나 유럽연합이 '차별철폐' 계획을 제시하는 등 국내와 초국적 차원에서 현재 공식화된)[33] '차별'이라는 행정 용어에 의해 다시 은폐되거나, 혹은 〔'정체성의 위기', '사회 양극화' 같이〕 항상 두 대립되는 해석을 참조하는 완곡어법에 의해 간접적으로 언급됩니다. 반면, 방리유 청년들의 반란을 유발하고 그들을 절망으로 내몰았던 그들 자신의 경험은 개인적·집단적 미래를 무화시키면서 **각각의 낙인이 서로 다른 낙인으로부터 자유로워지는 것을 가로막는** 과잉결정의 경험입니다. 이렇게 결정된 '부정적 자리'는 마찬가지로 천민들이 그들을 낳은 사회 질서의 해체를 부정적인 형태로 부르짖기 위해 궐기하는 **공적 장소**가 됩니다. 이에 대해선 결론에서 다시 부언하도록 하겠습니다.

---

32) 이것은 이미 인용한 바 있는 로익 바캉이 추구한 의미다. 이것은 프랑스와 미국(방리유와 게토)에서 주변인과 제도 사이의 관계에 대해 진행한 비교이론적 모델의 구현과 사례분석의 핵심적 결실이다. 그런데 바캉이 '혼합된 논리' 혹은 '혼합된 소요'에 대해 말하고 있긴 하지만, 그는 계급을 **일차** 요인으로 인종(또는 종족)을 **이차** 요인으로 간주한 것으로 보인다.

33) 근간될 다음의 비교작업을 참조하라. Christophe Bertossi(ed.), *European Antidiscrimination and the Politics of Citizenship, France and Britain*, Basingstoke : Palgrave, 2006.

　　로베르 카스텔이 **부정적 개인주의**(individualisme négatif)라고 불렀던 모델을 따라 우리가 **부정적 공동체**(communauté négative)의 출현(물론 이 두 현상은 상호연관되어 있습니다)이라고 부를 수 있는[34], 이러한 부정성의 편재는 우리가 긍정적 방식으로 인종구분과 계급의 조건의 현재적 특징들을 규정해야 한다는 사실을 방해하지 않습니다. 내가 보기에 지배적인 것은 한편으로는 **세습**의 도식이고 또 다른 한편으로는 (카스텔이 사용하는 의미에서) **절연**(désaffiliation)의 도식입니다. 즉 폭력적 긴장이 형성되고, 자신을 부정하거나 파괴하는 조건 말입니다. 인종 구분은 피부색, 종교, 문화 등과 같은 모든 낙인들 이외에 가족관계에 우선적으로 집착하는 방법입니다. 이것은 '타인' 뿐만 아니라 '자신'에 관련된 것일 때도 마찬가지입니다. '가족재결합'에 대한 제도적 혐오, 가족이 아이에 대한 모든 '권위'를 포기했으니〔국가가 아이들을〕 다시 교육하고, 나아가 처벌해야 한다는 식의 '해체된 가족'에 대한 행정부의 낙인찍기[35], '일부다처제'[36]에 대한 오리엔탈적 환상의 재출현은 이를 잘 보여줍니다. 인종 구분은 **세습적인 이민자 신분**(대를 이어서, 국적을 획득하더라도 '한번 이민자는 항상 이민자')이라는 법률적으로나 인간적으로나 끔찍한 사회적 범주의 구성 속에서 절정에 달

---

34) Robert Castel, *L'insécurité sociale : Qu'est-ce qu'être protégé ?*, Paris : Seuil, 2003.
35) 우파뿐만 아니라 좌파 정치인에게서도 제기되는 주제다. 특히 주요 두 대통령 후보(니콜라 사르코지, 세골렌 루아얄)도 제기한 바 있다.
36) 프랑스 학술원 종신서기인 엘렌 카레르 당코스 여사가 러시아 텔레비전에서 선언한 내용을 보자. "모든 사람들이 놀랐어요. …… 이 아프리카 아이들은 도대체 왜 학교에 가지 않고 거리를 배회하는 걸까요? 왜 그 아이들의 부모들은 아파트를 마련하지 못할까요? 이유는 분명합니다. 이 가족들 중 상당수가 일부다처제를 따르고 있기 때문입니다. 한 아파트에 서너 명의 부인들과 25명의 아이들이 살고 있어요! 더 이상 아파트라고 말할 수 없을 정도로 가득 차 있어요. 뭔지 알겠죠. 이제 왜 아이들이 거리로 나가는지 이해할 수 있을 겁니다"(『리베라시옹』, 2005년 11월 16일자).

합니다. 그러므로 그들은 '자국내 이방인들'이지요. 왜냐하면 그들은 실제 다른 국적을 (혹은 더 이상) 가지고 있지 않으니까요.[37] 한편 계급의 조건과 관련해 말하면, 그것은 원칙적으로 이제 더 이상 노동 분할[분업]에서의 자리 배분으로 정의되지 않습니다. 비록 (임금노동자의 범주가 확장됨에 따라 가려져 있지만) 재산소득과 근로소득 간의 혹은 (직업의 정보화와 일반화된 교육으로 변하고 있지만) 육체노동과 정신노동 간의 거대한 차이가 여전히 유효한 의미를 지니고 있더라도 말입니다. 다시 말해 계급의 조건은 오늘날 무엇보다 상대적으로 **보호된** 직업과 **불안정한** 직업 간에 놓여 있습니다.[38] 그러한 '경계'는 정의상 불안정하고, 끊임없이 이동하는 것이며, 세계적이면서 지역적인 영원한 세력 관계의 문제이자, 명백히 거스를 수 없어 보이는(세계화와 그에 따른 '회사 이전'만큼 거스를 수 없는) 항구적인 전방으로의 도주의 대상이기도 합니다. 그 경계는 **영토 간의 경쟁**이라는 하나의 새롭고도 무자비한 경쟁 형태를 야기합니다. 그 영토는 사회적 권리의 훼손, 노동에 대한 보호완화, 세금혜택을 통해 자본투자를 유치하고자 하는 국가적 혹은 대륙적 공간이기도 하고, 개발지역 혹은 '보호지구' 심지어는 '오물처리장'으로 간주되는 도시 공간이기도 합니다.[39] 그리하여 몇몇 방리유

---

37) 이에 대한 심리학적 영향과 구성은 다음에 상세히 기술되어 있다. Evelyne Ribert, "D'éternels enfants d'immigrés", *Liberté, égalité, carte d'identité: Les jeunes issus de l'immigration et l'appartenance nationale*, Paris: Découverte, 2006.

38) 이 대립의 효용성의 한계에 대한 최근 논의는 다음을 보라. Olivier Schwartz, "Haut, bas, fragile: Entretien avec Annie Collovald", *Vacarme*, n°37, automne, 2006.

39) Jacques Donzelot, *Quand la ville se défait: Quelle politique face à la crise des banlieues*, Paris: Seuil, 2006; Cyprien Avenel, "Les émeutiers de la politique de la ville", *Mouvements*, n°44, mai-avril, 2006. 영토 간의 경쟁에 대한 자본주의의 일반적인 행보에 대해서는 다음의 책에 잘 기술되어 있다. Pierre-Noël Giraud, *L'inégalité du monde*, Paris: Gallimard, 1996.

들은 불안정 노동과 실업 간의 선택밖에 없는 극도로 불안전한 상태의 **새로운 프롤레타리아트**가 거주하도록 할당된 지역으로 보이기까지 합니다.[40] 계보 내에(즉 지배의 **과거** 내에) 갇혀 있는 것은 유배지로부터 벗어나는 것(즉 진정한 **미래**를 건설하는 것)을 가로막습니다. 진정으로 폭발적이고 '성가신' 존재는 바로 이 이중적 매듭입니다.

하지만 바로 여기에서 우리는 절망 속에서 그 에너지를 분출한 반란의 정치적 의미의 문제를 제기할 수 있습니다. 우리는 반란의 파괴적인 측면조차 [반란자들이] 다른 자리, 대표, 인정, 참여의 자리에 다가가기 위해 스스로를 '제기하고', 스스로 '봉기하는' 방식으로 해석할 수 있습니다. 이 반란은 (프랑스에서) '공화국'이라 자칭하고, 이제는 불가능해져버린 **시민들의 공동체**의 대표적인 제도라고 자처하던 체제의 궁극적 한계를 (적어도 상징적으로) 보여준 것일까요? 혹은 그 반란은 여전히 민주화의 힘일까요? 그것은 어떤 조건에서 그럴까요? 자, 그럼 이 질문을 두 부분으로 나누어 검토해봅시다.


## 6. 접근 불가능한 공화국 시민권

나는 비판적 대조라는 완곡한 수단을 다시 한 번 이용할 것입니다. '공화국의 원주민들'(Indigènes de la République) 집단이 2005년 1월에

---

40) 안정된 산업자본주의의 제도화된 노동계급은 아니더라도 조직화된 노동계급을 '프롤레타리아'로 규정하기 때문에 '탈프롤레타리아화'를 주장하게 되는 로익 바캉과 바로 이 지점에서 나는 (용어상으로나 정치적으로나) 구별된다. 나는 그와 반대로 '재프롤레타리아화'를 이야기하는데, 왜냐하면 맑스에 의해 사용된 본래 개념에 의하면, 프롤레타리아는 그 '노동계급'과 구분되어, 자본 앞에서 무방비 상태로 '끄집어 들여지고 쫓겨나는' 임금노동자의 불안전 상태를 함축하는 개념이기 때문이다.

운동을 시작한 이래 전개한 담론은 '인종'이 그것의 초기 구성의 이데 올로기 지표들과 물질적 조건이 폐지되거나 근본적으로 변화했음에도 불구하고 여전히 재구성, 재생산되도록 하는 것이 무엇인지, 그리고 이 재생산 과정에서 '공화주의적' 국가의 연속성이 갖는 근본적 역할이 무엇인지 묻는 장점을 갖고 있습니다.[41] 이런 관점에서 이 담론을 피해 가거나 무시하는 것은 단지 엄청난 위선행위일 뿐입니다. 따라서 이 점 에서 나는 이 담론에 특권을 부여하도록 하겠습니다. 그러나 그 담론은 현재의 프랑스 사회구성체 내부에서 '식민 형태'의 단순한 반복 속에 서 진행되는 내부에서의 배제 혹은 '추방'(그 담론은 이것들의 구조적 필연성을 강조합니다)을 파악하는 데 어려움을 겪고 있습니다. 결과적 으로 그 담론은 반식민지 해방운동의 은유적 재탄생, 그리고 '공화국' 이 '외적 탈식민화'(décolonisation extérieure) 이후 '내적 탈식민화' (décolonisation intérieure)를 완수할 수 있도록 해주는 '공화국'의 자 기 과거 청산 속에서 내부에서의 배제와 추방의 지양을 찾아내는 데 어 려움을 겪고 있습니다. 가장 어렵고 위험이 큰 이 마지막 단계(내적 탈 식민화) 없이는 첫번째 과정(외적 탈신민화)이 어떤 의미에서는 무의미 해지고 맙니다. '공화국의 원주민들'의 담론에서 나타나는 이 두번째 측면이 (미묘한 차이들과 논쟁에도 불구하고) 내 생각으로는 이 분석을 조정하는 데 장애물입니다. 첫번째의 성과들을 무력하게 하지 않으면 서 이것을 재검토해야만 합니다.

이민 출신이 역사적인 인종주의들의 구조적 불변요소와 만나면서 세습적인 낙인으로 변화된 이상, **이민**(immigration)에만 (내가 약 20여

---

41) 공화국의 원주민 운동의 인터넷 주소는 www.indigenes-republique.org/'이다.

년 전에 그랬듯이 '이민'이라는 단어가 '인종의 이름'〔nom de la race〕이
되어버렸다는 것을 인정하면서)[42] 집중된 문제틀에서 빠져나올 필요가
있습니다. 그럼으로써 우리는 어떻게 (생물학적 인종주의를 거쳐 문화
적, 종교적 인종주의로) 인종주의 담론이 명백히 갱신됐으며, 동시에 세
대에서 세대로 이어지는 본질적인 정체성을 구성하는 것으로 제시되
는 계급, 가족 내 성차별, 종교와 위에서 말한 인종주의를 국면에 따라
절합(節合)할 수 있게 해주는 **계보학적 도식**이 어떻게 영속적으로 유지
되는지를 해석할 수 있습니다.[43] 공화국은 명백하게 그것에서 초래된
차별과 폭력에 대한 책임이 있습니다. 왜냐하면 이것들은 모든 '시민'
에게 평등하게 열린 교육의 기회와 사회적 지위 향상, 일자리와 직업에
대한 접근, 행적적으로 공평한 취급이라는 공화국의 헌법원칙[44]에 위
배될 뿐 아니라, 또한 보다 특정한 정치적 이유 때문에 그러합니다. 프

---

42) Étienne Balibar, "Sujets ou citoyens: Pour l'égalité", *Les Temps Modernes*, mars-
avril-mai, 1984; *Les frontières de la démocratie*, Paris: Découverte, 1992. 재수록.
또한 다음을 참조하라. *Race, nation, classe: Les identités ambiguës*, (avec Imma-
nuel Wallerstein), Paris: Découverte 1988(2e éd. 1997).

43) 하지만 이제부터 우리가 이러한 부조리의 이데올로기적이고 제도적인 반복을 입증하려
고 할 때 일종의 모방의 위험성이 있다. 때로는 프랑스인 부모에 의해 프랑스에서 태어
난 '이민자들'에 대해서도 그들의 '사전의'(en amont) 원인을 '출신'에서 찾으려 하곤
하는데, 이것은 인종주의 담론(이민자들은 항상 '그들' 안에 지울 수 없는 출신의 낙인들
〔피부색, 습속, 태도, 종교〕을 지니고 있다)에 의해서뿐만 아니라, 역으로 인종주의에 반
대하는 전통의 전형적인 뒤집기(이민자들을 낙인찍는 것은 그들을 낙인찍는 효과, 체계로
부터 투영된 이미지와 편견들일 뿐이며, 그것들은 최종심에서 항상 그들의 부모와 조상을 통
제했던 '식민' 체계일 뿐이다)에 의해서도 행해진다. 여하튼 '공화국의 원주민들'이라는
기표는 이것〔인종주의를 그대로 뒤집어 놓은 반인종주의〕보다는 덜 간단하고, 도구화될
가능성이 적기는 하지만, 그것은 역설적이게도 일종의 식민지 담론의 '수행적 반전'
(retournement performatif)의 형태로, 그 기표의 역으로 이해할 수도 있다. (프랑스 공
화국의 '원주민들'은, 비록 프랑스 공화국이 인정하고 싶지는 않겠지만, 프랑스의 혈통을 이
어받았고, 프랑스 땅에서 태어난 **바로 우리이다**……) 이 역설적인 해석은 **고유한, 국민의**
역사의 가장 틀림없는 생산물이 '외국인'이라고 지칭되고, 배제되는 문제의 중심에 다
가가는 데 유익할 것이다.

랑스에서 공화국은 적어도 지난 2세기 동안 시민권을 제한하던 다른 구체제들[45]을 다소 '혁명적' 방법으로 분쇄하면서 수립됐고, 때로는 오랫동안 쇠퇴했다가 재건됐습니다. 이러한 사실은 공화국 제도들의 내부적 혼란에 맞서 우리가 제기할 수 있는 제도들의 구획선을 그리며 그것의 정당성의 조건들을 규정합니다. 물론 현실은 이 원칙에 완벽하게 부합하지 않았으며, 여성에서(1945년 이전까지) 식민지 원주민에 이르기까지 여러 공화국에 의해 많은 '프랑스의 신민'(sujet français)들이 제도적으로 시민권(또는 **진정한** 시민권)으로부터 배제됐습니다.

따라서 중요한 것은 보다 확장되거나 축소되는 식으로 시민권의 경계가 변화하는 **방향**(sens)이고, 또한 사회의 세력 관계, 제도적 여건, 실제적 시민권의 상징적 지표가 변할 때 만들어지는 모순들이 다뤄졌던 방식들입니다. 이러한 관점에서 프랑스에 의해 연장된 최근의 식민지 과거사에 대한 억압의 위험한 효과에 대한 **공화국 원주민들**의 거친 비판과 주장은 **귀화**(프랑스 공화극은 원칙적으로 '속지주의'를 받아들인다)의 메커니즘, (적어도 지난 두 세기 동안 그치지 않은) **합법적 혹은 비합법적 노동력 수입의 메커니즘**, 그리고 (우리에게는 특히 유럽 공동체의 건설의 형태를 띠는) **정치 공간의 관국가화**의 메커니즘이 결합된 행동에

---

44) 1946년 프랑스 헌법 제2조(아래에서 다시 언급할 것이다)에 의하면 "프랑스는 분할 불가능하고 세속적이며 민주적이고 사회적인 공화국이다. 프랑스는 법 앞에서 모든 시민의 평등을 그들의 출신, 인종, 종교의 구분 없이 보장한다." 크게 벌어져 있는 이 모순의 형식과 실천적 효과에 대해서는 다음을 참조. Véronique De Rudder, Christian Poiret, François Vourc'h, *L'inégalité raciste: L'universalisme républicain à l'épreuve*, Paris: PUF, 2000.

45) 그리고 비시 체제 하에서 유대인들의 '프랑스 국적이 박탈됐던' 것과 마찬가지로, 이미 획득한 시민권을 때에 따라 회수하는 경우에 의해서. 크레미외 법령이 폐지된 형태로 알제리에서 연장된 사실에 대해서는 다음을 참고할 것. Benjamin Stora, *Les trois exils juifs d'Algérie*, Paris: Stock, 2006.

서 기인하는 모순이 오늘날 다뤄지는 **퇴보적인** 방향에 주의를 기울이게 합니다. 이는 단지 전 유럽 국가에 공통적으로 외국인 육체 노동자에게 할당된 배제 지대와 이원 구조의 시민권(비록 우리는 이 현상을 '아파르트헤이트'에 비교할 수 있었지만)이 만들어진다는 사실에 관련된 것만은 아닙니다.[46] 이것은 한 국가(그리고 국가 뒤의 국가적 정치 '공동체')가 몇몇 개인들을 정치 공간에 포함시키고(나아가 가두고) **또 그들이 그 정치공간에 참여하는 것을 금지하듯이, 시민권을 줬다가 빼앗는 것**과 관련이 있는 것입니다.[47] 여기에는 식민지 영토에서 근본적으로 불평등한 권리를 갖는 **두 주민들**이 결합되고 분리되는 방식과의 (단지 행정과 억압적 물리력 측면에서의 방법적 연속성뿐만 아니라) 정치적 유사성이 존재합니다. 그러나 그것들의 제도적 메커니즘이나 정치적 결과는 같지 않습니다. 식민화의 자취는 시민권을 부인하는 것의 기원 중 하나이자 그것의 지속 가능성의 한 조건이며(물론 그저 여러 기원 및 가능성 중 하나일 뿐입니다), 이것은 방리유 반란 시 부메랑처럼 되돌아와 '프랑스식 공화제'을 강타했습니다. 그래서 배제 현상의 인종적이고 계급적인 **이중적** 규정, 그리고 그것이 만들어내는 **소속의 공백**(vide d'appartenance)을 강조하는 것이 중요했습니다. 이전 세대의 식민지 과거(하물며 전식민시대)는 상징적 준거, 나아가 프랑스 국가의 선의식

---

46) Étienne Balibar, *Nous, citoyens d'Europe: Les frontières, l'Etat, le peuple*, Paris: Découverte, 2001.

47) 이러한 설명은 적어도 내국인들에게는 모두가 시민적 권리에 접근 가능하다는 반대를 무릅쓴 것이다. 소요 직후에 배우인 자멜 드부즈가 제안해 방리유 청년들의 선거인 명부 등록 운동이 시작된 것은 무시할 만한 것이 아니다. 그러나 이 운동은 금새 한계에 부딪혔는데, 이는 분명 이해 당사자들〔방리유 청년들〕이 보기에 형식적 권리와 실제 정치 대표 체계(이것은 '내국인'에게도 적용되며, 그 내국인들을 '내부의 외국인'로 만드는 데 기여한다) 사이의 괴리가 너무나 명확했기 때문이다.

을 논박하는 무기를 만들 수는 있으나, 엄밀하게 말해서 현재의 정치적 정체성을 구성하는 어떤 도식이나 모델도 만들 수 없습니다. 역사는 재연되지 않습니다.

하지만 이 과거의 흔적이 없이는 '이민자' 출신 청년들이 겪는 배제의 첨예함을 잘 이해할 수 없으며, 더구나 그들 간의 친밀함 및 상호부조에 따른 반응에 의해, 그리고 행정정책에 의해 그 청년들이 격리되어 있는 도시지역에 대해서도 이해할 수 없습니다. 그뿐만 아니라 [식민지 과거의 흔적 없이는] 이 배제를 독특하게 만들고, 그것과 부분적으로만 유사할 뿐인 다른 배제들과 그 배제의 차이를 급진적인 언어로 재번역하게 해주는 것이 무엇인지, 그럼으로써 **배제된 자들 사이에 적대의 효과**를 만들어내는 것이 무엇인지 알 수 없을 것입니다. 방리유 청소년들의 급진화, 그리고 방리유 지역에서 국민전선(FN)의 득표가 높아지는 것이 증명하듯, 빈곤해지고 비정규직화된 노동계급의 점점 더 많은 부분[48]이 인종주의 이데올로기로 흐르는 현상 사이에 어떤 대칭성을 상정하는 것만으로는 충분치 않습니다. 따라서 프랑스의 정치 사회구성체에서 보여지는 민주주의의 위기가 가지는 (분명히 연결되어 있는) 두 측면을 심화시켜 연구해브아야 합니다. 즉 이 두 가지 측면은 첫째로 쇠약해진 정치적 대의제를 인종적 환상이 경향적으로 대체하고 있다는 것이고, 두번째로는 적흩한 대의적 심급의 부재로 인해 고유한

---

48) 대개의 경우 이들 본인이 '이민자' 츨신이다. 그러나 다른 역사적 맥락에서 그들은 높은 수준의 노동계급의 노동조합이나 정치조직에 참여하기도 했다. 이 문제에 대해 스테판 보와 미셸 피알루가 그들의 책 결론에서 행한 적절한 평가를 참고하라. Stéphane Beaud et Michel Pialoux, *Violences urbaines, violence sociale: Genèse des nouvelles classes dangereuses*, Paris: Fayard, 2003. FN에 투표하는 것에 대해서는 2002년 대통령 선거 당시에 논나 마예르가 제시하고 논평한 수치를 참조하라. [www.tns-sofres.com/etudes/dossiers/presi2002/itv_mayer.htm]

의미에서 민주적 봉기로 귀결되는 이행이 봉쇄되고, 잠재적으로 탈선한다는 것입니다. 방리유의 반란의 **정치적 생성**(devenir politique, 정치적으로 되기, 정치화)에 대한 성찰의 밑그림을 그리고 또한 그 불명확성을 밝혀내기 위해 이 두 지점을 연결시켜보아야만 합니다.

오늘날 〔우리 각각의 실천이 동참하는 일상적 '공화주의 협약'에 의해〕 지속되고 있는 프랑스 공화국에서 시민권은 민주주의와 부르주아 국민국가의 위기에 대한 훌륭한 이론가들이 주장하듯 '불완전할' 뿐만 아니라[49], 점진적으로 광범위하게 '접근할 수 없게' 되고 있습니다. 즉 민주주의적 시민권이라는 이름에 걸맞게 그 혜택을 받아야 할 많은 사람들에게 시민권은 **거부되고** 있으며, 이 시민권은 또 다른 많은 이들에게는 형식적이고 제한된 지위로 한정되어 있습니다. 인종과 계급이라는 이중의 지위, 그것이 결정하는 '자리' 탓에 구조적으로 차별받는다는 사실에 대한 '분노'가 야기한 2005년 소요가 보여주는 반란의 요인 중에서 도시-국가의 문제에 대한 평민(plèbe)의 난입 —— 도시 국가 내에서 평민은 이제 자크 랑시에르의 반론의 여지없는 표현인 '몫 없는 자들의 몫'(la part des sans part)[50]이라는 구호를 따라 〔자신들의 권리를〕 주장합니다 —— 에 의해, 그리고 동시에 현동적인 선언(존재할 권리와 기본적인 '공공재'〔biens communs〕에 대한 접근으로 시작하는 만인의 권리에 대한 최소한의 인정 없이는 '시민들의 공동체'는 존재할 수 없

---

49) 이 주제는 비록 서로 다른 전제에서 출발함에도 시민권의 본질을 '획득'(citizenship in the making)이라고 보는 반 군스테렌과 민주주의를 '정치 체제'(régime politique)가 아닌 과두제에 대한 비판 운동이자 권리청구 운동으로 보는 랑시에르에 공통된 것이다. Herman van Gunsteren, *A Theory of Citizenship: Organizinig Plurality in Contemporary Democracies*, Boulder: Westview Press, 1998; Jacques Rancière, *La Haine de la démocratie*, Paris: La Fabrique, 2005.

50) Jacques Rancière, *La mèsentente*, Paris: Galilée, 1995.

다)에 의해 시민권이 재정립되고 재활성화되는 **봉기 능력**을 보는 것은 분명 매력적이긴 합니다. 그러나 이것을 위해서는 방리유의 반란이, 국내 혹은 국외에서 '그것을 관찰하고' 있는 사람들에게 제공하고 있는 **신호**나 **정치적 징후**에 그치지 않고, 의식이나 의식을 가진 사람들의 행위에 고유하게 속한 (오늘날 철학적인 방식으로 '정치적 주체화' 라고 부르는) 어떤 **정치 과정**이 전개되는 (불안정하고, 모호하고, 가역적인) 한순간으로 간주될 수 있어야 합니다.[51] 여기에서 문제는 **폭력** 그 자체가 아닙니다. 왜냐하면 이 행위 형태가 이 권리의 부인에 직면한 시민들을 근본적으로 변화시키는(이들은 '비폭력적' 일 수 있습니다) 봉기적 반란 (soulèvements insurrectionnels)에 내재적으로 연결되어 있지 않음에도 불구하고, 역사적 경험은 이 행위 형태가 차별적 구조를 무너뜨리고 그 차별 구조로 삶을 영위하는 '선량한 시민들' 의 몰지각성을 비판하기 위해 필요하다는 것을 보여주기 때문입니다. 문제는 주어진 조건 속에서 폭력을 **가지고**, 그리고 폭력이 이끌어내는 효과와 반응을 가지고 우리가 정치적으로 할 수 있는 것이 무엇인지 알아내는 것입니다.

## 7. 정치(politique)/반정치(antipolitique)

확실히 '소수자' (청소년이며, 남성이고, 학교 교육에서 이탈한, 대부분의

---

51) 내가 생각하기에 일면적인 접근방식을 가졌다고 비판했던 '공화국의 원주민들' 의 성찰에서도 이 질문은 낯선 것이 아니다. 이 질문은 아마도 그들의 동기의 일부분일 수도 있다. 사이드 부아마마와 같이 가장 오래된 세대에 속하는 이 운동의 조직자들은, 사실 이미 20여 년 전에 '평등' 의 이름으로, 각종 권리와 시민권 획득의 동학 속에서 실행되고 계속된 폭력을 전환시키는 '연금술적' 정식을 현장에서, 그리고 여론 앞에서 찾고자 했던 '뵈르 행진' 과 '컨버전스84' 운동의 베테랑들이다.

경우 이민자 가정 출신들인)이면서도, 그들이 속한 사회·가족·세대 환
경이 처한 **일반적 조건**을 '극단적으로'(à la limite) 대표하는 젊은이들
에 의해 순간적으로 폭발했으며, 마치 프랑스 사회와 국가의 전면에 내
던져진 듯한 '시테'의 폭력이 **하부정치적**(infrapolitique)인 폭력이었다
는 것은 지나칠 정도로 반복되어 말해졌습니다.[52] 하지만 이러한 정식
은 이중의 의미를 가질 수 있을 것입니다. 먼저 그것은 이번 소요가 집
단적인 정치적 행동의 수준에까지 **이르지 못한 것**(이후로도 그러할 것)
이라는 것을 내포하고 있는데, 왜냐하면 소요의 목적이 그러한 정치적
행동을 지향하고 있지 않기 때문이거나, 혹은 단순히 분노를 표출하는
것 외에 다른 '목적들이 없기 때문'이라는 것입니다. 다른 한편으로,
앞의 정식은 또한 이번 소요가 정치적 행동이 되기 위해 넘어야 할 여
러 단계들로부터 차단되어 있기에, 그리고 그러한 것이 될 수 있는 조
건들(의식, 이데올로기, 조직, 전술과 전략 등등)을 결여하고 있기에 정치
적 행동과 더욱 **거리가 멀다**는 점을 말하고 있습니다. 두 가지 경우 모
두, **위법행위**의 문제와 **억압**에 대항하는 문제(억압은 위법행위를 그것의
펑계로 삼고, 위법행위으로부터 그것의 정당성을 만들어내며, 가능한 한
그러한 위법행위를 조장하기 때문에, 앞의 두 문제는 밀접하게 관련되어
있습니다)가 핵심적인 역할을 합니다. 한 운동의 연속성과 그것의 정치
적 생성은 바로, 지배체제가 위법행위에 부여하는 의미들을 변화시키
고, 그 억압에 저항하는(또는 그러한 억압을 행하는 이들에게 그 효과들

---

52) 이러한 성격 규정은 방리유 반란에(그리고 모든 관계를 고려해, 게토에도) 가장 큰 정치
   적 중요성을 부여하고, 신자유주의가 '재구조화'한 자본주의 사회가 맞닥뜨리고 있는
   딜레마—사회적 국가(Etat social)의 재정립이냐, 아니면 형벌국가(Etat pénal)의 완전
   한 승리이냐—를 바로 이 반란이 가장 잘 폭로하고 있다고 생각하는 저자들에게서도
   발견된다. 가령 바캉의 책, 36쪽을 보라.

을 되돌려주는) 능력에 달려 있기 때문이지요. 그러나 또한 앞의 두 경우에서 우리는 마치 '정치적인 것'(le politique)을 '저절로 생겨나는' 사회적 분쟁의 단순한 지양 혹은 종착지로 만드는 추상적인, 더군다나 위험스럽게도 선형적인 도식과 상대해야만 합니다. 내 생각에는, 이제 어떻게 정치가 그것의 반대의 결(우리가 **반정치**라고 부를)을 통과할 수 있는가, 그리고 어떻게 정치가 그것의 **불가능성**의 조건들 그 자체로부터 출현할 수 있으며, 동시에, 그리고 당연히 그것들의 내부적 모순들에 의해 가로막힐 수 있는가를 이해하기 위해서 앞의 도식을 보다 복잡하게 만드는 것이 중요합니다.

우리는 반정치를 대의의 부재와 동일시해야 할까요? 그렇기도 하고, 그렇지 않기도 합니다. 자유주의(프랑스에서 자유주의는 언제나, 우리가 예전에 '특별유권자'(capacités)라고 불렀던 지식인들의 헤게모니와 그들의 국가와의 밀접한 결합에 기초한 '유기적인' 자유주의였습니다)가 완벽하게 구현하고 있는 것처럼 정치의 전통적인 부르주아적 대의제에서는 대의행위가 국민(nation)을 구성하는 집단들에게 보다 구체적으로 '대중계급들'(classes populaires)에게 **대표자들을 제안하는**, 그 자체로 정치체제의 기능을 하고 있습니다. 정치계급이 한 사회집단의 이해들을 대표하기를 거부할 뿐만 아니라, 그 집단이 존재하기 위해 대표를 가질 수 있는 권리, 즉 정당한 '국민'에(시민들의 공동체에) 속할 수 있는 권리를 **부정하는** 상황은 하나의 제한적인 상황이지만, 우리는 이러한 상황이 주기적으로 재생산되는 것을 잘 보아왔을 뿐만 아니라, 마침내 그것은 체제가 잘 기능하기 위해 구조적 차원에서 필수적으로 보이기까지 합니다. 만일 사회적 모순들의 **전부가 대표될 수 있는** 것으로 여겨지고 실제로 그렇게 되도록 요구된다면, 정치계급(우파든 좌파든)

은 (알튀세르가 예전에 '이데올로기적 국가 장치'라고 불렀던 것 속에서의) 대표행위를 '독점할' 수 없을 것입니다. 그러나 **역사**라는, 과정으로서의 정치적 대표행위에 이러한 '위로부터' 주어지는(과두제적 통치의 형태로든, 기술관료적 통치의 형태로든 혹은 헤게모니적 형태로든) '수동적'인 면만 있는 것은 아닙니다. 그것은 또한 이전의 금지조항들을 위반하고, 다른 형태의 대표자들(꼭 의회 내에서 활동하는 것은 아니고, 오히려 그들은 무엇보다도 일반적으로 모든 직업들에 관련된 '활동가들', '유기적 지식인들'입니다)을 받아들이게 하거나, 기존의 대표자들이 '법 바깥'의 발언들과 요구들을 전달하도록(또한, 그들 스스로의 의견인 양 자처하도록) 강제하는 '밑으로부터'의 압력을 행사합니다. 늘 열려 있는 변증법 속에서 말입니다. …… 이러한 조건들 속에서 프랑스 같은 나라의 정세에 특징적으로 나타나는 것은 (또한, 그 정치체제의 **정당성의 상실** 속에서 분명히 간과할 수 없는 것은) 대중계급들과 그것에서마저도 배제된 자들(방리유의 '이민자 출신'의 청년 실업자들이 분명히 그들의 한 부분을 차지하고 있습니다)을 대표하고 '그들을 대변할' 수 있는 프랑스의 능력이 고갈됐다는 것입니다. 그것은 또한 공화주의 형태가 스스로가 만들어내는 사회적 현실들과 그것이 포섭하는 분쟁들의 한 부분을 위해 사용하는 대표행위를 점점 더 빠른 속도로 **상실**해가는 상황이기도 합니다. 달리 표현하자면 그것의 '시민성'에서, 그 내용이 갈수록 텅 비어가는 것입니다. 이러한 요소에 우리는 바로 **반정치**라는 이름을 마련해 둘 수 있겠지요.

이러한 상황을 해석해내기 위해서, 분명히 계급투쟁의 '맑스주의적' 도식을 참조해야 할 뿐만 아니라 또한 '헤겔식'이라고 말할 수 있는 도식을 참조해야만 합니다.[53] 이 도식은 본래 사회적 국민국가(Etat national-social)[54]의 틀 속에서 노동자 계급이 정치적으로 조직되고 분쟁이 제도화되기 **이전에** 구상된 것이지만, 그것들의 위기의 출현과 발전(벌써 꽤 진행된)을 **넘어서서** 이 도식은 역설적이게도 오늘날 그것의 적절함을 드러내고 있습니다. 의미심장하게도 헤겔은 사회 집단들과 그들의 상호의존성, 그들 간의 분쟁을 정확히 위치짓고자 두 가지 구별되는 용어들을 사용합니다. 여전히 전근대적 전통의 계승자로서 헤겔은 동업조합 또는 의회의 대표성에 의해 국가에 편입되고 인정된 집단들을 '신분 혹은 지위'(états)〔앙시앙레짐에서의 신분에 해당하는 것으로서의 stände〕라고 부르며, 체제를 파열시키거나 전복시킬 수 있는 능력의 담지자들로서, **동시에 외부적이고 내부적인**(externs-internes) 혹은 그 **가장자리에 위치한**(marginaux) 집단들에게 '계급(들)'(klassen)이라는 이름을 마련해 놓았지요. 그리고 이러한 계급들의 두 극단에는 산업혁명에 의해 빈곤해지고 사회적 원조로 살아갈 수밖에 없는 '천민'(pöbel)과 그 다른 한쪽에 금융 자본가들(그들의 초국가적인 부와 활동은 국가의 통제 가능성을 넘어섭니다)이 위치합니다. 이 계급이라는 용어는 오늘날 그 본래의 위치에서 이탈했습니다. 왜냐하면 19~20세기에 정치체제는 계급투쟁을 그 내부에 '통합하면서', 그리고 특히 혁명적 운동들을 부르주아 국가 내부에서 '호민관과 같은 기능'을 수행하는 것으로 변화시키면서, 결과적으로 (그 시기와 세력 관계에 따라 분명히 매우 다양한 방법으로) 사회 분쟁을 완전히 없애지는 않으면서도 그

---

53) 1820년의 『법철학 강요』, §§ 243~244에서 드러나는 그런 헤겔적 도식을 말한다. 나는 맑스로부터 **어떤** (순간의) 헤겔에까지 '우회' 할 필요성에 대해 주목하게 해준 베르트랑 오질비(앞에서 인용한 논문 참조)에 빚지고 있다.

54) 이 범주에 대해서는 다음을 참조하라. Étienne Balibar, *Droit de Cité: Culture et politique en démocratie*, Paris: L'Aube, 1998; Castel, *L'insécurité sociale*.

것에 **한계들**을 부여하면서 재정립됐기 때문에, '계급' 이라는 개념은 오
히려 정치-경제 체제에 **통합된** 범주화의 현상을 지시하는 경향을 띠게
됐고, 우리는 그 체제의 대표성의 메커니즘에서 벗어나는, 또는 그것을
해체하도록 위협하는 것을 지시하기 위해 다른 개념을 찾아내야 합니
다. 영미권에서 **하위계급**(underclasse)이라고 부르는, 프랑스에서 **배제**
**된 자들**(les exclus)이라고 부르는 것과 같은 이론의 여지가 있는, 그리
고 의심스러운 범주들의 기능들 중 하나는 바로 이러한 범주들이 낙인
의 대상이었던 자들을 또다시 낙인찍거나('비행', '위험성', '위협', '무
례함'), 그 범주들이 드러내는 현상을 승인하는 것 사이에서 언제나 동
요한다는 것입니다. **대표의 잉여** 또는 대표성이 포함할 수 없는 나머지
가 계속해서 다시 나타났으며, 적어도 보다 확장된 토대 위에 분쟁의
제도들을 다시 정립시키지 않는 한, '정치' 를 불안정한 상황에 위치지
우면서, 그 정치의 내부에 '공백' 을 만들어내고, '끔찍스런' 변화들(파
시즘은 그것의 아주 중요한 역사적 사례일 것입니다)에 정치를 노출시키
면서 그러한 잉여분은 갈수록 보다 큰 위치를 차지했습니다.

　　따라서 우리는 내가 위에서 강조한 인종적, 계급적 배제들로 과잉
결정된 '융합' 의 기능이 무엇인지 잘 볼 수 있습니다. 그것은 계급차별
이 마치 존재하지 않는 듯 가정하면 할수록〔또는 빈사상태의 '사회적 국
가' 의 메커니즘에 의해 항상 보상된다고 가정하면 할수록〕, 그리고 인종
차별이 완전히 부당하다고 주장되면 될수록(그것은 인종차별의 존재를
부정하는 것을 가능하게 하는 것이며, 그러한 차별이 새로운 형태로 작동
하는 것을 못 본 체하는 것 또한 가능하게 하는 것입니다) 보다 효과적으
로 '정치적인 것' 에 대한 **새로운 천민들의 외부성**을 더욱 촉진시키고, 승
인하는 것입니다. 그러나 보다 흥미로운 사실은 '정치적인 것' 의 외부

에 위치한 극단의 이중적 배제의 도식이 새로워진 형태로 재구성된다
는 사실을 강조해야 한다는 것입니다. 즉 '극도로 부유한 이들' 과 '극
도로 가난한 이들' 이 그것이며, 상황에 따라 한쪽에는 다국적 자본주
의의 소유주들과 (**경영**)간부들로 구성된 새로운 계급과, 다른 한쪽에는
하층 프롤레타리아(sous-prolétariat) 또는 불안정한 상태의 **하위계급**,
배제된 자들, 이민자들 그리고 특히 젊은이들이 있습니다. 이를〔정치적
인 것의 외부에 있다는 사실을〕제외하고는 (둘 사이에 어떤 공통점도 없
는데) 만일 극도로 부유한 이들이 경향적으로 대표성의 **바깥에** 스스로
를 위치시킨다면, 그것은 **자발적으로** 일어나는 것입니다. 왜냐하면 그
들은 일국적 정치의 '게임에 참여하거나' 그것으로부터 나오는 상대적
인 구속들〔세금, 학교 시설 보급, '공동의' (en commun) 의료혜택, 어떠
한 '사회적 합의' 에 참여하기〕을 받아들이는데 더 이상 아무런 관심이
없으며, 오직 국가에 대해 세계적 차원의 시장의 '논리들' 을 유효한 것
으로 만들도록 하는 것과 보다 나은 착취의 조건들을 획득하고, 노동자
들을 그들의 수중에 넣기 위해 그들 사이의 여러 가지 방법들을 활용하
는 데에만 관심이 있기 때문입니다. 반면 극도로 가난한 이들은 그들의
존재와 권리 주장들이 그 속에서 분쟁을 일으킬 수밖에 없는 표현, 그
체제에 의해, 대중계급들, 심지어 **가난한** 계급들까지 포함한 다른 '계
급들' 에 의해 감당할 수 없다고 판단되는 표현을 발견하는 것을 피하
기 위해 대표성의 **바깥으로 억압되거나 혹은 그 바깥에 방치**됩니다. 오히
려 다른 계급들은 그들의 안전이 극도로 가난한 이들의 불안정성이라
는 대가 속에서만 가능하거나, 만일 다른 소속감이나 다른 정체성들이
인정되고 자신의 그것들에 더해진다면, 자신들의 공동체에 대한 소속
감, '정체성' 이 위협받을 것이라는 주장에 설득되거나, 그것들을 믿을

만한 이유가 있다고 생각하게 됩니다. 극도로 부유한 이들은 물질적으로, 상징적으로 내국인/외국인의 구별(우리 사회에서 이것이 형식적으로는 여전히 시민성을 결정하고 있습니다) 너머에 위치합니다. 그러나 극도로 가난한 이들은 위협적이거나 불필요한 것으로서 강제로 내부의 외국인들처럼 취급됩니다. 따라서 이러한 대칭성은 마치 낮과 밤의 그것과도 같습니다. 그러나 언제나 낮의 유리함 속에서 말입니다.

본 발표에서 상이한 형상들로 이미 언급한 바 있는 '공백'(반란의 틀인 '시테'라는 공간의 **공백**, 계급과 인종이라는 규정들이 더해지는 제도적 자리의 **공백**)이라는 개념으로 돌아가봅시다. 그러나 이번에는 (범죄시하기, 인정하지 않기, 예방적 차원에서 **해산시키기** 등에 의해 유발되는 형태 하에서의 상황까지 포함한) **정치제도의 심장부에 위치한 대표성의 공백**으로서 말입니다. 그러나 이 공백은 메워지거나 적어도 그 위치가 옮겨지게 마련입니다. 바로 여기가 핵심적으로 국가의 치안 정책들과 매스커뮤니케이션 수단들(무엇보다도 텔레비전)에 의해 만들어지고 유통되는 이미지들의 개입에 의해 생산되는 **다른 형태의 정치적 대표성[표상]**이 무대에 오르는 지점입니다. 즉 이것은 분명히 하나의 역설적인 대표성이며 그것 자체로 반정치적입니다. 왜냐하면 이러한 대표성은 상상계 내에 공동체에 **낯선 신체**를 구현하기 위해 병적인(마약, '파괴된' 가족, '규율로 통제가 안 되는' 학교 내 행동들), 범죄성의[성폭력, 보통법(droit commun)에 대한 범죄], 마지막으로 문화적 또는 종족·종교적 이타성의 성격들을 결합시킨 환상의 행위자들로 실제의 행위자들(특히 반란의 행위자들)을 대체하는 기능을 수행하기 때문이지요.

이러한 토대 위에서 이제 우리는 시테의 젊은이들의 반란이 갖는 의미들과 효과들의 정치적 양가성을 해석해볼 수 있을 것입니다. 서두에서 지적했듯이, 소요자들은 **스펙터클한** 폭력을 만들어냈습니다. 우리는 이것이 단순히 매스커뮤니케이션의 발달에 의한 수동적이고 기계적인 효과와 관련된다고 생각할 수 있습니다. 그러나 우리는 또한 이러한 효과가 반란에 그 자신이 가진 이미지를 부여하는 **미디어**에 밀접하게 종속됐음에도, 멀리 떨어져서 진행되는 운동의 특징들을 그 반란에 부여하면서, 마치 반란이 '수동적으로 조직화' 되는 것과 같은 그 무엇을 생산해냈다고 생각할 수도 있습니다.[55] 따라서 그들의 폭력은 더 이상 참을 수 없는 조건에서 비롯됐으며 구체적인 목표들(주변 건물들, 경찰, 국가)을 겨냥해 이뤄졌다는 점에서 어떤 부분은 **실제적**(réel)이며, 그러나 사회의 환상을 '체현하는' 것과 사회, 특히 국가가 이미 마치 그들의 본질인 양 묘사했던 것을 '존재하는 것으로 만드는' 것을 노렸다는 점에서 어떤 부분은 **미디어적 성격**(médiatique)을 띱니다. 이 점이 또한 왜 그들의 폭력이 **자기도취적인**(narcissique) 차원(이미 언급한 자기파괴적 형태 속에서 진행된 것을 포함해서)과, 역으로 우리가 **아이러니하다고** 부를 수 있는(샤를 보들레르가 강조한 것처럼 진정한 아이러니는 언제나 남과 자신에게 동시에 향한다는 의미에서) 차원을 결합시키고 있는지를 보여주는 것입니다. 그렇게 그들의 폭력은 권력이 통제할 수 있다고 믿었던 대의제라는 기계〔표상 기계〕를 그것의 이해에 따라 폭발시키면서, 그 폭력을 유발했던 권력을 잠시나마 '꼼짝 못하게' 할 수 있는 방법들을 스스로에게 부여했습니다. 그리고 우리의 사회에서 폭력을 완전히 무화시키도록 운명지어진 요소〔대의제라는 기계〕 속에서

---

55) 텔레비전의 언론인들은 어느 순간부터 갑자기 심야의 화재 장면들을 방영하는 것이 그 사건의 역동성을 보다 부추기는 것이 아닌지 자문했고, 그래서 그들은 보도를 적어도 부분적이나마 스스로 검열하기로 결정했다.

하나의 정치적 변증법을 역설적이게도 재창조하면서 말입니다. 또한, 이 '정치적' 권력은 그러한 폭력을 멈추도록 하기 위해 억압에만 만족할 수 없었습니다. 권력은 특히 특정한 단어들을 말해야만 했습니다('차별'이라는 단어 또는 '인종차별주의'라는 단어). 그러나 폭력은 역시 같은 지형에서 마침내 반격을 준비했습니다. 오늘날 우리는 이러한 현실을 국무장관의 직위까지 겸임한(한편으로는 대통령선거의 '공식후보'의 위치까지 이른) 사르코지가 '불법이민자들'을 색출하는 과정과 젊은 범죄자들의 '은신처'에 경찰들이 기습하는 광경을 연출하기 위해 텔레비전을 도구화하는 방법에서 잘 볼 수 있습니다.[56] 어느 쪽이 이러한 경쟁에서 마침내 승리할지 누가 알 수 있겠습니까?

그러나 마지막으로 공백의 도식은 반란의 **정치적 생성** —— 앞에서 언급한 의미에서, 나는 그것의 **봉기적 생성**(devenir insurrectionnel)이라고 부르고 싶습니다만 —— 에 영향을 미치는 중요한 문제의 내용들을 (해결할 수는 없다고 하더라도) 우리가 올바르게 위치지을 수 있도록 도와줄 수 있을 것입니다. 이 문제는 **집단화**(collectivisation)의 가능성 혹은 불가능성의 문제입니다. 집단화를 하나의 반복 혹은 전염(11월 내내 우리가 보았듯이 비슷한 반란들이 연달아 일어났던 현상, 그리고 우리가 보다 일반적으로 말할 수 있듯이 수년에 걸쳐 연속적으로 이어져 온 일련의 과정들)으로만 이해할 것이 아니라 서로 **이질적인** 그리고 그 과정을 통해 민주주의 틀 속에서 '잠재적인 시민성'(citoyenneté virtuelle)을 구성할 수 있는, 부정의에 대항하는 다양한 권리들이나 주장들과의

---

56) 2006년 9월 25일, 코르베유-에손의 타르트레 시테에서 야간 순찰 중이던 공화국 기동경찰대 분견대가 위협적이라고 추정되는 이들을 체포하는 과정이 엄청나게 미디어화된 것을 보라.

절합으로 이해합시다. 처음에 언뜻 보기에는 존재적으로, 사회적으로, 정치적으로 비어 있는 공백의 실천적 함의는 위의 것과 전혀 반대되는 듯합니다. 왜냐하면 어떻게 배제와 그것의 악화, '이탈'(sécession) 혹은 도발, 이러한 것들이 연합과 소통에 다다를 수 있겠습니까? 봉기의 운동을 구성하는 것은 1960년대에 있었던 시민권을 위한 미국 흑인운동이든 2000년대 아르헨티나에서의 **피케테로스** 운동[57]이든, 그 운동의 급진성과 '횡단성'(transversalité), 다시 말해 그 운동의 고유의 코드 속에서 다른 반란들을 표현하거나 다른 반란에 반항을 일으킬 수 있는 능력에 있는 것입니다.

방리유 반란의 급진성은 그것의 거부의 힘과 뗄 수 없습니다. 무례함과 폭력의 반복이 보여주는 목표의 공백(부재)은 그것이 종국에는 하나의 허약함으로 드러날 수 있을지는 몰라도 여기서는 결핍(default)이 아닙니다. 목표의 공백이란 학계, 언론 그리고 국가가 그러한 공백이 걷잡을 수 없이 모든 사회 전체에 '퍼지는' 것을 피하기 위해, 그것을 정의하고, 한정하고, 그것〔공백〕을 반란자들의 본질적 특성으로 만들려는 하나의 방법을 목도하는 것에 지나지 않습니다. 그 공백은 후기 산업사회 천민들에게 가해지는 조건으로서의 '무-법'(non-droit, 무-권리)을, 그 파괴적 공백을 '발송인에게 되돌려주는 것'입니다. 그것은 하나의 혹은 다수의 **언어들**과 양립할 수 없는 것이 아니며, 따라서 그 것은 호명의 기능을 수행합니다(내가 위에서 상기시켰듯이 시테 젊은이에게 '정체성을 주는' 기능을 하는 **랩**은 '패거리' 현상 이외에도 이와 같은

---

57) piqueteros. 아르헨티나에서 1990년대 말부터 초국적 자본과 정부의 신자유주의적 경제 정책에 대항해 시민들이 자발적으로 주요 도로나 도시의 중심거점을 점유해 시위하는 운동을 이른다 ― 옮긴이.

호명의 역할을 합니다). 그러나 이러한 급진성을 '거부'의 또 다른 형태인, 고립상태와 **모든 방면에서의** 반항의 문화와 분리시키는 것은 매우 어려운 일이기도 합니다. 방리유 반란은 '게릴라' 또는 '내전'이라기보다, 경찰과의 충돌의(분명히 경찰들이 그것을 야기했지만) 탁월함이 가장 인상적인 징후를 구성하는 일부 젊은이들의 **이탈현상을 보여줬습니다.** 물론, 이러한 고립상태는 일정 부분 허구이며, 매우 상대적인 성격을 띠고 있습니다. 그렇기 때문에 이 소요가 최고조에 다다랐을 때조차도 그것이 가족들의 연대, 더 나아가 제도적 연대의 움직임들(그것들이 종교적이든, 비종교적이든 여러 사회단체들과의 관계, '사회 복지사들'과의 접촉, 그리고 그것의 배후에 일부의 공공 서비스, 또한 자치단체 차원까지의 관계가 존재했다는 것)과 완전히 단절되지 않았다는 사실을 밝혀내는 것이 아주 중요합니다. 위법행위와 폭력으로 시테의 절망감을 표현한 젊은이들이 **시테로부터 고립되어 있다**는 것은 실제로 사실이 아닙니다. 아니면, 적어도 이러한 고립상태를 생각할 수 있다는 것은 그 반대의 경우를 상정하지 않고는 불가능한 것입니다. 그리고 사회와 그 도시로부터 '시테'가 완전히 고립되어 있다는 것 또한 사실이 아닙니다. 비록 다양한 장벽들이 그것을 분리하기 위해 설치되어 있음에도 불구하고 말입니다.[58] 그렇기 때문에 많은 이들은 개인적 삶의 측면에서나 정치적 측면에서도, 그들의 도시 '영토'이자(그것은 그것의 제도들과 분리될 수 없는 것임을 로익 바캉은 잘 보여줬습니다), 부분적으로는 도리어 그들의 '분노'의 대상이 됐던 자신들의 몫인 이 시테를 전유하는

---

58) 파리 지역과 관련해서 사람들은 (파리의) '외곽 순환도로' (périphérique)가 하나의 진정한 경계를 이루고 있다는 점을 자주 지적해왔다. Serge Michel, "Au-delà du périph, c'est l'Amérique", *Le Monde*, avril 28, 2006.

(혹은 전유하지 않는) 방식으로 행동했습니다.

방리유 세계에서, 그리고 보다 일반적으로 프랑스 사회 내에서 청년들의 반란의 '장벽 허물기'(désenclavement)는 그것의 형태들이 매우 불확실하다 하더라도, 우리 모두와 관련된 아주 기막힌 쟁점입니다. 그것은 반대세력들(르팽)과 권력을 구성하고 있는 세력들(사르코지)이 번갈아가며 시도했던, 그러나 보다 근본적으로 자본주의의 변화의 그리고 오늘날 행정의 주요 경향 중 하나를 구성하는, **치안 계획** 혹은 **정치의 경찰 행위로의 축소**를 수포로 돌아가게 만드는 것과 전혀 다르지 않습니다. 이 치안 계획은 **영속적인** 방법으로 사회 공간 그리고 특히 가장 분쟁적인 지역들에서, 명확히 규정된 한계도 없으면서 인종적 특성에 의해, 그리고 문화적·사회적·도시적 낙인들의 전체를 통해 식별된 '위험한' 집단들을 분리해내는 경향을 띱니다. 그 방식은 또한, 특히 삶의 조건이나 도시 공간에서 그들과 가장 가까운 대중 계급 일부 주민의 불신, 적대감, 악감정을 그들에게 집중시키는 것입니다. 이것은 사전에 국가의 폭력을 정당화하고 강화시킵니다. 점점 더 옥죄어오는 순환운동 속에서 질 들뢰즈가 '미시 파시즘'(micro-fascisme)이라고 불렀던 것에 상응하는 아래로부터의 **억압의 요구들**과 우리가 익히 알고 있듯이 불안의 일반적 상태를 그리 변화시키지 못하는 통제와 억압의 **스펙터클하고 일상적인 작동들**은 서로 조응하고 있습니다. 그 작동은 불안의 구조적 원인은 말할 것도 없고, 불안의 일반적 상태도 크게 변화시키지 못합니다(그것은 오히려 불안을 강화합니다). 오히려 그것은 정치적인 것의 무능함과 그것의 대표성의 결핍을 권위의 과시 속에서 숨기며, 피지배자들과 피착취자들의 일부를, 그들의 삶의 조건은 점점 더 힘들어짐에도 불구하고, 국가가 그들을 '보호하고' '그들을 보살핀다'

는 환상 속에(이 환상은 국가는 그들을 제외한, 내부의 이방인들로 동일시할 수 있는 다른 이들을 집요하게 공격하고, 괴롭히기 때문에 가능합니다) 묶어두는 기능을 합니다.[59]

　(지배계급 내에서 다양한 수준으로 그리고 다소 공공연하게 널리 공유되고 있고, 공공 여론의 대다수 사이에 '대중적'이 되어버린) 그러한 정치적 계획을 물리치는 방법은, 여기서는 그 개념의 넓은 그리고 제헌적인(constitutionnel) 의미에서의 대문자 시테(Cité)의 중심에서, **그러한 계획을 고립시키는 것** 외에는 없을 것입니다. 그러나 그렇게 되기 위해서는 부정적인 것의 힘과 배제의 폭력이, 대의제 체제와 일반화된 사회적 경쟁제도가 '갈등'(écartèlement)[60]의 체제에 종속시키려는 모든 종류의 저항의 상호적 인정과 마주침의 '변증법'으로 서서히 변화해야 할 것입니다. 우리는 2005년 11월부터 이러한 변화의 엄청난 어려움을 강조하는 것을 잊지 않았습니다. 필요에 따라서는 사회학적 현실들(réalités sociologiques)[61]을 돌파해가면서 말입니다. 예를 들어 방리유 반란이 있고 나서 몇 달 후에(2006년 3월) 일어났던, 그리고 그것의 정치적 코드는 방리유 반란과 전혀 다른 논리에서 파생됐으며, 노동자 조

---

59) 나는 이미 다음 책의 "전능함의 무능함"(L'impuissance du Toutpuissance) 부분에서 이 과정을 분석한 바 있다. Balibar, *Droit de Cité*, p.109ff.
60) 나는 이 개념을 슈바르츠(앞서 인용한 논문 참조)에게서 차용했으며, 슈바르츠 본인도 그 개념을 쇼벨의 책에서 빌려왔다. Louis Chauvel, *Le destin des générations*, Paris: PUF, 1998.
61) 다시 슈바르츠의 논문을 참조할 것. "추방과 배제에서 비롯된 2005년 가을의 방리유 운동과 중산계급의 순수한 운동처럼 소개된 반-CPE운동을 대립시키려는 움직임이 존재했다. 하지만 분명히 반-CPE 시위 속에는 중산계급 출신이 아닌 무수한 고등학생들이 있었다! 그들은 오늘날 사람들이 말하는 '9-3'지역[센생드니 지역] 또는 '밑바닥'(profond)의 91지역[에손 지역] 출신들이었다 …… 그들은 '방리유' 출신들이었던 것이다." Schwartz, "Haut, bas, fragile", p.51.

합주의 혹은 68년 5월의 전통과 1980~90년대의 그것에 대한 대응들의 계승자인, 프랑스의 젊은 고등학생들과 대학생들의 '반-CPE 운동'의 경우에서처럼 말입니다.[62] 이 어려움은 정말 실제적입니다. 사실, '그 안으로부터'(dedans)〔시테로부터, 방리유로부터, '기층의' 프랑스로부터〕이번 소요가 폭로자 노릇을 함으로써 **인민 내부의 모든 모순들**〔청년층과 장년층 사이의, 물론 '불안정성에 노출된 이들'(précarisés)과 상대적으로 '보호받고 있는 이들'(protégés) 사이의, '내국인'과 '외국인' 혹은 외국인으로 여겨지는 이들 사이의, 그리고 무엇보다도 젊은 세대 내 **소년들과 소녀들 사이의** 모순들은 분명히 서로 적대하는 두 '세계'를 구성하는 것이 아니라, 오히려 기존 제도와는 전혀 다른 문화와 전혀 다른 행동의 상상계를 갖고 있습니다〕이 그 모습 그대로 백일하에 드러나고, 그것들이 정확히 직시되어야 할 것입니다.[63] 그리고 언제나 '그 안으로부터' '시민사회'를 구성하는, 그리고 능동적 시민성(사회적 조력자들의 팀들뿐만 아니라, 종교적이든, 비종교적이든 거주민들의 다양한 사회단체

---

62) 이에 대해 우리는 국제언론들과 정치지급들이 그랬던 것처럼 '사회적 토대'의 혹은 관련된 '구성원'(population)의 이질성에 대해 강조하는 것이 아니라, 무엇보다도 이러한 논리들의, 그리고 정치적 과정들의 차이에 대해 강조해야 할 것이다. 방리유 반란에는 학교교육에서 이탈한 청소년들만 참여했던 것이 아니라, 또한 채용 과정에서 차별받음으로써 그 가치를 상실한 그들의 학위 증서의 쓸모없음에 절망한 청년 실업자들도 참여했다. Lagrange, "Autopsie d'une vague d'émeutes".

63) 우리는 게니프-수이라마스가 밝히고 있듯이, 시테에서 소년들과 소녀들의 대립상태가 공식적 담론들과 일부의 지식인들에 의한(근본적으로 반-아랍적인) 인종주의적 정형들에 의해 신비화되고 은폐됐다는 사실에 전적으로 동의할 수 있다. Nancira Guénif-Souilamas, "Le balcon fleuri des banlieues embrases", *Mouvements*, n°44, 2006, pp.31~35. 특히 그것은 (라다 이베코비치가 강조하고 있듯이) 프랑스 사회의 성차별적 편견들의 **일반성**을 '타자에게만'(chez l'autre) 체계적으로 투사하면서 숨기기 위한 것이기도 하다. 그러나 헛되게 바라지 않는 이상, 이로부터 소요의 폭력이 전적으로 성차별적이지 않았다거나, 그것이 피해갈 수 없는 정치적 문제를 일으키지 않았다는 사실이 따라나오는 것은 아니다.

들도 그것을 구성합니다)[64]을 주도하는 온갖 종류의 **매개들**이 실제로 결집되고, 절합되어야 할 것입니다. 이러한 문제들과 관련해서 나는 '바깥으로부터' 제시할 아무런 해법도 당연히 가지고 있지 않습니다. 나는 우리에게 도달한 여러 신호들을 해석하고, 그것들을 우리가 제기할 수 있는 질문들로 변형하는 것에 만족하고자 합니다.

---

[64] 나는 이 특히 복잡미묘한 지점을 강조하고자 한다. 비록 방리유의 반란이 종교적 담론들을 동원하지 않은 것이 사실이라 하더라도, 무엇보다도 이슬람교에 기초한 문화단체들이 스스로 변화할 위험을 감수하면서까지 표상을 재구성하고, 집단적 경험의 모순들을 갱신함에 있어서 가장 중요한 역할을 했고, 또 할 수 있다는 것도 사실이다. 따라서 여기에서 〔이러한 이슬람 문화 단체의 운동을 두고〕 '공동체주의' (communautarisme)의 위험을 외치기에 앞서, 그러한 공동체주의를 강화시키는 것은 무엇보다 먼저 배제와 추방이 아닌지, 그리고 어떠한 조건 속에서 정치가 공동체주의를 '공민적' 보편주의로 변화시키는지 자문해보아야 한다. 동일한 질문이 다른 가장자리에 있는, 명백히 정교분리주의적인 '공화국의 원주민들' 운동에 대해서도 마찬가지로 적용된다.

# . 찾아보기 .

**ㄱ**

가족수당기금(Allocations familiales) 244

가족재결합정책(Le regroupement familial) 32, 140, 221, 246

거리두기(distanciation) 84, 108, 121, 200

고등통합위원회(Haut Conseil à l'Intégration, HCI) 245, 304, 350, 352, 358, 359, 363~365, 375

고프먼(Erving Goffman) 21, 55, 91

공공재(bien commun) 35, 111, 432

공동체주의(communautarisme) 74, 126~128, 130, 141, 418, 448

공화국연합(Rassemblement pour la République, RPR) 232, 235

공화국의 원주민들(Indigènes de la République) 427~429, 433, 448

국립통계청(Institut National de la Statistique et des Études Économiques, INSEE) 30

국가

국민국가(Etat national) 97, 106, 111, 115, 432

도시-국가(Cité) 70, 78, 79, 88, 432

법치국가(Etat de droit) 103, 405

사회적 국가(Etat social) 38, 47, 434, 438

처벌[형벌]국가(Etat pénal) 46, 415, 434

치안국가(Etat sécuritaire) 38, 46, 97

국수주의(provincialisme) 411~413

권리들에 대한 권리(droit aux droits) 423

귀국의 신화(mythe du retour) 147, 149, 150

규율사회(La société disciplinaire) 177, 179, 191

극우정당/국민전선(Front National, FN) 26, 210, 211, 229, 231, 232, 238, 248, 333, 338

근접경찰(police de proximité) 44

글리상(Édouard Glissant) 416

ㄴ

낙인찍기(stigmatisation) 21, 22, 52, 55, 56, 68, 131, 141, 142, 399, 400, 404, 405

난민(réfugié) 240~243, 246

네이더(Laura Nader) 139

네이션 102, 105, 106, 108, 398
　공민적 네이션(nation civique) 105, 107, 109, 111
　구성적 시민권(citoyennté constitutionnelle) 89

노동(travail)
　~시장의 가변성(variability) 260, 261, 266, 267, 276, 287, 288, 296
　~시장의 분열(segmentation) 260, 262, 263
　~시장의 불확실성(uncertainty) 260, 261, 266, 270
　~의 양극화(polarisation) 287, 289, 298
　~의 주변화(périphérisation) 276, 278, 281, 287, 303, 308
　이원주의(dualisme) 255, 260~266

노동계약
　고용증진계약(Contrat initiative-emploi, CIE) 292
　기간계약(contrats à durée déterminée, CDD) 278, 285
　무기간계약(contrats à durée indéterminée, CDI) 284, 285, 296
　신고용계약(Contrats nouvelles embauches, CNE) 293
　일시적계약(contrats temporaires) 293
　임시대체계약(contrat intérim, CI) 293

노동총연맹(Confédération générale du travail, CGT) 224, 281, 316~317

노동총연맹-노동자의 힘(Confédération générale du travail-Force ouvrière, CFT-FO) 311

니퓌트니수미즈(Ni Putes Ni Soumises, NPNS) 127, 413


ㄷ

다스림[통치](gouvernement) 21, 42, 52, 53, 56, 57, 58, 68, 95~97, 99, 177, 179, 182, 183, 186, 436

당코스(Hélène Carrère d'Encausse) 119, 424

대중운동연합(Union pour un Mouvement Populaire, UMP) 42, 118

데스탱(Valéry Giscard d'Estaing) 230, 233, 272, 338, 340

데지르(Harlem Désir) 236

델피(Christine Delphy) 127

도시
　~근교(suburbain) 22, 70, 398
　~외곽(faubourg) 70, 78, 82~84, 86, 88, 115, 398
　~폭력(violences urbaines) 20, 21, 23, 25~27, 30, 32, 39, 47, 78, 50, 55, 60, 68, 73, 93, 171, 414, 420

드골(Charles de Gaulle) 62, 230, 345

드레(Juilien Dray) 236

드부즈(Jamel Debbouze) 430

ㄹ

라기예(Arlette Laguiller) 312
로장발롱(Pierre Rosanvallon) 97
로카르(Michel Rocard) 235, 236, 245
루디네스코(Elisabeth Roudinesco) 127
르낭(Ernest Renan) 106, 107
르카(Jean Leca) 112
르팽(Jean-Marie Le Pen) 40, 231, 238,
248


ㅁ

마르셰(Georges Marché) 331, 340
모나트(Pierre Monatte) 319
무-법[권리](non-droit) 443
므벰베(Achille Mbembe) 409, 414, 415
미드(George Herbert Mead) 163, 189,
190, 192
미시 파시즘(micro-fascisme) 445
미테랑(François Mitterrand) 233, 234,
237, 273, 274, 278, 307, 338~341, 344
민족주의(nationalisme) 227, 229, 319,
320, 323, 330, 334, 343, 344, 412


ㅂ

바르(Raymond Barre) 275
반정치(antipolitique) 396, 433~440
발라뒤르(Edouard Baladur) 237
방리유(banlieue)
　게토화(ghettoïsation) 37, 73, 340,
　400, 404

공공임대주택(Habitation à loyer
modéré, HLM) 36, 73, 74
반란(révolte) 397, 401, 407, 411,
413, 416~424, 426, 430~433,
440~448
세계-방리유(banlieues-mondes) 401
소요(émeute) 397
시테(cité) 20, 69~74, 78, 81, 88, 96,
118, 135, 175, 400, 404, 408, 434,
440, 444~447
방리유자르(banlieusards) 84~89, 96,
115, 201, 403
　메토이코이(mētoikoi) 84~87
　방지안(Sohane Benziane) 131
　배제된 자들(les exclus) 401, 423,
　431, 436, 438, 439
　벤나(Zyed Benna) 403
　아티모이(atimoi) 84, 87, 88
봉기(insurrection)
　봉기적 반란(soulèvements
　insurrectionnels) 433
　봉기적 생성(devenir insurrectionnel)
　442
뵈르/뵈레트(beur/beurette) 142~148,
150~156, 433
불랑제주의(boulangisme) 227
뷔송(Ferdinand Buisson) 122
비호권(Droit d'asile) 211, 234, 240,
242, 248, 249
비호를 위한 프랑스땅(France terre
d'asile, FTDA) 244
빌팽(Dominique de Villepin) 65, 248,
296, 402~404

빌팽트(Villepinte) 콜로키움  40,
98~101, 103, 105


ㅅ

사르코지(Nicolas Sarkozy)  42, 44, 49,
50, 63, 94, 99, 103, 171, 175, 176, 249
사센(Saskia Sassen)  400
사회적 결합 정책(plan pour la cohésion
sociale)  295
사회적 지지대들(supports sociales)  196
사회활동기금(Fonds d'action sociale,
FAS)  233, 244
사회적응 최저소득제(Revenu minimum
d'insertion, RMI)  291, 297
상고르(Léopold Sédar Senghor)  416
상파피에(sans-papier)  147, 246~250
생명정치(biopolitique)  177, 180, 181,
186, 187, 191, 192, 193
세귀(George Seguy)  323, 330, 333
세나티(Gilles Sainati)  103, 104
세제르(Aimé Césaire)  416
소속의 공백(vide d'appartenance)  430
소프레스(Société française d'études par
sondages, SOFRES)  34, 281
슈레크(François Chéréque)  312
슈미트(Carl Schmitt)  58
슈벤느망(Jean-pierre Chevènement)  40,
41, 44, 99~103, 105, 242
스타지(Bernard Stasi)  127, 134, 158
스피박(Gayatri Chakravorty Spivak)  414
시라크(Jacques Chirac)  41~43, 127,
158, 235, 236, 248, 272, 280, 378, 422

시민(citoyen)  98, 100~105, 167, 223,
252, 415~417
　비시민들(non-citoyens)  406
　시민주권(souveraineté des citoyens)
　111
　시민성(citoyenneté)  105~110, 113,
　115, 374, 375, 399, 442, 447
　잠재적인 시민성(citoyenneté virtuelle)
　442
식민지의 부메랑(boomerang colonial)
411


ㅇ

아랍석유수출국가연합(L'Organisation des
pays exportateurs de pétrole, OPEP)
272
안전(sécurité)  51~54, 68, 98, 100~105
　사회보장불안(insécurité sociale)  47
　사회적 안전(sécurité sociale)  97
　시민적 안전(sécurité civile)  97
　안전[치안](sécurité)과 안전(sûreté)
　97
　지역안전협약(contrats locaux de
　sécurité)  40, 44, 99, 100, 102
엔첸스베르거(Hans-Magnus
Enzensberger)  407
영광의 30년(Trente glorieuses)  34, 73,
218, 220, 307, 321, 367
예외상태(état d'exception permanent)
58, 62, 407
　계엄(état de siège)  59~61, 368
　내부적 배제(exclusion intérieure)  406

비상사태(Etat d'urgence)  21, 57~63

예절[예의 바름](civilité)  71, 92, 93,
105~110, 112
　무례(incivilité)  71, 85, 86, 89~98,
　105~107, 405, 438, 443
　문명(civilisation)  71, 73, 89~98,
　106, 114
　문화적 거리(distance culturelle)  140,
　141

옥시덴탈리즘(occidentalism)  136, 139,
149

외국인 혐오증[주의](xenophobie)  217,
226, 229, 230, 234, 244

월러스틴(Immanuel Wallestein)  410,
411, 414

위법행위들(illégalismes)  196, 398, 434,
444

윌슨(James Q. Wilson)  90
　~과 켈링(George L. Kelling)  90
　깨진 유리창 이론  90, 92, 94

유대인 혐오증[주의](antisemitisme)  227,
229

이민
　선별적 이민(immigraion choisie)
　249, 250
　수용적 이민(immigration subie)  249
　이민노동자와 그의 가족을 위한 사회
　활동기금(Fonds d'action social pour
　les travailleurs immigrés et leurs
　familles, FAS[TIF])  233, 244, 386
　이민자들을 위한 정보·지원그룹
　(Groupe d'information et de soutien
　aux travailleurs immigrés, GISTI)  244

이슬람교자문위원회(Conseil français du
culte musulman, CFCM)  157

이슬람 혐오증[주의](islamophobie)  127,
131, 418

이주자
　이주노동자위원회(CommissionMain
　d'Oeuvre Immigrée, MOI)  342, 343
　이주자들을 위한 통합운동위원회
　(Comité intermouvements auprès des
　évacués, CIMADE)  237, 244

이중적 부재(double absence)  149, 150

인권연맹(Ligue des droits de l'homme,
LDH)  236, 244

인정투쟁(Kampf um Anerkennung)
160, 163~168, 172~175, 184, 185,
189, 191, 198
　권리/법(Recht)  164, 165, 167, 169,
　170
　사랑(Liebe)  164, 165, 169, 180
　연대(Solidarität)  164, 165, 169, 174
　인륜성(Sittlichkeit)  165~169, 173,
　177, 189, 191

인종주의  29, 56, 126, 130, 136~139,
149, 186, 188, 227~233, 326,
332~336, 344~346, 404, 410,
413~418, 427~431
　문화적 인종주의(racisme culturel)
　187
　미분적/차별적 인종주의(racisme
　différentialiste)  187
　생물학적 인종주의(racisme
　biologique)  187, 188, 428
　신인종주의(néo-racisme)  187, 188

SOS 라시즘(SOS Racisme) 236, 237, 244, 306, 372, 382

인종 없는 인종주의(racisme sans race) 187

인종차별퇴치와 인민연대를 위한 운동 (Mouvement contre le racisme et pour l'amitié entre les peuples, MRAP) 236, 244

제도적 인종주의(racisme institutionnel) 187, 188, 413, 414, 421

일부다처제(polygamie) 118, 119, 128, 138, 245, 246, 424

일체성(unité) 353, 364

입소스(Ipsos) 34, 41


ㅈ

자기 가치부여(Selbstschätzung) 164
자기 믿음(Selbstwertgefühl) 164
자기 존중(Selbstachtung) 164
정교분리(laïcité) 112, 114, 121~129, 131, 156~158, 245, 411, 420
정교분리원칙에 관한 법(loi sur la laïcité) 158
정상성(normalité) 178, 197
　정상성과 규범성(normativité) 189~194
　정상화(normalisation) 21, 178, 191~193, 195, 197, 199
정치 공간의 관국가화(transnationalisation de l'espace politique) 429
정치적인 것(le politique) 112, 114, 115,

435, 438, 439, 445

제(Jean Zay) 156

조스팽(Lionel Jospin) 40, 41, 102, 103, 122, 157, 242, 248, 292, 304, 305

주오(Léon Jouhaux) 319

지방치안유지대(Groupes d'intervention régionaux, GIR) 43, 49


ㅊ

차별연구그룹(Groupe d'étude sur les discriminations, GED) 370
차별퇴치평등고등청(Haute Autoritéde lutte contre les discriminations et pour l'égalité, HALDE) 370, 371, 372
차이의 권리(droit à la différence) 130, 131, 137, 153, 357
챈들러(James Chandler) 396
최고행정재판소(Conseil d'Etat) 122, 157, 158, 236
최저임금보장제(Salaire minimum interprofessionnel garanti, SMIG) 269
최저임금제도(Salaire minimum interprofessionnel de croissance, SMIC) 256, 268~290
최초고용계약[법](Contrats de Première Embauche, CPE) 65, 89, 99, 296, 297, 446, 447
치안(sécurité)
　치안논리(logique sécuritaire) 39, 46, 52~58, 65, 67, 100, 105, 171
　치안불안(insécurité civile) 22~26, 30, 38, 40, 42, 47, 63~66, 397

치안에 관한 법(Loi pour la sécurité
intérieure, LSI)  44, 45
　치안을 위한 지침과 계획과 관한 법(Loi
　d'orientation et de programmation
　pour la sécurité intérieure, LOPSI)
　43, 44
　치안이사회(Conseil de sécurité
　intérieure)  41, 43
　치안정보국(Renseignement generaux)
　28


ㅋ

카스텔(Robert Castel)  97, 196, 200, 424
　부정적 개인주의(individualisme
　négatif)  196, 198, 200, 424
　부정적 공동체(communauté négative)
크로와자(Ambross Croizat)  424
크리스테바(Julia Kristeva)  127, 149


ㅌ

탈식민화  427
　내적 탈식민화(décolonisation
　intérieure)  427
　외적 탈식민화(décolonisation
　extérieure)  427
통치성(gouvernementalité)  181, 182,
186, 199
통합과 차별퇴치 지원기금(Fonds d'Aide
et de Soutien pour l'Intégration et la
Lutte contre les Discriminations, FASILD)
244, 372

통합노동총연맹(CGT-unitaire)  224,
281, 310~315, 318~321, 323~346
트라스(trajectoire d'accès à l'emploi,
TRACE)  294, 295
트라오레(Bouna Traoré)  403
특수단순노동(ouvriers specialisés)  271,
278


ㅍ

파비우스(Laurent Fabius)  61, 235
파스콰(Charles Pasqua)  39, 48, 235, 238
페리(Jules Ferry)  124
페리카(Raymond Péricat)  317
펠루티에(Fernand Pelloutiev)  316
평민(plèbe)  432
푸자드(Pierre Poujade)  231
푸코(Michel Foucault)  56, 92, 161, 168,
177~182, 184~186, 188, 191~193,
195~197, 199, 202
　자기에의 배려(souci de soi)  193, 202
　주체화(subjectivation)  180, 193,
　194~199
　죽게 내버려두기, 살게 하기
　(laissermourir, faire vivre)  185, 186,
　189
　파레지아(Parrhesia)  202, 203, 204
프랑스민주노동총연맹(Confédération
française démocratique du travail, CFDT)
311, 312, 327~330, 333
프랑스민주연합(Union pour la
Démocratie Française, UDF)  232, 233,
235

ㅎ

하버마스(Jürgen Habermas) 179, 193
하위계급(underclasse) 438, 439
하청고용(sous-traitance) 282, 283
하층고용(sous-emploi) 286, 287
하층 프롤레타리아(sous-prolétariat) 439

호네트(Axel Honneth) 160, 161,
163~170, 172~175, 177, 179, 181,
184, 189~192, 198, 200, 205,
히잡(hijâb/hidjab) 29, 111, 112, 113,
120~123, 126~136, 139~141, 143,
150, 152~158